Ulrich Herbert

Geschichte der Ausländerbeschäftigung in Deutschland 1880 bis 1980

Saisonarbeiter
Zwangsarbeiter
Gastarbeiter

Verlag J.H.W. Dietz Nachf.

Sonderauflage
für die Landeszentrale
für politische Bildungsarbeit
Berlin

ISBN 3-8012-3019-8

Copyright © 1986 by Verlag J.H.W. Dietz Nachf. GmbH
Berlin · Bonn
Godesberger Allee 143, D-5300 Bonn 2
Lektorat: Martin Rethmeier
Umschlag: Karl Debus, Bonn
Satz: Satzstudio Hülskötter, Burscheid-Dürscheid
Druck und Verarbeitung: Clausen & Bosse GmbH, Leck
Alle Rechte vorbehalten
Printed in Germany 1986

Inhalt

Einleitung

Die moderne Form der Ausländerbeschäftigung gibt es in Deutschland seit etwa hundert Jahren. Zwar war es auch in den Jahrzehnten zuvor nichts Unbekanntes, daß Ausländer für einige Zeit zum Arbeiten ins Land kamen — aber zum einen war der Begriff „Ausländer" in Deutschland so lange unscharf, wie es keinen Nationalstaat gab, durch den definiert wurde, wer „Deutscher" war; zum anderen ist die massenhafte Beschäftigung von ausländischen Arbeitskräften ein Phänomen von Industriegesellschaften, deren wirtschaftliche Dynamik, hohe Mobilität und konjunkturelle Wechsellagen starke Schwankungen auf dem Arbeitsmarkt nach sich ziehen.

Sich näher mit der Geschichte der Ausländerbeschäftigung in Deutschland zu befassen, scheint ein naheliegendes Thema zu sein, ist doch die „Ausländerfrage" einer der sozialpolitischen Dauerbrenner und eines der am heftigsten umstrittenen innenpolitischen Probleme in der Bundesrepublik. Gleichwohl wird die Ausländerbeschäftigung in der öffentlichen Diskussion nicht als historisches Thema wahrgenommen, sondern in der Regel auf die Entwicklung seit den frühen 60er Jahren reduziert. Bis etwa 1967 (oder noch später) allerdings wird man nach einer öffentlichen Auseinandersetzung oder auch nur der Problematisierung der Ausländerbeschäftigung in der Bundesrepublik vergeblich suchen. Der rapide anschwellende Zuzug von Arbeitskräften aus dem europäischen Ausland war vielmehr ein in der Öffentlichkeit nur wenig beachtetes, schon gar nicht problematisiertes Phänomen des schier unaufhaltsamen Wirtschaftswachstums in Westdeutschland und wurde in erster Linie als Ausdruck der wirtschaftlichen Stärke der Bundesrepublik wahrgenommen — und insofern als neuartig und ohne Vorbild. Daß die Heranziehung von ausländischen Arbeitern in der Hochkonjunktur zu dieser Zeit bereits eine jahrzehntelange Tradition hatte, war in der westdeutschen Gesellschaft der 60er Jahre kein Thema.

Mit der ersten Wirtschaftskrise der Nachkriegszeit allerdings kamen in der Bundesrepublik die durchaus lästigen Seiten der „Gastarbeiter"-Beschäftigung zum Vorschein: die Ausländer dachten zur Verblüffung, dann zur Verärgerung nicht weniger Teile der westdeutschen Bevölkerung gar nicht daran, ebenso schnell wieder zu verschwinden, wie sie geholt worden waren. Und mit einem Male entdeckten die Westdeutschen auch, daß die Arbeits- und Lebensbedingungen vieler Ausländer skandalös waren, daß hier inmitten einer wohlstandsseligen Wachstumsgesellschaft frühkapitalistische Verhältnisse fortbestanden, die nach rascher Abhilfe riefen. Seitdem rückte die Lage der „Gastarbeiter" ebenso wie die Ausländerpolitik der westdeutschen Regierungen in den Vordergrund der öffentlichen Aufmerksamkeit, wo sie bis heute verblieben: Ausweitung der Anwerbung aus Südosteuropa, Zuzugsstopp, Familiennachzug, Zweite Generation, Integrationsprobleme, Dequalifizierung, Ghettoisierung, Einwanderung sind Stichworte, die die öffentliche Debatte seither begleiten. Mit der starken Zuwanderung türkischer Arbeitskräfte seit Anfang der 70er Jahre kamen neue, schrille Töne hinzu: Angst vor „Überfremdung", „Ausländerfeindlichkeit", „Türkenhaß" können als Hinweise darauf gelten, daß mit der „Ausländerfrage" mehr angesprochen ist als nur soziale und wirtschaftliche Anpassungsprobleme. Hier aktualisierten sich plötzlich längst überwunden geglaubte oder gehoffte Einstellungen und Verhaltensweisen, die Erinnerungen an die Vergangenheit wachriefen — aber welche Vergangenheit?

Die daraus entstandene, seit vielen Jahren heftig und mit großem Engagement geführte Debatte mutet freilich zuweilen überaus eng und kurzatmig an; denn die sozialen, ökonomischen und politischen Probleme im Gefolge der massenhaften Ausländerbeschäftigung sind ja durchaus kein deutsches, ja nicht einmal ein europäisches Phänomen — die Italiener in der Schweiz, die Nordafrikaner in Frankreich, die Arbeiter aus den Commonwealth-Ländern in Großbritannien, die Arbeitskräfte aus Zentralamerika in den USA, die Inder, Afrikaner, Türken und Araber aus vielen Ländern in den Ölstaaten des Nahen Ostens, die Koreaner in Japan — in nahezu allen Industriestaaten der Welt entstehen aus der Nachbarschaft ökonomisch unterschiedlich weit entwickelter Gesellschaften und den damit einhergehenden Arbeitskräftewanderungen ähnliche oder mindestens vergleichbare Problemlagen mit erheblichen wirtschaftlichen, sozialen und politischen Folgelasten — wenn auch in unterschiedlicher Schärfe und Gewichtung und mit durchaus verschiedenen ausländerpolitischen Reaktionen in den einzelnen Staaten. Das ist nicht nur eine Frage der Liberalität oder Finanzkraft der jeweiligen Regierungen der einzelnen Länder, sondern hängt offenbar auch zusammen mit den Traditionen, die diese Gesellschaften im Umgang mit Fremden und zumal mit Ausländern, die vor allem wegen eines Arbeitsplatzes in die Aufnahmeländer kommen, über viele Jahrzehnte hinweg entwickelt haben: Nur so ist es zu verstehen, daß etwa die US-amerikanische Gesellschaft mit immer neuen Einwandererwellen jedenfalls auf mittlere Sicht offenbar erheblich besser zurecht gekommen ist, als z. B. die europäischen Staaten, die sich traditionellerweise nicht als Einwanderungsländer verstanden und für die die Kongruenz zwischen Staatsangehörigkeit und ethnischer Herkunft erhebliche ideologische Bedeutung für die eigene Identität als Staat und Gesellschaft besaß — wenn auch in sehr unterschiedlicher Ausprägung. Das verweist nun doch wiederum deutlich auf die jeweiligen nationalen Traditionen der

Ausländerbeschäftigung — die allerdings werden in der Bundesrepublik weder in der Öffentlichkeit noch in der wissenschaftlichen Diskussion — von einigen Ausnahmen abgesehen — thematisiert; die „Ausländerfrage" wird hier nach wie vor ganz voraussetzungslos behandelt. Über die öffentliche Beschäftigung mit diesen Problemen sagt schon die seit der Mitte der 60er Jahre etwas schamhaft eingeführte Bezeichnung „Gastarbeiter" etwas aus: den bis dahin üblichen Terminus „Fremdarbeiter" wollte man nicht länger benutzen; nicht der ethnische Unterschied sollte betont werden, sondern der Charakter eines zwar willkommenen, aber per definitionem vorübergehenden Arbeitsaufenthalts in Deutschland. Daß es in Deutschland lange Traditionen mit ausländischen Arbeitskräften gab, ja, daß es nach 1945 eine nur zehnjährige Unterbrechung der massenhaften Ausländerbeschäftigung gegeben hatte und von den letzten 100 Jahren mehr als 80 ein „Ausländerproblem" kannten, wurde weithin verdrängt bzw. nicht zur Kenntnis genommen.

Zwar ist die Ausländerbeschäftigung seit Anfang der 70er Jahre zu einem der bevorzugten Gegenstände sozialwissenschaftlicher Analysen geworden, gleichwohl wird sie dort in der Regel ebensowenig als historisches Phänomen begriffen wie in der Öffentlichkeit.[1] Die Situation der Ausländer in der Bundesrepublik aber allein als Phänomen der für kapitalistische Gesellschaften insgesamt typischen, in ihren Grundstrukturen jeweils gleichartigen Migrationsprozesse zu begreifen, greift zu kurz, weil auf diese Weise die erheblichen und für die Betroffenen oft so folgenreichen Unterschiede in der Art und Weise des Umgangs mit den Ausländern in den einzelnen Ländern zu vernachlässigenswerten Varianten erklärt werden und weil zum anderen ohne die Auseinandersetzung mit den kollektiven Erfahrungen, die eine Gesellschaft in der Vergangenheit mit der massenhaften Beschäftigung von Ausländern gemacht hat, und den Traditionen, die sich dabei herausgebildet haben, die Art und Weise des Umgangs mit Ausländern in der Gegenwart nicht zu verstehen ist. Dies gilt aber auch für das Verständnis der Vergangenheit: Die Menschen, die während des Ersten Weltkrieges die schrittweise Entrechtung der polnischen Zivilarbeiter in Deutschland erlebten, hatten die Debatten über die „antipolnische Abwehrpolitik" und die „schleichende Polonisierung" der vorausgegangenen Jahrzehnte noch im Ohr. Für die deutsche Bevölkerung, die die Zwangsarbeit von Millionen ausländischer Arbeitskräfte in Deutschland nach 1939 hinnahm, war die Erinnerung an die Kriegs- und Zivilgefangenen zwischen 1914 und 1918 noch frisch, und bei der Formulierung der Ausländerpolitik nach 1955 und der Einstellung der Deutschen den Gastarbeitern gegenüber waren die Erfahrungen mit den Zwangsarbeitern zehn Jahre zuvor noch präsent: Die Untersuchung der aktuellen Probleme bei der Ausländerbeschäftigung wird also immer auf die jeweils bereits vorhandenen Erfahrungen der Gesellschaft mit Ausländern stoßen — es sind diese Erfahrungen und ihre Verarbeitung, die für die politischen Entscheidungen ebenso wie für das Verhalten der Bevölkerung handlungsleitend sind. Diese Erfahrungen und Traditionen aber wirken umso stärker, je weniger sie als solche begriffen werden und sich so einer kollektiven Verarbeitung nicht stellen.

Es muß also hier darum gehen, die einzelnen Etappen in der Geschichte der Ausländerbeschäftigung in Deutschland nicht nur als verschiedene Vergangenheiten zu begreifen, die in ihrer politischen, sozialen und wirtschaftlichen Struktur zu untersuchen sind, sondern auch als Vorgeschichte der jeweils folgenden Gegenwart.

Eine historische Betrachtung der Ausländerbeschäftigung dient aber nicht oder nicht in erster Linie dazu, „aus der Geschichte zu lernen", das heißt, durch überzeitliche Vergleiche oder Übertragung gegenwärtige Verhältnisse beschreiben oder zukünftige Entwicklungen prognostizieren zu wollen. Zwar bietet eben diese Geschichte einen z. T. überraschend großen Fundus ähnlich gelagerter Problemkonstellationen, sei es, was die wirtschaftlichen Aspekte, die sozialen Auswirkungen oder die politischen Entscheidungen bei der Ausländerbeschäftigung angeht. Aber immer wird man hier auf die sehr unterschiedlichen historischen Bedingungen verweisen müssen: Die Beschäftigung von polnischen Saisonarbeitern in der noch patriarchalisch strukturierten Landwirtschaft im Osten des Deutschen Kaiserreichs läßt sich mit der Situation der Türken bei Opel in Rüsselsheim höchstens sehr abstrakt vergleichen, und der „Arbeitseinsatz" eines sowjetischen „Ostarbeiters" im Jahre 1943 ist mit dem Leben eines italienischen Pizzabäckers in der Bundesrepublik im Jahre 1983 kaum in direkten Zusammenhang zu bringen. Ebensowenig wird es gelingen, aus der historischen Betrachtung heraus Prognosen für die Zukunft zu entwickeln, die mehr als generelle Trends umfassen. Selbst wenn man, wie es am Ende dieses Buches geschieht, versucht, einige mögliche Entwicklungsrichtungen in der Zukunft aus der Betrachtung der Geschichte der Ausländerbeschäftigung herauszuarbeiten, so liegt doch darin nicht der Wert und die vorrangige Bedeutung der historischen Auseinandersetzung mit einem aktuellen politischen Problem. Hier geht es vielmehr darum, die gegenwärtige, komplexe Problematik der Ausländer in der Bundesrepublik durch die Analyse ihrer historischen Entwicklung zu erklären und zu verstehen; denn die spezifische Struktur eines Phänomens der Gegenwart erscheint, wenn es nicht als historisches, als gewordenes begriffen wird, sonst voraussetzungslos und selbstverständlich — als müsse es natürlicherweise so sein, wie es ist; das verstellt den Blick für Alternativen.

Nun mag der Untertitel dieser Untersuchung, „Saisonarbeiter — Zwangsarbeiter — Gastarbeiter", den Eindruck entstehen lassen, als werde hier eine bruchlose, lediglich durch Formenwandel gekennzeichnete „Kontinuität" der Ausländerbeschäftigung postuliert. Aber der Begriff „Kontinuität" ist zumal in Deutschland mittlerweile eine so abgegriffene Vokabel, daß ihr Bedeutungsgehalt kaum mehr erkennbar ist; von einer von tiefgreifenden Veränderungen freien Entwicklung auszugehen ist dabei in diesem Zusammenhang offensichtlich aber ebenso abwegig wie eine Separation der einzelnen, nach politischen Daten voneinander getrennten Phasen. Es wird also vielmehr im einzelnen zu klären sein, in welchem je spezifischen Mischungsverhältnis Bruch und Kontinuität der Entwicklung zueinander stehen; welche Kontinuitätslinien sich fortsetzen und welche unterbrochen werden.

Die hier vorliegende Darstellung ist der Versuch eines Gesamtüberblicks — problematisch schon insofern, als die einzelnen Phasen der Ausländerbeschäftigung sehr unterschiedlich intensiv erforscht sind. Während die Geschichte der landwirtschaftlichen Saisonarbeiter vor 1914, der Ruhrpolen und auch die Lage der Ausländer in der Bundesrepublik seit etwa 1971 durch zahlreiche Studien recht gut untersucht sind, ist die Beschäftigung von Ausländern in der Industrie bis 1918 ebensosehr Neuland wie die Beschäftigung von Kriegsgefangenen im Ersten Weltkrieg; überraschend war allerdings angesichts der Überfülle an sozial- und erziehungswissenschaftlicher Literatur zur „Gastarbeiterfrage" in der Bundesrepublik, daß eine historische Gesamtdarstellung der Entwicklung der Ausländerbeschäftigung in Westdeutschland seit den 50er Jahren fehlt. In der hier vorliegenden Darstellung sind daher verschiedene Untersuchungsarten verarbeitet: in manchen Kapiteln (vor allem I.1 und I.3) wird eher der Forschungsstand zusammengefaßt und ergänzt, andere sind aus eigenen, bereits veröffentlichten Texten[3] heraus gearbeitet (vor allem IV, zum Teil auch II und III), einige (insbesondere I.2 und V.) stützten sich vorwiegend auf die Auswertung archivalischer und publizistischer Quellen sowie auf die zeitgenössische Literatur.

Dabei konnte ich auf drei Veröffentlichungen zurückgreifen, die in unterschiedlicher Weise jeweils Gesamtdarstellungen der Geschichte der Ausländerbeschäftigung in Deutschland bieten. Dies gilt vor allem für Klaus-J. Bades Überblick „Vom Auswanderungsland zum Einwanderungsland?"[4], dem ich zahlreiche Anregungen entnommen habe, von dem sich die hier vorliegende Untersuchung aber in zentralen Punkten, vor allem hinsichtlich des nationalsozialistischen „Ausländereinsatzes", unterscheidet. Die von dem gleichen Autor herausgegebenen Sammelbände „Auswanderer — Wanderarbeiter — Gastarbeiter",[5] die eine Fülle von Beiträgen zu den verschiedenen Aspekten des Themas beinhalten, repräsentieren in vielen Fragen den gegenwärtigen Forschungsstand, sind aber als Einführung und Überblick nur schwer nutzbar, weil die einzelnen

11

Beiträge sehr heterogen sind, zumal wichtige Bereiche (Erster, Zweiter Weltkrieg) durch DDR-Historiker besetzt sind, deren Ansatz, gerade was die Frage der Kontinuität angeht, nicht unproblematisch ist, und andere Aspekte, vor allem eine historische Betrachtung der Ausländerbeschäftigung in der Bundesrepublik, fehlen. Schließlich drittens ist auf Knut Dohses Überblick „Ausländische Arbeiter und bürgerlicher Staat" zu verweisen,[6] in dem die „Funktion" von staatlicher Ausländerpolitik und Ausländerrecht in diachronem Zugriff untersucht wird — diesem auf „Funktionsgesetze" und objektive Strukturen der Ausländerbeschäftigung abhebenden Ansatz wird hier ein eher empirisches und historisch-genetisches Verfahren entgegengestellt; gleichwohl ist Dohses kritische Untersuchung eine der wichtigen Grundlagen auch dieser Darstellung.

Das Buch ist als Einführung und Überblick gedacht — es sollte also ebensosehr für „Nichthistoriker" gut lesbar sein wie für solche Leser brauchbar, die sich in das Thema oder eines seiner Teile intensiver einarbeiten wollen. Dem einen wurde durch größere Anschaulichkeit versucht Rechnung zu tragen — unter anderem auch durch mehr und längere Zitate, als dies etwa in wissenschaftlichen Aufsätzen üblich ist — sowie durch knappe, kommentierte Literaturhinweise im Anhang; dem anderen durch einen relativ ausführlichen Anmerkungsapparat, in dem sich jeweils zu Anfang der einzelnen Kapitel auch nähere Hinweise zur Forschungsliteratur befinden.

Die Darstellung ist chronologisch aufgebaut und thematisiert jeweils am Ende der einzelnen Abschnitte strukturelle und systemische Probleme. In den Kapiteln I und II wird dabei die Zeit zwischen etwa 1880 und 1918 umfaßt — im Mittelpunkt stehen hier zunächst die polnischen Saisonarbeiter in der deutschen Landwirtschaft bis 1914. Hier wird eingangs gefragt nach den wirtschaftlichen Ausgangsbedingungen, die zur Hereinnahme der Polen nach Ostdeutschland führten, nach den Arbeits- und Lebensverhältnissen der betroffenen ausländischen Arbeitskräfte, nach dem sich dabei entwickelnden Verhältnis zwischen Deutschen und Ausländern und nach der Ausländerpolitik, die über ausführliche Debatten in der Öffentlichkeit zu sonderrechtlichen Bestimmungen für die polnischen Landarbeiter führte, was wiederum im Hinblick auf die Auswirkungen auf die soziale Lage der Ausländer und die Begründung einer Tradition der repressiven ausländerrechtlichen Behandlungsvorschriften von Bedeutung ist. Die Entwicklung der industriellen Ausländerbeschäftigung seit Ende des 19. Jahrhunderts, die quantitativ bald diejenige in der Landwirtschaft überholte, in der Öffentlichkeit aber weit weniger diskutiert wurde, zeigt besonders deutlich die Widersprüchlichkeit zwischen ideologischen und wirtschaftlichen Aspekten bei der Heranziehung ausländischer Arbeiter: Zum einen läßt sich hierbei die Herausbildung all jener Faktoren nachvollziehen, die für die Ausländerbeschäftigung in Industrieländern insgesamt kennzeichnend sind. Auf der anderen Seite wirken die ideologischen Vorbehalte — in der ganzen Bandbreite von Irritation durch Begegnung mit kulturell Fremden bis hin zu ausgeprägtem Rassismus — einer Optimierung der ökonomischen Vorteile der Ausländerbeschäftigung durch die Unternehmer entgegen; dieser Widerspruch wird zum vorherrschenden Kennzeichen der politischen Auseinandersetzungen um die Ausländerbeschäftigung mindestens bis zum Ende des Zweiten Weltkrieges. Gleichzeitig tritt mit der verstärkten Heranziehung von Ausländern in der Industrie auch die deutsche Arbeiterbewegung auf den Plan. Ihre Haltung ist jedoch durchaus nicht einheitlich, sondern schwankt zwischen „Internationalismus" und „Schutz der deutschen Arbeit". Als Kontrast dazu wird am Ende des I. Kapitels die Geschichte der „Ruhrpolen" näher betrachtet, die sich als deutsche Staatsbürger polnischer Nation in einer schwierigen Mittellage zwischen Integration und nationaler Selbstbehauptung befanden und deren Situation die Lage der „Auslandspolen" in um so schärferes Licht rückt; zumal an diesem Beispiel der Übergang von einem vorübergehenden Arbeitsaufenthalt zur Einwanderung exemplarisch untersucht werden kann.

In Kapitel II wird die Ausländerbeschäftigung während des Ersten Weltkrieges behandelt, der deshalb so breiter Raum gewidmet wurde, weil sie unter dem angesprochenen Aspekt der Erfahrung sowohl nach hinten — im Verhältnis zur Saisonarbeiterfrage — wie nach vorn — in Bezug zum Fremdarbeitereinsatz im Zweiten Weltkrieg — einen Angelpunkt darstellt, von dem aus weiterführende Überlegungen angestellt werden können. Die Entwicklung während der Weimarer Zeit hingegen wird im III. Kapitel nur kurz gestreift und vorrangig unter ausländerrechtlichen Gesichtspunkten behandelt — quantitativ war die Ausländerbeschäftigung zwischen 1918 und etwa 1936/37 ein marginales Phänomen.

Kapitel IV behandelt die Geschichte des „Arbeitseinsatzes" von mehr als sieben Millionen Ausländern im nationalsozialistischen Deutschland während des Zweiten Weltkrieges. Hier wird nach der Untersuchung der Vorgeschichte und der Entstehung des „Ausländereinsatzes" jeweils der Zusammenhang zwischen kriegswirtschaftlicher Entwicklung, nationalsozialistischer Ausländerpolitik und der Praxis der Ausländerbeschäftigung in drei Phasen (1939—1941, Kriegswende 1941/42, Kriegsende 1943/45) analysiert, wobei die Frage nach dem historischen Ort des nationalsozialistischen Zwangsarbeitssystems im Kontext der Geschichte der Ausländerbeschäftigung vor und nach dem Zweiten Weltkrieg abschließend diskutiert wird.

In Kapitel V schließlich wird die Geschichte der Ausländerbeschäftigung in der Bundesrepublik Deutschland untersucht. Dabei steht zunächst eine Gruppe im Mittelpunkt, die gar nicht aus „Ausländern" besteht: die Vertriebenen und Flüchtlinge. Aber es gibt, was die volkswirtschaftlichen Rahmenbedingungen, die soziale Lage der Betroffenen und die Politik der Regierungen angeht, hier so viele Überschneidungspunkte, daß — ähnlich wie im Falle der „Ruhrpolen" — eine knappe, vergleichende Betrachtung lohnend erscheint, die im Hinblick auf die dann folgende Beschäftigung mit den „Gastarbeitern" ab 1955 die Fragestellung präzisieren und die Perspektiven erweitern kann.

Die Ausländerbeschäftigung in der Bundesrepublik wird zunächst mit einem Überblick über die wirtschaftliche und arbeitsmarktpolitische Entwicklung in Westdeutschland eingeleitet, ehe die einzelnen Etappen der „Gastarbeiterbeschäftigung" näher betrachtet werden. Im Mittelpunkt stehen dabei die Perspektiven der Ausländerpolitik seit den 50er Jahren, die soziale Lage und das Selbstverständnis der Ausländer selbst, das Verhältnis zwischen Deutschen und Ausländern sowie die Rezeption und der Umgang mit den Traditionen der Ausländerbeschäftigung in der Bundesrepublik.

Der aktuelle Stand der Ausländerpolitik seit Ende der 70er Jahre hingegen wird nicht im einzelnen beschrieben — hier ist die Distanz zu gering, um die jüngste Entwicklung ordnend und gewichtend darzustellen und im historischen Kontext zu beurteilen. Vielmehr wird versucht, die politischen Kontroversen der letzten Jahre in den historischen Zusammenhang einzubeziehen und von dort aus Überlegungen über mögliche Perspektiven der Ausländerbeschäftigung anzustellen.

Ich bedanke mich bei all denen, die mir bei der Entstehung dieses Buches in den letzten Jahren geholfen haben; vor allem bei Lutz Niethammer, von dem die Anregung ausging, diesen Versuch zu unternehmen, sowie bei Vera Neumann und Clemens Schröer, ohne deren Hilfe und Kritik diese Untersuchung nicht entstanden wäre. Klaus-J. Bade, Jutta Blank, Franz Brüggemeier, Jens Flemming, Othmar Haberl, Dirk Hallenberger, Tina Jerman, Christoph Kleßmann, Ulla Lachauer, Detlev Peukert, Detlef Vonde und Dorothee Wierling haben das Manuskript oder Teile davon gelesen; ihren Hinweisen, Anregungen und ihrer Kritik verdanke ich viel. Den Damen und Herren bei den verschiedenen Bibliotheken und Archiven, in denen ich arbeiten konnte, sei für ihre freundliche Unterstützung gedankt; insbesondere dem Hauptstaatsarchiv Düsseldorf, dem Staatsarchiv Münster, dem Bergbauarchiv Bochum, der Gruppe „Exile" Duisburg und dem Institut für Zeitungsforschung Dortmund.

I. „Leutemangel" und „Überfremdungsgefahr" 1880 bis 1914

1. „Auslandspolen" in der deutschen Landwirtschaft

Polnische Saisonarbeiter und preußische „Abwehrpolitik"

Die Landwirtschaft der preußischen Ostgebiete war in wirtschaftlicher, politischer und sozialer Hinsicht immer das Rückgrat des im 19. Jahrhundert so rapide erstarkenden Preußen gewesen. Als sie in der Zeit nach der preußisch-deutschen Reichsgründung von 1871 jedoch verstärkt die ausländische Konkurrenz, vor allem der Agrarproduktion der USA, zu spüren bekam, wurde deutlich, daß die „ostelbische" Landwirtschaft wirtschaftlich wenig leistungsfähig, ineffektiv organisiert und in den Produktionsformen rückständig war. Der billige Weizen aus Amerika ließ den preußischen Weizenpreis von 221 (1880) auf 157 (1886) Mark/t sinken, und das deutsche Agrarpreisniveau von 1870 wurde erst 1912 wieder erreicht. Eine langandauernde Strukturkrise der Landwirtschaft war die Folge, die zwar politisch durch eine künstliche Hochhaltung der deutschen Agrarpreise durch hohe Schutzzölle gegen amerikanische Agrarimporte abgemildert wurde — die Sozialisierung der Erzeugerverluste auf Kosten der Verbraucher —, gleichwohl aber eine Destabilisierung der Lage vor allem der abhängig beschäftigten Landbevölkerung in den ostelbischen Agrargebieten mit sich brachte.[1]

Hinzu kam noch, daß sich die Reichsbevölkerung rapide und in steigenden Wachstumsraten vergrößerte — zwischen 1873 und 1895 allein um 25 % von 41,6 Mio. auf 52 Mio.[2] Die deutsche Landwirtschaft aber konnte aufgrund ihrer strukturellen Defizite hier keine zusätzlichen Arbeitsplätze schaffen, sondern mußte zur Verminderung der Lohnkosten vielmehr rationalisieren und die Zahl der Beschäftigten vermindern.

Agrarkrise und Bevölkerungsdruck führten daher in verstärktem Maße zur Abwanderung der Landbevölkerung; die „Landflucht" wurde im letzten Drittel des 19. Jahrhunderts zu einem auffälligen und die Zeitgenossen sehr beunruhigenden Phänomen; wobei man allerdings zwischen zwei sehr verschiedenen Formen der Abwanderung unterscheiden muß. Bis zum Anfang der 90er Jahre standen die überseeische Auswanderung, vor allem in die USA, im Zentrum des Wanderungsgeschehens, wobei das Ausmaß der Auswanderung eng mit der konjunkturellen Entwicklung verknüpft und somit starken Schwankungen ausgesetzt war. Während zwischen 1846/47 und 1857/59 fast 1,3 Mio. Deutsche auswanderten, waren es in den Jahren nach dem Gründerkrach 1873 sehr viel weniger; ihren Höhepunkt erreichte die Auswandererwelle zwischen 1880 und 1893 mit fast 1,8 Mio. Auswanderern, 92 % davon gingen in die USA.[3]

Neben die überseeische Auswanderung trat seit den 80er Jahren mehr und mehr die Abwanderung der ostelbischen Landarbeiterbevölkerung in die industrialisierten Regionen des preußischen Westens, vor allem ins Ruhrgebiet; ausgelöst durch die intensive Anwerbung von Arbeitern aus dem preußischen Nordosten für die neuentstehenden und rasant wachsenden Großindustrien und erleichtert durch die Verbilligung der Massentransporte von Arbeitskräften auf dem Schienenweg.[4]

Beides — überseeische Auswanderung und Ost-West-Fernwanderung — führte dazu, daß sich die Lage auf dem landwirtschaftlichen Arbeitsmarkt in Deutschland in relativ kurzer Zeit erheblich veränderte. Hatte 1849 eine landwirtschaftliche Kommission in einem Bericht über „Die ländliche Arbeiterfrage" noch festgestellt, daß nahezu in allen preußischen Agrarregionen Mangel an Arbeitsgelegenheit bestand,[5] wurde bereits Anfang der 70er Jahre über die Knappheit an landwirtschaftlichen Arbeitskräften geklagt.[6]

Nachdem im Gefolge der „Gründerkrise" der 70er Jahre die Probleme mit Landflucht und Arbeitermangel in dieser Phase stark zurückgegangen waren, verstärkten sich seit den 80er Jahren die Beschwerden der landwirtschaftlichen Interessengruppen über die zunehmend feststellbare „Leutenot".[7] Um diesem Mangel an landwirtschaftlichen Arbeitskräften abzuhelfen, gingen seit den frühen 80er Jahren viele ostdeutsche Gutsbesitzer vor allem in den grenznahen Gebieten dazu über, Arbeitskräfte aus den von Rußland und Österreich okkupierten Teilen des ehemaligen Polens anzuwerben und auf ihren Gütern zu beschäftigen. Für die landwirtschaftlichen Arbeitgeber war dies eine ebenso naheliegende wie einfache Lösung ihres Arbeiterproblems; sie kollidierten damit aber mit einem der brisantesten Aspekte preußisch-deutscher Nationalitätenpolitik und stießen auf erheblichen Widerstand bei den für „Festigung des Deutschtums" und „Zurückdrängung des slawischen Einflusses" vor allem in den preußischen Ostprovinzen engagierten Interessengruppen und Regierungsstellen. Mit dem Hereinholen der ersten Kolonnen vor allem russisch-polnischer Landarbeiter ins Deutsche Reich begann auch der Konflikt zwischen wirtschaftlichen und politischen Interessen, der seitdem jede Diskussion um die Beschäftigung ausländischer Arbeiter in Deutschland begleiten und bestimmen sollte. Schon die als preußische Staatsbürger im von Preußen okkupierten Teil des ehemaligen polnischen Königreichs, also auf dem Gebiet des Deutschen Reiches, lebenden Polen waren von Seiten der Regierung erheblichen Bedrängungen ausgesetzt, die zum einen aus der Furcht der deutschen Behörden vor der polnischen Agitation gegen die Dreiteilung ihres Heimatlandes erwuchsen und die zum anderen „nachhaltig von den Ideen eines west-östlichen Kulturgefälles und germanisierender Überlegenheit gegenüber den Slawen beeinflußt" waren.[8]

Denn riefen die Abwanderungen preußisch-polnischer Arbeiter ins Ruhrgebiet bereits das Gespenst einer „Polonisierung des Westens" auf den Plan, kam nun durch die Zuwanderung von Polen aus Rußland und Österreich das Gespenst einer „Polonisierung des Ostens" hinzu.[9] In der deutschen Presse wurde Mitte der 80er Jahre laut darüber geklagt, „daß eine Polonisierung von Landstrichen stattfinde, die bereits für germanische Sitte, Kultur und Sprache gewonnen waren. Aus Rußland ergieße sich ein polnischer Einwanderungsstrom in unsere östlichen Provinzen, welcher immer größere Dimensionen annimmt, je unbehaglicher sich die Polen in Rußland fühlen. Dadurch werde das polnische Element fortwährend verstärkt. Gerade die aus Rußland einwandernden Polen bringen einen hohen Grad von Unzufriedenheit, von Sehnsucht nach der Befreiung Polens aus der russischen Knechtschaft mit herüber und schüren hier den Funken, der sonst wohl unter der Asche verglimmen würde. Das alles dränge uns doch die Frage auf, ob es nicht im Interesse der Selbsterhaltung notwendig ist, dem weiteren Umsichgreifen des Polentums und der nationalpolitischen Idee feste Riegel vorzuschieben".[10]

Bereits in den 80er Jahren entstand dabei auch jene Argumentation, die die Auswanderung Deutscher nach Übersee mit den Zuwanderungen aus dem östlichen Ausland in unmittelbaren Zusammenhang brachte und die ein Jahrzehnt später im Mittelpunkt der öffentlichen Diskussion um die Zuwanderung von Auslandspolen stehen sollte; so schrieb die *Posener Zeitung* 1885: „Stellen doch gerade die östlichen Provinzen ein großes Kontingent der deutschen Auswanderer! Ist das nicht ein Beweis dafür, daß unsere eigenen Reichsgenossen durch Fremde aus der Heimat vertrieben werden?"[11]

Auf der anderen Seite war die Größenordnung der Beschäftigung ausländisch-polnischer Arbeitskräfte mit einigen zehntausend Zuwanderern aber noch zu gering, um ernsthaft solche Verdrängungs-Ängste begründen zu können. So gab es denn auch Stimmen, die derartige Argumentationen heftig kritisierten. Die *Schlesische Volkszeitung* etwa schrieb dazu im Frühjahr 1885: „Haben sich denn die Slaven lawinenartig über Preußen und Deutschlands Grenzen ergossen, so daß das mächtige Preußen und das geeinte Deutsche Reich in seinen Fundamenten erschüttert ist? Diese wenigen tausend harmlosen Leute, die nach Preußen kommen, um ihr Brot zu verdienen, können doch unmöglich die Sicherheit Preußens gefährden ... eine tatsächliche Bedrohung unseres Staates durch eine Handvoll Überläufer ist so absurd, daß davon ernsthaft wohl überhaupt nicht die Rede sein kann."[12]

Während aber die landwirtschaftlichen und — in Schlesien — auch industriellen Unternehmen, die ausländische Polen beschäftigten und als deren Sprachrohr die *Schlesische Volkszeitung* hier auftrat, an der Beschäftigung der „billigen und willigen" Polen sehr interessiert waren, zumal die „Leutenot" Mitte der 80er Jahre weiter zunahm, setzte die preußische Regierung im Frühjahr 1885 harte Maßnahmen gegen die weitere Zuwanderung ausländisch-polnischer Arbeiter durch. „Für die Gestattung des Übertritts insbesondere aus Russisch-Polen pflegt allerdings auf das Bedürfnis der Landwirtschaft nach billigen Arbeitskräften hingewiesen zu werden", erklärte der preußische Kultusminister Gossler im Februar 1885.[13] Auf der anderen Seite, so Bismarck an den preußischen Innenminister einige Tage später, „könnten wir doch nicht zugeben, daß das Arbeiterbedürfnis der Grenzkreise schwerer ins Gewicht falle als die staatlichen und politischen Gefahren, welche die Polonisierung eines großen Teils der preußischen Bevölkerung in sich schließt. Wir halten es bei aller Anerkennung der Landwirtschaft als des wichtigsten aller Gewerbe, doch für ein geringeres Übel, daß einzelne Gebiete Mangel an Arbeitskräften haben, als daß der Staat und seine Zukunft leidet."[14]

Nach dieser Maxime wurden seit März 1885 entsprechende Vorschriften zur Verminderung der Zuwanderung von Auslandspolen erlassen: Alle nichtnaturalisierten Polen in den vier preußischen Ostprovinzen, insgesamt etwa 40.000 Menschen, wurden ausgewiesen; eine neuerliche Zuwanderung war untersagt, mit preußischen Frauen verheiratete Polen waren samt ihrer Familie gleichermaßen auszuweisen.[15] Diese Massenausweisungen riefen eine erhebliche öffentliche Kritik hervor; in der Reichstagsdebatte um die Verordnungen 1886 mußte Bismarck sogar eine schwere parlamentarische Niederlage einstecken.[16] Vor allem die großagrarischen Interessenvertreter aber waren es, die warnend auf die negativen Folgen der Ausweisungen hinwiesen: „In den Gutsbezirken wurden von den Befehlen ein Sechstel bis ein Drittel der Arbeiterfamilien betroffen, in einer nicht kleinen Anzahl von Gütern bis zwei Drittel und darüber; ein Ersatz wäre vorerst und vielleicht in Jahr und Tag nicht möglich gewesen. Einzelne Besitzer sandten in der ersten Bestürzung Boten aus, um preußische Arbeiterfamilien von Martini ab aus größeren Entfernungen zu gewinnen. Auch die Dorfgemeinden wären dezimiert worden. Da die meisten Überläufer hier geheiratet haben, so war die Befürchtung nicht ungerechtfertigt, daß Frauen und Kinder den Guts- und Gemeindebezirken zur Last fallen würden. Die Regierung hatte sich offenbar die Folgen nicht klar gemacht."[17] Gleichwohl blieben die Proteste gegen Bismarcks Ausweisungspolitik zunächst auf den politischen Bereich beschränkt. Zwar widersprach die Ausweisung der Polen den Wünschen der ostdeutschen Landwirtschaft, aber sie beeinträchtigte wirtschaftliche Interessen noch nicht in einem solchen Maße, daß etwa die ostdeutschen Großagrarier Bismarck hier die Gefolgschaft verweigert hätten — zu gering war noch die zahlenmäßige Bedeutung der Beschäftigung von ausländischen Polen, zu frisch auch die Erinnerung an den Arbeitskräfteüberschuß noch wenige Jahre zuvor, als daß es hier um 1886 bereits zu grundlegenden Auseinandersetzungen gekommen wäre.

Strukturwandel in der Landwirtschaft

Aber gerade in der Phase der Gültigkeit der Ausweisungs-Verordnungen (1885 bis 1891) änderte sich dies — hervorgerufen durch forcierten Strukturwandel in weiten Bereichen der Landwirtschaft als Antwort auf die seit den frühen 70er Jahren zutage getretenen Defizite im Agrarsektor. Der wichtigste Faktor war dabei die Intensivierung der Anbaumethoden, vor allem die starke Zunahme der Hackfruchtkulturen — und hier in erster Linie des Zuckerrübenanbaus, der zu dieser Zeit profitabler war als der reine Getreideanbau, zudem staatlich subventioniert wurde und durch Fruchtwechsel deutliche Erhöhungen der Bodenerträge gestattete. Zwischen 1878 (176.000 ha) und 1893 (395.000 ha) verdoppelte sich die Rübenanbaufläche für die Zuckergewinnung, in der Provinz Posen verdreifachte sie sich zwischen 1893 und 1913 noch einmal.[18] Diese Entwicklung, die mit allerdings langsameren Rationalisierungsprozessen in anderen Anbaubereichen einherging, hatte für den ländlichen Arbeitsmarkt und generell die Agrarverfassung durchgreifende Auswirkungen:

— Zuckerrübenanbau war arbeitsintensiv, und der Anteil der Handarbeit war dabei sehr hoch, so daß der Arbeitskräftebedarf der Landwirtschaft wuchs; dies wurde noch dadurch verstärkt, daß die Technisierung der landwirtschaftlichen Produktion auch bei den großen Gütern nur sehr langsam vonstatten ging — Folge auch der chronisch knappen Kapitaldecke der Großagrarier, die oft hoffnungslos verschuldet waren.

— Der allmähliche Übergang zu intensiverer Bewirtschaftung, vor allem der verstärkte Rübenanbau, hatte eine extreme Saisonalisierung des Arbeitskräftebedarfs zur Folge: Der Arbeitskräftebedarf in dem arbeitsreichsten im Verhältnis zum arbeitsärmsten Monat verhielt sich in den Rübenwirtschaften wie 4:1, beim Getreideanbau nur 1,6:1. In den Monaten der Hochsaison waren Arbeitskräfte also äußerst knapp, dementsprechend wurden für diese Zeit infolge von langen Arbeitszeiten und hohen Akkordsätzen relativ hohe Löhne gezahlt. In den Wintermonaten hingegen benötigten die landwirtschaftlichen Unternehmer nur wenige Arbeitskräfte für Arbeiten auf dem Hof. In der Folge bildeten sich auf den großen Gütern immer deutlicher „zwei Kategorien von Arbeitskräften" heraus: „1. ständige Arbeitskräfte zur dauernden Instandhaltung des Wirtschaftsbetriebes. Sie repräsentieren die obere Schicht der ländlichen Arbeitskräfte; ihr sind die wichtigsten, Sachkenntnis, Verantwortlichkeitsgefühl und Pflichttreue erfordernden Arbeiten wie Gespannführung, Viehpflege, Maschinenführung usw. anvertraut . . . 2. nichtständige, aus der Fremde zuwandernde Arbeitskräfte, für die durch den Rübenbau so gesteigerte Arbeit während der Saison. Ihre Aufgabe ist die eintönige und unindividuelle Pflege der Hackkultur, die, von der sonst in der landwirtschaftlichen Arbeit so stark betonten und ihren Hauptreiz bildenden Persönlichkeitsnote ausgeschlossen, Massenarbeit im eigentlichsten Sinne des Wortes wurde."[19] In der Folge entstand ein immer größer werdendes Heer von landwirtschaftlichen Saisonarbeitern; eine Entwicklung, die zuerst in der Provinz Sachsen üblich wurde (was den Saisonarbeitern den Namen „Sachsengänger" eintrug) und sich seit den 80er Jahren auf den gesamten landwirtschaftlichen Nordosten Preußens ausdehnte.[20]

— Das Vordringen der Saisonarbeiter zog die weitere Erschütterung der Grundlagen der ländlichen Sozialverfassung nach sich. An die Stelle der halbfeudalen, patriarchalisch-autoritär strukturierten Interessengemeinschaften zwischen Gutsherren und halbselbständigen Kleinbauern trat die agrarkapitalistische Beziehung zwischen landwirtschaftlichem Großunternehmer und dem „freien" Saisonarbeiter als „nurmehr über den Lohnvertrag gebundenen abhängigen Produzenten mit Konsumentenhaltung, Arbeitermentalität und wachsendem Arbeiterbewußtsein".[21]

Der sich in der zweiten Hälfte der 80er Jahre beschleunigende Verfall der überkommenen gutswirtschaftlichen Ordnung im preußischen Nordosten untergrub also nicht nur die partielle Interessengemeinschaft, die die Gutsbesitzer mit abhängigen Insten und Landarbeitern traditionellerweise verbunden hatte, er bedrohte auch die Existenzgrundlage derjenigen Gruppen der Landbevölkerung, die auf regelmäßige und ganzjährige Arbeit und Verdienstmöglichkeit angewiesen waren und sich, sei es, weil sie zu alt, sei es, weil sie familiär gebunden waren, auf das riskante Abenteuer der Saisonarbeit mit halbjährlichem Wechsel von Spitzenlohn und Arbeitslosigkeit nicht einlassen konnten und wollten: Die Folge war eine weitere Zunahme der Abwanderung aus den Ostgebieten und damit des Arbeitermangels. Auf der anderen Seite entsprach die soziale Lage der meist jüngeren, zu hoher Mobilität und Flexibilität bereiten Saisonarbeiter aber einer Zwitterstellung: nicht mehr in das spätfeudale Ordnungsgefüge der Gutswirtschaft mit den daraus erwachsenen Abhängigkeiten und Sicherheiten eingebunden, sondern „freier Lohnarbeiter" — ohne aber die im industrialisierten Westen schon bestehenden arbeits- und sozialrechtlichen Errungenschaften der Industriearbeiterschaft wahrnehmen zu können; erst nach der Revolution 1918/19 wurden die Landarbeiter den Industriearbeitern gleichgestellt.

Ein Klassenbewußtsein wie beim städtischen Industrieproletariat bildete sich bei den proletarisierten Landarbeitern Ostdeutschlands erst sehr viel später und auch dann nur in Ansätzen heraus, so daß ihnen auch zur

Verbesserung ihrer sozialen Lage keine kollektiven Kampfformen wie gewerkschaftliche Organisationen und Streiks zur Verfügung standen. Einmal aber von der Bindung an die gutswirtschaftliche Ordnung gelöst, bedeutete die Abwanderung in die Industrien des Westens einen realistischen und naheliegenden Ausweg aus der perspektivlosen Situation im Osten; denn die Industrie bot nicht nur bessere Löhne, sondern auch ganzjährige Beschäftigung, und zudem bestand hier die Möglichkeit, durch Koalitions- und Streikrecht die Lage der Einzelnen kollektiv zu verbessern.[22]

Ausbreitung kapitalistisch organisierter landwirtschaftlicher Großbetriebe mit erhöhtem Bedarf an „freien" Saisonarbeitern, die in keinem anderen als dem rein lohnbezogenen Verhältnis zum landwirtschaftlichen Arbeitgeber standen — sowie auf der anderen Seite rapide Zunahme der Abwanderung deutscher und preußisch-polnischer Landbevölkerung in die Industriezentren des Westens: Diese Konstellation verstärkte die „Leutenot" im Osten dramatisch und verwies mit Macht auf das Reservoir der ausländisch-polnischen Arbeiterschaft, die durch die Ausweisungsverordnungen von 1885 aus nationalpolitischen Erwägungen ausgewiesen und an erneuter Zuwanderung gehindert worden waren.

Für die Ende der 80er Jahre erneut auftretenden Diskussionen über die Wiederzulassung der ausländisch-polnischen Saisonarbeiter war aber nicht nur die zunehmende „Leutenot" als Folge des Strukturwandels in der Landwirtschaft des preußischen Nordostens ausschlaggebend, sondern auch die wirtschaftlichen und sozialen Verhältnisse in den angrenzenden Gebieten Russisch-Polens und Galiziens.[23] Relativer Bevölkerungsüberschuß, ein wachsendes Heer landloser Proletarier, denkbar niedrige Löhne und Lebenshaltung bei einer durch noch stark vorindustrielle Lebensformen und Sozialbeziehungen und extensive Produktionsformen bestimmten sowie extrem auf Großgrundbesitz basierenden Landwirtschaft kennzeichneten zusammengefaßt diese an den preußischen Osten angrenzenden Gebiete und setzten das in Preußen so ausgeprägte soziale West-Ost-Gefälle nach Osten hin weiter fort. Hier gab es eine schier unerschöpfliche Reserve an Arbeitskräften für die ostdeutschen Großgrundbesitzer, die immer starker über Arbeitskräftemangel klagten und dabei vor allem nach Saisonarbeitern verlangten.

Und tatsächlich wurde gegen Ende der 80er Jahre der Ruf nach Wiederzulassung ausländisch-polnischer Arbeiter in der ostdeutschen Landwirtschaft sowie in der schlesischen Industrie wieder lauter und weitete sich nachgerade zu einer regelrechten Kampagne der landwirtschaftlichen Interessenorganisationen für die Aufhebung des Zuwanderungsverbots aus. Denn seit die erhöhte Nachfrage nach Arbeitskräften nicht mehr mit dem Zustrom ausländischer Wanderarbeiter ausgeglichen werden konnte, hatten sich auch in der ostdeutschen Landwirtschaft die Marktkräfte zu regen begonnen. Einheimische Arbeitskraft wurde stärker nachgefragt als angeboten und also teurer, was den Lohnkostenanteil in der Landwirtschaft erhöhte; zunächst wurden die noch extensiv produzierenden Großgüter von den höhere Löhne zahlenden Betrieben, die auf Intensivierung und auf Saisonalisierung umgestellt hatten, bedrängt, die sich dann selbst wiederum durch den Lohndruck der Industrie zu Lohnerhöhungen gezwungen sahen, um ihre Arbeiter zu halten. „Die intensiv wirtschaftenden Landwirte der östlichen Provinzen ruinieren daher bei ferner ausbleibendem Zuzug russisch-polnischer Arbeiter und bei fernerem Zunehmen der Sachsengängerei mit ihren lockenden hohen Geldlöhnen zunächst die ... extensiv wirtschaftenden Landsleute und würden demnächst durch die Unfähigkeit, ihre Geldlöhne bis zur Höhe der im Westen üblichen Löhne steigern zu können, selbst ruiniert werden", erklärten die Oberpräsidenten von Danzig und Posen im Herbst 1890.[24] Die Beschäftigung polnischer Arbeiter aber würde diesen Lohndruck durch das dadurch entstehende potentielle Überangebot an Arbeitskraft senken. Diese Argumentation der ostdeutschen Großagrarier faßte der Regierungspräsident von Oppeln im Herbst 1890 treffend zusammen: „Alle diese Verhältnisse führen mit zwingender Notwendigkeit dazu, darauf bedacht zu nehmen, daß der Landwirtschaft wieder billigere Arbeitskräfte zugeführt werden . . . Es bleibt nichts übrig, als die gesperrten Grenzen wieder zu öffnen und den russisch-polnischen sowie den galizischen Arbeitern wieder Zutritt zu gewähren, welche bei ihrer Anspruchslosigkeit und ihrem Fleiß der Landwirtschaft eine wesentlich nachhaltige Hilfe zu gewähren im Stande sind."[25] Im März 1890 richtete dann der Zentralverein ostpreußischer Landwirte ein Gesuch an Reichskanzler Caprivi mit der Bitte, „es hochgeneigt gestatten zu wollen, daß russische Arbeiter vorübergehend in Preußen in einer für den landwirtschaftlichen Betrieb auskömmlichen Zeit beschäftigt werden dürfen".[26]

Reglementierung der „Ausländerzufuhr"

Die nationalpolitischen Vorbehalte gegen eine Wiederzulassung der Auslandspolen aber bestanden auf Seiten der Regierung nach wie vor, vor allem beim preußischen Kulturminister von Gossler, der noch schärfere Kontrollmaßnahmen gegen die Zuwanderung russisch-polnischer Arbeitskräfte nach Preußen befürwortete.[27] Infolgedessen kamen in der Öffentlichkeit Überlegungen auf, ob nicht statt der „volkspolitisch" so gefährlichen Polen andere Arbeitskräfte herangezogen werden könnten, die gleichermaßen billig und anspruchslos, aber schon durch ihre offenbare Fremdartigkeit nicht in der Lage waren, sich der deutschen Bevölkerung zu assimilieren und so deren „kulturelles Niveau" zu gefährden — es entstand eine ziemlich skurrile Debatte um die „Einfuhr von chinesischen Kulis" für die Arbeit in der ostdeutschen Landwirtschaft.[28] Tatsächlich diente die Forderung nach „Kulis" wohl aber in erster Linie dazu, Druck auf die preußische Regierung auszuüben, das Zuwanderungsverbot von Polen aufzuheben und die „patriotischen" Bedenken gegenüber wirtschaftlichen Erfordernissen zurückzustellen. Diese „patriotische" Argumentation antizipierend — und um selbst nicht als „unpatriotisch" zu gelten — forderten die ostdeutschen Großagrarier denn auch keine vollständige Öffnung des preußischen Arbeitsmarktes für ausländischpolnische Arbeitskräfte, sondern eine lediglich saisonale Zuwanderungserlaubnis mit strenger staatlicher Reglementierung, wie es etwa in einem Schreiben des westpreußischen Zentralvereins vom Februar 1890 an Bismarck zum Ausdruck kam, in dem die „einmütigste, dringendste Bitte" geäußert wurde, „unter den der königlichen Staatsregierung notwendig erscheinenden Kautelen während der Sommermonate die Öffnung der östlichen Grenze für ländliche Arbeiter aus Russisch-Polen gestatten zu wollen".[29]

Gleichzeitig wurde darauf hingewiesen, daß unter den jetzigen Bedingungen der illegale Zufluß russisch-polnischer Arbeiter kaum kontrollierbar sei. Der preußischen Regierung lagen zahlreiche Berichte vor, nach denen im Osten des Reiches Polen aus Rußland „massenweise" illegal einwanderten und von den Gutsbesitzern beschäftigt wurden, die ebenso wie „selbst Gemeinde-, Guts- und Amtsvorsteher" lieber bestraft würden als auf die billigen Arbeiter zu verzichten.[30] Der Druck der ostdeutschen Großagrarier war im Sommer 1890 so groß geworden, daß sich die Regierung Caprivi gezwungen sah, einerseits den Interessen der staatstragenden Gutsbesitzerklasse entgegenzukommen, ohne andererseits die „nationalpolitischen" Bestrebungen gegen eine „Polonisierung" Preußens zu vernachlässigen. Es mußte also zum einen gewährleistet werden, daß das Reservoir an Arbeitskräften aus Russisch-Polen und Galizien zur Saisonarbeit auf den ostdeutschen Gütern wieder zur Verfügung stand, zum anderen mußte aber deren Seßhaftmachung ebenso verhindert werden wie ihre Weiterwanderung in die Industrie des preußischen Westens, weil dies das Syndrom aus Abwanderung, Lohndruck und „Leutenot" noch verschärft hätte und weil die Zusammenführung von „Inlandspolen" und „Auslandspolen" in den Zechen und Fabriken etwa des Ruhrgebiets als erhebliche nationale Gefahr angesehen wurde.[31] Drittens schließlich mußten saisonale Zu- und Abwanderung von den Behörden genauer kontrolliert werden — schon um die vorher genannten Zielsetzungen gewährleisten zu können, aber auch, um die Zufuhr an ausländischpolnischen Arbeitern dem Bedarf der ostdeutschen Landwirtschaft entsprechend dosieren zu können.

Mit Erlassen vom November und Dezember 1890 entstand dann jener Kompromiß, der diese verschiedenen Interessenlagen vereinheitlichen sollte:[32] danach wurden — zunächst versuchsweise für drei Jahre — polnische Arbeiter aus Rußland und Galizien in den landwirtschaftlichen und industriellen Betrieben der preußischen Ostprovinzen zugelassen; allerdings galt das nur für Unverheiratete, um die Seßhaftmachung von Familien zu verhindern. Vor allem aber war diese Zulassung auf die Zeit vom 1. April bis zum 15. November beschränkt (später wurden die Zulassungszeiten etwas verlängert). Durch diese Einführung einer „Karenzzeit", wonach die polnischen Arbeitskräfte Preußen nach Ende der Arbeitssaison im Winter zu verlassen hatten, wurde der antipolnischen „Abwehrpolitik" im deutschen Osten Rechnung getragen; die jährliche Zwangsrückführung der polnischen Arbeiter, so wurde im preußischen Innenministerium ausdrücklich festgestellt, sei „das einzige Mittel, den ausländischen Arbeitern und auch der heimischen Bevölkerung immer wieder zum Bewußtsein zu bringen, daß sie nur geduldete Fremdlinge seien und ihre dauerhafte Seßbarmachung ausgeschlossen sei. Dadurch allein könne es vermieden werden, daß die ausländisch-polnischen Arbeiter zu einer Eheschließung mit einer deutschen Staatsangehörigen und Gründung einer Familie schritten, die natürlich dann der Ausweisung ebenso anheim falle wie der Ehegatte und Vater".[33] Darüber hinaus half aber diese rechtliche Fixierung der Saisonarbeit auch, die Lohnkosten der landwirtschaftlichen Arbeitgeber erheblich zu senken und die Anpassung der Beschäftigungszahlen an den jeweiligen Arbeiterbedarf des einzelnen Unternehmers abzusichern. Im April 1891 wurden diese Bestimmungen in spezifizierter Weise auf die übrigen preußischen Gebiete ausgedehnt: Danach durften Auslandspolen in den mittleren und Westprovinzen nur in der Landwirtschaft beschäftigt werden, vor allem um ein Zusammentreffen von ausländisch- und inländisch-polnischen Industriearbeitern zu verhindern. In der Folge der Wiederzulassung von polnischen Arbeitskräften nahm ihre Zahl vornehmlich in den vier preußischen Ostprovinzen rasch zu — schon 1892 wurden hier 21.367 ausländisch-polnische Saisonarbeiter gezählt.[34]

Zwischen 1871 und 1910 stieg die Zahl der Ausländer im Deutschen Reich von etwa 206.000 bei der Reichsgründung (0,5 % der Gesamtbevölkerung) auf 1,259 Mio. im Jahre 1910 (1,9 %). (Tab. 1, S. 25)

Allerdings ist, was die Genauigkeit dieser Zahlen angeht, Vorsicht geboten; denn erstens geben sie jeweils den Stand vom 1. Dezember eines jeden Jahres an, so daß ein Teil der rückkehrpflichtigen Saisonarbeiter nicht mehr enthalten ist. Zum anderen sind die statistischen Grundlagen gerade im 19. Jahrhundert, soweit sie Ausländer betreffen, noch recht unsicher. Jedoch kann man mit einiger Bestimmtheit verschiedene Trends

Tab. 1: Ausländer im Deutschen Reich, 1871 bis 1910[35]

Staaten	1871	1880	1885	1890	1895	1900	1905	1910
Österreich-Ungarn	75.702	117.997	156.762	201.542	222.952	390.964	525.821	667.159
Rußland	14.535	15.097	26.402	17.107	26.559	46.967	106.639	137.697
Italien	4.019	7.115	9.430	15.570	22.693	69.738	98.165	104.204
Schweiz	24.518	28.241	34.904	40.027	44.875	55.494	62.932	68.257
Frankreich	4.671	17.273	24.241	19.659	19.619	20.478	20.584	19.140
Luxemburg	4.828	7.674	9.310	11.189	11.755	13.260	14.169	14.356
Belgien	5.097	4.561	6.638	7.312	8.947	12.122	12.421	13.455
Niederlande	22.042	17.598	27.191	37.055	50.743	88.085	100.997	144.175
Dänemark	15.163	25.047	33.134	35.924	28.146	26.565	29.231	26.233
Schweden		8.483	10.943	10.924	8.937	9.622	8.932	9.675
Norwegen	12.345	1.416	1.727	2.012	2.154	2.715	2.921	3.334
Großbritannien u. Irland	10.105	10.465	13.959	14.713	15.290	16.130	17.253	18.319
Übriges Europa	1.177	1.414	2.139	2.322	3.316	5.011	7.114	10.044
Vereinigte Staaten	10.698	9.046	12.685	14.074	15.788	17.419	17.184	17.572
Sonstige fremde Staaten	1.855	4.630	3.327	3.824	4.416	4.167	4.197	6.253
Reichsausländer überhaupt	206.755	276.057	372.792	433.254	486.190	778.737	1.028.560	1.259.873
1871 = 100	100	133	180	209	235	376	497	609
in % der Gesamtbevölkerung	0,5	0,6	0,8	0,9	0,9	1,4	1,7	1,9

Tab. 2: Ausländische Beschäftigte in Landwirtschaft, Industrie und Handel (12. Juni 1907)[36]

| Zahl der überhaupt Erwerbstätigen | Davon geboren in einem außerdeutschen Staate | | Von den Reichsausländern waren geboren in: | | | | | | | | | | | |
	Zahl/% aller Ausländer	% der Erwerbstätigen	Rußland (in Europa und Asien)	Österreich Ungarn einschließlich Liechtenstein, Bosnien und Herzegowina	Schweiz	Italien	Frankreich	Luxemburg	Belgien	Niederlande	Dänemark	Schweden	Norwegen	Großbritannien
A. Landwirtschaft, Gärtnerei und Tierzucht, Forstwirtschaft und Fischerei														
9.883.257	294.893 (33,4 %)	2,98	156.847	98.155	9.634	971	3.401	1.541	968	14.272	4.332	1.213	49	269
B. Industrie, einschließlich Bergbau und Baugewerbe														
11.256.254	500.953 (56,7 %)	4,48	45.439	243.454	17.144	124.031	7.263	3.643	4.539	34.851	6.255	2.820	739	1.946
C. Handel und Verkehr, einschließlich Gast- und Schankwirtschaft														
3.477.626	86.469 (9,8 %)	2,48	10.040	38.784	4.778	4.554	3.088	1.089	1.263	7.657	2.459	2.204	849	3.369
Zusammen: 24.617.137	882.315	3,58	212.326	380.393	31.556	129.556	13.752	6.273	6.770	56.780	13.046	6.237	1.637	5.584
in % aller Ausländer	100		24	43,1	3,6	14,7	1,5	0,7	0,8	6,4	1,5	0,7	0,2	0,6

festhalten: etwa die Hälfte aller Ausländer stammte während des gesamten Zeitraumes aus Österreich-Ungarn; auffällig stark nahm während dieser Zeit die Zahl der aus Rußland, Italien und den Niederlanden stammenden Ausländer zu — 1910 stellten diese vier Nationalitätengruppen 83 % der nichtdeutschen Bevölkerung. Die Volks- und Berufszählung von 1907 gibt die Möglichkeit, die Zahlen der ausländischen Beschäftigten näher aufzuschlüsseln. (Tab. 2, S. 27)

Mehr als die Hälfte aller beschäftigten Ausländer in Deutschland arbeitete zu dieser Zeit in der Industrie, ein Drittel in der Landwirtschaft. Zwei Drittel der ausländischen Arbeitskräfte stammte aus Rußland und Österreich-Ungarn. Nur 29 % der ausländischen Arbeiter aus Rußland, Italien und Österreich-Ungarn aber waren in einer „gelernten" Stellung beschäftigt — gegenüber 54 % bei den Deutschen. Wie sehr sich die durch die Karenzzeitbestimmung erzwungene Zwangsrotation der ausländisch-polnischen Arbeiter auf die jährlichen Zu- und Abwanderungen auswirkten, zeigt eine letzte Statistik in diesem Zusammenhang.

Tab. 3: Ausländische Arbeiter in Preußen 1906, 1910, 1913[37]

| Jahr | | Ausländer insgesamt | | | davon |
		Landwirt-schaft	Industrie	zusammen	Polen
1906	Zugang	236.068	369.271	605.339	210.692
	Abgang	203.030	183.584	386.614	194.939
	Bestand	33.038	185.687	218.725	15.754
1910	Zugang	338.313	451.876	790.189	253.935
	Abgang	293.258	205.519	498.777	249.908
	Bestand	45.055	246.357	291.412	4.027
1913	Zugang	364.633	551.371	916.004	270.496
	Abgang	309.551	245.983	555.494	267.283
	Bestand	55.122	305.388	360.510	3.213

1906 machten die ständig in Preußen lebenden Auslandspolen ganze 7 % der jährlichen polnischen Zuwanderung aus, bei den nichtpolnischen Ausländern hingegen 53 %; 9 von 10 Auslandspolen verließen regelmäßig im Spätherbst das preußische Gebiet, um im Frühjahr zurückzukehren und sich erneut als Saisonarbeiter auf den Gutshöfen vor allem des preußischen Ostens bis zum nächsten Herbst zu verdingen.

Mehr als die Hälfte der ausländischen Arbeiter waren also in der Industrie beschäftigt, etwa ein Drittel in der Landwirtschaft. Und doch konzentrierte sich nach Wiederzulassung der Polen die politische Debatte um die Ausländerbeschäftigung in Deutschland vorwiegend auf den Agrarsektor, vor allem deshalb, weil hier in erster Linie die als nationalpolitisch für so gefährlich gehaltenen Polen beschäftigt waren und den Germanisierungsbestrebungen in den annektierten polnischen Gebieten dadurch entgegengearbeitet zu werden schien. Trotz der einschränkenden Bestimmungen des Rückkehrzwangs und der Beschäftigungsbeschränkung auf Ledige stellte die Wiederzulassung der Auslandspolen doch einen Verstoß gegen die antipolnische Nationalitätenpolitik der preußischen Regierung dar — und wurde von den nicht unmittelbar an die Interessen der Großagrarier gebundenen Konservativen und Nationalliberalen auch so empfunden: so entwickelte sich der Streit um die polnischen Saisonarbeiter bis zum Kriegsbeginn 1914 zu einem Dauerbrenner der preußisch-deutschen Innenpolitik, bei dem sich wirtschaftliche Interessen und nationalpolitische Prinzipien in wechselnden Argumentationslinien einander gegenüberstanden.[38] Ausgangspunkt der Kritik an der Zulassung ausländisch-polnischer Arbeiter war dabei die Beobachtung der stark zunehmenden Abwanderung deutscher und inländisch-polnischer Landarbeiter in die Industrieregionen des preußischen Westens, die als unmittelbare Folge der Zuwanderung von Auslandspolen interpretiert und als Beleg für die „Überfremdung" des preußischen Ostens angesehen wurde. Am präzisesten ist diese Auffassung bei Max Weber in seinen großen Analysen über die ländliche Arbeitsverfassung formuliert, die er 1892 und 1893 auf der Basis einer Enquete des Vereins für Sozialpolitik über die wirtschaftliche und soziale Entwicklung im preußischen Nordosten verfaßte.[39]

In Webers Interpretation der Ergebnisse der Landarbeiter-Enquete mischten sich Elemente sozialwissenschaftlicher Analyse mit durchaus nationalistischen Überzeugungen; dabei lassen sich mindestens vier Aspekte voneinander unterscheiden.

— Zum einen beschreibt er den gesamten Aus-, Ab- und Zuwanderungsprozeß in Ostdeutschland als Folge des ökonomischen und sozialen Strukturwandels der ostelbischen Landwirtschaft; in diesem Punkt ist Webers Analyse auch aus heutiger sozialhistorischer Sicht unüberholt.

— Darüber hinaus postuliert er einen unmittelbaren, kausalen Zusammenhang zwischen der Zuwanderung von Auslandspolen und der Abwanderung der Einheimischen, der mit dem Begriff „Verdrängungstheorie" zusammengefaßt werden kann: nicht die Aus- und Abwanderung preußischer Staatsbürger und die damit verbundene Leutenot auf den Großgütern habe die stärkere Heranziehung polnischer Saisonarbeiter zur Folge, sondern umgekehrt seien es die Auslandspolen, die aufgrund ihrer niedrigeren „Kulturstufe", Anspruchslosigkeit und Billigkeit den deutschen Landarbeitern von den Arbeitgebern vorgezogen würden und jene dadurch nach Westen abdrängten.[40] Diese These Webers, die Auslandspolen verdrängten die Deutschen aus den ostpreußischen Bezirken, fand weite Verbreitung und wurde in der Folgezeit von Weber-Adepten beständig verschärft.[41] So schrieb etwa Knoke 1911 in ausdrücklichem Bezug auf die Landarbeiter-Enquete: „Die deutschen Landarbeiter sind vollständig schutzlos dem Ansturm der Ausländer preisgegeben ... In der östlichen Landwirtschaft z. B. sind, wie die Enquete des Vereins für Sozialpolitik nachgewiesen hat, die ansässigen Arbeiter vielfach zur Hälfte durch Wanderarbeiter ersetzt worden, die unverheirateten Leute wanderten infolge dessen zu den Städten ab ... Die Ausländer, besonders die Russisch-Polen haben die Übermacht gewonnen, während das Stärkeverhältnis der Inländer inklusive der Deutsch-Polen beinahe auf die Hälfte herabgesunken ist. Die aus der östlichen Landwirtschaft durch die Massen der Ausländer verdrängten Landarbeiter gehen zur Industrie des Westens über oder zu Kanal-, Wege- und Eisenbahnbauten, wo sie dann im Verein mit den Ausländern wieder einen Druck auf die dortigen ansässigen deutschen Arbeiter ausüben. Den deutschen Arbeitern entsteht aus der Zulassung der Fremden nicht allein eine wirtschaftliche Gefahr, sondern auch eine Bedrohung des Lebens und der Gesundheit infolge der unhygienischen Lebensgewohnheiten und der Betriebsunkenntnis der Ausländer ... M. E. sind die Wanderungen für Deutschland höchst verderblich, und ich halte es für die Pflicht aller beteiligten Kreise, auf Abhilfe zu dringen, mit aller Kraft und Energie die Wanderarbeit zu bekämpfen, und, wenn möglich, ganz zu beseitigen."[42]

Diese nationalistische Argumentation setzte sich auch über die Zeit des Ersten Weltkrieges hinweg fort und wurde später nachgerade zu einem der Grundelemente rechtsradikaler Agitation gegen die „Überfremdung" Deutschlands vor allem durch Polen. Tatsächlich aber ist aus historischer Perspektive die „Verdrängungstheorie" nicht haltbar; sie beruhte außer auf nationalistischen und sozialdarwinistischen Überzeugungen vor allem auf der Unterschätzung des wirtschaftlichen und sozialen Strukturwandels der preußisch-deutschen Gesellschaft im Gefolge der Industrialisierung als grundlegende und unumkehrbare Entwicklung. Die Zuwanderung ausländisch-polnischer Saisonarbeiter war dabei ein Element innerhalb dieses Strukturwandels, das sich als Folge des Zerfalls der alten gutsherrlichen Ordnung auf diesen wiederum beschleunigend auswirkte, wie Klaus J. Bade zusammenfassend betont: „Die kontinentale Zuwanderung tendierte auf dem landwirtschaftlichen Arbeitsmarkt des nordöstlichen Aus- und Abwanderungsraums dahin, die Ursachen weiterzutreiben, deren Folge sie war, weil sie die Schubkraft jener strukturellen Faktoren verstärkte, die entscheidend waren für die Soziogenese latenter Wanderungsbereitschaft und wanderungsbestimmender Kollektivmotivationen bei der einheimischen Landarbeiterschaft: Die Saisonalisierung der Lohnkosten und der Betriebsrechnung verschärfte die Saisonalisierung von Arbeitsmarkt und Erwerbsangebot, die in Wechselwirkung stand mit Intensivierung der Bodenkultur, Rationalisierung der Produktionsorganisation und Verfall der gutswirtschaftlichen Arbeits- und Sozialordnung."[43]

— Damit in engem Zusammenhang steht die von Weber angesprochene und gleichfalls in der zeitgenössischen Öffentlichkeit verbreitete These vom Druck der ausländischen Arbeiter auf das deutsche Lohngefüge. Da die Auslandspolen auf niedrigerer Kulturstufe stünden und also bedürfnisloser seien als Deutsche, so wurde argumentiert, seien sie mit geringeren Löhnen zufriedenzustellen, was die deutschen und preußisch-polnischen Landarbeiter vor die Alternative stelle, sich entweder ebenfalls mit niedrigeren Löhnen zufriedenzugeben oder in die Industrie des Westens abzuwandern. Darüber wurde aus verschiedenen Lagern mit unterschiedlichen Intentionen heftig geklagt: Die deutschen Gewerkschaften und die Sozialdemokratie kritisierten die Benutzung der Ausländer durch die Großagrarier und Fabrikanten als Lohndrücker und forderten gleichen Lohn für alle Arbeitskräfte unabhängig von der Nationalität.[44] Aus nationalistischer Sicht wurde die „Lohndruck"-These in Verbindung gebracht mit der „Verdrängungstheorie": Durch die ausländische Konkurrenz zu niedrigeren Löhnen gezwungen, wanderten die einheimischen Arbeiter nach Westen ab und beförderten dabei die weitere „Polonisierung" des Ostens. Ein Blick auf entsprechende Lohnstatistiken aber zeigt, daß das anfänglich nach der Wiederzulassung von Auslandspolen 1891 sich herstellende Lohngefälle zwischen einheimischen und ausländischen Arbeitskräften nach einigen Jahren nach oben ausgeglichen wurde.[45] Es wurde sogar darüber geklagt, daß die ausländischen Saisonarbeiter zuweilen mehr verdienten als das einheimische Gesinde.[46] Die Hereinnahme von anspruchslosen polnischen Landarbeitern wirkte jedoch insofern lohndrückend, als dadurch das Lohngefüge bei den schlecht bezahlten Landarbeitern stabilisiert wurde; ohne zusätzliche Arbeitskräfte hätten angesichts des „Leutemangels" die Löhne sonst steigen müssen. Vorteile entstanden den Bauern und Gutsbesitzern durch die Beschäftigung von Polen aber auch noch in anderen Bereichen, weil, wie Knoke feststellte, „die Wanderarbeiter dem Unternehmer für das ganze Jahr berechnet in jedem Falle weit geringere Kosten verursachten als die ansässigen heimischen Arbeiter. Die große Arbeiterschar der Polen, Ruthenen usw. auf den großen Gütern bewältigt die landwirtschaftlichen Sommerarbeiten in verhältnismäßig kurzer Zeit."[47] Im Winter hingegen konnten die anfallenden Arbeiten von wenigen Knechten und Gutstagelöhnern erledigt werden.

Auch der weitgehende Wegfall der bei einheimischen Arbeitern fälligen Sozialleistungen war hier ein positiv zu Buche schlagender Faktor. In den ausländischen Wanderarbeitern, führte ein österreichischer Delegierter bei einer Fachtagung 1910 aus, stünden dem Deutschen Reich Arbeitskräfte zur Verfügung, „welche es bei Unfällen mit einer dreijährigen Rente abfindet, gegen Invalidität und auch Alter gar nicht oder nur ungenügend im Krankheitsfalle zu versichern braucht."[48] Hinzu kam noch der hohe Anteil an beschäftigten Frauen und Kindern unter den auslandspolnischen Zuwanderern, die erheblich billiger waren als Männer. Da sie aber nicht im Familienverband, sondern einzeln angeworben wurden, fielen die leistungshemmenden Faktoren, wie sie bei einheimischen Arbeiterinnen, die außer der Landarbeit auch noch die Hausarbeit zu verrichten hatten, als Begründung für ihre schlechte Bezahlung dienten, hier weg — ausländische Frauen waren bei den Großlandwirten und Fabrikanten einzelner Gewerbe (z. B. bei Ziegeleien) begehrte Arbeitskräfte, die besser als deutsche Frauen, aber bedeutend schlechter als ausländische und deutsche Männer bezahlt wurden.[49]

Die zunehmende Beschäftigung von Auslandspolen vor allem in der ostdeutschen Großlandwirtschaft in saisonalem Geldakkord beschleunigte die Saisonalisierung des landwirtschaftlichen Arbeitsmarktes insgesamt — für die auf regelmäßige Lohnzahlungen und dauerhafte Arbeitsplätze angewiesene einheimische Landbevölkerung führte das trotz z. T. steigender Löhne aufs ganze Jahr berechnet zu Lohnverfall.

— Die Forderung „des absoluten Ausschlusses der russisch-polnischen Arbeiter aus dem deutschen Osten", die Weber aufgestellt hatte und die von der politischen Rechten mit dem Schlagwort „Deutschland den Deutschen" in zugespitzter Weise aufgegriffen worden war, traf in der für nationalistische Kraftmeierei sehr empfänglichen Gesellschaft des späten Kaiserreichs auf Zustimmung weit über die Kreise der Alldeutschen und Kolonialbegeisterten hinaus; selbst Sozialdemokraten wie Franz Laufkötter polemisierten in den *Sozialistischen Monatsheften* gegen die „Überschwenglichkeiten eines Internationalen, der jeden Ausländer, und sei es der schmierigste Chinese oder der unkultivierteste Botukude, in schwärmerischer Begeisterung an sein Herz drückt".[50] In bürgerlichen wie in konservativ-agrarischen Kreisen der deutschen Gesellschaft war dabei vor allem die Furcht vor „volkstumspolitischen Gefahren" infolge der Ausländerzuwanderung weit verbreitet. Auf dem sechsten Arbeitsnachweiskongreß in Breslau 1910 faßte der Leipziger Professor Stieda in seinem Einführungsvortrag diese Befürchtungen so zusammen: „Es mag chauvinistisch klingen ‚Deutschland den Deutschen'. Aber es soll nicht chauvinistisch sein, und es steckt in diesen Worten eine Wahrheit, deren Verkennung sich bitter rächen wird, falls die Zuwanderung in dem gleichen Tempo weiter geht. Lassen wir ausländische Arbeiter in demselben Maße nach dem Belieben der Unternehmer zu, so gehen wir ernsten Gefahren entgegen. Denn die Vermischung mit all diesen fremden Elementen kann für die Reinheit der germanischen Stämme nur verhängnisvoll sein. Möge die Vorsehung Deutschland davor bewahren, seine eigenen Landeskinder zu Gunsten fremder Staatsangehöriger verkümmern zu sehen!"[51]

Von solchen Positionen reichte die Bandbreite der eine Zuwanderung von Ausländern ablehnenden Stimmen bis hin zu wilden Eruptionen von Fremdenfeindlichkeit und Rassismus — nicht nur gegenüber den Polen, sondern auch gegenüber anderen Ausländergruppen. So kommentierte etwa die *Rheinisch-Westfälische Zeitung* einen Mordprozeß gegen drei Kroaten in Bonn im Oktober 1907 und wies dabei hin „auf die Gefahren der Heranziehung von Arbeitern von ausländischen, sittlich und in krimineller Hinsicht tiefstehenden Nationen und Rassen", denn anhand der in Bonn verhandelten Vorfälle werde deutlich, „daß die Überschwemmung unserer deutschen Lande mit Ausländern minderwertigen Charakters in den besonders betroffenen Gebieten zu einem Grade allgemeiner Unsicherheit geführt hat, der sich mit dem Wesen eines Kulturstaates nicht verträgt, . . . die ungebändigte Rohheit, die ungesittete Verworfenheit und die zügellose Leidenschaft dieser Sendlinge fremder Völkerschaften werden überall da, wo sie mit den sittlich zweifelhaften Elementen des eigenen Völkes zusammentreffen, jeden Rest einer guten Eigenschaft bei diesen verderben und die Gefahr einer allgemeinen Verwilderung vergrößern . . . Die Revolverhelden und Messerstecher befinden sich in erster Linie unter den Italienern, und die wahren Strolche und Mordgesellen befinden sich dann unter jenen Gesellen, die, oft unter der Flagge als Österreicher segelnd, aus Galizien, Kroatien und anderen an der Schwelle des Balkans liegenden Landstrichen stammen und ihre in Jahrhunderten erworbenen konservierten Totschlägerinstinkte nun nach Westfalen und an den Rhein einschleppen . . . Es ist Zeit, ernstlich für Abhilfe zu sorgen. Wir müssen solche Elemente unserem Volkskörper fernhalten und da, wo sie sind, ausmerzen."[52]

Es gibt wenig Anhaltspunkte dafür, wie verbreitet solche Positionen über die extrem nationalistischen Kreise des „Alldeutschen Verbands" hinaus in der Bevölkerung waren; sicher ist, das zeigt die Häufigkeit der manchmal wie stereotype Einleitungsformeln wirkenden Warnungen vor der „Überschwemmung durch Ausländer" in der Publizistik und der zeitgenössischen Literatur, daß die „patriotischen" Bedenken gegen die Zulassung ausländischer Arbeiter weithin — bis hin zum rechten Flügel der Sozialdemokraten — geteilt wurden.[53]

Gegen die verschiedenen Ausprägungen der „nationalen" Argumente gegen die Ausländerzulassung aber sprachen eindeutig wirtschaftliche Interessen. „Gegen zwingende wirtschaftliche Bedürfnisse komme man mit polizeilichen Maßregeln nicht auf", hatte es schon in der Sitzung im

Preußischen Staatsministerium am 11. November 1890 geheißen, in der die Wiederzulassung der Polen beraten worden war.[54] Und der erwähnte Leipziger Professor Stieda faßte die Vorteile der Ausländerbeschäftigung für die Arbeitgeber so zusammen: „Sie bevorzugen die Ausländer, weil sie mit ihnen leichter fertig werden, ihnen längere Arbeitszeiten, mehrfach auch niedrigere Löhne zumuten können. Die Ausländer sind zufriedener und gefügiger als die deutschen Arbeitskameraden. Kriegen sie je einmal Lust sich ebenfalls an Arbeitseinstellungen, die jene in Szene setzen, zu beteiligen, so werden sie als lästige Ausländer über die Grenze abgeschoben. Ein preußischer Gutsbesitzer (von Below-Saleske) hat das gelegentlich eines Vereinstages der Pommerschen Landwirtschaftskammer (29. Novbr. 1906) mit anerkennenswerter Offenheit ausgesprochen: ‚Daß mancher‘, sagte er, ‚zur Zeit lieber mit Russen, Polen oder Galiziern arbeitet als mit heimischen Arbeitern, weiß ich wohl und kann es bis zu einem gewissen Grade auch verstehen. Im Sommer flotte Arbeit, mit allem bei Zeiten fertig, Mieten und Scheunen noch flugs ausgedroschen und dann fort mit der Gesellschaft. Im Winter braucht man dann nur Leute zum Viehfüttern und Dungausfahren, hat keine Scherereien mit Leuteland, Deputat, Wohnungen usw.‘ . . . Auch ist für die Landwirtschaft, obwohl hohe Vermittlungsgebühren gezahlt werden müssen und die Löhne kaum geringer sind, die Verwendung von Ausländern schließlich deshalb doch das billigste System, weil alle Schul-, Kirchen- und Armenlasten gegenüber den Ausländern in Wegfall kommen. Die Gesamtkosten eines deutschen Schnitters wurden in Mecklenburg auf 527 M. oder 2 M. 68 Pfg. pro Arbeitstag berechnet, für einen Polen berechnet sich der Betrag auf 485 M. oder 2 M. 49 Pfg. pro Tag. Für Frauen auf 460 M. oder 2 M. 24 Pfg..‘[55]

Außer den wirtschaftlichen Vorteilen wurden auch arbeitspädagogische Aspekte ins Feld geführt; die vermehrte Zulassung von Polen könne nämlich dem übertriebenen Anspruchsdenken der einheimischen Arbeiterschaft Einhalt gebieten: „Wer die Leute kennt", berichtete der Abgeordnete Szmula vor dem preußischen Abgeordnetenhaus im Mai 1899, „den niedrigen geistigen Standpunkt, auf dem sie sich befinden, die Hälfte von ihnen kann kaum lesen und schreiben, die Leute denken an nichts anderes als an ihre Arbeit, ihren Verdienst, es sind die ordentlichsten Leute der Welt, die unseren Leuten absolut als Vorbild dienen könnten", und ein Zentrumsabgeordneter erklärte auf der gleichen Sitzung über die „Leutenot", „daß das einzig wirklich große Mittel ist, daß, nachdem überhaupt der Umfang der Not feststeht, auch einer gewissen Vermehrung der Bevölkerung durch Einwanderung vom Osten her Platz gegeben wird. Es würde das gleichkommen der Schaffung eines anspruchsloseren Arbeiterstandes, und ich glaube, daß das von eminenter Wichtigkeit ist."[56]

Zentralisierung und Kontrolle:
die Verstaatlichung der Ausländeranwerbung

Dieser „Schaffung eines anspruchsloseren Arbeiterstandes" aber standen einige Entwicklungen in der Praxis der Polenbeschäftigung entgegen, die für die Großgrundbesitzer Anlaß zu heftigen Beschwerden waren. Wenn sie sich auch mit Händen und Füßen gegen jede Einschränkung der Zufuhr von Ausländern wehrten, so plädierten sie doch für erhebliche Verschärfungen bei den arbeits- und polizeirechtlichen Bestimmungen für die Auslandspolen — Anlaß dafür war vor allem die Häufung des sogenannten „Kontraktbruchs". Denn so wie die Abwanderung nach Westen für viele einheimische Landarbeiter die individuelle Reaktion auf die Verschlechterung ihrer Lebensverhältnisse darstellte, so war das Verlassen der Arbeitsstelle für inländische und ausländische Saisonarbeiter der am häufigsten gewählte Weg des Protests gegen schlechte Arbeits- und Lebensbedingungen, gegen Nichteinhaltung von beim Kontraktabschluß gemachte Versprechungen oder erniedrigende Behandlung. Da es ein Koalitions- und Streikrecht für die Landarbeiter nur formal, faktisch aber nicht gab und die Versuche der organisierten Arbeiterbewegung, unter den Landarbeitern Fuß zu fassen, bei den ausländischen Arbeitskräften noch weniger Erfolge zeitigten als bei den einheimischen, war das Verlassen des Arbeitgebers und die Arbeitsaufnahme bei einem anderen die naheliegendste und erfolgversprechendste Möglichkeit für die polnischen Saisonarbeiter, ihre individuelle Lage auf individuelle Weise zu verbessern. Von zeitgenössischen Autoren wurde das Ausmaß des „Vertragsbruchs" in Pommern in den Jahren 1906 bis 1907 bei russisch-polnischen Arbeitern mit 13,5 bis 15,4 %, bei galizisch-polnischen mit 20 bis 23,5 % beziffert; insgesamt lag die Rate der Kontraktbrüchigen unter den deutschen und ausländischen Wanderarbeitern jährlich bei etwa 10 %.[58]

Schon seit langem war der Kontraktbruch eine verbreitete Form der sozialen Auseinandersetzungen auf dem Lande zwischen Gutsbesitzer und Landarbeiter gewesen; Kaerger etwa berichtete schon 1890 von Fällen der „Inscenierung eines förmlichen Streiks und eines darauf folgenden Massenabzuges" bei den einheimischen „Sachsengängern": „Dann miethen sich die Leute einfach einen oder mehrere Wagen und ziehen mit Sack und Pack am hellerlichten Tage aus dem Hofe fort. Solche Streiks auf dem Lande sind gar nicht so selten, wie man vielleicht in den Städten, wo man stets nur von gewerblichen Arbeitseinstellungen sprechen wird, zu glauben geneigt ist."[59] Als seit den 90er Jahren die polnischen Saisonarbeiter verstärkt in die ostdeutschen Höfe einrückten, verbreitete sich auch unter ihnen diese Form des ländlichen Klassenkampfes — oft die einzige Möglichkeit, die ihnen zur Verfügung stand, um sich gegen schlechte Arbeitsbedingungen zu wehren. Bei Würdigung der Ursachen des Kontraktbruches gestand selbst das preußische Landwirtschaftsministerium in einem Memorandum ein, „daß der Kontraktbruch von den ausländischen Arbeitern ziemlich allgemein als die gegebene Selbsthilfe und das einzige Auskunftsmittel gegen schlechte Behandlung und Verkürzung seitens der Arbeitgeber angesehen und als ultima ratio auch von den besseren Elementen von vorne herein in Aussicht genommen wird, wenn sie sich für einen ihnen ganz fremden Arbeitgeber anwerben lassen".[60] Und auch Knoke betonte, „daß sich die Arbeiter oft infolge der schlechten Behandlung auf den Gütern geradezu genötigt sehen, ihre Arbeitsstelle zu verlassen. Große Schuld an dem Kontraktbruch der Arbeiter tragen . . . die Agenten oder Vorarbeiter. Die Arbeitgeber selbst erleichtern ihren Arbeitern noch den Kontraktbruch, indem sie die anderswo entlaufenen und kontraktbrüchigen Arbeiter skrupellos annehmen und beschäftigen".[61]

Seit Ende der 90er Jahre forderten die großagrarischen Interessenvertreter mit Vehemenz staatliche Maßnahmen zur Verminderung der Kontraktbrüchigen; zwar versuchten viele Arbeitgeber, auf eigene Faust die Freizügigkeit der Wanderarbeiter zu beschneiden („Zu diesem Zwecke lassen sich die Meister die Pässe und das Reisegepäck von den Arbeitern ausliefern. Die verdienten Arbeitslöhne der ersten Monate oder sogar der ganzen Campagne werden als Kaution z. T. inne behalten."[62]), ihre Vorstellungen gingen aber weiter in Richtung auf ein umfassendes staatliches Kontroll- und Überwachungssystem, das die Freizügigkeit der Ausländer unterband und den Kontraktbruch kriminalisierte.[63] „Der Kontraktbruch der ausländischen Arbeiter hat dieses Jahr derartig zugenommen, daß es für den Arbeitgeber unmöglich geworden ist, unter den jetzt bestehenden gesetzlichen Bestimmungen weiterhin mit diesen Leuten durchzukommen", erklärte etwa der Deutsche Landwirtschaftsrat im Jahre 1907 kategorisch, „es ist dieserhalb unbedingt notwendig, daß Schritte getan werden, die diesem Unfuge ein Ende bereiten".[64] Dazu war aber vor allem eine Vereinheitlichung des Anwerbesystems vonnöten, denn die ungeregelten Zustände bei den Werbungen führten nicht nur zu völliger Unübersichtlichkeit der ausländischen Zuwanderungen, sondern wurden auch als eine der wesentlichen Ursachen für die Unzufriedenheit und den Kontraktbruch der Ausländer angesehen.

Nachdem in den 90er Jahren die althergebrachten Formen der Arbeiteranwerbung — bei denen der meist polnische „Vorschnitter" eines landwirtschaftlichen Großbetriebes in Österreich oder Rußland Arbeiter für seinen Gutsherrn vor Saisonbeginn anwarb und zum Arbeitsort begleitete — den gesteigerten Arbeiterbedarf nicht mehr allein befriedigen konnten, entstand in den preußisch-polnischen Grenzgebieten ein gewerblicher Arbeiter- und Kontrakthandel — das als „Handel mit Menschenfleisch" und „unerträglicher Krebsschaden" in der Öffentlichkeit bald heftig kritisierte „Agentenunwesen".

In einer Interpellation der polnischen Abgeordneten im österreichischen Abgeordnetenhaus vom 14. April 1910 wurden die Zustände bei den Anwerbungen geschildert: „Jenseits der preußischen Grenze in Neuberun langen nun zahlreiche Arbeiter unter der Führung der genannten Agenten oder Subagenten an und werden hier meist vollständig im Stich gelassen. Aller Mittel entblößt, ohne Kenntnis der Amtssprache und außerstande, sich irgendwelcher Rechtsmittel zu bedienen, gelangen diese Menschen in die Gewalt anderer Agenten und werden von ihnen förmlich auf einen Markt geschafft, der die niedrigsten Merkmale eines wahren Menschenmarktes trägt. Die Arbeiter werden nach ihrer physischen Kraft und Ausdauerfähigkeit geprüft, die stärksten und ausdauernsten werden von den in Neuberun erscheinenden Landwirten oder Vermittlern verdingt, jedoch keineswegs zu einem Preise, welchem der vorgespiegelte nahe kommt, der Rest wird ganz ratlos auf dem Markte zurückgelassen."[65]

Mit Annoncen wie „20.000 Galizier, Männer, Mädchen, Burschen für Feld, Ziegelei, Fabrik, auf Stunden-, Tage- oder Monatslohn, auch Akkord, kann unter sehr günstigen Bedingungen stellen. Evtl. übernehme auch die Garantie für Nichtfortlaufen der Leute bis Schluß der Arbeit, wenn Aufseher durch mich gestellt werden kann. Auf Wunsch sende sofort Vertragsformulare",[66] boten die in Preußen etwa 7.000 gewerbsmäßigen Arbeitervermittler ihre Ware an. Diese Werber verdienten doppelt: Die Arbeiter mußten zwischen einer und zehn Mark, die Arbeitgeber zwischen fünf und dreißig Mark für die Vermittlung bezahlen; für galizische Arbeiter betrug der Vermittlungspreis im Jahre 1900 zwölf bis fünfzehn Mark.[67] Es kam auch vor, daß Agenten ausländische Arbeiter vermittelten, die Gebühr vom Arbeitgeber einkassierten, die Arbeiter zum Kontraktbruch verleiteten, um sie bei einem anderen Arbeitgeber erneut gegen Gebühren zu vermitteln.[68] Gegen diese gewerbsmäßigen Agenten organisierten die landwirtschaftlichen Arbeitgeber ein eigenes Anwerbungssystem über die „Arbeitsnachweise" der regionalen Landwirtschaftskammern, mit dem Ziel, die hohen Vermittlungsgebühren der wilden Werber zu umgehen, die Anreisekosten der Arbeiter durch Eisenbahntransport zu senken und den „Kontraktbruch" zu bekämpfen.[69] In der Folgezeit entstanden dadurch in den Anwerbegebieten regelrechte Fehden zwischen den freien Werbern und den Agenten der Landwirtschaftskammern und zuweilen auch unter den Vertretern der einzelnen regionalen Kammern selbst, so daß auch hier auf schleunige Abhilfe gedrängt wurde.[70] Der Druck auf nachhaltige Veränderungen bei der Zulassung von Auslandspolen kam nunmehr von drei Seiten: von den „patriotischen Kreisen", die, wenn denn nicht die Ausweisung der Polen, so doch die strikte Berücksichtigung der „nationalpolitischen Belange" bei ihrer Beschäftigung forderten; von den landwirtschaftlichen Arbeitgebern, die vom Staat wirksame Maßnahmen gegen den Kontraktbruch und die wilden Werber verlangten; und vom preußischen Staat selbst, der an einer Entwirrung der unübersichtlichen und dem behördlichen Zugriff weitgehend entzogenen Zuwanderungen aus dem Osten interessiert war, sowohl um die Zuwanderungszahlen regulieren zu können als auch um die polizeiliche Überwachung der Ausländer sicherzustellen. So entstand bis 1907 ein Maßnahmebündel, das den staatlichen Einfluß auf das Zuwanderungswesen durchsetzte und zusammen mit der Karenzzeit-Bestimmung die umfassende Reglementierung der Arbeits- und Lebensverhältnisse der Auslandspolen sicherstellte.[71]

Anknüpfend an die von Ostmarkenverein und Alldeutschem Verband 1903 gegründete, aber an dem Wettbewerb mit den Privatagenten gescheiterte „Centralstelle zur Beschaffung Deutscher Ansiedler und Feldarbeiter" entstand zunächst 1905 die „Deutsche Feldarbeiter-Centralstelle", eine privat organisierte, aber unter Kuratel des preußischen Landwirtschaftsministeriums stehende Koordinationsstelle, die „mit der Zeit die gesamte Anwerbung ausländischer Landarbeiter in ihrer Hand vereinigen und allen Wettbewerb gewerbsmäßiger Stellenvermittler und Privatagenten ... aus diesem Gebiete völlig verdrängen sollte". Darüber hinaus aber sollte „die Zusammenfassung der Werbetätigkeit mit der Zeit die Möglichkeit gewähren, namentlich bei weiterem Anwachsen des Arbeiterbedarfs anstelle der bisher überwiegenden russisch-polnischen und galizischen Arbeiter national ungefährlichere Elemente heranzuziehen und so das Bedürfnis der Landwirtschaft nach Ausländerarbeit und das durch Selbsterhaltung diktierte Verlangen des Staates nach Abwehr ... antinationaler Einwanderung tunlichst zu versöhnen".[72] Mit dieser ökonomischen und politischen Zielsetzung entsprach die Feldarbeiter-Centrale zwar den Wünschen des Landwirtschaftsministeriums, konnte sich aber zunächst nicht gegen die privaten Arbeitervermittler und die Werber der Landwirtschaftskammern durchsetzen.

Erst mit Einführung des „Inlandslegitimierungszwangs"[73] wurde der Anspruch der Feldarbeiter-Centrale auf das Anwerbemonopol gefestigt, wenn auch noch bei weitem nicht durchgesetzt. Dieser ab 1908 gültige Legitimationszwang war als Kompromiß das Resultat der jahrelangen kontroversen Diskussion um die Zuwanderung polnischer Saisonarbeiter. Die darin enthaltenen Vorschriften zur Erfassung und Kontrolle der ausländischen Arbeiter entsprachen weitgehend den Forderungen, wie sie von den großagrarischen Interessenvertretern seit der Wiederzulassung von ausländisch-polnischen Wanderarbeitern nach 1890/91 erhoben worden waren; sie galten aber auch für die in der Industrie beschäftigten Ausländer. In einer Besprechung von Vertretern des Innenministeriums mit Beauftragten der westdeutschen Industrie im Dezember 1907 in Essen hatten auch die Industrievertreter „gegen die Einführung einer Zwangslegitimation für ausländische Arbeiter nicht nur keine Bedenken, sondern (hielten) sie sogar für wünschenswert".[74]

In einer rückblickenden Übersicht von 1920 sind die Einzelbestimmungen der Legitimationspflicht für Ausländer zusammengefaßt dargestellt: „Das Wesen der Inlands-Legitimation besteht darin, daß alle im Inlande beschäftigten ausländischen Arbeiter mit deutschen Inlands-Papieren in Form von Legitimationskarten versehen sein müssen, die unter Angabe der Nationale und Personale des Arbeiters auf den Namen des Arbeitgebers ausgestellt und beim rechtmäßigen Wechsel des Arbeitsverhältnisses auf den neuen Arbeitgeber umzuschreiben sind. Liegt Kontraktbruch eines Arbeiters vor, so kann eine Umschreibung nicht stattfinden. Arbeiter, die ohne ordnungsmäßige Legitimationskarte in Arbeit treten wollen oder in Arbeit getreten sind und keine Karte nach den Bestimmungen erlangen können, werden ausgewiesen und zurückbefördert. Durch ein über sämtliche ausgestellten Legitimationskarten geführtes alphabetisches Kartenregister wird verhindert, daß Arbeitern, die bereits eine Legitimationskarte erhalten und sich ihrer unrechtmäßig entledigt haben, eine zweite Karte ausgestellt wird ... Zur Ausstellung der Legitimationskarten sind die Polizeibehörden unter Mitwirkung der deutschen Arbeiterzentrale berufen. Sie erfolgt in den Legitimierungsämtern der Arbeiterzentrale."[75] Aufgrund dieser Bestimmungen entwickelte sich folgende Praxis: Der an einer der 39 Grenzämter der durch die Übertragung des Legitimierungsmonopols 1907 zu einer quasi-amtlichen Einrichtung aufgewerteten und 1911 umbenannten „Deutschen Arbeiterzentrale" ankommende ausländische Arbeiter erhielt dort gegen Gebühr eine nach Nationalitäten verschiedenfarbige Identitätskarte mit seinem eigenen und dem Namen des Unternehmers, den er meist noch gar nicht kannte und an den er für die Jahressaison damit gebunden war. Die Arbeitskarte war bei Arbeitsantritt dem Unternehmer auszuhändigen, ein Wechsel des Arbeitsverhältnisses war nur mit dessen Einwilligung möglich. „Mangelnder Arbeitseifer" galt als „Kontraktbruch" und führte zur Kündigung und Ausweisung, ebenso wie Wechsel des Arbeitsverhältnisses ohne Zustimmung des Arbeitgebers. Die Polizei war aufgrund des Doppelexemplars der Legitimationskarte in der Lage, nach „Kontraktbrüchigen" wirkungsvoll zu fahnden — wer ohne Legitimationskarte aufgegriffen wurde, konnte nur kontraktbrüchig oder illegal eingereist sein.

Den ausländisch-polnischen Landarbeitern waren dadurch die Vorteile des Schutzes des patriarchalischen und halbfeudalen Abhängigkeitsverhältnisses in der traditionellen Gutswirtschaft genommen, ohne daß sie andererseits als „freie" Arbeiter ihre Arbeitskraft meistbietend auf dem Arbeitsmarkt verkaufen konnten. Insgesamt stellte der Legitimationszwang ein Sonderrecht für ausländische Arbeiter dar, das zusammen mit der Karenzzeit gleichermaßen als Regulationsschleuse für die Nachfrage nach ausländischen Arbeitskräften wie als Disziplinierungsmittel diente. Das hier entstandene sonderrechtliche Regulations- und Kontrollsystem war in den darauffolgenden Jahren relativ erfolgreich, zumal es der preußischen Regierung nach und nach gelang, auch die Mehrzahl der übrigen deutschen Staaten — nicht aber die süddeutschen — zu einer weitgehenden Übernahme der preußischen Ausländervorschriften zu bewegen.[76] Auf der anderen Seite wird man aber das Maß der effektiven Durchsetzung dieser Maßnahmen in der Praxis der Ausländerbeschäftigung nicht überbewerten dürfen, die Zahl der „illegalen", d. h. nicht legitimierten ausländischen Arbeiter blieb bis 1914 hoch, ebenso wie die der verbotswidrig in der Industrie der preußischen Mittel- und Westprovinzen arbeitenden Auslandspolen oder der über die Winterzeit hinweg weiter eingesetzten Landarbeiter — der Direktor der Deutschen Feldarbeiter-Centrale schätzte 1907 die Zahl der „Illegalen" auf etwa 20 % der legitimierten Ausländer.[77]

Das preußische Modell der „regulierten Ausländerzufuhr" ist aber darüber hinaus insofern von auch langfristiger Bedeutung, als sich darauf eine Tradition der institutionalisierten Diskriminierung von ausländischen Arbeitern gründete, bei der Staatsangehörigkeit und sozialer Status zu Kriterien repressiver staatlicher Reglementierung wurden: Der Legitimationszwang für Ausländer beschränkte sich auf die Arbeiter unter ihnen; Beamte und Angestellte blieben davon ausgenommen. Die Karenzzeit hingegen betraf ausschließlich auslandspolnische Arbeiter aus Rußland und Österreich-Ungarn, während deutsche Wanderarbeiter ebenso wie die Angehörigen aller anderen Nationen auch in den Wintermonaten weiter beschäftigt werden durften. Dadurch entstand ein gestaffeltes System der rechtlichen und sozialen Hierarchisierung sowohl zwischen deutschen und ausländischen Arbeitern wie auch unter den Ausländern selbst.

Gegen diese Bestimmungen liefen vor allem die Vertreter der deutschen Arbeiterbewegung Sturm. „Damit ist die völlige Rechtlosmachung der ausländischen Wanderarbeiter besiegelt", schrieb das *Correspondenzblatt* im Jahre 1908 dazu. „Jedes Koalitionsrechts bar, ausgeschlossen vom Vereins- und Versammlungsrecht, nur so lange auf dem deutschen Boden geduldet, als sie den Unternehmern willig und billig ihre Hände liehen, hatten diese Arbeiter wenigstens noch ein gewisses Recht auf Freizügigkeit. Durch die preußische Verfügung ist ihnen dieses Recht geraubt, und sie sind zu einem Dasein rechtloser Lohnsklaven verurteilt."[78] Die Gewerkschafter und Sozialdemokraten erkannten in der Möglichkeit für den landwirtschaftlichen Arbeitgeber, den polnischen Arbeiter etwa bei Lohnstreitigkeiten zum „Kontraktbrecher" zu erkären und ausweisen zu lassen, einen Angriff auf die Arbeitsfreiheit und das Koalitionsrecht insgesamt — daher war ihr Protest so energisch und leidenschaftlich. Er blieb aber wirkungslos, trotz zahlreicher Resolutionen und Reichstagsbeschlüsse. Legitimationszwang und Karenzzeit blieben bis 1918 die Grundpfeiler der preußisch-deutschen Ausländerpolitik.

Arbeits- und Lebensbedingungen der ausländischen Landarbeiter

Die soziale Lage der ausländischen Wanderarbeiter in der ostdeutschen Landwirtschaft war bereits zeitgenössisch Gegenstand heftiger Kritik nicht nur von Seiten der Sozialdemokratie, sondern auch bei bürgerlichen Autoren, die die Arbeits- und Lebensbedingungen der Auslandspolen in zahlreichen Veröffentlichungen als menschenunwürdig beschrieben.[79] Besonders heftig wurden in der Presse und in zahllosen Beiträgen auf Kongressen landwirtschaftlicher Organisationen und kirchlicher Wohlfahrtsverbände die bereits angesprochenen Methoden bei der Anwerbung der polnischen Landarbeiter in ihren Heimatgebieten in Rußland und Österreich-Ungarn kritisiert. „Was da mit den Arbeitern in Rudnik, Nisko oder Tarnobrzeg angestellt wird", empörte sich auf einer Konferenz des Caritasverbandes im September 1912 ein oberschlesischer Pfarrer, „ist geradezu haarsträubend und höchstens mit den früheren afrikanischen Sklavenjagden zu vergleichen. Besonders schimpflich ist, daß an diesen Jagden als Zutreiber Zoll- und Bahnbeamte teilnehmen und den Agenten helfen, die armen Arbeiter einzufangen".[80] Solche Werbemethoden hörten freilich mit der Zentralisierung der Anwerbung bei der Feldarbeiter-Centralstelle nicht auf; geregelt wurde damit ja lediglich die bürokratische Erfassung beim Grenzantritt der Ausländer; die Formen der Arbeiterrekrutierung in den benachbarten Ländern blieben weiterhin den Werbern und Agenten überlassen,[81] die häufig mit den Vorarbeitern und „Schleppern" der einzelnen Gutswirtschaften eng zusammenarbeiteten. Der erwähnte oberschlesische Pfarrer hielt in seinem Konferenzbeitrag 1912 diese „Vermittlung durch Vorarbeiter und Schlepper, die man eigentlich nur mit dem Namen Zutreiber richtig bezeichnen kann", für das größte Übel. „Es sind das Leute, die ihre Arbeitsgenossen gegen einen Judaslohn dem Agenten sowie Vermittlungsbureaus zutreiben und sie zur Unterschreibung der ihnen vorgelegten Verträge überreden. Solche Zutreiber dürften jetzt unter den Arbeitern gegen 3.000 sein."[82] Diese Beauftragten des Gutsbesitzers, — als „Inspektoren", „Vorschnitter", „Kolonnenführer" oder „Aufseher" die direkten Befehlsgeber der polnischen Arbeiter auf dem Hofe — hatten oft weitgehende Befugnisse gegenüber ihren ausländischen Arbeitern. Von ihnen hing das Wohl und Wehe der Saisonarbeiter meist in erster Linie ab. Sie handelten den Arbeitsvertrag aus, verteilten die Arbeit, bestimmten die Arbeitszeit und zahlten den Lohn aus. Um ein Entweichen der polnischen Arbeiter zu verhindern, erhielten jene nach gebräuchlicher Übung am Ende der Woche vom Aufseher nur einen Teil des Lohnes, den Rest behielt er als „Kaution" ein, die erst nach ordnungsgemäßer Beendigung des Arbeitsvertrages den Arbeitern übergeben werden sollte; wurden sie vorher „kontraktbrüchig", verfiel die Kaution. Es war nun die weitverbreitete Praxis unter den Aufsehern, durch Provokationen und besonders schlechte Behandlung dafür zu sorgen, daß die Ausländer gegen Ende der Vertragszeit „aufsässig" oder „kontraktbrüchig" wurden, woraufhin sie in kürzester Zeit von der Polizeibehörde festgesetzt und dann ausgewiesen wurden — wodurch die Kaution dem Aufseher blieb. Die Abhängigkeit der Ausländer von ihrem Aufseher eröffnete diesem zahlreiche weitere Verdienstmöglichkeiten, ohne daß sich die Arbeiter gegen Übervorteilung wehren konnten; 1906 beschrieb Trczinski dieses Regiment der hier „Unternehmer" genannten Aufseher auf den großen Gütern Ostdeutschlands: „Diese übernehmen auf Gütern mit großem Rübenanbau die Bearbeitung sowie Ausrodung der Rüben und auch Teile der Getreideernte. Der Gutsbesitzer zahlt dem Unternehmer pro Morgen Rüben bis Mk. 24,00. Diese aber gewähren dem Arbeiter meistens nur Tagelohn. Sei es aber, daß sie Tagelohn oder Akkordlohn, der natürlich niedriger ist, als sie selbst erhalten, den Arbeitern gewähren, ihr Hauptverdienst ist der Verkauf verschiedener Eß-, Rauch- wie Trinkwaren. Branntwein sollten sie nicht verkaufen, indes tun sie es doch. Was der Arbeiter während der Woche verdient hat, das gibt er am Sonntag bei Musik und Tanz wieder dem Unternehmer zurück. Dasselbe ist auch zu sagen, wenn in manchen Kasernen Vögte oder Vorarbeiter einquartiert werden, und es ihnen erlaubt wird, einen Laden zu unterhalten. Die Arbeiter werden zu Ausgaben verlockt; auch sind sie von dem Aufseher bei der Arbeit abhängig, und so sehen sie sich gezwungen, Ausgaben zu machen, um nicht schlecht behandelt zu werden."[83] — „Wehe dem Arbeiter, der auf andere Weise es sich billiger kauft; bei der Arbeit wird er es fühlen", hieß es dazu auf dem Caritaskongreß 1912.[84]

Die Löhne der polnischen Saisonarbeiter waren abhängig von verschiedenen Faktoren und daher recht unterschiedlich: Bis in die 90er Jahre wurden die ausländisch-polnischen Arbeiter offenbar in der Regel schlechter bezahlt als deutsche Wanderarbeiter, wenn auch mit erheblichen regionalen Unterschieden. Seit Anfang des Jahrhunderts aber näherten sich die Löhne deutscher und ausländischer Wanderarbeiter an, vor allem dort, wo seit längerer Zeit Ausländer beschäftigt wurden und der Landarbeitermangel besonders groß war. Hingegen wurden Arbeiter aus neuen Anwerbegebieten, wie etwa seit Mitte der 90er Jahre Westgalizier oder zehn Jahre später Ruthenen, wiederum zunächst schlechter bezahlt, bis sich nach einiger Zeit die lohnangleichenden Tendenzen auch hier auswirkten.[85] Dabei sind die regional verschiedenen Mischformen von

Geld- und Naturallohn hier nicht berücksichtigt, ebensowenig die sich mehr und mehr ausweitenden Akkordlohnsätze, durch die die Ausländer zuweilen vergleichsweise hohe Löhne erhalten konnten. „Verdienst, wie hier in Deutschland finden sie nicht in ihrer Heimat", berichtete der Pfarrer Lipski in Dresden darüber. „Die Ursachen von Klagen und Kontraktbrüchen ist deshalb nicht so oft die Niedrigkeit der Löhne, sondern Nichtinnehaltung des Kontraktes seitens des Arbeitgebers und inhumane Behandlung."[86]

Diese Mißstände sind jedoch nicht allein auf nationalistisch begründete Polenfeindlichkeit zurückzuführen, sondern liegen eher in der Struktur des Beschäftigungsverhältnisses der polnischen Saisonarbeiter begründet. Um überhaupt Arbeiter zu bekommen, wurden den Polen relativ hohe Löhne versprochen und bei der Anwerbung vereinbart; am Ende der Saison aber erhielten die Polen dann oft viel weniger. Da es eine organisierte Interessenvertretung der Zuwanderer nicht gab, die Polen zudem meist kein Deutsch konnten und Beschwerden oder Lohnforderungen als „Unbotmäßigkeit" zur Entlassung und Abschiebung führen konnten, gab es gegen diese systematischen Übervorteilungen durch die landwirtschaftlichen Arbeitgeber kein hemmendes Gegengewicht. Darüber hinaus versuchten viele Gutsbesitzer, die für ausländische Saisonarbeiter zusätzlich anfallenden Kosten wie Vermittlungsgebühren und Ausgaben für An- und Rückreise durch Einsparungen bei den Unterkünften, der Verpflegung und den Arbeitszeitregelungen wieder hereinzuholen. In einer Stellungnahme zu den Ursachen des „Kontraktbruchs" zählte der Kommandeur der mecklenburgisch-schwerinschen Landesgendarmerie, von Wettzien, die häufigsten Mißstände bei der Beschäftigung von ausländischen Arbeitern auf: „a) Es sind den Arbeitern körperliche Mißhandlungen durch den Dienstherrn oder dessen Beamten, wozu in erster Linie auch Vorschnitter zu rechnen sind, zugefügt worden. b) Es ist der Lohn nicht oder nicht rechtzeitig gezahlt worden, oder es sind davon willkürliche, nicht vertragsmäßige Abzüge gemacht. c) Die gelieferten Nahrungsmittel (Kartoffeln) und die Wohnungen sind in hohem Grade minderwertig. d) Es werden von den Arbeitern andere Arbeiten oder Mehrarbeit verlangt, als vertragsmäßig ausbedungen oder ihnen bei der Anwerbung als solche bezeichnet sind. e) Die Arbeitsverträge sind den Arbeitern nicht genügend bekannt. f) Die Vorschnitter betrügen die Leute bei der Lohnauszahlung, insbesondere durch die teilweise Auszahlung des Lohns in Waren."[87] Besonders die Wohnprobleme wurden immer wieder als besonders skandalös hervorgehoben; Trczinski schrieb dazu: „Am schlimmsten wohnen die Wanderarbeiter, wenn keine Kate frei ist, andererseits eine besondere sogen. Kaserne für Wanderarbeiter nicht errichtet ist. Sie werden dann entweder in Heu- und Strohböden, in Pferde- und Viehställen oder in irgendwelchen Wirtschaftsgebäuden untergebracht.

Wenn die Arbeiter in nicht einmal vom Vieh bewohnten Häusern wohnen, so leiden sie, auch wenn diese Häuser noch so massiv sind, schrecklich unter der Kälte."[88] Dabei waren solche Zustände gerade bei konservativen und kirchlichen Kritikern vor allem deswegen Gegenstand der Empörung, weil durch das Fehlen von getrennten Schlafräumen für Männer und Frauen der Unsittlichkeit Vorschub geleistet wurde[89] — für Karl Kautsky Anlaß zu einer schneidenden Polemik gegen die herrschende Heuchelei und Doppelmoral: „Nicht im ‚Zukunftsstaat‘, nein im Gegenwartsstaat, dort wo die christlich-germanische Zucht und Ehrbarkeit noch völlig unangetastet ist vom sozialdemokratischen Gift, dort, wo unsere Edelsten und Besten am ungehemmtesten schalten und walten, dort finden wir die Karnickelwirtschaft, von den Verteidigern der Familie und Ehe selbst produziert, indem sie zur Minderung der Produktionskosten von Schnaps und Zucker ihr menschliches Arbeitsvieh ohne Unterschied des Alters und Geschlechts in den Viehställen zusammenpferchen."[90] Über die Mißstände bei den Unterkünften der polnischen Landarbeiter, die langen Arbeitszeiten, die Übervorteilungen und falschen Versprechungen hinaus nahmen aber den Berichten vor allem kirchlicher Stellen zufolge auch die Fälle von Mißhandlungen zu. Der Fürstbischof von Breslau übersandte 1913 dem preußischen Kultusministerium eine Liste mit Berichten über Ausschreitungen, in der seitenlang Vorfälle wie diese aufgezählt wurden:

„Eckersdorf Kr. Namslau: Der Inspektor schlug den Arbeiter Alex Kolysma ziemlich schwer mit der Reitpeitsche über den Kopf, Nacken und Hals, weil er einige Minuten zu spät zur Arbeit kam."

„Wiesau, Kr. Glogau: Der Inspektor schlug den Arbeiter Strycharz mit der Reitpeitsche, weil ihm der Pflug umgefallen ist; auch wollte er über ihn hinwegreiten. Nachher besuchte er den Arbeiter in der Stube mit dem Schaffer, warf den Arbeiter aufs Bett und schlug ihn mit der Reitpeitsche derart über den Kopf und Rücken, daß der Arbeiter laut ärztlichem Attest sechs Tage arbeitsunfähig war."

„Niederschwedeldorf, Kr. Glatz: Der Inspektor schlug den Arbeiter Josef Biala mit dem Stock, weil er vor einem großen Gewitter in die Stube flüchtete. Die Verletzungen: Linkes Handgelenk 2 cm geschwollen, am rechten Oberschenkel Striemen mit getrocknetem Blut unterlaufen — 3 Tage arbeitsunfähig."[91]

Wie häufig solche Mißhandlungen waren, vor allem im Vergleich zu deutschen Wanderarbeitern, läßt sich nicht angeben. Die auslandspolnischen Saisonarbeiter aber waren durch die Drohung mit der Ausweisung stärker als ihre deutschen Arbeitskollegen an einer Behauptung ihrer Interessen gehindert und dem Gutsbesitzer und seinem Vorschnitter weitgehend ausgeliefert; die ausgeprägte antipolnische Propaganda der einflußreichen konservativen Verbände wie Ostmarkenverein und Alldeutscher Verband, die vor allem unter den Behördenvertretern zahlreiche

Anhänger besaßen, schaffte ein Klima, in dem die schlechte Behandlung und auch Mißhandlungen der Polen nicht als etwas sonderlich Bemerkenswertes angesehen wurden — abgesichert durch die repressiven Sondervorschriften des Staates gegenüber den Polen war hier ein weites Feld für Willkür entstanden, dem die polnischen Arbeiter an aktiver Gegenwehr nicht viel entgegensetzen konnten. „Widerstand" im engeren Sinne war von ihnen kaum zu erwarten; zwar sind einige aufmüpfige Flugblätter polnischer Arbeiter bekannt, aber der polnische Historiker Kazimierz Wajda betont wohl zu Recht die Seltenheit solcher Vorfälle und beschreibt das Verhalten der polnischen Arbeiter als allenfalls „elementaren und unorganisierten Widerstand".[92]

Am häufigsten äußerte sich diese Form von Aufbegehren darin, daß die Arbeiter den Hof vorzeitig verließen und woanders Arbeit suchten. Diese Möglichkeit bestand — ausweislich der hohen Zahlen „illegal" beschäftigter Auslandspolen — auch nach Einführung des Legitimationszwangs in relativ hohem Maße, denn einem Gutsherrn oder Fabrikbesitzer, der dringend Leute brauchte, war ein ausländischer Arbeiter auch recht, wenn dieser keine Papiere hatte. Außerdem entwickelten die ausländischen Saisonarbeiter wirksame Methoden, um die behördliche Kontrolle zu umgehen. Hatte ein Arbeiter seine Arbeitsstelle verlassen und war so „kontraktbrüchig" geworden, so ließ er sich häufig beim nächsten Büro der Feldarbeiterzentrale erneut, diesmal unter anderem Namen, anwerben, und begab sich mit neuer Legitimationskarte zu einem anderen Unternehmer, während er unter dem ersten Namen gesucht wurde.[93] Oder er besorgte sich gefälschte Papiere: „Man kann sagen, daß jetzt in Deutschland fast jeder (ausländisch-polnische, U. H.) Arbeiter wenigstens doppelte Arbeitspapiere hat", wurde auf dem Kongreß des Caritas-Verbandes 1912 geklagt, „die er sich von kundigen Arbeitern für teures Geld (bis 5 Mk.) besorgt oder selbst gefälscht hat."[94] Der „Kontraktbruch" entwickelte sich auf diese Weise zu einem Massenphänomen — eine logische Konsequenz des Versuchs der umfassenden Reglementierung, vor allem der Einschränkung der Freizügigkeit der polnischen Arbeiter. Solange aber die Unternehmer auf dem Lande die Ausländer zu für sie besonders günstigen Bedingungen beschäftigen wollten, mußte diese künstliche Teilung des Arbeitsmarkts durch gesetzliche und polizeiliche Maßnahmen abgesichert werden. Die Kriminalisierung des sonst bei allen Arbeitern üblich gewesenen Verhaltens, bei schlechten Arbeitsbedingungen den Arbeitgeber zu wechseln, brachte per definitionem ein neues Massendelikt hervor, das die möglichst lückenlose Überwachung der Ausländer und einen umfangreichen Kontrollapparat erforderte. Die Alternativen dazu wären entweder die Schließung der Grenzen oder die Vereinheitlichung der Arbeits- und Aufenthaltsbedingungen deutscher und ausländischer Arbeiter gewesen — beides aber widersprach den Interessen der landwirtschaftlichen

Unternehmer. So lief, anhaltend gute Konjunktur vorausgesetzt, die weitere Tendenz auf stetige Ausweitung und Verschärfung der Erfassungs- und Kontrollmaßnahmen gegenüber den Ausländern hinaus.

Dies bezeichnet aber nur Tendenzen und Trends, die sich aus den beschriebenen Verhältnissen und der Logik der gesetzlichen Vorschriften ablesen lassen. Man wird in diesem Zusammenhang aber berücksichtigen müssen, daß auch die Lebensbedingungen der einheimischen Landarbeiter von äußerst niedrigem Lebensstandard, von Ausbeutung und Abhängigkeit geprägt waren und die Lage der Arbeiter auf den großen Gütern auch von der rechtlichen Qualifizierung ihres Arbeitsverhältnisses her denkbar schlecht war.[95] Darüber hinaus war die oft klägliche Lage der auslandspolnischen Wanderarbeiter durchaus nicht überall gleich; dafür waren nicht nur die Bemühungen verschiedener politischer und behördlicher Stellen verantwortlich, sondern neben individuellen Motiven einzelner Gutsbesitzer auch die noch lange weiterreichenden Traditionen der patriarchalischen Gutsverfassung, die zwar durch die neuen lohnbestimmten Arbeitsbeziehungen abgelöst wurden, gleichwohl das Arbeitsklima auf vielen Gütern noch nachhaltig beeinflußten. Denn so rapide sich wirtschaftliche, soziale und technische Veränderungen in der deutschen Landwirtschaft in diesem Zeitraum durchsetzten, die Wandlungen in der Mentalität und Sozialkultur vollzogen sich dazu durchaus nicht in gleichem Rhythmus. Nur mit dieser Einschränkung lassen sich daher an der Geschichte der auslandspolnischen landwirtschaftlichen Saisonarbeiter vor 1914 einige markante Aspekte hervorheben, die auch mittel- und langfristig von Bedeutung waren und von daher Aufmerksamkeit verdienen. Das gilt in erster Linie für die Durchsetzung eines Sonderrechts für Ausländer durch Karenzzeit und Inlandslegitimationszwang, das nicht nur die Arbeits- und Lebensbedingungen der ausländischen Arbeiter verschlechterte, sondern auch die Möglichkeiten einer allmählichen Verbesserung verhinderte, sei es durch die Stärkung der Stellung auf dem Arbeitsmarkt aufgrund erhöhter Nachfrage nach Arbeitskräften, sei es durch Abwanderung in die Industrie, sei es durch langsamere Akkulturation und Integration.

Wirtschaftlich war die Ausländerbeschäftigung vor allem Ausdruck des Strukturwandels des Deutschen Reiches vom Agrar- zum Industriestaat; die Zufuhr von ausländischen Arbeitskräften konnte dabei die Landwirtschaft vor der direkten Lohnkonkurrenz zur Industrie noch längere Zeit bewahren, weil das Westwanderungsverbot den industriellen Arbeitsmarkt für Auslandspolen weitgehend verschloß. Gleichzeitig aber beschleunigte die Ausländerbeschäftigung die Saisonalisierung des landwirtschaftlichen Arbeitsmarktes und trug so zur Erosion der traditionalen, spätfeudalen Bindungen der Gutswirtschaft bei. Darüber hinaus bot die nachfrageorientierte Ausländerzufuhr durch die gesetzlichen Regulationsmechanismen die Möglichkeit, die Auswirkungen konjunktureller Schwankungen auf den Arbeiterbedarf weich aufzufangen und so der Marktentwicklung zu folgen, ohne die lohntreibenden Wirkungen des Mißverhältnisses zwischen Nachfrage und Angebot von Arbeitskraft in Kauf nehmen zu müssen.

Politisch zeigte sich, daß bei der Ausländerbeschäftigung wirtschaftliche und ideologische Optionen der gesellschaftlichen Führungsgruppen des Kaiserreichs durchaus zueinander im Widerspruch standen und tiefgreifende und grundsätzliche Auseinandersetzungen nach sich zogen. Die Agitation für die Polenzuwanderung aus wirtschaftlichen Gründen und die Agitation gegen die Polenzuwanderung aus Angst vor „Überfremdung" und „Verdrängung" prallten über Jahrzehnte hinweg heftig aufeinander und führten zu oft nur mühsam austarierten Kompromissen.

Was die Auswirkungen auf die deutsche Landbevölkerung betrifft, so stellte sich in vielen Fällen eine Konkurrenz zwischen Ausländern und deutschen Arbeitern her, die vor allem in der indirekten lohndrückenden Wirkung der Ausländerbeschäftigung ihre Ursache hatte. Andererseits förderte die Ausländerbeschäftigung für einen Teil der in der Landwirtschaft verbleibenden männlichen deutschen Arbeitskräfte den beruflichen und sozialen Aufstieg, sei es als Vorarbeiter oder auch nur als ganzjährig beschäftigter Gutsknecht. Wichtig für das auch langfristige Verhältnis gegenüber den Polen aber war, daß ihre Unterprivilegierung und rechtliche Diskriminierung verbunden wurde mit persönlicher Abqualifizierung als Angehörige eines Volkes, das in den verschiedenen Schattierungen des Antipolonismus als „rückständig", „kulturell niedrig stehend" oder „rassisch weniger wertvoll" angesehen wurde. Die antipolnische Propaganda, verbunden mit sozialer und rechtlicher Diskriminierung der polnischen Landarbeiter, verstärkte so einen weitverbreiteten Antipolonismus, der in mancher Hinsicht bereits rassistische Züge trug.

2. Ausländische Arbeiter in der Industrie

„Vorteile" und „Nachteile" der Ausländerbeschäftigung

Als im Herbst 1890 die Beschäftigung ausländisch-polnischer Arbeitskräfte von der preußischen Regierung wieder zugelassen wurde, standen dabei die Interessen der Landwirtschaft, vor allem der ostelbischen Gutsbesitzer, die über erheblichen Arbeitermangel klagten, im Vordergrund; und auch die aus „nationalpolitischen" Erwägungen angeordnete Rückkehrpflicht der Auslandspolen in den Wintermonaten entsprach dem Arbeitsrhythmus in der Landwirtschaft, insbesondere dort, wo sich Hackfruchtanbau und Ausdehnung der Saisonarbeit bereits durchgesetzt hatten. Die Beschäftigung von auslandspolnischen Arbeitern in der Industrie war für die preußischen Westprovinzen hingegen explizit ausgeschlossen worden, und in den Ostprovinzen, vor allem im oberschlesischen Industriegebiet, wo polnische Arbeiter zugelassen waren, wirkten die Karenzzeitbestimmungen hinderlich. Ausschlaggebend waren dabei der Schutz der Landwirtschaft vor der industriellen Lohnkonkurrenz gewesen, aber auch „nationalpolitische" Gründe: Eine Zulassung von polnischen Arbeitern aus Rußland und Galizien in den Industrieregionen der mittleren und westlichen Provinzen, vor allem dem Ruhrgebiet, hätte nicht nur den polnisch sprechenden Bevölkerungsteil und damit die allseits beschworene Gefahr der „Polonisierung" dieser Gebiete weiter vergrößert, sondern auch eine Unterscheidung zwischen preußischen und ausländischen Polen im Hinblick auf rechtliche Stellung und Behandlung sehr erschwert — ein Problem, das während des Ersten Weltkrieges dann tatsächlich entstand und seine eigene Dynamik entfaltete.[96]

Diese Einschränkungen und Verbote der industriellen Ausländerbeschäftigung wurden bedeutsam allerdings erst seit der zweiten Hälfte der 90er Jahre; bis dahin spielten ausländische Arbeitskräfte in der Industrie insgesamt nur eine untergeordnete Rolle. Erst im Gefolge der anhaltend guten Konjunkturentwicklung änderte sich dies; verschiedene Industriezweige begannen in zunehmendem Maße nun auch Arbeitskräfte aus dem benachbarten Ausland zu beschäftigen, und die Verstöße gegen Karenzzeit und Beschäftigungsverbot häuften sich. Es begann ein zäher und bis 1914 dauernder Kleinkrieg zwischen Industrie und preußischer Regierung, die nicht bereit war, die sich ausbreitende illegale Ausländerbeschäftigung hinzunehmen, und damit drohte, daß „unter Umständen erhebliche Nachteile für die beteiligten Industriellen entstehen" würden, wenn weiterhin, wie etwa in Dortmund im Jahre 1898, „unter den Augen der Behörden Arbeiter aus Rußland in industriellen Betrieben schon seit längerer Zeit beschäftigt" würden.[97] Solche Drohungen zogen jedoch keine wirksamen Änderungen nach sich; auch im Jahre 1906 mußte das preußische Innenministerium noch feststellen, „daß in den westlichen Provinzen, den bestehenden Bestimmungen zuwider, erhebliche Mengen ausländisch-polnischer Arbeiter in Bergwerken und industriellen Betrieben beschäftigt sind und daß die Wiederabschiebung der ausländischen Polen am Jahresschlusse nicht überall zur Durchführung gelangt", sondern „trotz der bestehenden Aufenthaltsbeschränkung stillschweigend jahrelang ununterbrochen in inländischen land- und forstwirtschaftlichen Betrieben beschäftigt und behördlicherseits geduldet worden sind."[98] Die Vertreter der Industrie reagierten auf die behördlichen Verbote und die Drohungen, illegal beschäftigte Ausländer auszuweisen, mit Protesten und Eingaben. Der Verband Deutscher Leinenindustrieller etwa drohte im April 1898 dem preußischen Handelsminister ganz massiv damit, „in noch höherem Grade als bisher dem Osten der Monarchie Arbeitskräfte zu entziehen und der dortigen Landwirtschaft die Arbeitslöhne zu verteuern", wenn dafür im Westen nicht wenigstens „teilweise Ersatz in ausländischen Arbeitern" zu bekommen sei.[99] Der Verein Deutscher Jute-Industrieller wies im gleichen Jahr daraufhin, daß „insgesamt 2.500 Arbeiter und Arbeiterinnen russischer Staatsangehörigkeit von den deutschen Jutefabriken beschäftigt werden ... Die meisten fremden Arbeiter befinden sich in den größeren Fabriken und machen bei diesen 22, 25, ja sogar 30 % der gesamten Arbeiterschaft aus", und es sei nicht zweifelhaft, „daß eine Entziehung dieser fremden Arbeiter eine Stillegung der Werke unbedingt zur Folge haben würde".[100] Dennoch blieb die preußische Regierung weiter bei ihrer ablehnenden Haltung, wenngleich sie in relativ hohem Maße Ausnahmegenehmigungen erteilte.[101] Aber im Regelfall versuchten die Behörden, das Beschäftigungsverbot für Auslandspolen in der Praxis auch durchzusetzen und griffen dabei nicht selten auch zu Razzien und Abschiebungen der verbotswidrig beschäftigten Ausländer.[102]

Im Gegensatz zur Situation in der ostelbischen Landwirtschaft, wo die Beschäftigung ausländischer Saisonarbeiter von einer breiten Diskussion in der Wissenschaft und in der Öffentlichkeit begleitet war, erregten die Interessenkonflikte um die industrielle Ausländerbeschäftigung jedoch kaum öffentliche Aufmerksamkeit. Vor allem in der Montanindustrie in Schlesien und an der Ruhr war die Verwendung von ausländischen Staatsangehörigen im Gemenge der deutschen, preußisch-polnischen und masurischen Zuwanderer aus dem Osten als Besonderheit auch schwer auszumachen — aber gerade wegen der „nationalen" und politischen Gefahren, die in den Augen der Behörden durch die Zusammenballung von fremdsprachigen und des Hanges zum Aufruhr stets verdächtigen Zuwanderern aus dem Osten in den westlichen Industriebezirken drohten, blieb die preußische Administration in der Frage der Beschäftigung von auslandspolnischen Arbeitern in der Industrie des Westens hart. Die von den Behörden als Gründe für diese starre Haltung angeführten „Nachteile der Ausländerbeschäftigung" in der Industrie hat der spätere erste Präsident der Reichsanstalt für Arbeitsvermittlung, Friedrich Syrup, in einem Aufsatz vom Sommer 1918 zusammengefaßt, in dem er die bis dahin gemachten Erfahrungen mit den Ausländern in der Industrie im Hinblick auf weitere Perspektiven untersuchte: „Daß ein derartiger Zustrom ausländischer Arbeiter, wie er vorstehend festgelegt wurde, für den deutschen Volkskörper, in den er sich ergießt, große nationale Gefahren birgt, bedarf keines näheren Beweises. Die Zuwanderung der Ausländer erfolgt größtenteils aus Ländern von geringerer Entwicklungshöhe als Deutschland. In diesen Auswanderungsländern werden zudem bisher die wirtschaftlich und kulturell am niedrigsten stehenden Bevölkerungskreise in Bewegung gesetzt und zur Wanderung nach Deutschland veranlaßt ... Der sittliche Stand der Arbeiterbevölkerung wird ferner unstreitig herabgedrückt und die Neigung zu Streit und groben Ausschreitungen werden von den tiefstehenden Ausländern begünstigt. Als Folge der Sprachunkunde und der mangelnden Kenntnis des Industriebetriebes tritt eine Erhöhung der Unfall- und Gesundheitsgefahr nicht nur für die Ausländer selbst, sondern auch für die deutschen Mitarbeiter auf, wie die Erfahrungen des Unfallschutzes und der Gewerbehygiene vielfach bestätigen. Mangelnde Sauberkeit und sonstige unhygienische Lebensweise bringen, sofern die Ausländer nicht in besonderen Wohnungen untergebracht sind, weitere gesundheitliche Gefahren für die Industriebevölkerung mit sich ... Als weiterer volkswirtschaftlicher Nachteil ist der Abfluß der von den Ausländern gemachten Ersparnisse in die Auswanderungsländer zu nennen." Schließlich sei zu berücksichtigen, „daß die Arbeits- und Lohnbedingungen der einheimischen Arbeiter durch die Ausländer verschlechtert würden. Die Möglichkeit dieser Einwirkung der ausländischen Arbeiter besteht durchaus. Der Ausländer ist anspruchsloser als der deutsche Arbeiter, lebt billiger und kann dadurch auch seine Arbeitskraft billiger anbieten. Dabei braucht seine Gesamtentlöhnung nicht niedriger zu sein als die des deutschen Arbeiters. Er kann jedoch bei gleicher Entlöhnung der Gefahr ausgesetzt sein, daß von ihm ungewöhnlich lange Arbeitszeiten, Nacht- und Sonntagsarbeit verlangt werden. Die dadurch erzielte Verbilligung der Produktionskosten wirkt ihrerseits lohndrückend."[103]

Die hier von Syrup zuletzt genannten „Nachteile der Ausländerbeschäftigung" bezogen sich nicht allein auf die ausländisch-polnischen, sondern auf alle ausländischen Arbeiter, während die „nationalen Gefahren" für den deutschen „Volkskörper" in erster Linie auf die Polen, oft aber auch Südosteuropäer wie die österreichischen Kroaten abzielten. Aber gerade der „lohndrückende" Effekt der Ausländerbeschäftigung gegenüber der einheimischen Arbeiterschaft, den Syrup hier analog zu den Berichten etwa der preußischen Gewerbeaufsichtsbeamten als „Nachteil" beschreibt, war aus Sicht der industriellen Arbeitgeber einer der wesentlichen Vorzüge der Heranziehung von Ausländern, vor allem wenn diese solche Arbeiten übernahmen, die den deutschen Arbeitern zu schmutzig, zu gefährlich oder zu eintönig waren. In Zeiten angespannter Arbeitsmarktlage hätte dies zu steigenden Löhnen führen müssen, wenn man nicht auf Ausländer zurückgreifen konnte, die, weil sie aus Ländern mit niedrigerer industrieller Entwicklungsstufe kamen, die Arbeitsbedingungen auch zu den angebotenen Löhnen akzeptierten und so die unteren Lohnstufen stabilisierten. „Es läßt sich nicht verkennen", wurde dazu in der Versammlung der deutschen Arbeitgeber-Verbände am 27. Juni 1908 in Berlin erklärt, „daß unsere Arbeiterschaft allmählich zu einer höheren Kulturstufe und höherem wirtschaftlichem Niveau sich aufgeschwungen hat und es dann in gewisser Weise wünschenswert erscheinen mag, für die niederen Arbeiten anspruchslose ausländische Arbeiter heranzuziehen."[104] Auch Stieda hob beim Arbeitsnachweis-Kongreß in Breslau 1910 hervor, „daß die Fremden anstrengende, oft schmutzige, widerliche Arbeiten verrichteten, die von einer verweichlichten oder bequem gewordenen Arbeiterschaft oder von solchen, die dank ihrem politischen Selbstbewußtsein andere Ideale im Busen hegen, nicht gerne übernommen werden. Die Fremden würden alsdann nicht wie eigentliche Konkurrenten, sondern wie Vertreter einer Arbeiterschicht zweiten Grades erscheinen, wie etwa die Neger in den nord-amerikanischen Oststaaten, die Chinesen in Kalifornien und Australien, die Kulis im Britischwestindien, die Japaner in Hawaii".[105]

Dieser Aspekt wurde auch von Syrup, allen Nachteilen des Drucks auf die Löhne der Deutschen zum Trotz, als wichtigste positive Erfahrung mit der industriellen Ausländerbeschäftigung hervorgehoben: die ausländischen Tagelöhner seien eher bereit als die „auf höherer Kulturstufe stehenden deutschen Arbeiter", schwere körperliche Arbeit zu übernehmen; damit verbunden sei „zumeist eine ermüdende Eintönigkeit ohne irgendwelche geistige Anspannung, ein abstoßender Schmutz und ein Zusammenkommen unvermeidlicher, unhygienischer Arbeitsbedingungen . . . Das Abstoßen dieser Arbeiten auf die Ausländer bedeutet keine Entartung, sondern eine in hygienischer Beziehung erwünschte Förderung der Volkskraft". Von daher sei für die Zukunft zu empfehlen, ausländische Arbeiter „gerade mit den niedrigsten, keine Vorbildung erfordernden und am geringsten entlohnten Arbeiten zu beschäftigen, denn dadurch besteht für die einheimische Arbeiterschaft gleichzeitig der beachtenswerte Vorteil, daß hier der Aufstieg von der gewöhnlichen, niedrig entlohnten Tagelöhnerarbeit zu der qualifizierten und gut entlohnten Facharbeit wesentlich erleichtert wird".[106]

Damit war eine Spaltung des Arbeitsmarktes und der Arbeiterschaft im Visier: Analog zu den Verhältnissen etwa in den USA kam eine Teilung nach nationalen oder „rassischen" Kriterien in den Blick, wonach die unbeliebten und schlecht bezahlten Arbeiten von Ausländern, vorwiegend von solchen aus dem Osten und Südosten Europas, verrichtet würden, während die einheimische Arbeiterschaft in besser bezahlte und höher qualifizierte Tätigkeiten aufrücken konnte. Zudem bekäme die Industrie mit einer solchen Teilung des Arbeitsmarktes ein flexibles konjunkturelles Ausgleichsinstrument in die Hand. „Beschränke man die Industrie auf inländische Arbeiter, so würde bei einem Rückgang der Industrie eine größere Anzahl von Arbeitern brotlos und vermehrten sie dadurch die unzufriedenen Elemente. Dagegen könne man ausländische Arbeiter in solchem Falle ohne weiteres abstoßen", hatte schon 1895 das Handelsministerium bei Beratungen der Regierung über das Ausländerproblem betont. Und auf dem Breslauer Arbeitsnachweis-Kongreß 1910 hob der Vertreter der Industrie, Bonikowsky, diesen Aspekt besonders hervor: „Die Möglichkeit für die deutsche Industrie, ausländische Arbeiter heranzuziehen, wird besonders wertvoll in den Zeiten der Hochkonjunktur, wenn es gilt, den sprunghaft gesteigerten Bedarf des heimischen wie des ausländischen Marktes zu befriedigen . . . Andererseits ist die Industrie bei dem Abflauen der Konjunktur und einer Erleichterung des Arbeitsmarktes in der Lage, zunächst die ausländischen Arbeiter abzustoßen, die somit für die einheimischen Arbeiter sozusagen als Konjunktur-Puffer, als Sicherheitsventil für deren kontinuierliche Beschäftigung dienen."[107] Dies galt insbesondere·für befristete Arbeitsvorhaben, etwa beim Bau von Talsperren, Chausseen und Kanälen. Hier wurden ausländische Arbeiter in großer Zahl, oft nahezu ausschließlich verwendet und von der preußischen Regierung auch die Beschäftigung von Auslandspolen gestattet.[108] Nach dem Ende der Bauzeit konnten die ausländischen Arbeiter ohne weitere sozialpolitische Komplikationen entlassen werden, und erst mit Beginn des nächsten Projekts mußten die Baufirmen wieder Arbeitskräfte einstellen. Darüber hinaus waren aber Abschiebungen von Ausländern aus konjunkturellen Gründen bei der gesamten Industrie ein häufig angewandtes Mittel des Konjunkturausgleichs, wie etwa die Jahresberichte der Gewerbeaufsichtsbeamten immer wieder berichteten.[109] Bei diesen Abschiebungen standen wirtschaftliche Gründe und nationalpolitische Demagogie oft nahe beieinander; in Zeiten schlechter Konjunktur wurden Ausweisungen von ausländischen Arbeitern nicht selten mit „patriotischen" Motiven kaschiert oder durch gegen die Ausländer gerichtete Polemik vorbereitet. In Zusammenhang mit dem schon angesprochenen Bonner Kroatenprozeß 1908 z. B. und den damit einhergehenden heftigen Angriffen gegen die ausländischen Arbeiter insgesamt verwies das *Correspondenzblatt* der Gewerkschaften auf die infolge der Wirtschaftskrise dieses Jahres zunehmenden Entlassungen und Abschiebungen von Ausländern: „Die Ausländer, meist auf Kosten der Unternehmer in Werkswohnungen untergebracht, wurden als unbequem und teuer empfunden, und Polizei und Unternehmertum reichten sich in holder Eintracht die Hand, um die mit großen Versprechungen herangelockten Arbeiter wieder loszuwerden. Zu Hunderten wurden sie entlassen, vielfach mit dem Hinweis der Presse auf die großen nationalen Gefahren, die der Kroatenprozeß in Bonn enthüllt habe, und da die auf die Straße gesetzten Massen natürlich nicht mehr so leicht neue Arbeit erhielten, wurden sie ausgewiesen. Der Patriotismus der Unternehmer schlug die kräftigsten Töne an — weil man diese Leute nicht mehr brauchte."[110]

Viele industrielle Unternehmer verstanden darüber hinaus die Beschäftigung von Ausländern aber auch als indirekten Protest gegen die Einschränkung der unternehmerischen Befugnisse gegenüber deutschen

Arbeitskräften durch die Sozialgesetze der Reichsregierung und den Einfluß der organisierten Arbeiterschaft auf die Arbeitsverhältnisse. Die Notwendigkeit der Ausländerbeschäftigung sei das Resultat der Beschränkungen durch die Sozialgesetzgebung, klagte auch Bonikowsky auf dem Breslauer Arbeitsnachweis-Kongreß 1910 und verwies dabei besonders auf „die Einführung des 10stündigen Maximalarbeitstages und das Verbot der Nachtarbeit für weibliche Arbeiter, die Beschränkung der Beschäftigung jugendlicher Arbeiter unter 16 Jahren im Bergbau und den Hüttenbetrieben, das Verbot der Beschäftigung von weiblichen Arbeitern in den Kokereien und im Bergbau auch über Tage bei der Förderung."[111] Und die *Deutsche Industrie-Zeitung* führte 1909 die Beschäftigung von Ausländern im Bergbau zurück auf die „Weigerung der heimischen organisierten Arbeiterschaft, im Fall dringenden Bedarfes Überzeitarbeit zu leisten".[112]

Bei ausländischen Arbeitskräften hingegen nahm man es vor allem mit den Bestimmungen des Jugendschutzes, der Arbeitszeit und der Unfallverhütung weniger genau, zumal die Ausländer in der Regel nicht gewerkschaftlich organisiert waren und ein Aufbegehren gegen schlechte Arbeitsbedingungen mit Entlassung und Abschiebung bedroht war. „Vielfach herrscht hier bei Arbeitgebern die Ansicht, daß man ausländischen Arbeiterinnen gegenüber die gesetzlichen Bestimmungen nicht zu beachten brauche", berichteten die Gewerbeaufsichtsbeamten in Posen 1911.[113] Dort aber, wo die Einhaltung der Bestimmungen der Gewerbeordnung von den Behörden auch bei Ausländern schärfer kontrolliert wurde, verloren die Ausländer für die Unternehmer schnell an Interesse. Die Ausländerbeschäftigung nehme ab, beobachtete die bayerische Gewerbeaufsicht schon 1903, was „mit der gesetzlichen Verkürzung der Arbeitszeit in gewissen Industriezweigen zusammenhängt, in welchen seither namentlich Italiener unter Einhaltung der bei ihnen üblichen längeren Arbeitszeit beschäftigt wurden".[114]

Teilung des Arbeitsmarktes, Stabilisierung der unteren Lohngruppen, Unterlaufen der sozialgesetzlichen Bestimmungen, Herausbildung einer industriellen Reservearmee als „Konjunkturpuffer" — das waren in den Augen der industriellen Arbeitgeber die Vorteile der Ausländerbeschäftigung, die die Nachteile bei weitem überwogen. Es stehe außer Zweifel, resümierte Syrup seinen vergleichenden Überblick, „daß die deutsche Volkswirtschaft aus der Arbeitskraft der im besten Alter stehenden Ausländer einen hohen Gewinn zieht, wobei das Auswanderungsland die Aufzuchtkosten bis zur Erwerbstätigkeit der Arbeiter übernommen hat". Seine Forderung für die Zukunft lautete daher, „die Erschwerungen der Ausländerarbeit in der Industrie zu beseitigen und die Regelung der Ausländerarbeit den tatsächlichen Bedingungen anzupassen".[115]

Daß es trotz der recht massiven Einflußnahme der industriellen Verbände und der aufgezählten „Vorteile für die Volkswirtschaft" bei den „Erschwerungen" der industriellen Ausländerbeschäftigung blieb, macht deutlich, wie stark sich ideologische Positionen und die Hervorhebung der Interessen der Großlandwirtschaft allem Drängen der Industrieverbände zum Trotz weiterhin durchzusetzen vermochten. Gleichwohl versuchte die Industrie, die Beschränkungen bei der Ausländerbeschäftigung auf verschiedenen Wegen zu umgehen — zum einen durch die bereits angesprochene, bis Kriegsbeginn zunehmende illegale Beschäftigung von Auslandspolen; vor allem jedoch durch die Heranziehung anderer, nichtpolnischer Ausländergruppen, möglichst aber solcher, deren „kulturelles Niveau" und damit deren Ansprüche nicht höher waren als die der russischen und österreichischen Polen. Dies traf insbesondere auf die Ruthenen zu, die vorwiegend für die Landwirtschaft im Osten Deutschlands seit Anfang des Jahrhunderts in verstärktem Maße angeworben wurden. Um der Gefahr der „Polonisierung" dieser Gebiete zu entgehen und „nationalverdächtige Elemente durch unverdächtige zu ersetzen", wurden ruthenische Arbeiter seit 1905 formell von der „Karenzzeit" freigestellt, und auch das Beschäftigungsverbot für die Industrie in den mittleren und westlichen Provinzen Preußens galt für sie nicht.[116] Die Konflikte zwischen der polnisch sprechenden, römisch-katholischen Mehrheit und der ruthenischen, griechisch-orthodoxen Minderheit in Galizien, über die etwa vom Ostmarkenverein ausführlich berichtet wurde, sollten in Deutschland genutzt werden, um eine Annäherung polnischer und ruthenischer Arbeiter zu erschweren; gleichzeitig sollte die vermehrte Beschäftigung von Ruthenen „als geeignetes Kampf- und Zurückdrängungsmittel gegenüber den Polen" dienen.[117] Durch die unbeschränkten Beschäftigungsmöglichkeiten und den „niedrigen Kulturstand" der Ruthenen waren sie auch für die Industrie interessant, wenngleich die Bestimmungen hier nicht einheitlich und teilweise widersprüchlich waren.[118] Ihre Beschäftigung in der Industrie beschränkte sich aber im wesentlichen auf Schlesien; für die Unternehmen in mittleren und westlichen Provinzen war es hingegen viel schwieriger, an ruthenische Arbeiter zu gelangen. Das lag nicht zuletzt daran, daß durch das Legitimationsmonopol der Feldarbeiterzentrale die Industrie hinter den Wünschen der Landwirtschaft zurückstehen mußte. Während die schlesischen Unternehmer auf die Anwerbung von Arbeitern im benachbarten Galizien direkten Einfluß nehmen konnten, war die westliche Industrie auf die Arbeiterzentrale angewiesen. So klagten die Arbeitgeberverbände 1908 darüber, daß hier „eine Beeinflussung der zuwandernden ausländischen Arbeiter in dem Sinne stattfinden könnte, nicht zur Industrie zu gehen, sondern zur Landwirtschaft", die als „der mächtigste Konkurrent in der Beschaffung der Arbeitskräfte, den die Industrie in der Feldarbeiter-Zentrale habe, in dieser Weise ein Monopol erhalte".[119]

So blieb das Ausmaß der Beschäftigung ruthenischer ebenso wie ausländisch-polnischer Arbeitskräfte in der Industrie der westlichen Provinzen bis Kriegsbeginn weit hinter den Wünschen der Unternehmer zurück; statt der besonders billigen Polen und Ruthenen mußten sie verstärkt auf deutschstämmige Österreicher, auf Holländer und vor allem auf Italiener zurückgreifen.

Quantitative Entwicklung und Struktur

In Tabelle 2 war bereits eine Übersicht über die quantitative Entwicklung der Ausländerbeschäftigung gegeben worden. In Preußen hatte die Zahl der ausländischen Industriearbeiter von 1906 bis 1914 um etwa 150.000 zugenommen. 1907 waren hier zwei Drittel aller ausländischen Arbeiter in der Industrie beschäftigt, im gesamten Reichsgebiet waren es mehr als 50 %. Die Tabellen 4 bis 6 schlüsseln diese Zahlen für das Jahr 1907 nach Staatsangehörigkeit, Nationalität, Branchen und sozialer Stellung etwas genauer auf.

Die Tabelle 4 zeigt zum einen, wie stark sich Karenzzeit und Beschäftigungseinschränkungen in Preußen auf die Praxis der industriellen Ausländerbeschäftigung niederschlugen: Lediglich 11 % der Auslandspolen in Preußen arbeiteten in Industriebetrieben, vorwiegend in Schlesien, während umgekehrt zwar 57 % aller ausländischen Industriearbeiter in Preußen auf Westfalen und die Rheinprovinz entfielen, aber nur 11 % der Polen. Die größten Ausländergruppen in der Industrie stellten vielmehr die Italiener (24 %), die deutschsprachigen Österreicher (18 %) und die Holländer (16 %).

Tab. 4: Ausländische Arbeiter nach Nationalität und Staatsangehörigkeit in Industrie und Landwirtschaft, 1907[120]

Ausl. Arbeiter	Schlesien		Rheinprovinz u. Westfalen		Preußen insgesamt	
	Ind.	Lw.	Ind.	Lw.	Ind.	Lw.
insgesamt	74.291	47.453	269.815	35.604	474.653	258.354
Polen (russ. u. österr.)	24.873	39.294	5.807	6.088	53.542	183.955
Ruthenen	18.057	2.250	1.363	256	24.185	11.792
Tschechen	4.117	885	11.128	252	27.017	2.066
dt. Österr.	20.215	4.131	33.929	1.534	87.395	8.988
Italiener	2.804	25	92.846	352	115.159	583
Holländer	18	1	71.504	22.749	75.463	23.913
Belgier	24	1	6.627	687	7.123	712

Tab. 5: Ausländische Erwerbstätige nach Herkunftsland und Wirtschaftsbereichen, Deutsches Reich, 1907[121]

1 Wirtschafts-bereich	2 Erwerbs-tätige insgesamt	3 davon geb. in außer-deutschen Staaten	% von 2	davon geb. in Rußland	% von 3	Öster-reich	% von 3	Italien	% von 3	Nieder-lande	% von 3
Landwirtschaft	9.883.257	294.893	3,0	156.847	53,2	90.295	30,6	971	0,3	14.272	4,8
Bergbau und Hüttenwesen	963.278	78.259	8,1	5.763	7,4	33.790	43,1	23.072	29,5	7.199	9,2
Steine u. Erden	714.520	71.930	10,0	9.007	12,5	24.907	34,7	30.946	43,0	2.408	3,3
Metallver-arbeitung	1.186.090	27.507	2,3	2.380	8,6	14.877	54,1	1.526	5,5	2.237	8,1
Maschinen-industrie	907.048	27.118	3,0	2.867	10,6	13.756	50,7	1.218	4,5	1.693	6,2
Chemie	158.776	5.379	3,4	753	14,0	2.194	40,1	643	12,0	499	9,3
Textil	1.057.243	52.247	4,9	2.210	4,2	33.157	63,5	4.516	8,6	5.006	9,6
Baugewerbe	1.906.897	131.792	6,9	12.603	9,6	41.319	31,3	58.710	44,5	8.415	6,4
Industrie insg.	11.256.254	500.953	4,4	45.439	9,0	226.571	45,2	124.031	24,7	34.851	7,0
Gesamt-wirtschaft	26.327.362	924.946	3,5	219.029	23,7	367.711	39,7	131.316	14,2	58.848	6,4

In Tabelle 5 ist nun die Verteilung der einzelnen Ausländergruppen auf die verschiedenen Wirtschaftszweige und Industriebranchen für das Jahr 1907 aufgeführt; leider differenzierte die diesen Zahlen zugrundeliegende Volks- und Berufszählung von 1907 nicht nach Nationalität, sondern nach Staatsangehörigkeit, so daß die auslands-polnischen Arbeiter hier nicht gesondert aufgeführt sind.

Deutlich hebt sich die unterschiedliche Verteilung der ausländischen Arbeitskräfte in den verschiedenen wirtschaftlichen Zweigen ab: Steine und Erden (vor allem Steinbrüche, Ziegeleien u. ä.), Bergbau/Hüttenwesen und Baugewerbe sind hier die wichtigsten Bereiche, in denen auch die meisten Angehörigen der vier großen Ausländergruppen beschäftigt waren: Baugewerbe (28 % aller Russen, 18 % der Österreicher, 47 % der Italiener und 24 % der Holländer), Steine/Erden (20 %, 11 %, 25 %, 7 %) und Bergbau/Hüttenwesen (13 %, 15 %, 19 %, 21 %).[122] Nur die Textilindustrie war daneben bei Holländern (14 %) und Österreichern (15 %) noch von Bedeutung. Der typische ausländische Industriearbeiter des Jahres 1907 war also etwa der auf dem Bau beschäftigte Italiener, der österreichische (oder galizisch/polnische) Bergarbeiter oder auch der Ziegeleiarbeiter aus Italien, Österreich oder Rußland.

Nimmt man nun abschließend noch die Stellung im Beruf hinzu, so vervollständigt sich das Bild:

Tab. 6: Ausländische Arbeitskräfte nach Herkunft, Wirtschaftszweigen und Stellung im Beruf, Deutsches Reich 1907[123]

| | Von je 100 Arbeitern waren in ungelernter Stellung beschäftigt | | | | |
	Deutsche	Russen	Öster-reicher	Italiener	Aus-länder insg.
Bergbau/Hüttenwesen	53	78	51	80	64
Steine/Erden	70	89	69	86	79
Metallverarbeitung	22	16	18	52	21
Textil	53	46	56	80	58
Bau	37	90	60	69	67
Industrie insgesamt	40	71	46	76	57

Diese Zahlen machen deutlich, daß es in der Tat ein erhebliches soziales Gefälle — wenn man das recht grobe, aber einzig zugängliche Kriterium der „ungelernten Stellung" dazu als Grundlage akzeptiert — zwischen deutschen und ausländischen Industriearbeitern gab — aber auch zwischen den verschiedenen Ausländergruppen selbst. Insgesamt war die Zahl der Ungelernten unter den Ausländern um 42 % höher als bei den Deutschen — im Baugewerbe sogar um 81 %, wobei die Österreicher gegenüber Italienern und Russen deutlich im Vorteil lagen und nur auf dem Bau, wo der Anteil galizisch-polnischer Arbeiter besonders hoch lag, deutlich schlechter gestellt waren als die Deutschen.

Dort also, wo der Ausländeranteil überproportional hoch lag, war die soziale Stellung der Ausländer am niedrigsten. In der metallverarbeitenden Industrie hingegen, wo nur wenige Ausländer beschäftigt waren, gab es durchschnittlich sogar mehr ausländische als deutsche Facharbeiter; hier beschränkte sich die Ausländerbeschäftigung offenbar vor allem auf Spezialisten.

Zusammengefaßt: Arbeiter aus Italien und Rußland (sowie vermutlich die österreichischen Polen) waren in der Regel als ungelernte Arbeiter auf dem Bau, in Steinbrüchen und Ziegeleien sowie im Bergbau und Hüttenwesen beschäftigt, also gerade jenen Branchen, in denen der Anteil wenig qualifizierter, körperlich schwerer, schmutziger und gefährlicher Tätigkeiten besonders hoch war. Die in der politischen Debatte von den industriellen Interessenvertretern hervorgehobenen „Vorteile" der Ausländerbeschäftigung durch die verstärkte Besetzung „niederer" Tätigkeiten durch ausländische Arbeiter haben sich also in der Praxis effektiv niedergeschlagen.

Dies läßt sich auch für die Verwendung der Ausländer als „Konjunkturpuffer" in Zahlen nachweisen: Zwischen 1895 und 1914 stieg die Zahl der ausländischen Industriearbeiter in Preußen ständig an — mit einer Ausnahme: während der Wirtschaftskrise von 1907/09 ging sie um 5,2 % zurück, um zwischen 1909 und 1913 erneut um 22 % zu steigen.[124]

„Arbeiterschicht zweiten Grades" – Bergbau-, Bau- und Ziegelindustrie

Die Übersicht über die Branchenverteilung der industriellen Ausländerbeschäftigung hat gezeigt, daß hier vor allem Baugewerbe, Bergbau- und Hüttenbetriebe sowie Steinbrüche und Ziegeleien betroffen waren; für diese Wirtschaftszweige ist es auch möglich, Näheres über die Arbeits- und Lebensbedingungen der ausländischen Arbeiter auszusagen.[125]

Einleitend sei hier aus dem Jahresbericht der badischen Gewerbeaufsichtsbeamten von 1911 zitiert, in dem die „Besonderheiten" der Ausländer, hier vor allem der „romanischen und slavischen Arbeiter", beschrieben werden, wenngleich die distanziert-ängstliche und verunsicherte Wahrnehmung der Fremden durch die berichterstattenden Beamten noch durch den Text schimmert: „Zumeist suchen sie nicht dauernden Lebensunterhalt in der deutschen Industrie; sie haben vielmehr die Absicht, nur eine bestimmte Reihe von Jahren bei uns zu arbeiten, Geld zu verdienen, Geld zu sparen, um dann in ihre Heimat zurückzukehren und mit den Überschüssen, soweit solche nicht vom Lebensunterhalt der in der Heimat verbliebenen Familien verwendet worden sind, irgendetwas zu beginnen . . . In gewissen Zeitabständen, gewöhnlich im Winter, besuchen die Ausgewanderten ihre Heimat; mit Vorliebe wählen sie daher Betriebe, die von der Witterung abhängig sind, wie Bauhandwerk, Steinbrüche, Ziegeleien, und schließen häufig von vornherein ihren Arbeitsvertrag auf die Dauer einer Kampagne ab . . . Zwar im fremden Lande lebend, bleiben die Ausländer mit ihrem Denken und Fühlen, mit ihrer ganzen Lebensweise in der Heimat, streng abgeschlossen von jedem, der kein Landsmann ist . . . Polen und Italiener, auch wenn sie schon seit mehreren Jahren in Deutschland arbeiten, eignen sich kaum die notwendigsten deutschen Worte an . . . Der Begriff der Reinlichkeit ist und bleibt bei den romanischen und namentlich bei den slavischen Arbeitern nach unseren Begriffen unterentwickelt; die Wascheinrichtungen der Betriebe erfreuen sich zumeist keiner besonderen Beliebtheit; diese Darbietungen werden nur selten regelmäßig benutzt. Da sie nicht unter Volksschulzwang aufgewachsen sind, können die meisten höchstens ihren eigenen Namen schreiben, und auch dies geht schwer genug. An allen sozialen Einrichtungen gehen sie meist achtlos vorüber . . . Die ganze Aufmerksamkeit ist auf Geldverdienen gerichtet . . . Mit dem Verdienste verfahren sie so sparsam als möglich; sie gönnen sich kein Vergnügen, das Geld kostet."[126]

Die ausländischen Industriearbeiter waren kaum in das Alltagsleben der deutschen Arbeiterschaft einbezogen, geschweige denn integriert; ihre meist kurzen Aufenthaltszeiten in Deutschland, die Konzentration auf wenige Branchen, die Sprachbarrieren, vor allem die meist gesonderte Unterbringung in Massenquartieren sowie der immer wieder berichtete häufige Stellenwechsel hatten eine weitgehende Separation zur Folge, die durch den sehr geringen Anteil von in deutschen Gewerkschaften organisierten Ausländern noch verstärkt wurde. Diese Separation war von Seiten der Behörden ja sehr erwünscht, war sie doch die Voraussetzung dafür, daß Ausländer in Deutschland weder seßhaft wurden noch in der deutschen Gesellschaft aufgingen; zudem war ihnen die Beschäftigung auf „niederen" Arbeitsplätzen auch nur zuzumuten, wenn durch regelmäßige Rückkehr in ihre Heimat und enge, abgeschlossene Gemeinschaft in Deutschland die sozialen Verhältnisse in ihrem Herkunftsland für sie der Maßstab der Beurteilung ihrer Lage blieben und nicht die mittlerweile auch in der einheimischen Arbeiterschaft erreichten Standards in Deutschland. Hier kam eines der strukturellen Kennzeichen der Ausländerbeschäftigung zum Vorschein, das aber den Behörden und Unternehmern erst langsam als solches bewußt wurde, daß nämlich mit der Länge des Aufenthalts im Einwanderungsland die Standards des Heimatlandes verblaßten und immer mehr die Lage der deutschen Arbeiterschaft zur Vergleichsmarge auch der eigenen Situation wurde.[127] Orientierten sich die Ausländer aber an den sozialen Standards in Deutschland, fielen die wirtschaftlichen Vorteile ihrer Beschäftigung für die Unternehmer tendenziell weg; eben dieser Tendenz wirkten gegenüber den Auslandspolen die Karenzzeitbestimmungen in Preußen und den Ländern mit analogen Regelungen entgegen. Solange aber der Aufenthalt in Deutschland von den ausländischen Arbeitern selbst als vorübergehend empfunden wurde, standen die Bestrebungen der Behörden und Unternehmer und die Wünsche der Ausländer an vielen Punkten nicht im Gegensatz zueinander. Daß die Ausländer im Winter zu ihren Familien zurückkehren wollten, entsprach so den wirtschaftlichen Interessen der Arbeitgeber und den politischen Absichten der Behörden; ihr Wunsch, in möglichst kurzer Zeit möglichst viel Geld zu verdienen, ließ die ausländischen Arbeiter sozialpolitische Bestimmungen wie Arbeitszeitverordnungen, Verbot der Kinderarbeit, auch Unfallschutzmaßnahmen als eher hinderlich betrachten. Schon deshalb waren sie für deutsche Gewerkschaften kaum erreichbar.

Im *Kohlebergbau* war der Anteil der Ausländer an den Zechenbelegschaften von 2,72 % im Jahre 1893 auf 9 % 1908 gestiegen, wobei es sich auch im Ruhrgebiet vor allem um Arbeiter aus Österreich-Ungarn und bei diesen vorwiegend um Polen handelte. Im Ruhrgebiet standen die knapp 32.000 Ausländer neben 130.000 Zuwanderern aus den östlichen Provinzen Preußens — zusammen mehr als die Hälfte der Gesamtbelegschaften.[128] In anderen Revieren war dieses Verhältnis noch ausgeprägter; im Bergrevier Diedenhofen (Elsaß/Lothringen) waren 1908 55 % der Belegschaftsmitglieder Ausländer, die meisten von ihnen Italiener.[129]

Im Bergbau waren zwei Drittel der Ausländer (bei Italienern und Russen 80 %) als ungelernte Arbeiter beschäftigt — in erster Linie als Gesteinshauer, Schlepper und Füller. Bei der eigentlichen Kohlenförderung hingegen wurden sie nur selten eingesetzt, vor allem weil hier die Anlernzeiten und während dieser Zeit die Löhne niedriger waren.[130] Die von den Ausländern übernommene Arbeit war bei deutschen Bergleuten recht unbeliebt; das Gesteinhauen war zwar eine qualifizierte und recht gut bezahlte Tätigkeit, sie galt aber auch als besonders gefährlich, während das Schleppen und Füllen schlechter bezahlt wurden. „Infolge der Einstellung von Ausländern", bemerkte Syrup zur Situation im Bergbau, „war es möglich, die geeigneten einheimischen Arbeiter in großer Zahl in die besser bezahlten Arbeitsposten einrücken zu lassen. Ein Verzicht auf die Beschäftigung ausländischer Arbeiter wäre daher auch im Interesse der einheimischen Arbeiter und besonders der tüchtigeren Leute unter ihnen durchaus unerwünscht. Es würde zur Folge haben, daß ein beträchtlicher Teil der einheimischen, gut bezahlten Häuer als minderbesoldete Schlepper beschäftigt werden müßte. Dieser Fall trat sowieso alljährlich während der Karenzzeit der polnischen Arbeiter auf, während der die jüngeren Häuer zu Schlepperdiensten herangezogen werden müßten. Diese Notwendigkeit wurde vielfach von den Leuten als Herabsetzung empfunden und gab zum Wechsel der Arbeitsstätte Anlaß".[131]

Die Löhne der ausländischen Bergarbeiter entsprachen in der Regel denjenigen ihrer auf gleichen Arbeitsplätzen eingesetzten deutschen Kollegen. Ihre sozialen Aufstiegsmöglichkeiten, etwa zum Hauer, waren hingegen sehr gering.

Ähnlich lagen die Verhältnisse in den *Hüttenbetrieben* — der Anteil der ungelernten ausländischen Arbeiter unter den Ausländern lag hier sogar noch höher. Bei „Feuerarbeiten", also etwa als Schmelzer am Hochofen, wurden Ausländer fast nie beschäftigt — auch hierfür waren in erster Linie die relativ langen Anlernzeiten ausschlaggebend. In der Regel verrichteten sie Transport- und Bestückungsarbeiten sowie die besonders schmutzigen und staubigen Tätigkeiten. In Syrups Untersuchung wurde dies näher spezifiziert: „So erfolgte beispielsweise die Abfuhr der Asche und Schlacke aus den sogenannten Hüttenröschen fast ausschließlich durch Ausländer. Als weitere übliche Tätigkeiten der Ausländer in der Hüttenindustrie seien genannt das Ausladen der ankommenden Erze, des Koks und der Zuschläge für den Hochofen, das Möllern und Begichten, das Abfahren des Eisens und der Schlacke, das Beschicken der Koksöfen, das Löschen und Abfahren des Kokses, das Chargieren der Stahlöfen und alle sonstigen Platzarbeiten der Eisenhütten. Auch in den besonders gesundheitsgefährlichen Zink- und Bleihütten fanden sich viele Ausländer. In einer oberschlesischen Bleihütte war z. B. ein Viertel der hygienisch bedenklichen Arbeitsplätze mit Ausländern besetzt, die sich infolge mangelnder Reinlichkeit und ungenügender Ernährung für die Bleikrankheiten besonders empfänglich erwiesen."[132]

Über die hohen Unfallziffern und Erkrankungen der ausländischen Hüttenarbeiter berichteten die Gewerbeaufsichtsämter relativ häufig. So entfielen etwa zwei Drittel aller Bleierkrankungen auf einer Bleihütte im Regierungsbezirk Oppeln im Jahre 1911 auf die dort beschäftigten Ruthenen, die knapp 25 % der Belegschaft ausmachten.[133] Die besseren Verdienstmöglichkeiten in den gesundheitsgefährlichen Bereichen waren es, die für die ausländischen Arbeiter den Anreiz für die Übernahme solcher Tätigkeiten boten. Für die Unternehmer hatte dies — außer der Tatsache, daß Deutsche für solche Arbeiten nur schwer zu gewinnen waren — den Vorteil, nicht oder nur selten für Krankenfolgekosten aufkommen zu müssen, weil die Ausländer im Winter in der Regel in ihre Heimat zurückkehrten; wobei es manchmal sogar noch Beschwerden über die „Unsitte" ausländischer Bleihüttenarbeiter gab, „vor ihrer Rückkehr in die Heimat sich krank zu melden und sich im Lazarett ordentlich verpflegen zu lassen".[134]

Was die Arbeitszeiten betraf, übernahmen Ausländer offenbar ausgesprochen gern Überschichten und Sonntagsarbeit und kamen darin den Interessen der Industriebesitzer entgegen. Über die Italiener berichtete Britschgi-Schimmer, daß sie sich „des Mehrverdienstes wegen zur Sonntagsarbeit direkt herandrängen",[135] und die Gewerbeaufsicht Elsaß-Lothringen schrieb im Jahresbericht 1909 über die ausländischen Hüttenarbeiter: „Wo ihnen die Möglichkeit zur lohnenden Überarbeit durch irgend welche Maßnahmen genommen ist, wandern sie ab und suchen bessere Verdienstmöglichkeiten auf. Die Folge ist, daß diese Arbeiter sich den Schutzbestimmungen irgendwelcher Art durchaus nicht kümmern."[136]

Jeder vierte ausländische Industriearbeiter war 1907 im *Baugewerbe* beschäftigt, bei den Italienern nahezu jeder zweite. Nun war es vor allem in Süddeutschland seit langen Zeiten üblich gewesen, für Bauvorhaben italienische Spezialisten heranzuziehen, vornehmlich Steinmetzen und die berühmten „Terrazai", die venetischen Fußboden- und Mosaikleger.[137] Solche gut bezahlten Facharbeiter wurden aber mit Beginn der modernen Ausländerbeschäftigung immer mehr zur Ausnahme; seit den 90er Jahren beschäftigten die deutschen Bauunternehmen in zunehmendem Maße ausländische Hilfsarbeiter, die für die Zeit eines Bauvorhabens angestellt wurden und die einheimischen Wanderarbeiter mehr und mehr ablösten. Gerade bei öffentlichen Großbauten waren Ausländer in großer Zahl beschäftigt, so etwa beim Bau des Reichstagsgebäudes in Berlin, des Leipziger Reichsgerichts, der Berliner Untergrundbahn, des Kaiser-Wilhelm-Kanals — und vor allem beim Eisenbahnbau. „Wo immer in Deutschland an einer Eisenbahnlinie gebaut wird, kann man sicher sein, Italiener in großen Mengen zu finden", schrieb 1911 Giesela Meichels-Lindner in einer Untersuchung über die Lage der italienischen Arbeiter in Deutschland.[138]

Ähnlich wie im Hüttenwesen waren die Arbeitszeiten der Ausländer in der Regel länger als die der Deutschen, was häufig zu Reibereien zwischen deutschen und ausländischen Bauarbeitern führte. In Köln kam es darüber 1905 sogar zu einem Streik der deutschen Beschäftigten einer Baufirma, die forderten, daß die Italiener nicht länger elf und mehr Stunden täglich arbeiten dürften, sondern sich wie die Deutschen an die vorgeschriebene maximale Arbeitszeit von 9 1/2 Stunden zu halten hätten.[139] Die Tätigkeiten der 1907 zu zwei Dritteln ungelernten ausländischen Bauarbeiter bestanden vor allem bei den Großbaustellen meist aus einfachsten, aber körperlich anstrengenden Arbeiten: „Sie wurden insbesondere zu der Bewegung von Erdmassen herangezogen", bemerkte Syrup dazu, „zum Graben und Ausheben des gewachsenen Bodens, zum Verladen der Erdmassen in die Eisenbahn- oder Handwagen, zum Entladen, Ausschütten, zum Einebnen, Gleisverlegen usw. Die Arbeiten müssen durchweg im Freien ausgeführt werden, ohne Schutz gegen die Witterungseinflüsse. Auch sonst sind die hygienischen Bedenken gegen diese Arbeiten so schwerwiegend, daß die Beschäftigung von Frauen für einen großen Teil dieser Arbeiten seit wenigen Jahren gesetzlich verboten ist."[140] Es gab offenbar aber zahlreiche Fälle, in denen diese Bestimmungen bei Ausländern nicht eingehalten wurden, so daß etwa auch polnische Frauen zu Erdarbeiten beim Eisenbahnbau herangezogen wurden.[141]

Die Lage der ausländischen Bauarbeiter war häufig ausgesprochen schlecht; dafür waren neben der Arbeit selbst auch die Art der Unterbringung sowie die besonderen Vertragsbedingungen verantwortlich. Insbesondere bei Wanderbaustellen waren die Unterkünfte der Ausländer „meist sehr notdürftig", wie Syrup es vorsichtig ausdrückte, während die Gewerbeaufsichtsämter sehr drastisch über die „groben Mißstände" bei der Unterbringung der ausländischen Bauarbeiter berichteten, welche nachts oft kaum ein Dach über dem Kopf besaßen.[142] Das zweite Problem bestand darin, daß vor allem italienische Arbeiter häufig in ihrer Heimat von Landsleuten, den sogenannten Capi, angeworben wurden, die sie dann nach Deutschland brachten und dort an einen Bauunternehmer verliehen. Die Arbeiter erhielten auf diese Weise ihren Lohn von dem Capo — meist viel weniger, als jener von dem deutschen Unternehmer bekam.[143] Diese Art der Leiharbeit und die daraus resultierenden Ungerechtigkeiten und Betrügereien, wie sie in ganz ähnlicher Form bereits bei den „Vorschnittern" der polnischen Saisonarbeiter in der ostdeutschen Landwirtschaft festgestellt worden waren,[144] breiteten sich im Baugewerbe seit den 90er Jahren in stärkerem Maße aus, waren noch häufiger aber bei Ziegeleibetrieben zu finden, wo sie geradezu als Kennzeichen der Ausländerbeschäftigung bezeichnet werden können.

Die Lage der ausländischen Arbeiter in der *Ziegelindustrie* hat in der Öffentlichkeit des wilhelminischen Kaiserreiches viel Aufmerksamkeit gefunden — vor allem deshalb, weil in dieser Branche Kinderarbeit und überlange Arbeitszeiten, betrügerische Arbeiterhändler, miserable Unterkünfte, besonders schwere Arbeit und niedrige Löhne zusammenfielen mit einer überdurchschnittlich hohen Ausländerquote; die Verhältnisse in der Ziegelindustrie ragten so als Relikt frühkapitalistischer Ausbeutungsverhältnisse in die Gesellschaft der Hochindustrialisierung hinein und wirkten wie eine Illustration zu den Thesen der sozialistischen Arbeiterbewegung. Ziegeleien und Steinbruchindustrie, die 1907 zusammen etwa 650.000 Arbeiter beschäftigten — davon ca. 10 % Ausländer —, gehörten zu dieser Zeit zu den Branchen mit den rückständigsten Produktions- und

Organisationsformen.[145] Klein- und Mittelbetriebe herrschten vor, geringer Maschineneinsatz, außerordentlich schwere körperliche Arbeit und eine strikte Saisonalisierung bestimmten die Arbeitsbedingungen — die Kampagne beschränkte sich auf die sechs bis sieben Monate der warmen Jahreshälfte. Traditionellerweise waren hier bis um die Jahrhundertwende vorwiegend deutsche Wanderarbeiter aus den lippischen Gebieten beschäftigt gewesen; seit den 90er Jahren aber stieg die Zahl der ausländischen Ziegler;[146] denn durch die besseren Verdienstmöglichkeiten in anderen Industrien gaben sich die einheimischen Arbeiter mit den niedrigen Löhnen in den Ziegeleien nicht mehr zufrieden und wanderten ab; durch die vermehrte Heranziehung ausländischer Arbeiter versuchten Unternehmer, das niedrige Lohnniveau in ihren Betrieben zu stabilisieren. Waren 1890 etwa 10.000 Ausländer im Bereich Steine und Erden beschäftigt, so stieg ihre Zahl bis 1907 auf 72.000, vorwiegend Italiener und Österreicher.[147]

In der Regel warb der einzelne Ziegeleibesitzer nicht auf eigene Faust Arbeiter an, sondern schloß, vor allem bei Italienern, einen Vertrag mit einem „Zwischenmeister" oder „Akkordanten", der seinerseits im Ausland Arbeitskräfte zusammenholte und auf eigene Rechnung beschäftigte. Dieses System führte zu ungehemmter Übervorteilung der ausländischen Ziegeleiarbeiter und war auch einer der Gründe für ihre miserable soziale Lage. Der deutsche Unternehmer konnte auf diese Weise billige Arbeitskräfte erhalten, ohne sich um Anwerbung, Transport, Unterbringung und Verpflegung kümmern zu müssen. Der — meist selbst ausländische — Akkordant aber konnte seinen Verdienst dadurch steigern, daß er die Löhne der angeworbenen Ziegler so niedrig wie möglich hielt, die Ausgaben für Wohnung und Nahrung auf ein Minimum beschränkte und andererseits dafür sorgte, daß ihm die Arbeiter nicht wegliefen — etwa, indem er ihnen die Pässe wegnahm oder auch ihre Habseligkeiten „verwaltete".[148] Häufig aber passierte es, daß sich der Akkordant kurz vor Ende der Saison mitsamt den Löhnen für die Ziegler aus dem Staube machte und die Arbeiter nun vollständig mittellos dastanden.[149]

Die Arbeit in den Ziegeleien war so organisiert, daß die erwachsenen Arbeiter den Ton per Hand in die Formen zu drücken hatten, während Hilfsarbeiter die Formen bereitstellten und zum Brennen in den Ofen trugen. Ein zeitgenössischer italienischer Beobachter hat diese Arbeitsweise anschaulich beschrieben: „Die Arbeiter, welche der größten Anstrengung unterworfen sind, sind die Handformer, deren Arbeit, den Tonklumpen hochzuheben und in die Form zu drücken, eine große Muskelkraft in Armen und Brust erfordert. Bei der Abschließung des Lohnvertrags verpflichten sich diese Arbeiter, täglich eine bestimmte Anzahl von Ziegeln, welche zwischen 5.000 und 6.000 schwankt und manchmal sogar bis auf 7.000 steigt, zu produzieren. Diese Ziffer repräsentiert eine furchtbar erschöpfende Arbeit. Jeder Ziegelformer hat eine Arbeitsbank zu seiner Verfügung nebst einer kleinen Kiste für den Sand, der auf das Rohmaterial gestreut wird; zwei Formen und ein Messingdraht bilden seine gesamten Arbeitswerkzeuge. Ihm helfen zwei Mulis, wie im Berufsjargon die beiden Knaben zwischen 10 und 15 Jahren genannt werden, denen es obliegt, die gefüllte Form aufzuheben, den Ziegel hinauszunehmen, ihn auf den Trockenplatz zu schaffen, die Form zur Bank zurückzubringen, sie mit Sand zu bestreuen und dem Former zu reichen."[150] Durch die Verwendung von Kindern zu Handlangerdiensten konnten Ziegeleibesitzer wie Akkordanten die Lohnkosten weiter senken; zwar war die Heranziehung von Jugendlichen und von Frauen zu solchen Tätigkeiten gesetzlich untersagt, bei den Ausländern aber wurde die Befolgung der Schutzbestimmung selten oder gar nicht kontrolliert. Die Lage der ausländischen Kinder in den Ziegeleibetrieben hatte schon früh zu Protesten in der deutschen Öffentlichkeit sowie von Seiten der betroffenen Regierungen geführt; bereits 1895 hatte sich die belgische Regierung bei den deutschen Behörden darüber beschwert, „daß Kinder und Jugendliche Arbeiter aus Belgien in deutschen Ziegeleien ungebührlich überanstrengt und verwahrlost würden".[151] Zu wirksamen Änderungen kam es bei Kriegsbeginn jedoch nicht; aus der Oberpfalz etwa berichtete das dortige Gewerbeaufsichtsamt noch 1907, daß dort in Ziegeleien und Steinbrüchen Kinder unter 13 Jahren beschäftigt würden, denn „die geringen Geldstrafen wurden in vielen Fällen durch die Heranziehung der wesentlich billigeren jugendlichen Arbeitskraft schon in einem Tage eingebracht".[152]

Unabhängig vom Alter der ausländischen Ziegler lagen die Arbeitszeiten deutlich über denen der deutschen Arbeiter und erreichten nicht selten 70 Stunden in der Woche; es komme vor, berichtete das italienische Konsulat in München im Jahre 1901, „daß die italienischen Akkordanten Kinder von 12 bis 15 Jahren von 3 Uhr morgens bis 9 oder 10 Uhr abends und auch am Sonntag arbeiten lassen". Bei den am Brennofen beschäftigten wurden Arbeitszeiten bis zu 18 Stunden festgestellt.[153] Auch hier aber fielen die Bestrebungen der Akkordanten und Unternehmer mit denen der ausländischen Ziegler oft zusammen; gerade die italienischen Ziegler waren Arbeitszeitbeschränkungen nicht gewöhnt und wollten im Gegenteil solange wie möglich arbeiten, um mehr zu verdienen. Häufig war dabei aber auch die Angst davor maßgebend, die Arbeit zu verlieren, wenn man die vom Akkordanten vorgeschriebenen Arbeitszeiten nicht befolgte — oder schlichte Unkenntnis, weil die Arbeiter weder Deutsch verstanden noch von irgendjemandem über ihre Rechte aufgeklärt wurden. Da der „Akkordant" auch für Kost und Logis sorgte, gab es hier weitere Einsparungsmöglichkeiten. „Die vom Akkordanten gebotene Beköstigung besteht ausschließlich aus Polenta (ein aus Maismehl hergestelltes italienisches Nationalgericht) und Käse", beschrieb Britschgi-Schimmer die Ernährung der Ziegeleiarbeiter, „zum Frühstück, Mittagessen und Abendbrot stets die gleiche, trockene Nahrung. Meist wird die Polenta vom Akkordanten selbst zubereitet ... In der Regel ist dies die einzige Nahrung für die Dauer der ganzen Saison".[154]

Die Unterbringung geschah meist in Baracken, oft aber auch mußte ein Strohsack in der Fabrik reichen. „Unsere Arbeiter schlafen oft in eigens zu diesem Zweck erbauten Holzhütten, auf Stroh. Es sind gelegentlich Fälle konstatiert worden, in denen dieses während der Saison niemals gewechselt wurde und in dem durch die Spalten der Hütten eindringenden Wasser verfaulte", hieß es in dem Bericht des italienischen Konsulats.[155] Daß derartige Arbeits- und Lebensbedingungen sich auch über lange Jahre nicht verbesserten, war auch eine Folge der hohen Arbeiterfluktuation: solange die Ausländer nicht länger als ein halbes Jahr an einer Arbeitsstelle blieben und dazu noch während der Kampagne häufiger wechselten, bestand bei ihnen weder Interesse noch Möglichkeit, die Verhältnisse am Ort zu verbessern. Dies galt anders herum auch für die Arbeitgeber: „Kostspielige Einrichtungen wie z. B. Arbeiterwohnungen liegen durchaus nicht in ihrem Interesse, denn im Winter werden sie nicht benutzt und außerdem findet unter ihren Bewohnern ein ständiger Wechsel statt", hieß es dazu in einer 1909 erschienenen Untersuchung der Entwicklung der Ziegelindustrie.[156] Je länger ausländische Ziegelarbeiter aber in Deutschland beschäftigt wurden, desto stärker wurde ihnen selbst die Diskrepanz zwischen ihren Arbeits- und Lebensverhältnissen und denen der deutschen Arbeiter bewußt. Im Herbst 1909 bekam Ina Britschgi-Schimmer bei ihrer Untersuchung von Ziegeleibesitzern zu hören, „daß die Italiener anspruchsvoller würden und anfingen, Schwierigkeiten zu machen".[157] So gingen die Unternehmer seit der Mitte des Jahrzehnts verstärkt dazu über, an Stelle der Italiener auslands-polnische und ruthenische Arbeiter in den Ziegeleien zu beschäftigen, die, wie das badische Gewerbeaufsichtsamt 1912 beobachtete, „einzeln im fremden Lande nahezu hilflos und praktisch nicht fähig (seien), über die Gestaltung ihres Arbeitsverhältnisses mitzubestimmen. Sie sind aus diesen Gründen billiger wie die Italiener".[158] So mehrten sich seit dieser Zeit in Preußen die Anträge der Ziegelfabriken auf Beschäftigung von Auslandspolen. Deutsche und ausländische Arbeiter wanderten in andere Industrien ab, klagte 1911 ein Ziegeleibesitzer im Rheinland, weil dort bessere Löhne gezahlt wurden, die „wir für die verhältnismäßig leichte Arbeit in unserem Betriebe nicht zahlen" könnten. Namentlich „Italiener, Kroaten usw. gehen mit Vorliebe zu Tiefbauunternehmen" und seien für Ziegeleien zu teuer geworden. „Für Ziegeleibetriebe aber eignen sich die galizischen Arbeiter (Ruthenen) sehr gut, wenigstens haben wir durchweg gute Erfahrungen mit denselben gemacht."[159] In Brühl bei Köln wollte ein Ziegeleiunternehmer im Frühjahr 1914 seine „20 italienischen Jungens" wieder loswerden, weil sie faul seien und sich krank stellten, und bat die Behörden um Genehmigung zur „Heranziehung von 60 galizischen jugendlichen Arbeitern".[160] Polnische und ruthenische Arbeiter bekamen deutlich niedrigere Löhne als die Italiener und rückten so langsam auf die schlechtesten der vorher von den italienischen Zieglern besetzten Arbeitsplätze. In den Augen der deutschen Behörden war gerade dies ein Beweis der „in der Rasse begründeten" unterschiedlichen Kulturstufen der verschiedenen Völker: „Wo man billige Arbeitskräfte nötig zu haben glaubt, verdrängt der Pole den Italiener", stellte das badische Gewerbeaufsichtsamt fest, denn „dem Polen" sei „Beschäftigung, die ein Mindestmaß an Denkarbeit verlangt, am liebsten. Seiner Kulturstufe entsprechend besitzt er Eigenheiten, die kindlichen Unarten gleichkommen. Er drückt sich gern vor der Arbeit, muß immer geschoben und beaufsichtigt werden".[161]

Auf diese Weise schloß sich der Argumentationskreis: Weil die Polen aus einem industriell weniger entwickelten Land kamen bzw. auf einer „niedrigeren Kulturstufe" standen als die Italiener, wurden sie bevorzugt für besonders einfache (und schlecht bezahlte) Arbeiten herangezogen. Daß sie besonders einfache Tätigkeiten verrichteten, zeigte den Behörden wiederum, wie niedrig ihre Kulturstufe war.

Nun kann man diese Phänomene auch in der Weise untersuchen, daß man die strukturellen Aspekte, die „Funktionsgesetze" der Ausländerbeschäftigung in kapitalistischen Ländern anhand der hier beschriebenen Verhältnisse hervorhebt: die allgemeine Tendenz zur Übernahme der sozialen Standards des Einwanderungslandes durch die ausländischen Arbeiter bei mehrjährigen Aufenthalten; die Substitution durch Ausländergruppen mit starker Bindung an die Standards der Heimatländer; die Absicherung der privatkapitalistischen Interessen an der Nichtintegration der Ausländer durch den Staatsapparat — etwa durch den Rotationszwang.

Dabei werden jedoch die beschriebenen Entwicklungen auf die ihnen zugrundeliegenden, gleichsam statischen strukturellen Elemente eines Systems reduziert, einer idealtypischen, vorgegebenen Größe, nach der Logik oder Abweichungen der im einzelnen untersuchten Verhältnisse zu messen und zu bewerten sind. Aber weder waren Ergebnis und Perspektiven der Versuche mit der Ausländerbeschäftigung für die beteiligten Behörden und Unternehmer abzusehen, noch liefen behördliche Maßnahmen und wirtschaftliche Interessen der Unternehmer parallel — erinnert sei nur an die Beschäftigungsbeschränkung für Polen in der Industrie. Die Auseinandersetzungen zwischen den verschiedenen Beteiligten bei der Herausbildung der Ausländerbeschäftigung in Deutschland lassen sich aber als ein Lernprozeß verstehen, dessen Ausgang ihnen durchaus ungewiß war — schließlich gab es keine oder kaum vergleichbare Erfahrungen, auf die man sich in den ersten Jahren und Jahrzehnten der Ausländerbeschäftigung stützen konnte; und die oft mühsamen Kompromißbildungen, sich widersprechenden Erlasse und Verstöße gegen die Vorschriften waren Ausdruck des Suchens nach vorteilhaften Lösungen in einem weithin unerforschten Terrain. Die Organisation und gesetzliche Formierung der Ausländerbeschäftigung geschah auf diese Weise nach dem Prinzip des „trial and error", wobei wirtschaftliche, politische, ideologische und soziale Faktoren in einem komplizierten und den sich verändernden Bedingungen jeweils anzupassenden Prozeß des Interessenausgleichs austariert wurden.

Die Praxis der industriellen Ausländerbeschäftigung hatte bis 1914 die theoretischen Postulate und Wünsche der Behörden und der Unternehmen in einer Reihe von Punkten bestätigt: Es war tatsächlich möglich, Ausländer bis zu einem gewissen Grad als konjunkturelles Ausgleichsinstrument zu benutzen, ebenso konnten das Lohnniveau in den unteren Lohngruppen durch Ausländerbeschäftigung stabilisiert und veraltete Produktionsstrukturen in einzelnen Branchen konserviert werden — und zwar mit Methoden, die auf die erreichten Standards in der deutschen Sozialgesetzgebung keine Rücksicht zu nehmen brauchten. Schließlich war es auch möglich, durch die Teilung des Arbeitsmarktes den sozialen Aufstieg einheimischer Arbeiter, wenn auch in recht bescheidenem Umfang, zu forcieren.

Auf der anderen Seite zeigten die praktischen Erfahrungen, daß eine längere, ununterbrochene Beschäftigung bei den ausländischen Arbeitern tendenziell zur Übernahme der Anspruchshöhe der einheimischen Arbeiterschaft führte, daß aber Zwangsrotation und hohe Fluktuation zur Beschränkung der Ausländerbeschäftigung auf Arbeitsplätze mit niedrigen Anforderungen und kurzer Anlernzeit zwangen und zudem einen ganz erheblichen Verwaltungsaufwand und Kontrollapparat erforderten; außerdem zog die Bevorzugung von Arbeitergruppen mit niedrigen Ansprüchen zunehmend die Beschäftigung gerade solcher ausländischer Arbeiter nach sich, die aus „nationalpolitischen" und „rassischen" Gründen als besondere kulturelle und biologische Gefahr für die deutsche Gesellschaft angesehen wurden. Syrup, der diese Erfahrungen am Ende des Krieges zusammenfaßte, gründete seine insgesamt positive Einschätzung auf der Voraussetzung, daß die Separation der ausländischen Arbeiter von der deutschen Gesellschaft durch entsprechende gesetzliche Maßnahmen perpetuiert werden konnte — daß also die Teilung des Arbeitsmarktes und die Beschränkung der Ausländerbeschäftigung auf die untersten Lohngruppen durch staatlichen Druck erzwungen wurde. Genau diese Teilung aber stand im Mittelpunkt der Kritik der Arbeiterbewegung an der preußisch-deutschen Ausländerpolitik.

„Internationalismus" oder „Schutz der deutschen Arbeit" – Arbeiterbewegung und ausländische Arbeiter

Für die Gewerkschaften und die SPD stellte die massenhafte Beschäftigung von Ausländern eine politische Herausforderung dar, mit der sie sich schwer taten und die zu Konflikten zwischen theoretischen Postulaten und praktischen Erfahrungen führte.[162] Die Frage der Auswanderungen und die Beschäftigung ausländischer Arbeiter in entwickelteren Industrieländern war bei den Internationalen Sozialistenkongressen schon früh debattiert worden; hier entwickelten sich zwei Linien: auf der einen Seite traten die Vertreter eines konsequenten Internationalismus gegen jede Form von Zulassungsbeschränkungen und Sondergesetzen gegenüber ausländischen Arbeitern ein; auf der anderen Seite betonten Delegierte vor allem aus Industrieländern die Rolle der Ausländer als Lohndrücker und Streikbrecher und forderten dagegen Schutzmaßnahmen für die einheimische Arbeiterschaft.[163] Auf dem Stuttgarter Kongreß 1907 wurde diese Debatte durch eine mit Mehrheitsbeschluß gefaßte Resolution beendet, in der wirtschaftliche oder politische Ausnahmeregelungen gegenüber ausländischen Arbeitern als „fruchtlos und ihrem Wesen nach reaktionär" bezeichnet und jede Beschränkung der Freizügigkeit und der Ausschluß fremder Nationalitäten und Rassen abgelehnt wurden. Zugleich wurden wirksame Maßnahmen gegen den „Lohndrückerimport" gefordert, wie das Verbot der Aus- und Einwanderung derjenigen ausländischen Arbeiter, die durch Kontrakte an der freien Verfügung ihrer Arbeitskraft und ihrer Löhne gehindert waren.[164] Auch auf den Parteitagen der Sozialdemokratie und im *Correspondenzblatt* der Gewerkschaften wurde diese Position weithin vertreten.[165]

Bei der Mitgliedschaft der Gewerkschaften aus Branchen mit hohen Ausländeranteilen sah das Bild jedoch anders aus. Denn in der Tat gab es gerade in den unteren Lohnbereichen, wo viele Ausländer beschäftigt waren, teilweise heftige Konkurrenzen zwischen deutschen und ausländischen Arbeitern; immer wieder — vor allem in Baubetrieben — kam es vor, daß einheimische Arbeiter von den Unternehmern entlassen und durch Ausländer ersetzt wurden. Auch daß Ausländer als Streikbrecher benutzt wurden, wurde häufig berichtet, so im Jahre 1899 im Regierungsbezirk Merseburg, wo einheimische Bauarbeiter drei Monate lang in den Ausstand traten: „Der Unternehmer zog italienische Arbeiter heran und die einheimischen Arbeiter, soweit sie die Stadt nicht inzwischen verlassen hatten, nahmen schließlich die Arbeit wieder auf, ohne die erstrebte Lohnerhöhung erreicht zu haben", berichtete die Gewerbeaufsicht.[166] Im Jahre 1902 traten die deutschen Arbeiter eines Steinbruchs im Bezirk Oppeln in den Streik: „Die zahlreichen im Bruche tätigen Galizier ließen sich die Lohnherabsetzung ruhig gefallen. Aus dem ganzen Verhalten des

Unternehmers leuchtete die Absicht hervor, durch die Ausländer den Lohn herabzudrücken."[167] In Kiel kam es 1902 zu einem „allgemeinen Ausstand der Maurer und Zimmerleute", der fast vier Monate dauerte und dennoch erfolglos war: „Die Unternehmer hatten die vom Gewerbegericht, dem Oberbürgermeister und anderen einflußreichen Personen angebotene Vermittlung abgelehnt. Es war ihnen gelungen, ausländische und auswärtige Handwerker heranzuziehen. Ausschreitungen gegen Arbeitswillige und Arbeitgeber sind mehrfach vorgekommen."[168]

Wie sich solche Vorfälle aus der Sichtweise der als Streikbrecher benutzten Ausländer darstellten, ist von einem katholischen Geistlichen, der die Heranziehung von Italienern bei einem Bauarbeiterstreik in Remscheid miterlebte, überliefert: „Mein Gott, dieser Streikbruch! Die Leute werden von gewissenlosen Agenten zusammengeholt, man verspricht ihnen gute Löhne und verschweigt den Streik oder die Sperre. Hat man sie an Ort und Stelle, dann redet man ihnen zu, die deutschen Arbeiter wollten ihnen was, sie dürften sich bei Gefahr, der Lynchjustiz zu verfallen, nicht herauswagen, umstellt sie sorglichst mit Polizeiposten und schließt sie in ihrer Ignoranz hermetisch gegen jedes Wort der Aufklärung ab."[169]

Durch solche Erfahrungen war die kritische, ja ablehnende Haltung vieler deutscher Arbeiter gegenüber den Ausländern motiviert, dies schlug sich auch in den Debatten innerhalb der Arbeiterbewegung nieder. Die Minderheitsresolution auf dem Stuttgarter Sozialistenkongreß 1907 etwa hob die Notwendigkeit des Schutzes gegen die Lohndrücker aus dem Ausland hervor: „In Erwägung, daß Arbeiter rückständiger Rassen (wie Chinesen, Neger usw.) oft von Kapitalisten importiert werden, um die eingeborenen Arbeiter durch billiges Arbeitsangebot nieder zu halten, und daß diese, die ein williges Ausbeutungsobjekt bilden, in einer nur mühsam verdeckten Sklaverei lebten, erklärt der Kongreß, daß die Sozialdemokratie die Anwendung dieses Mittels, das dazu dient, die Organisationen der Arbeiter zu vernichten und dadurch den Fortschritt und die eventuelle Verwirklichung des Sozialismus aufzuhalten, mit allen ihren Kräften zu bekämpfen hat."[170]

Vor allem in der Bauarbeitergewerkschaft kam es zu heftigen Auseinandersetzungen um die ausländische Konkurrenz, besonders um die „Bevorzugung der Italiener", wobei, wie es in den „Sozialistischen Monatsheften" hieß, „der lang zurückgehaltene Groll gegen die alte und unfruchtbare Methode der Ausländer-, insbesondere der Italienerbehandlung zum Ausdruck kam. Es wurde gefordert, daß man diese Methode endlich aufgebe und den unorganisierten Ausländern rücksichtslos entgegentrete. Im übrigen wurde den Gewerkschaften eine rein deutsche Arbeiterpolitik empfohlen. Vor allem müßten die Interessen der *deutschen* Arbeiter gewahrt werden."[171]

Das waren andere Töne als in den Beschlüssen der Presse und Parteitage. Die Kluft zwischen Basis und Führung der Arbeiterbewegung war hier im Grunde nur zu schließen, wenn es gelang, die ausländischen Arbeiter in die deutsche Arbeiterbewegung einzubeziehen — hier aber waren die Gewerkschaften nur wenig erfolgreich. Nun war der Organisationsgrad der Landarbeiter auch bei Deutschen sehr niedrig,[172] so daß gegenüber den ausländischen Saisonarbeitern auf dem Lande eine nennenswerte Aktivität der Gewerkschaften nicht feststellbar war; wenngleich die Bemühungen der sozialdemokratischen Reichstagsfraktion um eine Verbesserung der sozialen und rechtlichen Lage vor allem der auslands-polnischen Landarbeiter sehr ausgeprägt waren.[173] Aber der direkte Einfluß auf die polnischen Arbeiter blieb gering; und auch die Auflage der Gewerkschaftszeitung für auslands-polnische Arbeiter, *Oświata* („Aufklärung"), war niedrig — 1913 lag sie bei 8.689 und erreichte damit kaum 3 % der auslandspolnischen Arbeiter im Reich; sie war zudem in erster Linie für die Industriearbeiter bestimmt.[174]

Gegenüber den italienischen Arbeitern waren die Bemühungen der Gewerkschaften erfolgreicher.[175] Auf Initiative des hier besonders betroffenen Maurerverbandes gaben die Freien Gewerkschaften seit 1898 eine Zeitung in italienischer Sprache heraus, den *Operaio Italiano*, dessen Auflage 1906 bereits bei 15.800 Exemplaren lag.[176] Über dieses Blatt gelang es auch, einen nicht unerheblichen Teil der italienischen Arbeiter direkt anzusprechen; gleichzeitig schlossen einzelne Branchengewerkschaften Kooperationsvereinbarungen mit den entsprechenden italienischen Organisationen ab.[177] Dennoch blieb die Zahl der organisierten italienischen Arbeiter in Deutschland gering — 1912 lag sie bei etwa 7.000.[178]

Nun war dies vor allem Ausdruck des von den meisten Ausländern als vorübergehend empfundenen Arbeitsaufenthalts in Deutschland. Sich mit den deutschen Gewerkschaften einzulassen, deutete hingegen bereits auf einen Einstellungswandel bei denjenigen Arbeitern, die sich nach längerem Aufenthalt bereits an den Standards der einheimischen Arbeiter orientierten. Wer sich gewerkschaftlich betätigte, setzte sich für kollektive Verbesserungen auf mittlere und längere Sicht ein — die meisten Ausländer aber planten nicht weiter als bis zum Ende des Jahres. „Die Masse der Indifferenten ist noch groß", bemerkte das *Correspondenzblatt* im Juli 1908 dazu, „riesig ist die Zahl der Leute, die zwar keine direkten Streikbrecher sind, aber dennoch nicht weniger schädlich wirken, weil sie nicht organisiert und stets bereit sind, unter den tariflichen Bedingungen zu arbeiten".[179]

70

3. Die „Ruhrpolen"

Wesentliches und gemeinsames Kennzeichen der bisher angesprochenen Ausländergruppen in Deutschland war zum einen, daß es sich um Ausländer nicht nur im nationalen, sondern auch im staatsrechtlichen Sinne handelte, deren Aufenthalt in Deutschland von den Betroffenen, mehr aber noch von den deutschen Behörden als vorübergehend angesehen wurde. Sie waren zur Arbeitsaufnahme für eine gewisse, kürzere oder längere, Zeit nach Deutschland gekommen und unter der Voraussetzung, nach Ablauf dieser Zeit wieder in ihre Heimat zurückzukehren.

Beide Kennzeichen treffen auf die im Folgenden hier zu behandelnde Gruppe, die sogenannten „Ruhrpolen", nicht oder nicht ganz zu — die Problemstellung ist dementsprechend hier eine andere; von daher ergeben sich im Vergleich insbesondere zu den auslands-polnischen Arbeitern in der deutschen Landwirtschaft und Industrie interessante Aufschlüsse.[180]

Integration oder nationale Subkultur

Die Ost-West-Binnenwanderung war zu Anfang als eines der charakteristischen Phänomene des Übergangs von der Agrar- zur Industriegesellschaft in Deutschland zu Ende des 19. Jahrhunderts angesprochen worden — gleichermaßen Ausdruck des Zerfalls der patriarchalisch organisierten Agrarverfassung im deutschen Osten wie der rapiden Expansion der Industrie in den entstehenden Zentren der Industrialisierung, vor allem im Ruhrgebiet.

Der ebenso rapide Anstieg des Arbeitskräftebedarfs in der aufblühenden Schwerindustrie, allem voran im Bergbau, lenkte seit den 90er Jahren die Massenwanderung aus den Ostprovinzen von der Überseewanderung in die deutsche Binnenwanderung um — bis zum Ersten Weltkrieg wanderten etwa 2 Mio. Menschen nach Berlin, Mitteldeutschland und ins Ruhrgebiet ab — etwa 20 % von ihnen waren Polen, die im preußischen Teil Kongreß-Polens, vor allem in der Provinz Posen gelebt hatten, deren Muttersprache und nationale Zugehörigkeit also polnisch, deren Staatsangehörigkeit aber preußisch-deutsch war.

Das bevorzugte Ziel der Westwanderung der ostdeutschen Bevölkerung wurde der Ruhrbergbau, wo die Nachfrage nach Arbeitskräften besonders groß war. Die gezielten Anwerbeaktionen der Zechenunternehmer von der Ruhr hatten zur Folge, daß in den Ruhrgebietsstädten bald erhebliche Teile der Bevölkerung aus den Ostgebieten stammten und ein ebenfalls erheblicher Teil davon polnischer Nationalität war: 1908 waren im Ruhrbergbau 71.774 preußisch-polnische und masurische Arbeiter beschäftigt — mehr als 20 % der Gesamtbelegschaft. Insgesamt betrug die Zahl der „Inlands-Polen" im Ruhrgebiet vor dem Ersten Weltkrieg zwischen 300.000 und 350.000, die der Masuren etwa 150.000; die Polen waren fast durchweg katholisch, die Masuren hingegen überwiegend evangelisch; sie fühlten sich durchaus nicht als Polen, wurden aber in den Statistiken trotz konfessioneller, politischer und auch sprachlicher Unterschiede häufig den Polen zugerechnet.[181]

Zwei Phänomene fallen bei der regionalen Verteilung der polnischen Zuwanderer ins Auge: zum einen lebte ein beträchtlicher Teil von ihnen in den eher ländlich strukturierten Randregionen des Reviers in unmittelbarer Nähe zu den Zechenbetrieben; zum anderen verteilen sich die Zuwanderer vor allem in der ersten Wanderungsphase in landsmannschaftlicher Konzentration über das Ruhrgebiet — der Anteil der Oberschlesier war z. B. in Bottrop besonders groß, in Bochum und in Essen derjenige der Posener usw.[182]

Dieser Versuch, den landsmannschaftlichen und verwandtschaftlichen Kontakt nicht zu verlieren, verweist bereits auf die Schwierigkeit der Situation, in der sich die Einwanderer polnischer Herkunft nach ihrer Ankunft im Ruhrgebiet mehr noch als die übrigen befanden. Denn zu den Problemen, die alle Einwanderer hatten, die als besitzlose Landarbeiter oder Kleinbauern, angelockt von den oft volltönenden Versprechen der Werbeagenten der Zechenbesitzer, meist ohne Familie in die explosionsartig wachsende Bergbauindustrie und eine chaotisch anmutende Industriegesellschaft im Aufbau gebracht wurden,[183] kamen für die Polen zusätzlich erschwerende Faktoren: das Sprachproblem sowie die zumindest virulent spürbare Abneigung ihnen gegenüber bei Behörden, Betrieben und Teilen der einheimischen Bevölkerung. Dieser schwierigen Situation versuchten die polnischen Arbeiter durch enge und nach außen hin abgeschlossene Kontakte untereinander zu begegnen; ein Phänomen, wie wir es auch von Einwanderungsgruppen in anderen Ländern kennen.[184] Von Bedeutung war dabei, daß die meisten Ruhrpolen in den expandierenden Großzechen des nördlichen Ruhrgebiets beschäftigt waren. Da es hier keinen leistungsfähigen städtischen Wohnungsmarkt gab, lag die Zechenkolonie als bevorzugte Wohnform nahe, die wegen der relativ niedrigen Mieten und der Möglichkeit zu Gartenbau und Kleinviehhaltung für die polnischen Bergleute attraktiv war, während die Einheimischen wegen der durch die starke Bindung an die Zeche drohenden Freiheitsbeschränkung und Bevormundung durch die Unternehmer private Wohnungen bevorzugten.[185] Mit einigen Vorbehalten wegen der nicht ausreichend differenzierten Statistiken über das Wohnverhalten der einheimischen und der preußisch-polnischen Bevölkerung des Reviers kann man doch festhalten, daß die Konzentration der Polen auf ethnisch relativ homogen belebte Zechenkolonien die Abschließung von der deutschen Bevölkerung förderte und den Integrationsprozeß hemmte.

Diesem Trend zur Separation in den Wohnbezirken standen jedoch andere Entwicklungen entgegen. Ein großer Teil der im Sinne der Staatsangehörigkeit ausländischen Arbeiter hielt sich nur vorübergehend und oft nur während einiger Monate in Deutschland zur Arbeit auf und behielt enge Kontakte zur Heimat, was bei den auslands-polnischen Arbeitern in der Landwirtschaft und der ostdeutschen Industrie durch die Rückkehrpflicht während der Wintermonate von den Behörden sogar erzwungen wurde. Auch viele preußisch-polnische Zuwanderer verstanden ihren Aufenthalt im Westen zunächst als Zwischenstadium, um danach mit dem hier verdienten Geld in ihre Heimatgebiete zurückzukehren und dort ein besseres Leben führen zu können. Als preußische Staatsbürger besaßen sie aber den gleichen Rechtsstatus wie deutschsprachige Zuwanderer und waren an die Sonderbestimmungen für ihre Landsleute aus Rußland und Galizien nicht gebunden; je länger sie jedoch im Ruhrgebiet blieben, desto stärker lockerte sich die Bindung an zu Hause, und der Rückkehrwunsch verblaßte allmählich — aus Wanderarbeitern wurden Einwanderer, die ihren Aufenthalt im Westen als dauerhafte Veränderung betrachteten. Damit aber richtete sich ihr Interesse ganz auf die Bewältigung und Verbesserung ihrer Situation in der neuen Umgebung auch auf längere Sicht. Dies machte sich besonders am Arbeitsplatz bemerkbar. In der ersten Zeit nach ihrer Ankunft im Ruhrgebiet unterschied sich die Situation der Inlandspolen am Arbeitsplatz nicht von derjenigen der ausländischen Industriearbeiter: Sie verrichteten die „niederen" Arbeiten, in denen wenig Qualifikation und viel Körperkraft verlangt wurde, und erhielten von daher schlechte Löhne, was sie durch erhöhten Leistungswillen auszugleichen versuchten. Dies wiederum brachte sie in Konflikt mit den alteingesessenen deutschen Arbeitern, die die polnischen Neuankömmlinge nicht völlig zu unrecht als Lohndrücker und gefährliche Konkurrenten ansahen — einer der Gründe, wie Christoph Kleßmann herausgearbeitet hat, „warum die Osteinwanderer als ‚Pollacken', d. h. als sozial nicht integrierte, zivilisatorisch gering geachtete, aber gleichwohl auf einem Gebiet besondere Leistung erbringende Minderheit, zum Objekt der Vorurteilsbildung und Diskriminierungen wurde."[186]

Mit längerer Anwesenheitsdauer aber und mit der allmählichen Aufgabe des Rückkehrwunsches lehnten sich die ruhrpolnischen Bergleute stärker an die Haltung der deutschen Kollegen an, versuchten durch Anlernung in besser bezahlte Tätigkeiten unter Tage aufzurücken und gaben ihr Bemühen, in kurzer Zeit viel Geld zu verdienen, ohne sich um die mittelfristige Verbesserung ihrer Arbeitsbedingungen zu kümmern, mehr und mehr auf. Von Bedeutung war dafür auch das Gedingesystem, jene bergbauspezifische Form der Lohnfestsetzung im Gruppenakkord, durch die die Solidarität unter den Bergarbeitern stark gefördert wurde.[187] Dieses Solidaritätsgefühl unter den Bergleuten unabhängig von ihrer

Nationalität aber ist ebenso als Faktor der allmählichen Integration der Ruhrpolen zu bewerten, wie die relativ hohen Löhne, die im Bergbau gezahlt wurden und die ihnen einen ungleich höheren Lebensstandard ermöglichten, als dies in den Herkunftsgebieten möglich gewesen wäre, wohin sie von daher also nichts mehr zurückziehen konnte. So war es insbesondere der Arbeitsbereich, der eine schrittweise Integration der Ruhrpolen in die Einwanderergesellschaft des Ruhrgebiets beförderte; während die Kontinuität enger landsmannschaftlicher Kontakte insbesondere in den Zechenkolonien als Ausdruck der gegenseitigen Hilfe und Stabilisierung angesichts einer fremden und durch Instabilität gekennzeichneten Umwelt verstanden werden kann. Von den wirtschaftlichen und sozialen Bedingungen her aber war eine allmähliche Assimilation der Polen an die Ruhrgebietsgesellschaft zu erwarten, zumal sie in einer Arbeiterbevölkerung, die sich zum überwiegenden Teil aus Einwanderern zusammensetzte, nur eine Minderheit unter vielen darstellten.

Daß es dennoch zur Herausbildung einer sehr festen, abgeschlossenen und geradezu militant nationalpolnischen Subkultur auf breiter Basis und mit zäher Beharrungskraft kam, muß also andere Ursachen haben, die nicht unmittelbar mit den materiellen Verhältnissen, in denen die Ruhrpolen im Revier lebten, in Verbindung stehen.

Polenfeindlichkeit und Diskriminierung

Im Mai 1898 hielt ein Baron von Plattenberg auf der Jahresversammlung des „Ostmarkenvereins" eine Rede, in der er in scharfer Form auf die neuen Gefahren der Zurückdrängung des Deutschtums durch Polen hinwies — dabei ging er aber nicht, wie zu jener Zeit häufig und üblich, auf die Wanderarbeiterfrage in Ostelbien ein, sondern bezog sich auf das Ruhrgebiet: „Wenn jemand vor einigen Jahren auf diesem altgermanischen Gebiet von der polnischen Frage gesprochen hätte, hätte man ihn als einen Spaßvogel oder als verrückt betrachtet. Jetzt besteht dort eine polnische Frage — nicht minder als 100.000 Polen sind heute im rheinisch-westfälischen Industriebezirk ansässig. Ihr ganzes Verhalten macht den Eindruck einer weniger gebildeten Rasse. Trotzdem werden erstaunlich schnell polnische Organisationen gegründet, als ob die Abkömmlinge ihre Agitatoren und Organisatoren mitgebracht oder als ob dieselben sie hierher geführt hätten. Die polnisch-katholischen Vereine, die in vielen Ortschaften des Kohlenbezirks entstanden sind, haben eine Mitgliedszahl, die, im Vergleich mit der übrigen Bevölkerung, als bedeutend angesehen werden muß . . . Sie wollen also keine polnischen Preußen sein, sondern ihre polnische Nationalität pflegen."[188] Der „Ostmarkenverein" vertrat seit den 90er Jahren eine aggressive antipolnische Politik in den polnischen Ostprovinzen, hatte auf „Umsiedlung" und „Ausweisung" gedrängt und war das Sammelbecken derjenigen, die auch gegenüber den polnischen Saisonarbeitern in der preußischen Landwirtschaft einen radikal nationalistischen Kurs verfochten.[189]

Seit Ende der 90er Jahre war die „polnische Frage" von den nach den Anfangsbuchstaben ihrer Gründer „Hakatisten" genannten Ostmark-Propagandisten nun auch im Ruhrgebiet als brennende Gefahr entdeckt worden; 1898 wurde in Dortmund eine Zweigstelle des Vereins gegründet. Der direkte politische Einfluß des „Hakatismus" im Ruhrgebiet darf sicherlich nicht überschätzt werden — der indirekte Einfluß vor allem über Teile der Presse und durch Sympathisanten im Behörden- und Polizeiapparat hingegen war beträchtlich. Von dieser Seite setzte nun etwa seit Ende der 90er Jahre eine scharfe Propaganda gegen die Ruhrpolen ein — politisch war das Revier dabei aber eher ein Nebenkriegsschauplatz, der gewissermaßen als Beweis für die allgegenwärtige Polengefahr herhalten mußte, um die Verschärfung des antipolnischen Kurses der Regierung in den preußischen Ostprovinzen zu erreichen.

Vor allem das Festhalten der polnischen Neueinwanderer an ihren alten Geselligkeitsformen auch in der neuen Umgebung war den Hakatisten ein Dorn im Auge. „Scharfe Überwachung der Agitation und Vereinsthätigkeit, Fernhaltung nationalpolnischer Geistlicher, Beschränkung des Gebrauchs der polnischen Sprache in öffentlichen Versammlungen, ausschließlich deutsche Schulbildung, das werden die Mittel sein, mit denen das Polenthum im Westen der Monarchie dem Einflusse der deutschfeindlichen Agitation entzogen und der Germanisierung zugeführt wird"[190] — so hatte der den Hakatisten nahestehende Oberpräsident von Westfalen, von Studt, in einer Denkschrift die Ziele seiner Politik gegenüber den Polen 1896 umschrieben. Die praktischen Schritte dorthin folgten nach und nach: 1899 wurde durch die Bergpolizeiverordnung die Beherrschung der deutschen Sprache zur Voraussetzung der Arbeitsaufnahme in den Kohlezechen erklärt, bei öffentlichen Veranstaltungen durften polnische Vereine nur die deutsche Sprache benutzen, polnische Schulen oder Schulklassen waren strikt verboten, der Wunsch der Ruhrpolen nach polnischen Geistlichen wurde abgeschlagen, 1909 wurde beim Polizeipräsidenten in Bochum die „Zentralstelle für Überwachung der Polenbewegung im Rheinisch-Westfälischen Industriegebiet" eröffnet, die von nun an die Ruhrpolen systematisch überwachte[191] — alles um die Herausbildung oder Stärkung des polnischen Nationalgefühls unter den Ruhrpolen zu verhindern und stattdessen ihre „Germanisierung" zu beschleunigen, wie von Studt 1898 deutlich machte: „An dem Polen selbst wird damit ein gutes Werk vollzogen, denn es tritt an die Stelle eines minderwertigen, stark zu Excessen geneigten, namentlich auch in dem weiblichen Theile mit bedenklichen Eigenschaften ausgestatteten Elemente ein solches, dem die wirtschaftliche und sittliche Überlegenheit des Deutschtums in vollem Umfange zugute kommen kann."[192]

Diese antipolnische Politik und Propaganda bei Teilen der Behörden und der Presse wäre aber an sich noch wenig wirkungsvoll gewesen, wäre sie nicht gefördert und ergänzt worden von Abwehr und Vorbehalten auch bei der einheimischen Bevölkerung des Reviers gegen die polnischen Zuwanderer, wie Kleßmann hervorhebt: „Soziale Diskriminierung traf die Ruhrpolen vor allem als Konsequenz der Vorurteile der Bevölkerung. Das Schlagwort ‚Pollacken‘ wurde zum Inbegriff verschiedenster Negativvorstellungen und entwickelte bis heute eine außerordentlich zähe Tradition. ‚Die Zugelaufenen‘, ‚das Gesocks‘, ‚die aus dem Osten‘, ‚das fremde Pack‘ — das waren einige der Schimpfworte aus dem Arsenal antipolnischer Stereotype, wie sie die Erinnerung älterer Bewohner der nordwestfälischen Gemeinde Datteln noch in den 50er Jahren nach einer empirischen Untersuchung festhielt."[193]

Politischer Druck und soziale Diskriminierung führten nun bei den Ruhrpolen in der Folge aber nachgerade zum Gegenteil dessen, was dadurch von Seiten der Behörden intendiert war. War in den ersten Jahren der Polenzuwanderung die Fortführung der landsmannschaftlichen Kontakte eher als Reaktion auf die Fremdheit der neuen Umgebung zu verstehen gewesen, die sich durch die fortschreitende Integration in die Arbeits- und Lebenswelt des Ruhrgebietes mit der Zeit verlor, aktualisierte die forcierte Polenfeindlichkeit bei Teilen von Behörden, Presse und Bevölkerung diese nationale Abkapselung der Polen von den Deutschen und ließ aus diesem Rückzug in die landsmannschaftlichen Bindungen jene weitgefächerte polnische Subkultur entstehen, von der eingangs die Rede war. Heinrich Braun (damals Pfarrer in Borbeck bei Essen und später langjähriger Sozialminister der Weimarer Republik für das Zentrum) faßte diesen Zusammenhang 1909 treffend zusammen: „Die nationalpolnische Bewegung im Westen Deutschlands ist nichts weiter als eine Reaktion gegen den Hakatismus im Osten. Dem, der die Entwicklung selbst miterlebt hat, ist das über allen Zweifel erhaben."[194]

Das polnische Sozialmilieu

Die ersten polnischen Organisationen im Ruhrgebiet Anfang der 80er Jahre hatten diesen spezifischen Charakter nationalpolnischer Subkultur durchaus nicht gehabt, es waren eher religiös-gesellige Organisationen, die an das im Ruhrgebiet unter der Arbeiterschaft stark verbreitete Vereinswesen anknüpften, das in einer dynamischen und einschüchternden Umwelt den Einwanderern Zusammenhalt und persönliche Sicherheit geben sollte. Viele polnische Vereine behielten diesen Charakter auch bis in die Nachkriegszeit bei, wurden aber von den Überwachungsbehörden als Agitationszentren nationalpolnischer Bestrebungen ausgemacht und so immer stärker in eine defensive Haltung gedrängt; je stärker der behördliche Druck, desto stärker der Rückzug der Polen ins eigene Milieu, desto aggressiver aber auch ihr gegen alle tatsächlichen und vermeintlichen „Germanisierungsbestrebungen" gerichteter nationalistischer Kurs.

Das läßt sich an einigen Beispielen aus dem Vereinswesen, der Presse und der Gewerkschaftsbewegung genauer betrachten.

1912 bestanden im Ruhrgebiet 875 polnische Vereine mit insgesamt 81.532 Mitgliedern — die meisten Polen waren dabei in den kirchlichen Arbeitervereinen und den Rosenkranz-Bruderschaften organisiert. Besonders beargwöhnt aber wurden die polnischen Turnvereine, die „Sokols"; mit etwa 7.000 Mitgliedern zwar bei weitem kleiner als die kirchlichen Verbände, aber für die Behörden der Inbegriff nationalpolnischer Bestrebungen — „das höchste, was polnische Demonstranten dem preußischen Staate an Unverfrorenheit zu bieten wagen", wie es in einer Publikation des Alldeutschen Verbandes hieß. „Läßt man die Polen gewähren, so wird ein bis zur Unerträglichkeit gesteigerter Größenwahn dieser Zuzügler die Folge sein. Sie sehen in der Duldung ihres Treibens lediglich ein Zeichen der Schwäche der Deutschen, denen sie ungestraft Trotz bieten können. Der Pole muß die feste Hand spüren, sonst wird er übermütig."[195]

Zwar waren die Turnfeste der Sokols tatsächlich wohl eher harmlose Veranstaltungen — in der Berichterstattung der Überwachungsbehörden wurden daraus aber „militärische Übungen"; und aus den Vereinsfeiern wurden so nationalpolnische Schulungsabende — mit dem Ergebnis, daß die Sokol-Feste verboten wurden. Ins nahe Holland abgedrängt, wurden nun aus den Turnertreffen tatsächlich nationale Manifestationen, in denen erbittert und polemisch gegen die preußische Unterdrückungspolitik zu Felde gezogen wurde.[196]

Die polnische Presse, vor allem den um 1890 entstandenen *Wiarus Polski*, kann man mit einigem Recht als Kern und Organisationszentrum der nationalpolnischen Bestrebungen im Ruhrgebiet bezeichnen. Aber auch diese auflagenstärkste ruhrpolnische Zeitung war ursprünglich vom katholischen Klerus mit dem Ziel gegründet worden, „die 25.000 bis 30.000 Polen vor der Pest des Sozialismus zu bewahren".[197] Tatsächlich brachte die Zeitung zunächst vor allem religiöse Artikel sowie praktische Lebenshilfen für die Neueinwanderer, ohne dabei nationalpolnische oder antideutsche Positionen auffällig hervorzuheben. Aber schon nach wenigen Jahren entwickelte sich hier gegen die antipolnische Politik der deutschen Behörden eine radikale nationalistische Linie, die überall Germanisierung und „Hakatismus" witterte.

Die polnische Gewerkschaft ZZP[198] schließlich war 1902 gegründet worden und nach dem Bergarbeiterstreik 1905 hinter dem sozialdemokratischen „Alten Verband" und dem „Christlichen Gewerkverein" die drittstärkste Bergarbeitergewerkschaft im Revier. Zwei Aspekte kennzeichnen die Hintergründe der Entstehung einer eigenen gewerkschaftlichen Vertretung der Polen: die z. T. stiefmütterliche Behandlung der Polen in den deutschen Gewerkschaften — obwohl es hier durchaus auch andere Bestrebungen gab — und die Notwendigkeit eines organisatorischen Auffangbeckens für die polnischen Neueinwanderer — hier leistete das ZZP unverzichtbare Arbeit und zählte bald 20.000 Mitglieder. In der gewerkschaftlichen Praxis, so etwa bei Streiks, arbeitete das ZZP durchaus mit den deutschen Gewerkschaften zusammen, anfangs nur mit den Christlichen, dann mehr und mehr mit den Sozialdemokraten; in programmatischen, vor allem in nationalen Fragen aber blieb die polnische Gewerkschaft in scharfem Gegensatz zu den anderen Verbänden, verharrte in bissiger antideutscher Polemik und sah überall, selbst bei den deutschen Sozialisten, „Hakatismus".[199]

Die Übertragung des antipolnischen Nationalitätenkampfes aus den Ostprovinzen ins Ruhrgebiet schuf aus den vielen verstreuten und zusammenhanglos operierenden Gruppen der Ruhrpolen erst eine selbstbewußte Minderheit, indem sie die Gruppenloyalität stärkte und die Entstehung einer nationalen Subkultur beförderte, in die die Polen sich angesichts der politischen und sozialen Diskriminierung zurückzogen. Ein Überwachungsbericht von 1912 beschrieb diesen Prozeß zusammenfassend so: „Hier ist das Polentum in der Hauptsache auf die Defensive bedacht, trachtet es danach, die unausbleiblichen Einflüsse der deutschen Umgebung, der gesamten Lebensverhältnisse zu paralysieren, die unter dem Gewicht der Übermacht des Deutschtums unausbleibliche Abwendung zahlreicher Volksgenossen von den nationalpolnischen Bestrebungen und Ideen hintan zu halten. Und als erfolgverheißendes Mittel hierzu erscheint dem westdeutschen Polentum die Absonderung . . . Sie tritt in Erscheinung in der enormen Zahl der polnischen Vereine, die den gesamten Industriebezirk wie ein engmaschiges Netz umfassen, in sämtliche Gebiete des politischen, wirtschaftlichen, geselligen Lebens eindringen und sogar das Familienleben beeinflussen."[200]

Dieser Rückzug der Polen in die Defensive des Sozialmilieus und die scharfen politischen Auseinandersetzungen zwischen Hakatisten und ruhrpolnischen Organisationen begründeten sich zusammengefaßt also nicht in der wirtschaftlichen und sozialen Sondersituation fremdsprachiger Einwanderer im Ruhrgebiet, sondern waren aus politischen Motiven gewissermaßen von außen initiiert worden. Die Schärfe der antipolnischen Propaganda rührte dabei zu einem Teil aus der Übertragung der ideologisch hoch aufgeladenen Debatte um die „Polonisierung des Ostens" auf die Situation im Revier her, zum anderen war sie paradoxerweise Ausdruck der rechtlichen Gleichstellung der Inlands-Polen als preußische Staatsbürger. Denn wegen dieses Status' besaßen die Behörden ihnen gegenüber keine Handhabe, um unerwünschtes Verhalten zu sanktionieren. Weder konnten sie die Bildung von Organisationen, die Teilnahme an Streiks oder auch nur das Aufbegehren gegen schlechte Arbeits- und Lebensbedingungen durch die Drohung mit der Ausweisung verhindern, noch war es möglich, durch Rückwanderungszwang den Tendenzen zur Seßhaftigkeit entgegenzuwirken oder durch Legitimationszwang die Bewegungs- und Kontraktfreiheit der ruhrpolnischen Arbeiter so einzuschränken, wie dies gegenüber Ausländern und vor allem den Auslandspolen gegeben war. Der „nationalpolitische" Kampf gegen die „Polonisierung" mußte also viel stärker mit politischen als mit rechtlichen Mitteln geführt werden. Zum anderen wurde an diesen Auseinandersetzungen aber auch deutlich, daß die nationalistischen Positionen in der deutschen Rechten zumindest während der Vorkriegszeit nicht einheitlich waren und aller chauvinistischen Phraseologie zum Trotz auch noch kein entwickeltes rassistisches Konzept besaßen. Denn die Zielsetzung der Hakatisten gegenüber den Ruhrpolen war deren „Germanisierung", und gerade die Behauptung der nationalpolnischen Traditionen empfand die deutsche Rechte als Herausforderung; vor einer „Gefährdung der deutschen Volkskraft" durch das Eindringen „rassisch niederer, slavischer Elemente" hingegen war zu dieser Zeit noch nicht oder nur bei wenigen die Rede. Was von den Inlandspolen verlangt wurde, war eine Art nationaler Konversion, eine erzwungene Assimilation, die aber den Widerstand der Betroffenen gegen die erzwungene Aufgabe ihrer nationalen Identität erst herausforderte.

Zwanzig Jahre später hingegen wurde diese forcierte Integration der Ruhrpolen in die deutsche Gesellschaft von den Nationalsozialisten als Belastung der „rassischen Substanz" der Deutschen bewertet. So schrieb der Essener Sozialwissenschaftler Franke 1940 über den Einfluß der polnischen Volksgruppe auf die Bevölkerung des Ruhrgebiets: „Die wirklichen Charaktergrundlagen wie persönliche Unselbständigkeit, schwankendes Wesen, eine oft unnatürliche Lebhaftigkeit und eine besondere Reizbarkeit des Empfindens", die besonders „durch das ‚Massengefühl' in unangenehmster Weise zum Vorschein" kämen, hätten bei den Polen im Revier „ein anmaßendes und unverschämtes Auftreten" zur Folge und seien „ein Hemmblock für das öffentliche Leben, für die Kultur und die Moral im Revier" und die „Keimzelle für einen merklichen sittlichen Niedergang". Die Polen seien zudem mehrheitlich kriminell und am „Einschleppen und der Ausbreitung der hauptsächlichsten Infektionskrankheiten im Revier maßgeblich beteiligt"; „als Auswirkungen des lockeren sittlichen Lebens und der hohen Kriminalität" lägen „die polnischen Anteilsziffern an der Prostitution, an den schwachsinnigen Kindern und an den Hilfsschülern weit über ihrem normalen Anteil an der Gesamtbevölkerung". Außerdem verhindere die „sprichwörtliche Unsauberkeit der ersten Polen (,Dreckige Polacken') ... bei den zahlreichen Epidemien eine rechtzeitige Eindämmung der Seuchenherde", und überhaupt verdürben die Polen die Hochsprache im Revier, weil „der polnische Nachwuchs, besonders sein asozialer Teil" durch „rotwelsche und jiddische Ausdrücke" eine „farblose Mischmundart" geschaffen habe, die „Grundlage für die unzähligen ,Katzmarek- und Stachuwitze', in denen die deutschen Bergleute den Polen ebenso witzig wie treffend charakterisiert haben".[201] Eine solche Haltung war bei der antipolnischen Propaganda der Hakatisten weder bereits ganz ausgebildet noch deren unabänderliche Konsequenz. Sie war aber darin angelegt, weil der deutsche Antipolonismus soziale Diskriminierung mit nationalen Vorurteilen kombinierte und die Andersartigkeit der Polen im Ruhrgebiet, die kein Deutsch verstanden, sich in der städtischen Umgebung oft schwer zurechtfanden, auf niedrigem Bildungsniveau standen und ihren aus der bäuerlich geprägten Heimat mitgebrachten Traditionen anhingen, als Beweis nationaler — und dann: „rassischer" — Minderwertigkeit hernahm.

Die Flucht der Ruhrpolen vor den gegen sie gerichteten Diskriminierungen und propagandistischen Kampagnen in die Subkultur des Milieus konnte aber ihre allmähliche Integration in die Gesellschaft des Ruhrgebietes nur verlangsamen, nicht aufhalten. In den 20er Jahren kehrte ein Teil der Ruhrpolen in die Heimat zurück, andere wanderten im Gefolge der Bergbaukrise nach Frankreich weiter — Ende der 20er Jahre war die Zahl der Ruhrpolen auf ein Drittel des Vorkriegsstandes gesunken und einem verstärkten Assimilationsdruck ausgesetzt, der die polnischen Interessenorganisationen schnell bis zur Bedeutungslosigkeit schrumpfen ließ.[202] Die nationale Subkultur der Vorkriegszeit aber erwies sich nun nicht nur als Element der Absonderung, sondern als wichtiger Faktor in einem längerfristigen Integrationsprozeß der Ruhrpolen, wie Kleßmann resümierend hervorhebt: „Die paradoxe Funktion ihres Nationalismus ging — trotz aller vehementen Abgrenzungsbeschwörungen — keineswegs in der nationalen Separation auf, sondern war auch ein Stück Gewöhnung an eine vielfach feindlich eingestellte Umwelt. Erst nach der Einwanderung und Seßhaftwerdung wurde der ehemals unterwürfige und unpolitische Landarbeiter durch Diskriminierung und durch Einbeziehung in das ruhrpolnische Gemeinwesen (,społeczeństwo') zum nationalbewußten Polen, der um seine Rechte kämpfte und seine soziale Stellung und Achtung verbessern sollte. Eine solche politische und soziale Bewußtseinsbildung brachte es zugleich mit sich, daß sich die Bindungen an die industrielle Umwelt im Westen Deutschlands verstärkten."[203]

Die Gesamtinterpretation der Geschichte der Ruhrpolen hat in der letzten Zeit an manchen Stellen einen deutlich positiveren Zug erhalten, als dies noch vor einigen Jahren der Fall war. Die Aspekte der Unterdrückung und Diskriminierung, der Fremdenangst und Ablehnung sind in den Hintergrund getreten und die „produktiven Ansätze einer mulikulturellen Koexistenz und Symbiose" (Kleßmann) werden betont, am stärksten von Murphy, der die Geschichte der Ruhrpolen als gelungenen Versuch beschreibt, „eine deutsche Fassung der pluralistischen Gesellschaft zu schaffen", als „Erfolgsgeschichte von amerikanischen Ausmaßen".[204] Diese Interpretation hat ihre Berechtigung, wenn das Augenmerk auf der allmählichen Assimilation der zahlenmäßig stark verminderten Ruhrpolen seit Ende der 20er Jahre liegt und wenn gegen eine Verengung der Geschichte der Polen im Revier auf eine Leidensgeschichte mit nationalen und religiösen Anachronismen deren Leistungen und Selbstbewußtsein hervorgehoben werden sollen. Einer solchen Auffassung ist jedoch zum einen entgegenzuhalten, daß die Ruhrpolen eben preußische Staatsbürger waren; im Vergleich mit der Lage der ausländischpolnischen Arbeiter werden die ungleich günstigeren rechtlichen und auch politischen Voraussetzungen der ruhrpolnischen Minderheit deutlich, die sich durch eigene Organisationen gegenüber Anfeindungen zur Wehr setzen konnte und aufgrund ihres Inländerstatus auch sozial in einer besseren Lage war. Auf der anderen Seite kann man die Diskriminierung der Ruhrpolen nicht trennen von der antipolnischen Haltung bei den Behörden und in Teilen der Bevölkerung, wie sie sich in der Behandlung der Auslandspolen niederschlug. Hier war bis in die 20er Jahre hinein ein Erfahrungsfeld für Behörden und Bevölkerung entstanden, das nationale Vorurteile und chauvinistischen Dünkel, politische Unterdrückung und soziale Diskriminierung der Polen nicht nur als Propagandaformel, sondern als erlebte Praxis in sehr verschiedenen Lebenszusammenhängen bereithielt — welchen staatsbürgerlichen Status die einzelnen Polen auch immer besaßen.

Man wird also beide Aspekte berücksichtigen müssen: Ansätze zu einem gemischt-kulturellen Zusammenleben in der Einwanderergesellschaft des Ruhrgebiets, das für eine Übergangszeit Züge von einem fruchtbaren Nebeneinander zweier Nationalkulturen trug, dann aber an Bedeutung verlor, weil die allmähliche Integration der polnischen Minderheit in die deutsche Ruhrgebietsgesellschaft die Unterschiede verblassen ließ. Daneben aber auch das Fortbestehen antipolnischer Ressentiments bis hin zu offenem Rassismus, der vor allem in den seit Mitte der 20er Jahre an Bedeutung zunehmenden rechtsradikalen Gruppen und Parteien Anhänger fand und an lange Traditionen der Unterdrückung und Diskriminierung gerade von Polen in Deutschland anknüpfte.

II. Vom Saisonarbeiter zum Zwangsarbeiter
   1914 bis 1918

Wenige Tage nach dem Beginn des Ersten Weltkrieges wies das Preußische Kriegsministerium die Stellvertretenden Generalkommandos an, die auf dem Gebiet des Deutschen Reiches befindlichen Landarbeiter aus dem feindlichen Ausland — das betraf in erster Linie russisch-polnische Saisonarbeiter — an einer Rückkehr in ihre Heimatländer zu hindern und sie „soweit irgend möglich zur Einbringung der Ernte und zu anderen dringenden Arbeiten" heranzuziehen.[1]

Mit der Durchsetzung dieses Befehls und seiner Ausweitung auch auf die in der Industrie beschäftigten „feindlichen Ausländer"[2] im Oktober 1914 trat ein qualitativ neues Element in die Ausländerpolitik des Deutschen Reiches ein: mehr als 300.000 russisch-polnische Arbeiter waren nunmehr gezwungen, auch gegen ihren Willen an ihren Arbeitsstellen in Deutschland zu verbleiben. Damit, schreibt der Kölner Historiker Friedrich Zunkel, gaben die deutschen Regierungsbehörden „eindeutig den wirtschaftlichen und militärischen Kriegsnotwendigkeiten den Vorrang vor den Rechten und Freiheiten der ausländischen Arbeiter, entschieden sie sich für eine autoritäre Behandlung und Lösung des Landarbeiterproblems".[3] Die marxistische Forschung hingegen sieht in dieser Entscheidung für die Zwangsarbeit nur einen graduellen Wandel: „Diese Entscheidung war lange vor dem Kriege getroffen worden; es mußten jedoch in der Vorkriegszeit noch gewisse Grenzen hinsichtlich der Verschärfung der sowieso schon maßlosen und schamlosen Ausbeutung und Unterdrückung der Ausländer eingehalten werden, weil der Import ausländischer Arbeitskräfte noch nicht mittels außerökonomischen Zwang erfolgen konnte."[4] Die Bestimmungen über die Karenzzeit und die Inlandslegitimierung hätten schon seit Ende des 19. Jahrhunderts „Zwangsarbeit" für die Betroffenen zur Folge gehabt; die behördlichen Anordnungen im August und Oktober 1914 lediglich einen Formenwandel vom „ökonomischen" zum „außerökonomischen Zwang" — bedeutet.[5]

Will man aber den Begriff „Zwangsarbeit" nicht so weit ausdehnen und entwerten, daß jede Form der Arbeitsaufnahme aus sozialer Not als Zwangsarbeit im Sinne des Zwanges zur Reproduktion bezeichnet werden kann, so ist die juristische und soziale Lage der ausländischen Arbeiter in Deutschland vor 1914 damit nicht richtig gekennzeichnet. Denn unabhängig davon, daß in den Jahrzehnten der Vorkriegszeit auch die Löhne der Ausländer stiegen, daß es vielen Polen auch nach Einführung des Legitimationszwanges auf verschiedene Weise möglich war, den Arbeitgeber zu wechseln — den Arbeitern blieb die Möglichkeit, die Arbeitsstelle zu verlassen und in ihre Heimat zurückzukehren; ja — die Drohung mit der zwangsweisen Rückbeförderung war gerade das entscheidende Druck- und Disziplinierungsmittel gegenüber den Ausländern.

Ein weiterer Aspekt kommt hinzu: Die rechtlichen Einschränkungen, die Arbeits- und Lebensbedingungen und die Behandlung vor allem der polnischen Saisonarbeiter in der Landwirtschaft — der ausländischen Industriearbeiter in geringerem Maße — waren über mehr als 20 Jahre hinweg Gegenstand der öffentlichen Erörterung im Deutschen Reich gewesen; ein öffentlicher Skandal, der von Sozialdemokratie, Gewerkschaften, Kirchen, polnischen und freisinnigen Abgeordneten, der liberalen Presse bis hinein in den Regierungsapparat heftig angeprangert worden und darüber hinaus auch im Ausland auf erhebliche Aufmerksamkeit gestoßen war. Diese Reaktion einer kritischen Öffentlichkeit hat die Lage der ausländischen Arbeiter möglicherweise nicht verbessert, sie stellte aber ein gewisses Gegengewicht gegen die Tendenz dar, ihre Arbeits- und Lebensbedingungen weiter zu verschlechtern.

Auf der anderen Seite ist auch Zunkels Resümee, die deutschen Behörden hätten sich im August 1914 „für eine autoritäre Behandlung und Lösung des Landarbeiterproblems" entschieden, problematisch — schon angesichts der sonderrechtlichen Bestimmungen und Behandlungsvorschriften gegenüber den polnischen Arbeitern vor dem Kriege, die man schwerlich als „nicht autoritär" bezeichnen kann. Bei der Frage, in welcher Weise und ab wann bei der Ausländerbeschäftigung während des Krieges von „Zwangsarbeit" zu sprechen ist, wird ja nicht ein Begriffswandel untersucht; es geht vielmehr darum, in welchen Schritten und mit welchen Begründungen, für welche Interessen und mit welchen Auswirkungen die deutschen Regierungsstellen und Behörden einige hunderttausend Ausländer dazu gezwungen haben, gegen ihren Willen in Deutschland zu bleiben und hier zu arbeiten.

Die Zwangsarbeit ausländischer Arbeiter während des Ersten Weltkrieges ist aber nicht allein für sich von Bedeutung — die Fragen nach Anknüpfungspunkten und Kontinuitätselementen zur Ausländerpolitik der Vorkriegszeit berühren vielmehr auch die Prädispositionen, die im Verhältnis der Verantwortlichen, aber auch der deutschen Gesellschaft insgesamt, zu den Ausländern angelegt waren. Dies gilt auch in die andere Richtung: Die Erfahrungen, die während des Ersten Weltkrieges mit Ausländerbeschäftigung und Zwangsarbeit gemacht wurden, bildeten die Erfahrungsgrundlage für den nationalsozialistischen Ausländereinsatz im Zweiten; damit aber eröffnet sich eine andere Perspektive, die die Ausländerpolitik während der Jahre 1914 bis 1918 im Hinblick auf hier entwickelte Vorbilder für das System der nationalsozialistischen Zwangsarbeiterbeschäftigung in ein kritisches Licht stellt.

Der Arbeitseinsatz von Kriegsgefangenen

Dem kriegführenden Deutschen Reich fielen zwischen 1914 und 1918 etwa 2,5 Mio. Kriegsgefangene in die Hände — angesichts des außerordentlichen Arbeitskräftemangels ein großes Reservoir von Arbeitskräften, wenngleich deren Beschäftigungsmöglichkeiten durch die Haager Konvention auf solche Bereiche eingeschränkt waren, die in keinem direkten Zusammenhang etwa zur Kriegsrüstung standen.[6] Gleichwohl war an die Verwendung von Kriegsgefangenen als Arbeitskräfte in der Privatindustrie vor Kriegsbeginn nicht gedacht worden; zum einen erwartete die deutsche Führung ja eher einen kurzen Feldzug als einen langen Krieg, der die aufwendige Organisation eines umfassenden Arbeitseinsatzes der Gefangenen nötig gemacht hätte. Zum anderen galt es, die zu erwartenden Auswirkungen der wirtschaftlichen Anpassungskrise in der Industrie bei Kriegsbeginn aufzufangen, die in der Tat die seit 1913 aufgetretenen rezessiven Tendenzen verstärkte und in den ersten Kriegsmonaten zu Produktionsrückgängen und Arbeitslosigkeit in einigen Industriebranchen führte, während in der Landwirtschaft wegen der Einziehungen zum Militär und gleichbleibender Nachfrage schon kurz nach Kriegsbeginn Arbeitskräftemangel herrschte.[7]

Die ersten Maßnahmen der Behörden zum Arbeitseinsatz der Kriegsgefangenen aber hatten daher auch primär keine wirtschaftlichen Motive: Die Zahl der gemachten Gefangenen war so groß, daß die Gefangenenlager bald völlig überfüllt waren und die deutschen Behörden vor erheblichen Problemen bei der Unterbringung, Verpflegung und Bewachung der Gefangenen standen. Nach einigen Versuchen, vor allem der Einrichtung von Fachwerkstätten in den Lagern, wurde seit Dezember 1914 damit begonnen, Gefangene bei privaten Unternehmern zu beschäftigen, die dann für Unterkunft und Verpflegung zu sorgen hatten.

In den Monaten nach dem für die deutsche Führung in dieser Schärfe unerwarteten militärischen Rückschlag bei der Marne-Schlacht Anfang September und der dadurch sichtbaren militärischen und wirtschaftlichen Ausweitung des Krieges aber stellte sich die Arbeiterfrage neu.[8] In der Folgezeit wurde die Beschäftigung von Kriegsgefangenen für immer weitere Bereiche zugelassen bzw. angeordnet: Seit etwa April 1915 wurden Gefangene verstärkt in Bergbau und Hüttenwesen, einige Monate später auch bei Erntearbeiten in der Landwirtschaft eingesetzt; seit Herbst 1915 begannen die Gefangenenzuweisungen in die Metall- und Schwerindustrie. Hinzu kam der Einsatz bei umfangreichen Kultivierungs- und Ödlandarbeiten.[9] Dabei wurden in der Industrie vorwiegend französische, belgische und italienische Gefangene eingesetzt, während Russen und Serben vor allem in der Landwirtschaft beschäftigt waren. (Tab. 7)

Tab. 7: Kriegsgefangene in deutschem Gewahrsam 1914 bis 1918[10]

Franzosen	535.411
Belgier	46.019
Engländer	185.329
Russen	1.434.529
Rumänen	147.986
Italiener	133.287
Serben	28.746
sonstige	9.676
insgesamt	2.520.983

Von den 1.625.000 im August 1916 in deutschem Gewahrsam befindlichen Gefangenen waren eingesetzt:

in der Landwirtschaft	735.000	(45 %)
in der Industrie	331.000	(20 %)
bei gemeinnützigen Arbeiten	39.000	(2 %)
zusammen	1.105.000	
in den Etappengebieten	253.000	(16 %)
im Lagerdienst	91.000	(6 %)
nicht eingesetzt	176.000	(11 %)

Insbesondere im Bergbau war die Zahl der beschäftigten Kriegsgefangenen hoch, sie lag im Dezember 1916 bei 54.387 — 14 % der Gesamtbelegschaften.[11] Bei den einzelnen Zechen war der Ausländeranteil oft noch höher; bei Prosper in Bottrop lag er 1918 bei 27 %; bei Auguste-Viktoria in Hüls bei 25 %, bei Westphalia in Dortmund bei 28 %.[12]

Unter den Gefangenen war die schwere Arbeit im Bergbau gefürchtet. „Es muß zugegeben werden", hieß es nach dem Kriege selbst in einer eher schönfärberischen Darstellung des Kriegsgefangenenwesens, „daß die schwere Arbeit in den Bergminen mit Recht bei den Gefangenen den größten Unwillen und herbe Bitterkeit erregte". Gleichwohl sei dies unvermeidlich gewesen, „wollte das deutsche Volk und mit ihm die Gefangenen selber im Winter nicht hungern und frieren".[13] Die volkswirtschaftliche Bedeutung des Kriegsgefangeneneinsatzes war außerordentlich. „Die systematische Verwendung der Arbeitskraft der Kriegsgefangenen im Verlaufe der Kriegsjahre war eine Lebensfrage für das deutsche Volk", schrieb Doegen im November 1919 dazu.[14] Und der Völkerrechts-Untersuchungsausschuß des Reichstages urteilte nach dem Kriege: „Man konnte sich einen größeren Betrieb, sei es Landwirtschaft oder Industrie, ohne die Hilfe der Kriegsgefangenen schließlich nicht mehr denken... Es wird wohl erst der späteren Zeit vorbehalten bleiben, voll die Arbeitsleistung zu würdigen, die durch die Ausnutzung der Kriegsgefangenenarbeit erreicht worden ist, und anzuerkennen, wie wesentlich ihre Arbeit dazu beigetragen hat, die Kriegswirtschaft aufrecht zu erhalten, trotz der Nachteile, die der Kriegsgefangenenarbeit doch immer anhängen, z. B. Unlust infolge der langen Kriegsdauer, körperliche Ungeeignetheit, Verpflegungsschwierigkeiten usw."[15]

Drei Probleme waren es vor allem, die die massenhafte Beschäftigung von Gefangenen aufwarf; das größte war die Frage der Bewachung. Denn in dem Maße, in dem der Einsatz über die Beschäftigung von großen Kolonnen z. B. bei Erntearbeiten hinausging — anfänglich mit 15 % Bewachungspersonal! —, war eine dauernde Kontrolle der einzeln oder in kleinen Gruppen über die gewerblichen und landwirtschaftlichen Betriebe im Reich verstreuten Gefangenen kaum möglich, so daß die Fluchtzahlen relativ hoch lagen.[16] Das zweite Problem lag in der verhältnismäßig niedrigen Arbeitsleistung der kriegsgefangenen Arbeitskräfte, die z. T. auf „Unlust", für den Feind zu arbeiten, zurückzuführen waren; mehr noch aber auf den Umstand, daß es bis Kriegsende nicht gelang, die Leistungsentlohnung, also Akkordarbeit, überall durchzusetzen, so daß für die Gefangenen auch wenig Anreiz bestand, durch erhöhte Leistungen den eigenen Verdienst zu steigern, zumal ihnen durchschnittlich nur etwa 25 % des verdienten Bruttolohnes ausgezahlt wurden — zumeist in „Schecks", also Sondergeld, das nur im Lager Gültigkeit hatte.[17] Schließlich drittens war den deutschen Militärbehörden unklar, mit welchen Mitteln sie „Widerspenstigkeiten" und „Disziplinlosigkeit" ahnden konnten, um die Arbeitsleistung zu erhöhen. Zwar ist es in einer nicht geringen Zahl von Fällen zu Mißhandlungen der Gefangenen durch das Wachpersonal gekommen, aber die offenbar recht gut funktionierende Kontrolle durch das Internationale Rote Kreuz und die Vertretungskonsulate der Feindmächte sorgte dafür, daß sich solche Vorkommnisse in relativ engem Rahmen hielten und sich von den Verhältnissen in den Kriegsgefangenenlagern der anderen kriegführenden Mächte jedenfalls nicht auffällig unterschieden.

Dies gilt in eingeschränkter Weise auch für die Verpflegung der Gefangenen, die sich in der zweiten Hälfte aufgrund der insgesamt problematischen Versorgungslage in Deutschland zwar deutlich verschlechterte; auf den Arbeitskommandos, und hier vor allem in der Landwirtschaft, aber deutlich besser war als in den Stammlagern, wo die Lebensmittelversorgung über Monate hinweg ganz unzureichend blieb. Insgesamt war die Beschäftigung von mehr als einer Million Kriegsgefangener in der deutschen Landwirtschaft und Industrie, z. T. und mit zunehmender Tendenz an qualifizierten Arbeitsplätzen, für das kriegführende Deutsche Reich ein erheblicher und an Bedeutung während des Kriegs zunehmender wirtschaftlicher Aktivposten. Die Beschäftigung von Gefangenen war aus den genannten Gründen zwar nicht problemlos, dennoch standen hier Aufwand und Ertrag aus deutscher Sicht in einem sehr positiven Verhältnis.

Demgegenüber stellte die Beschäftigung von zivilen ausländischen Arbeitskräften während des gesamten Krieges für Regierung und Behörden juristisch, politisch und praktisch ein kompliziertes Problem dar, so daß sich hier die Frage nach der Kosten-Nutzen-Relation auch nicht so eindeutig beantworten läßt wie bei den Kriegsgefangenen.

Bei Kriegsbeginn befanden sich etwa 1,2 Mio. ausländische Arbeiter in Deutschland, etwa 700.000 von ihnen waren in der Industrie, 500.000 in der Landwirtschaft beschäftigt.[18] Die Wehrpflichtigen aus dem verbündeten Österreich-Ungarn wurden mit Kriegsbeginn in ihre Heimat zurückgeschickt, und auch ein Teil der Arbeiter aus neutralen Ländern verließ Deutschland. Was hingegen mit den Arbeitern aus dem feindlichen Ausland zu geschehen habe, war in den ersten Kriegsmonaten nicht geklärt. Schon seit Ende des Jahres 1912 war von Vertretern der Landwirtschaft aus Angst davor, Rußland könne aufgrund der zunehmenden außenpolitischen Spannungen die russisch-polnischen Landarbeiter nicht mehr zur Arbeit nach Preußen außer Landes ziehen lassen, auf eine Aufhebung des Rückkehrzwanges während der Karenzzeit gedrängt worden.[19] In diesem Sinne sahen auch die in der Vorkriegszeit entwickelten Pläne der Mobilmachungskommissionen vor, die in Deutschland beschäftigten Arbeiter aus dem feindlichen Ausland, die im wehrfähigen Alter standen, bei Kriegsbeginn nicht auszuweisen, sondern einzubehalten und weiter zu beschäftigen.[20] Entsprechend lauteten die Anweisungen des Kriegsministeriums unmittelbar nach Kriegsbeginn; die wehrfähigen Arbeiter aus Rußland erhielten den Status vom Zivilgefangenen, durften den Arbeitgeber nicht wechseln, den Ort nicht verlassen und nicht in ihre Heimat zurückkehren.[21] Die Überlegungen der Regierung zielten während der ersten Kriegswochen dahin, nur die im wehrfähigen Alter stehenden russisch-polnischen Landarbieter an der Rückkehr zu hindern, alle anderen aber nach Beendigung der Hackfruchternte abzuschieben, es sei denn, sie würden von ihren Arbeitgebern auch über die Winterzeit weiter beschäftigt und schlossen einen entsprechenden Kontrakt ab.[22] Die ausländischen Industriearbeiter waren davon zunächst nicht betroffen; die Anpassungskrise bei Kriegsbeginn hatte hier in verschiedenen Sektoren sogar zu erheblicher Arbeitslosigkeit geführt, was verstärkte Entlassungen und Abschiebungen der Ausländer nach sich zog; die Zahl der legitimierten italienischen Arbeiter sank von etwa 65.000 (1913/14) auf knapp 13.000, die der österreichischen Industriearbeiter von 189.000 auf 80.000 für 1914/15 und 62.000 im darauffolgenden Jahr.[23]

Die militärischen Rückschläge im Herbst 1914, die sich daraus ergebende Perspektive auf einen längeren Krieg und die Anschwellung der Rüstungskonjunktur führten aber in kurzer Zeit zu einer Änderung der

Haltung der Behörden vor allem gegenüber den auslands-polnischen Arbeitern. Statt sie am ersten Dezember nach Hause abzuschieben, sollten nun auch die nicht wehrfähigen Arbeiter aus Rußland zurückgehalten werden, weil sonst „die Erfüllung der inneren Kriegsaufgaben, insbesondere der Aufrechterhaltung der landwirtschaftlichen Betriebe, in dem für die Volksernährung erforderlichem Umfange und die Versorgung der Kriegsindustrie mit den notwendigen Arbeitskräften nicht möglich erschien".[24] Am 12. Oktober empfahlen Innen- und Landwirtschaftsministerium per Erlaß, „tunlichst alle zur Zeit im Inland befindlichen russischen Saisonarbeiter auch über den Winter hierzubehalten"; zwei Tage später wurde das Rückkehrverbot auf die russisch-polnischen Industriearbeiter ausgedehnt. Am 7. November wurde explizit darauf hingewiesen, daß es keinen Rückkehrzwang für russisch-polnische Arbeiter mehr gäbe, und schon am 3. November hatte die Landwirtschaftskammer Rheinprovinz den Arbeitern aus Rußland bekannt gegeben: „Infolge des Krieges zwischen Deutschland und Rußland ist die Rückreise in die Heimat militärisch verboten. Ihr dürft die alte Arbeitsstelle selbständig nicht verlassen."[25]

Nach der Umwandlung des Rückkehrzwangs in ein Rückkehrverbot wurde auch das Beschäftigungsverbot ausländisch-polnischer Arbeiter in der Industrie des Westens schrittweise zurückgenommen. Erste Lockerungen gestand der preußische Innenminister bereits im Dezember 1914 zu;[26] und als vor allem von Seiten der Vertreter der rheinisch-westfälischen Industrie seit Anfang 1915 der Ruf nach ausländisch-polnischen Arbeitern laut wurde,[27] gestatteten die Behörden am 30. Januar 1915 die Beschäftigung von Zivilgefangenen in der gesamten preußischen Großindustrie. Bis zum Dezember 1915 wurde der Einsatz aller ausländisch-polnischen und ruthenischen Arbeiter — mit Ausnahme der bis dahin schon in der deutschen Landwirtschaft beschäftigten — für die gesamte Industrie erlaubt.[28]

Die Vorschriften für die Lebensführung der ausländischen Arbeiter — darin waren nun auch die zahlreichen noch in Deutschland befindlichen galizischen Polen eingeschlossen[29] — waren streng und verdeutlichten den Charakter ihres Aufenthalts im Reich. Die Generalkommandos erließen Befehle, wonach den Ausländern „jede Widersetzlichkeit gegen die nach Lage der Sache billigen Anordnungen ihrer Arbeits-, Quartier- oder Kostgeber, ihrer Vertreter oder der von ihnen bestellten Aufseher" sowie „die Niederlegung oder Verweigerung der Arbeit" bei Androhung von Haftstrafen verboten waren.[30] Auf der anderen Seite war sich die Regierung darüber im klaren, daß es gegenüber den nicht wehrfähigen feindlichen Ausländern keine tragfähige Rechtsgrundlage für das Rückkehrverbot gab. So hatte der Bund der Landwirte Ende 1914 vom preußischen

Innenminister schärfere Maßnahmen gegenüber den russisch-polnischen Arbeitern gefordert, unter anderem eine auch formelle „Arbeitsverpflichtung für die genannten Arbeiter und Festsetzung der gebotenen Lohnsätze". Dagegen wandte das Ministerium ein, zumindest eine formale „Möglichkeit einer Heimkehr über neutrale Länder" müsse beibehalten werden — „aus völkerrechtlichen Rücksichten und um der Russischen Regierung jeden Vorwand zur Zurückhaltung von nichtwehrpflichtigen deutschen Staatsangehörigen in Rußland aus der Hand zu nehmen ... Irgendwelche praktische Bedeutung ist ihr bei der tatsächlichen Unerfüllbarkeit der Vorbedingungen nicht beizulegen". Stattdessen sollten die Behörden und die Arbeitgeber Druck auf die Ausländer ausüben, damit diese die Verträge von sich aus verlängerten; dabei sollten die Polen nachdrücklich auf die „aus einer etwaigen Unterlassung für den Arbeiter entstehenden üblen Folgen hingewiesen" werden.[31] Sowohl gegenüber dem Reichstag als auch im Hinblick auf mögliche Reaktionen des Auslands waren schärfere gesetzliche Maßnahmen hier kaum möglich. „Noch nachdrücklicher als es durch die bisher getroffenen Maßnahmen schon geschehen ist, staatlicherseits darauf einzuwirken, daß die russischen Saisonarbeiter auch im nächsten Sommer auf der bisherigen Arbeitsstelle verbleiben, erscheint zur Zeit nicht angängig", betonten im Januar 1914 das Innen- und das Landwirtschaftsministerium. „Insbesondere fehlt es an einer rechtlichen Grundlage, um sie unmittelbar zu einem Vertragsabschluß zu zwingen, wie es in den Eingaben gewünscht wird."[32]

Diese rechtlichen Bedenken vor allzu offener Verordnung der Zwangsarbeit durch die Behörden setzten sich auch in den kommenden Jahren fort.[33] Solche Bemühungen, den Übergang zur Zwangsarbeit zu kaschieren, dienten jedoch in erster Linie der diplomatischen Kosmetik; über den Charakter der Arbeit der Polen war man sich in Berlin ebenso im klaren wie in den besetzten Gebieten; „Zwangsarbeit — so nannte der Volksmund in Polen allgemein die Schnitterarbeit in Deutschland".[34]

Wie die Bereitschaft der polnischen Arbeiter zur Kontraktverlängerung auch über den Winter hinweg erreicht wurde, beschrieb etwa der Amtshauptmann von Meißen im Dezember 1914: „In einigen Fällen, z. B. Rittergut Biberstein, ist auch eine solche Erklärung nicht zu erzielen gewesen, dort mußte sogar die Inhaftierung der männlichen Arbeiter erfolgen, worauf sich dann die hauptsächlich widersetzlichen Weiber tatsächlich den Bestimmungen stillschweigend unterworfen haben."[35] Die sächsische Landwirtschaftskammer schrieb dazu im Januar 1915: „Übrigens hat die Erfahrung gezeigt, daß an den Arbeitsstellen, wo von der Polizeibehörde bei Weigerung der Arbeiter, den neuen Vertrag zu unterschreiben, mit der größten Strenge vorgegangen wurde und vor allem die militärpflichtigen Russen auf der Stelle durch Gendarmerie abgeführt oder damit wenigstens ernsthaft bedroht wurden, die Weiterverpflichtung glatt vonstatten gegangen ist. Die Leute müssen unbedingt merken, daß Krieg ist und sie zu gehorchen haben."[36]

Stärker noch als die landwirtschaftlichen Arbeitgeber drängten die industriellen Unternehmer und Interessenvertreter auf eine Zurückhaltung der Polen im Lande und auf weitere Verschärfungen der diesbezüglichen Bestimmungen. Die Nord-West-Gruppe des VdESI z. B. beschwerte sich im Oktober 1915 über „zahlreiche Fälle von Unbotmäßigkeit" der Auslandspolen. „Ein solches Betragen der russischen Arbeiter legt uns nahe, die strengsten Maßregeln gegen sie zu empfehlen", und „in besonders krassen Fällen von Unbotmäßigkeit und Störung der öffentlichen Ordnung mit den schärfsten Mitteln, unter welchen wir auch den Arbeitszwang rechnen, vorzugehen".[37] Die Handelskammer Bochum beschrieb die Ausländer als „arbeitsscheu und wanderlustig" und forderte vom Oberpräsidenten in Münster, die ausländischen Arbeiter zu zwingen, bei einem Unternehmer zu bleiben sowie „den Betrieben die Mittel zur Durchführung von Zwangsmaßregeln gegen unlustige und widerspenstige Arbeiter in die Hand zu geben".[38]

Die Bestimmungen gegenüber den polnischen Arbeitern wurden in der Folge beständig verschärft, auf regionaler Ebene allerdings in durchaus unterschiedlicher Weise: „Widerspenstige Polen", so das Stellvertretende Generalkommando Münster im November 1915, „die sich auch durch die sonst bewährten Mittel (Verschärfte Haft und dergl.) nicht zu ruhiger Arbeit und Wohlverhalten haben bewegen lassen", seien in „militärische Schutzhaft" zu nehmen; wobei später noch empfohlen wurde, „diese Haft durch teilweise Kost-, Licht- oder Bettentziehung zu verschärfen, bis die Verhafteten Folgsamkeit versprechen".[39] Polen sollten Gaststätten nicht betreten, sie unterlagen zwischen 21.00 Uhr und 5.00 Uhr einer Ausgangssperre;[40] Landräte wurden zur Verhängung des Arbeitszwanges ermächtigt, und die Strafandrohungen bei „Widerspenstigkeit" wurden ausgedehnt: „Drohende Internierung wird die widerstrebenden Arbeiter stets zur Beibehaltung der bisherigen Arbeitsstelle bzw. zum Abschluß neuer Arbeitsverträge mit dem bisherigen Arbeitgeber bewegen", berichtete der Landrat von Geilenkirchen Anfang 1916 dem Aachener Regierungspräsidenten über seine bisherigen Erfahrungen.[41]

Auf das Leben der polnischen Arbeiter hatten Rückkehr- und Ortswechselverbot, die Bindung an den Arbeitgeber und die stetig verschärften Strafandrohungen Auswirkungen auch insofern, als dadurch die individuelle Verbesserung der Arbeitsbedingungen durch Wechsel des Arbeitgebers ebenso verhindert werden sollte wie das Ansteigen der Löhne infolge des Arbeitermangels. Die erhöhte Nachfrage nach Arbeitskräften führte auf diese Weise nicht zu Lohnverbesserungen — der Zwangscharakter der Arbeit hatte vielmehr deutliche Verschlechterungen der sozialen Lage der Rußland-Polen zur Folge: „Sobald die Arbeitgeber merkten, daß die

Arbeiter vollkommen wehrlos waren, daß sie ihre Arbeitsstelle nicht verlassen konnten", erklärte später ein Abgeordneter im Preußischen Landtag, „boten sie ihnen entweder gar keinen oder einen so geringen Lohn, daß die Leute davon nicht leben konnten".[42] Die Reallöhne — an vielen Stellen auch die Nominallöhne — sanken; militärische Befehlshaber ordneten die Einbehaltung der Hälfte des Barlohnes an; viele Arbeitgeber bezahlten nur noch mit Lebensmitteln oder mit nach dem Kriege einlösbaren Gutscheinen. Zwar reagierten nach wie vor zahllose Arbeiter mit Kontraktbruch und Flucht auf die verschärfte Ausbeutung, mit den Militärbehörden war nun aber ein Exekutivapparat vorhanden, der eine umfassende Kontrolle und Repression gewährleistete und die Durchsetzung der Zwangsbestimmungen ermöglichte.[43]

Seit Anfang 1915 hatten von deutscher Seite verstärkte Bemühungen eingesetzt, in den besetzten Gebieten des Ostens, vor allem im Generalgouvernement Warschau, weitere Arbeitskräfte anzuwerben;[44] dabei verschwammen zusehends die Grenzen zwischen zwangsweiser Deportation und „Freiwilligkeit" bei der Unterzeichnung von Arbeitskontrakten durch die Arbeiter. Die militärischen Besatzungsbehörden waren in jedem Fall in der Lage, auf die Bevölkerung der okkupierten Gebiete, deren soziale Not durch Betriebsschließungen und wirtschaftliche Ausbeutung sich noch verschärft hatte, zusätzlichen Druck auszuüben, so daß die Arbeiterzentrale genügend hohe Anwerbezahlen verzeichnen konnte. Im Laufe des Jahres 1916 wurde dieser Druck durch die „Verordnung zur Bekämpfung der Arbeitsscheu" vom 4. Oktober noch erhöht, die die rechtliche Basis zur zwangsweisen Überführung nach Deutschland erweiterte, was die Anwerbezahlen erheblich vergrößerte.[45] Die verschärften Bestimmungen der „Arbeitsscheuverordnung", bemerkte der Polizeipräsident von Warschau, von Glasenapp, Ende Oktober 1916, hätten „bereits die gute Wirkung gehabt, daß die Anmeldung von Freiwilligen bei der Arbeiterzentrale in letzter Zeit stärker geworden ist als vorher. Solange diese gute Wirkung anhält und freiwillige Arbeitskräfte sich in genügender Zahl melden, wird von der Anwendung der in Aussicht genommenen Zwangsmaßregeln zur Durchführung des Arbeitszwanges in Warschau voraussichtlich abgesehen werden können".[46]

Die Zahl der bis Kriegsende in Polen rekrutierten Arbeiter ist nicht exakt bestimmbar, die Deutsche Arbeiterzentrale hat nach eigenen Angaben etwa 240.000 russisch-polnische Arbeiter nach Deutschland angeworben; insgesamt lag deren Zahl am Ende des Krieges zwischen 500.000 und 600.000.[47] Die aufgrund der „Arbeitsscheuverordnung" vom 4. 10. 1916 einsetzenden Deportationen machten jedoch deutlich, daß die Behörden zu einer funktionierenden und vollständig auf Zwang beruhenden Aushebung und Verschickung nicht in der Lage waren. Bei der

Rekrutierung von etwa 5.000 vorwiegend jüdischen Arbeitern aus der Gegend um Lodz waren auch Jugendliche, Alte und Kranke nach Deutschland gebracht worden, von denen dann nicht einmal die Hälfte auch zur Arbeit eingesetzt werden konnte. Gleichzeitig aber wuchsen aufgrund dieser Maßnahmen Proteste und Empörung bei der Bevölkerung in den besetzten Gebieten Polens,[48] und die Proklamation des Königreiches Polen durch Deutschland und Österreich-Ungarn am 5. November 1916 wurde vor allem im Ausland in ihrer politischen Glaubwürdigkeit beeinträchtigt.[49] In dieser Weise, das wurde auch den deutschen Behörden im Osten klar, war die Anwerbepolitik in den besetzten Gebieten nicht sinnvoll weiterzuführen: „Innerpolitische Bedenken: Stellungnahme des Reichstages, dauernde Beschwerden. Stimmung im feindlichen und neutralen Ausland. Tatsächliche: Das Zwangssystem hat Fiasko gemacht . . . Die Arbeitsleistung der Zwangsarbeiter ist minimal . . . Unsere Organe reichen zur zwangsweisen Erfassung aller Leute nicht aus" — mit diesen Worten faßte auf einer Besprechung des Oberkommandos-Ost am 17. Dezember 1917 ein Teilnehmer die Situation zusammen.[50] Sollte die Arbeiterwerbung in Polen weiterhin auf offener Gewalt beruhen, so wäre dazu eine umfassende Organisation mitsamt dem Einsatz aller zur Verfügung stehenden Machtmittel nötig gewesen. Dies aber hätte die Widerstände gegen die Politik der deutschen Besatzungsbehörden sowohl in der deutschen Öffentlichkeit als auch in Polen selbst und im neutralen Ausland verstärkt. Der Einsatz von Zwangsmitteln, das zeigte sich hier, mochte zwar auch zu einer Erhöhung der „freiwilligen" Meldungen führen, hatte aber zur Konsequenz, daß die zwangsweise rekrutierten Arbeitskräfte in Deutschland streng überwacht und kontrolliert werden mußten — eine Eigendynamik kam in Gang, die aus dem punktuellen Einsatz von Zwangsmaßnahmen zur Errichtung eines geschlossenen Zwangssystems drängte. Aus diesen Widersprüchen heraus folgte die uneinheitliche und schwankende Arbeitskräftepolitik gegenüber Polen. Einerseits zeigte sich, daß verschärfter Zwang und Druck auf die Bevölkerung und die nach Deutschland gebrachten Arbeitskräfte für die Behörden und Unternehmer unerwünschte Auswirkungen hatten: „Das haben die Beobachtungen im Laufe des letzten Jahres bewiesen, wo im Bereiche des II. Armeekorps, welches die Saisonarbeiter mit besonderer Strenge behandelt, fortwährend Entweichungen und stellenweise auch Exzesse vorgekommen sind", stellte der Posener Oberpräsident schon im Oktober 1915 fest.[51] Die Zahlen der flüchtigen polnischen Arbeitskräfte stiegen steil an, zwischen Oktober 1915 und November 1916 verließen 11.233 Polen ihre Arbeitsstelle, im darauffolgenden Jahr waren es bereits 24.390.[52] Wollten die Behörden die Beschäftigung polnischer Arbeiter in Deutschland effektivieren, ohne zur Zwangsarbeit im umfassenden Sinne überzugehen, mußten sie die Art der Anwerbung ändern und die Arbeitsbedingungen der

Auslandspolen in Deuschland verbessern, so daß es für die Arbeiter einen Anreiz gab, nicht wegzulaufen. Andererseits war damit für die Unternehmer die Gefahr verbunden, daß sich dadurch die Marktkräfte wieder regten und angesichts des zunehmenden Arbeitskräftemangels die Löhne der Polen stiegen, was nicht zuletzt auch die Konkurrenz um Arbeitskräfte zwischen Industrie und Landwirtschaft erneut verschärft hätte.

Beide Positionen markieren die widersprüchlichen Interessenlagen der verschiedenen mit diesen Problemen beschäftigten Gruppen bei den landwirtschaftlichen Unternehmern, den zivilen und den militärischen Behörden.

Für das Kriegsministerium und das Reichsamt des Innern standen sicherheitspolitische Gesichtspunkte im Vordergrund: Eine Zunahme der Unruhen und der Fluchtbewegung der polnischen Arbeiter hätte die Gefahr einer weiteren innenpolitischen Schwächung der deutschen Regierung bedeuten können. Nicht unmittelbar mit dem Produktionsprozeß befaßt, argumentierten sie in ökonomischer Hinsicht eher mittelfristig: „Erster Grundsatz bleibt die Aufrechterhaltung der Kriegswirtschaft. Dazu ist Arbeitsfreude nötig."[53]

Auch die deutschen Behörden im Generalgouvernement Warschau vertraten ab Herbst 1916 diesen Kurs, nachdem sie bis dahin Liberalisierungsversuche strikt abgelehnt hatten.[54] Für sie wirkten sich die Zwangsbestimmungen und die schlechten Arbeitsbedingungen der polnischen Arbeiter in Deutschland zunehmend negativ auf die Haltung der Bevölkerung in ihrem Einflußbereich aus. Nur bei Milderung der Bestimmungen und Verbesserungen der Lebenssituation bestand Aussicht auf eine Erhöhung der Anwerbezahlen und eine Beruhigung der aufgebrachten polnischen Bevölkerung in den besetzten Gebieten.

Dagegen beharrten die unmittelbar mit der landwirtschaftlichen Erzeugung befaßten Stellen auf der Beibehaltung der scharfen Bestimmungen und wandten sich auch gegen Versuche der Besserstellung der Ausländer in rechtlicher und sozialer Hinsicht. Kriegsernährungsamt, landwirtschaftliche Unternehmer und ihre Standesvertreter sowie die beteiligten Generalkommandos argumentierten kurzfristiger und unter dem Eindruck ihrer unmittelbaren Aufgabe. Eine mittelfristig angelegte, auf die Verbesserung der Arbeitsleistung der Ausländer spekulierende Politik der Zugeständnisse weckte bei ihnen die Befürchtung, „daß man in zu weitgehender Fürsorge für die Arbeiterklassen insbesondere nichtdeutscher Nationalität auf dem Lande Arbeitsverhältnisse schaffen könnte, welche es dem von uns vertretenen Berufe unmöglich machen, die für das deutsche Heer und Volk notwendige Nahrungsmittel aufzubringen".[55]

Auf der administrativen Ebene setzte sich die mittelfristige Argumentation durch. Im Dezember 1916 wurden — auch im Hinblick auf die

Proklamation des Polnischen Königreiches durch Deutschland und Österreich-Ungarn — die Möglichkeiten des Orts- und Arbeitswechsels für die polnischen Arbeiter erleichtert, Schlichtungsstellen einberufen und vor allem die Bestimmungen über Urlaubsheimfahrten gelockert.[56] Unter dem Eindruck der dennoch weiter zunehmenden Fluchten der Rußland-Polen wurden diese Regelungen im darauffolgenden Jahr noch erweitert. „Viele wanderten wegen der hohen Löhne zur Industrie, vielen gelang die Flucht in die Heimat. Nach den Berichten mehrerer stellvertretender Generalkommandos war ohne Urlaub mit einer Massenflucht aus dem Lande zu rechnen, eine freiwillige Verlängerung der Arbeitsverträge für das Jahr 1918 zweifelhaft", begründete der preußische Kriegsminister die neuen Bestimmungen.[57] Der Erlaß vom 15. Oktober 1917 trug diesen Befürchtungen Rechnung: Jedem polnischen Arbeiter sollte einmal jährlich Urlaub zur Heimreise gewährt werden; die Arbeits- und Lebensbedingungen sollten durch Fürsorgekommissionen überprüft und Mißstände abgestellt werden.[58] Ihre Bestimmungen blieben bis Kriegsende in Kraft, und die hohen Anwerbezahlen im okkupierten Polen scheinen auch für einen gewissen Erfolg in den Bemühungen der „liberalen" Fraktion bei den Behörden zu sprechen, den Arbeitseinsatz zu stabilisieren. Aber dennoch blieben die Fluchtzahlen konstant hoch, von den Urlaubsfahrten kehrte rund ein Viertel der Polen nicht mehr zurück, und von den mehr als 40.000 auslands-polnischen Arbeitern etwa in Pommern weigerte sich fast ein Viertel, die Arbeitsverträge für 1918 zu unterschreiben. In Mecklenburg/Schwerin flohen allein vom Januar bis September 1918 von den dort beschäftigten knapp 30.000 Arbeitern mehr als 2.000; der Regierungspräsident von Merseburg berichtete darüber im Februar 1918: „Auch unter der in der Landwirtschaft tätigen russisch-polnischen Bevölkerung gärt es neuerdings. Sie verlangen wesentlich höhere Löhne, zeigen sich Vermittlungsvorschriften gegenüber abgeneigt und verharren auf unberechtigten Beschwerden und Klagen bei der Arbeitseinstellung. Es ist beobachtet worden, daß diese Aufsässigkeit dann besonders zutage tritt, wenn die Arbeiter z. B. bei den Gottesdiensten in größeren Trupps zusammen gewesen sind, wobei Hetzer Gelegenheit zur Aufreizung gefunden haben."[59] Die Ursache dafür lag vor allem darin, daß die verschiedenen Verbesserungen hinsichtlich der Freizügigkeit und der Lebensbedingungen den Charakter der Zwangsarbeit nicht beseitigt, sondern nur abgemildert hatten, vor allem aber mit einer Reihe von Einschränkungen bei der Durchführung versehen worden waren, die es den landwirtschaftlichen Unternehmen und den einzelnen Generalkommandos erlaubten, weitgehend nach eigenem Gutdünken zu verfahren. Darüber hinaus war bei der Größenordnung des Ausländereinsatzes in der Landwirtschaft eine wirksame behördliche Kontrolle schon organisatorisch kaum durchführbar; solange die Arbeiter nicht in die Lage versetzt wurden, die eigenen Interessen selbst zu vertreten, blieb die Frage nach Verbesserungen und Erleichterungen für die Ausländer vom guten Willen einzelner Gutsherren und Fabrikbesitzer abhängig. Es ist zudem auch mehr als zweifelhaft, ob die in Berlin von höchster Stelle erlassenen Bestimmungen überhaupt bis in die einzelnen Güter und Fabriken selbst gedrungen sind. Viel eher ist zu vermuten, daß in den Verhältnissen auf dem Lande selbst sich bis Kriegsende durch die neuen Verfügungen nur wenig änderte. Von den mehr als 500.000 polnischen Arbeitern ist insgesamt nur ein geringer Teil — 30.000 — in den Genuß eines Heimaturlaubs gekommen, zudem handelte es sich dabei vor allem um Arbeiter aus der Industrie.[60] Die Beschwerden über Lohneinhaltungen, über schlechte Behandlung und Übervorteilung durch die Vorschnitter wurden auch nach den Liberalisierungserlassen nicht weniger. Die lange Tradition der Zwangsbestimmungen und Ausbeutung hatte eine Eigendynamik entwickelt, die durch bloße Erlaßvorgaben nicht mehr zu stoppen war.

Deportationen aus Belgien

In der deutschen Industrie war die Abwanderung eines Großteils der bis dahin dort vorrangig beschäftigten Österreicher und Italiener in den ersten Kriegsmonaten wegen der zunächst aufgetretenen Arbeitslosigkeit durchaus willkommen gewesen und durch bevorzugte Entlassungen von Ausländern noch verstärkt worden. Als sich im Spätherbst 1914 infolge der anlaufenden Rüstungskonjunktur diese Situation änderte und erneut ein spürbarer Arbeitskräftemangel auftrat, wurde es für die Industrie schwierig, ausländische Arbeitskräfte zu erhalten; zwar wurde es im Verlaufe des Jahres 1915 gestattet, neu angeworbene Polen in der gesamten Industrie zu beschäftigen, die Übernahme polnischer Arbeiter aus der Landwirtschaft war jedoch explizit ausgeschlossen worden. Dies hätte aufgrund der erheblich besseren Löhne in der Industrie eine Landflucht der Auslands-Polen und die Verschärfung des „Leutemangels" zur Folge gehabt. Da auch bei den Neuanwerbungen in den besetzten Gebieten im Osten die Landwirtschaft bevorzugt wurde, suchte vor allem die westdeutsche Industrie nach anderen Möglichkeiten, um ausländische Arbeiter zu bekommen. Dabei kam vor allem Belgien in den Blick, denn angesichts der hohen Arbeitslosigkeit dort lag es für die westdeutschen Industriellen nahe, hier den steigenden Arbeitskräftebedarf ihrer Betriebe stillen zu wollen. Durch die rigorosen Beschlagnahmeaktionen der deutschen Behörden, die schon im Winter 1914/15 Maschinen und Rohstoffe nach Deutschland gebracht hatten, und Betriebsschließungen durch belgische Unternehmer, die nicht für den Feind produzieren wollten, waren fast eine halbe Million Belgier arbeitslos. Im Juli war auf Initiative des Vereins Deutscher Eisen- und Stahlindustrieller in Brüssel das Deutsche Industrieinstitut gegründet worden, dessen „Deutsches Industriebüro" in Belgien Arbeiter für die Großindustrie an Rhein und Ruhr warb.[61] In den ersten zwölf Monaten aber ging diese Werbung nur sehr schleppend vor sich; dies lag vor allem daran, daß die belgischen Arbeitslosen durch verschiedene nationale und internationale Hilfsorganisationen unterstützt wurden; eine drängende soziale Notsituation wie in Polen, die die Aufnahme der Arbeit in Deutschland als letzten Ausweg erscheinen ließ, bestand dadurch in Belgien nicht. Zudem hatten die deutschen Behörden vor der Anordnung von Zwangsmaßnahmen gegenüber Belgiern erhebliche Skrupel. Während für auslands-polnische Arbeiter die Beschäftigung in der Industrie seit dem 11. Mai 1915 freigegeben war und im November 1915 durch die Gleichstellung mit den in der Landwirtschaft arbeitenden Auslands-Polen die Freizügigkeit abgeschafft und damit ein Zwangssystem auch in den industriellen Betrieben installiert worden war,[62] schreckte man vor ähnlichen Maßnahmen gegenüber Belgien doch zurück. Zwar erließ der deutsche Generalgouverneur in Brüssel, von Bissing, schon im August 1915 eine Anordnung, der zufolge Unterstützungsempfänger, die „ohne hinreichenden Grund" ihnen angebotene Arbeit (auch in Deutschland) ablehnten, mit Gefängnisstrafe bedroht wurden — mehr eine Drohung, als daß es politisch oder organisatorisch auch hätte durchgeführt werden können.[63] Seit März 1916 aber waren verstärkte Anstrengungen zu beobachten, das belgische Arbeitskräftereservoir für die deutsche Industrie zu nutzen; es wurde gar von 400.000 Belgiern gesprochen, die nach Deutschland gebracht werden sollten;[64] ein Plan, dem allerdings jede realistische organisatorische und politische Grundlage fehlte. Auch durch verschiedene verschärfende Erlasse der deutschen Behörden stiegen die Anwerbezahlen nicht in erhofftem Maße; bis Oktober 1917 wurden insgesamt etwa 30.000 belgische Arbeiter nach Deutschland vermittelt; 85 % von ihnen in die westdeutsche Industrie.[65] Im Sommer 1916 aber verstärkte sich der Druck der Schwerindustrie auf die Behörden, der Rüstungswirtschaft mehr ausländische Arbeiter zur Verfügung zu stellen. Mitte September fand im Kriegsministerium eine Konferenz mit den Spitzen der Rüstungsbetriebe zur Beratung des „Hindenburg-Programms" statt, auf der Carl Duisberg für die Chemieindustrie folgendes ausführte: „Ich komme jetzt gerade aus Belgien. Dort ist mir z. B. von dem Oberkommando 4 gesagt worden, man könne mir gleich 80.000 Arbeiter beschaffen, aber nur, wenn sie zwangsweise nach Deutschland gebracht werden, sonst nicht. Dann müßten auch die belgischen Arbeiter rationiert werden und es müßte dafür gesorgt werden, daß der belgische Arbeiter in Belgien nicht besser lebt als unser Arbeiter in Deutschland . . . Öffnen Sie das große Menschenbassin Belgien! Wir haben aus Polen tausende von Arbeitern herausgeholt, aber aus Belgien nicht einen einzigen bekommen, und die, die wir bekommen haben, sind weggelaufen, weil sie es in Belgien besser haben als bei uns . . . Siebenmalhunderttausend Arbeitslose sind in Belgien, darunter eine Unmenge Facharbeiter. Ich habe schon vorhin gesagt, es muß dort ein Zwang ausgeübt werden, und es muß rationiert werden, damit die Arbeiter tatsächlich nicht besser leben als bei uns." Und Walter Rathenau von der AEG forderte auf der gleichen Sitzung von Ludendorff „die Lösung des belgischen Arbeiterproblems, das ohne Rücksicht auf internationale Prestigefragen nur dadurch bewältigt werden kann, daß die dort verfügbaren 700.000 Arbeiter dem heimischen Markt zugeführt werden".[66] Ob aber, wie Duisberg forderte, „ein Zwang ausge-übt werden" müsse, war bei den Behörden umstritten. Der Brüsseler Generalgouverneur von Bissing sprach sich gegen Zwangsmaßnahmen aus, denn „da ein Mittel, widerwillige Arbeiter zu zwingen, in einem Kulturstaat bisher noch nicht gebräuchlich geworden ist, so werden diese widerwilligen Arbeiter, die auch gar keine Qualitätsarbeiter sein werden, nur unnötige Esser, aber kein Ersatz für die fehlenden Arbeiter in Deutschland sein. Jedenfalls kann ich die Verantwortung für die Folgen nicht übernehmen". Neben der Ineffektivität betonte er den völkerrechts-widrigen Charakter von Zwangsdeportationen, ihre organisatorische Undurchführbarkeit und die negativen Auswirkungen auf die Haltung der neutralen Länder wie der deutschen Öffentlichkeit; allerdings erklärte er sich „grundsätzlich damit einverstanden, daß wir aus Belgien möglichst viele Arbeitskräfte herausziehen, und ich bin auch vollkommen bereit, durch einen weiteren Ausbau des bisherigen freiwilligen Werbesystems unter Anwendung amtlicher Druckmittel mein Möglichstes zu tun".[67] Nur eben den öffentlichen Zwang wollte er vermeiden.

Gegen die Auffassung von Bissings stand vor allem die dritte OHL, die von den Industriellen weiterhin unter Druck gesetzt wurde.[68] Ihre Position bestand darin, daß ohne Ausländereinsatz in erheblichen Größenordnun-gen die wirtschaftliche Grundlage der Kriegsführung ernsthaft in Frage gestellt sei: „Etwaige völkerrechtliche Bedenken dürfen uns nicht hindern, sie müssen der unentrinnbaren Notwendigkeit weichen, jede in deutscher Gewalt befindliche Arbeitskraft der kriegswirtschaftlich produktivsten Verwendung zuzuführen."[69] Schließlich gab ein Schreiben Bethmann Hollwegs den Ausschlag, der die Zwangsdeportation belgischer Arbeiter nach Deutschland dann für völkerrechtlich akzeptabel erklärte, wenn es sich um Arbeitslose handelte, die in Belgien keine Arbeitsstelle fanden, dadurch von öffentlichen Unterstützungen leben mußten, und wenn die Arbeit nicht militärischen Zwecken diente.[70]

Damit war die Formel zur Umgehung des Völkerrechts gefunden, und am 26. November 1916 begannen Deportationen im großen Umfang. Alle männlichen Bewohner eines Ortes ab dem 17. Lebensjahr mußten sich versammeln, der Ortskommandant schied Herren höheren Standes sowie Gebrechliche aus und forderte die Restlichen auf, sich freiwillig zur Arbeit in Deutschland zu melden. Wer dieser Aufforderung nicht nachkam, wurde augenblicklich in einen bereitstehenden Güterzug verladen und nach Deutschland in eines der Internierungslager gebracht.[71] Durch die Zwangsdeportationen aus Belgien zwischen dem 26. Oktober 1916 und dem 10. Februar 1917 wurden etwa 61.000 Arbeiter nach Deutschland gebracht, hinzu kamen noch etwa 17.000, die sich bei diesen Aktionen „freiwillig" meldeten.[72]

Insgesamt aber waren die Zwangsmaßnahmen organisatorisch und politisch ein Desaster. Unter den Deportierten befanden sich nicht nur Vollbeschäftigte und Jugendliche, sondern auch zahlreiche Behinderte und Kranke, so daß allein 13.150 Arbeitsunfähige zurückgeschickt werden mußten.[73] Von den bis Anfang 1917 etwa 56.000 Deportierten befanden sich im Februar noch 40.000 in den Sammellagern, 8.000 waren vorübergehend zur Arbeit eingesetzt und nur 8.500 hatten mittlerweile „freiwillig" Arbeitsverträge unterschrieben.[74] Die Behörden versuchten massiv, die Belgier in den Lagern unter Druck zu setzen, um sie zum Abschluß von Arbeitsverträgen zu bewegen. In einer Besprechung der zuständigen Ressorts am 17. Oktober 1917 wurde festgelegt: „Durch geeignete Maßnahmen ist dahinzuwirken, daß die zur Zwangsarbeit herangezogenen Arbeiter sich nachträglich zur Übernahme der freiwilligen Arbeit entschließen".[75] In den daraufhin erlassenen „Grundsätzen zur Heranziehung arbeitsscheuer Belgier zu Arbeiten in Deutschland" wurde dies konkretisiert: „Durch straffe Zucht und nachdrückliche Heranziehung zu den notwendigen inneren Arbeiten auf der Verteilungsstelle muß die Vorbedingung dafür geschaffen werden, daß die Belgier jede Gelegenheit gutbezahlter Arbeit außerhalb der Verteilungsstelle als eine erwünschte Verbesserung ihrer Lage begrüßen."[76]

Jedenfalls konnte von der organisatorischen Vorbereitung und Durchführung her von den ursprünglich zugesagten Deportationszahlen von wöchentlich (!) 20.000 keine Rede sein. Hingegen waren die politischen Folgen für das Ansehen des Deutschen Reiches sehr unangenehm; vor allem die zahlreichen Proteste neutraler Länder, wie Spanien, der Schweiz, Holland, dem Vatikan und den USA, festigten das Bild vom deutschen Militarismus in der internationalen Öffentlichkeit und trugen nicht unwesentlich zur weiteren diplomatischen Isolierung Deutschlands bei. Inwieweit die Zwangsmaßnahmen auch wirtschaftlich ein Fehlschlag waren, ist schwer zu bestimmen. Einerseits galten die Belgier als unwillige Arbeiter, und manche Unternehmen lehnten es gar ab, sie zu beschäftigen. Immerhin hatte die Anwendung von Zwang — ähnlich, wie dies auch im „Generalgouvernement" zu beobachten war — zu einem erheblichen Anstieg der „freiwilligen Meldungen" belgischer Arbeiter geführt. Die Mehrzahl der Arbeiter aber blieb in den Lagern, bis der Druck der deutschen Öffentlichkeit auf die deutschen Regierungsstellen so groß geworden war, daß im Februar 1917 die gesamte Aktion abgebrochen wurde. Insbesondere die Noten der neutralen Länder und „die aus politischen Gründen in hohem Grad unerwünschte Fortsetzung der Reichstagsverhandlung über Mißstände der Lage jener Arbeiter", wie Bethmann Hollweg es formulierte, setzten die Reichsregierung unter Druck.[77] Die Strategie zur Beschaffung belgischer Arbeiter wurde umgestellt — die Lebensbedingungen in Belgien wurden verschlechtert, die materiellen Anreize zur Aufnahme von Arbeit in Deutschland erhöht. Schon im März 1917 wurden alle belgischen Betriebe, die nicht für die deutsche Kriegswirtschaft produzierten, stillgelegt; gleichzeitig sollte die Attraktivität der Arbeitsaufnahme in Deutschland durch Zahlung von Handgeldern und Unterstützungen für die Familienangehörigen erheblich gesteigert werden. Schließlich wurde im Mai 1917 die formelle Gleichstellung von Belgiern und Deutschen hinsichtlich der Arbeits- und Lebensbedingungen bestimmt.[78] Diese Kombination aus ökonomischem Druck und sozial attraktivem Angebot, die bis Kriegsende aufrecht erhalten wurde, hatte einigen Erfolg; die Anwerbezahlen schnellten hoch. Von der Beendigung der Zwangsdeportationen im Februar 1917 bis zum Sommer 1918 wurden fast 100.000 Neuanwerbungen belgischer Arbeiter gezählt; bei Kriegsende waren etwa 130.000 Belgier in Deutschland beschäftigt.[79] (Tab. 8)

Tab. 8: Ausländische Arbeiter in Deutschland 1913/14 bis 1917/18 (nach dem Legitimationsaufkommen der Deutschen Arbeiterzentrale)[80]

Herkunftsland Nationalität	Rußland	Österreich/ Ungarn	Italien	Niederlande und Belgien	Insgesamt
1913/14 Landw.	286.413	135.868	45	9.633	436.736
Ind.	35.565	188.991	64.992	46.245	346.122
zus.	321.978	324.859	65.037	55.878	782.858
davon Polen					
Landw.	269.000	58.244			
Ind.	22.538	17.266			
zus.	291.538	75.510			
Ruthenen					
Landw.		68.236			
Ind.		46.017			
zus.		114.253			
1914/15 Landw.	275.972	49.797	21	7.916	337.752
Ind.	75.938	80.798	12.935	42.349	222.762
zus.	351.910	130.595	12.956	50.265	560.504
davon Polen					
Landw.	246.572	20.011			
Ind.	55.737	4.512			
zus.	302.309	24.523			
Ruthenen					
Landw.		26.090			
Ind.		4.821			
zus.		30.911			
1915/16 Landw.	311.658	26.581	41	6.208	348.817
Ind.	133.913	61.990	11.399	50.009	270.487
zus.	445.571	88.571	11.440	56.217	619.304
davon Polen					
Landw.	276.500	8.841			
Ind.	103.643	2.123			
zus.	380.143	10.964			
Ruthenen					
Landw.		14.228			
Ind.		2.459			
zus.		16.687			
1916/17 Landw.	326.683	19.304	49	5.533	355.483
Ind.	147.676	52.371	10.591	88.602	313.138
zus.	474.359	71.675	10.640	94.135	668.621
davon Polen					
Landw.	278.469	6.497			
Ind.	116.653	1.621			
zus.	395.122	8.118			
Ruthenen					
Landw.		9.485			
Ind.		1.675			
zus.		11.160			
1917/18 Landw.	24.838	14.262	128	5.547	372.274
Ind.	154.073	54.688	13.556	104.630	343.496
zus.	178.911	68.950	13.684	110.177	715.770
davon Polen					
Landw.	29.108	4.406			
Ind.	117.841	1.120			
zus.	146.949	5.526			
Ruthenen					
Landw.		6.274			
Ind.		1.276			
zus.		7.550			

Die Dynamik der Zwangsarbeit

Die Zwangsarbeitspolitik der deutschen Regierung gegenüber belgischen Arbeitern hatte schon nach wenigen Monaten Konkurs gemacht — ausschlaggebend dafür waren neben den organisatorischen Problemen vor allem die Proteste aus dem In- und Ausland gewesen. Die deutsche Politik gegenüber den polnischen Arbeitern stand hingegen sehr viel weniger im Rampenlicht, zumindest was das Ausland anbetraf; dabei war die Lage der Polen in Deutschland prekär — nicht erst seit der Verschärfung der Zwangsanwerbungen im Oktober 1916, sondern schon seitdem die Bestimmungen über Rückkehr- und Ortswechselverbot in die Praxis durchschlugen.

Bereits im November 1915 wiesen die Militärbehörden warnend auf die zahlreichen Klagen über schlechte Behandlung hin, es müsse „auf alle Fälle dafür gesorgt werden, daß den Arbeitern eine menschenwürdige und gerechte Behandlung zuteil wird, und daß namentlich Tätlichkeiten streng vermieden werden", auch sei häufig festgestellt worden, daß die Löhne der Polen deutlich unter denen der Deutschen lägen.[81] Die am häufigsten auftretenden Mißstände faßte der Reichstagsabgeordnete Trampczynski im November 1916 gegenüber dem preußischen Innenministerium so zusammen: Mißhandlungen durch Arbeitgeber, Betriebs- und Polizeibeamte; menschenunwürdige Wohnungen; schlechte Kost; Ausnützung der Wehrlosigkeit der Arbeiter u. a. zum Herabdrücken des Lohnes; Abzüge für verschiedene Versicherungskassen, obwohl diese Kassen den Arbeitern bei Unfällen oder Krankheit nichts zahlten; zu langer Instanzenweg bei Anträgen auf Stellenwechsel usw.; Festhalten in Gefangenenlagern bei Konflikten mit Arbeitgebern.[82]

Solche Beschwerdelisten sind allerdings insofern nur bedingt aussagekräftig, als die „Mißstände" nicht in Bezug gesetzt werden können zur „normalen" Situation der Ausländer während des Krieges. Auch die Ausländerpolitik, die bisher vorwiegend auf der Ebene der administrativen Spitzen der Militär- und Zivilverwaltung untersucht wurde, sagt darüber nichts aus, sondern reflektiert den politischen Willen der beteiligten Behörden; inwieweit und in welcher Weise sich dieser in der Praxis der Beschäftigung ausländisch-polnischer Arbeiter niederschlug, soll daher abschließend an einem Fallbeispiel untersucht werden; im Mittelpunkt steht dabei die Industrie im westlichen Ruhrgebiet und in Sonderheit die Friedrich-Alfred-Hütte (FAH) der Firma Krupp in Rheinhausen.[83]

Im Sommer 1914 beschäftigte das Kruppsche Hüttenwerk Rheinhausen aufgrund von Ausnahmegenehmigungen der Behörden etwa 200 russisch-polnische Arbeiter, die im Oktober 1915 unter das Rückkehrverbot fielen. Seit dem Frühjahr 1915 bemühte sich das Unternehmen darum, eine größere Anzahl „weiterer russischer Zivilgefangener aus den Kon-

Abb. 1: Polnische Saisonarbeiter vor einem Berliner Bahnhof, ca. 1907

Abb. 2: Nachtlager ausländischer Bauarbeiter in Pommern, ca. 1911

Abb. 3: Kriegsgefangene bei Moor-Kultivierungsarbeiten in Löcknitz, Erster Weltkrieg

Abb. 4: Russische und französische Kriegsgefangene in der Schusterwerkstatt des Lagers Merseburg, Erster Weltkrieg

Abb. 5: Polnische Bergleute der Delbrück-Schächte als Grenzgänger in Oberschlesien, 1930

zentrationslagern Barmen und Elberfeld" bei sich einzustellen, womit die Insassen der dortigen Internierungslager für wehrfähige russisch-polnische Arbeiter, die sich bei Kriegsbeginn in Deutschland aufgehalten hatten, gemeint waren.[84] Dies widersprach den zu dieser Zeit noch gültigen Bestimmungen, wonach diese Arbeiter in den preußischen Westprovinzen nicht arbeiten durften. Mit der Begründung, „daß die Beschaffung von geeigneten Facharbeitern wegen der immer umfangreicheren Lieferungen für Heer und Marine für uns äußerst dringlich" sei, erreichte die Firma jedoch die Genehmigung des Arbeitseinsatzes von ausländischen Polen, weil, so die Behörden, „der Arbeitermangel immer größer wird und ... darin allmählich eine Gefahr für die Landesverteidigung entsteht".[85]

Mit der gleichen Begründung gelang es bis Ende des Jahres, durch Vermittlung der Deutschen Arbeiterzentrale noch weitere russische Arbeiter aus verschiedenen Internierungslagern zu erhalten, so daß deren Zahl bis Anfang 1916 auf etwa 1.000 stieg.[86]

Die örtlichen Polizeistellen standen der dadurch eingeleiteten Entwicklung recht hilflos gegenüber, denn diese Arbeiter im Status von Zivilgefangenen mußten überwacht, ihre Flucht verhindert, ihr Lebenswandel kontrolliert werden — und so überrascht es nicht, daß die Polizeibehörden des Kreises Moers nicht aufhörten, über das unberechtigte Entweichen der ausländischen Arbeiter, über Glücksspiel, die Anwesenheit von „Krefelder Dirnen" und überhaupt unbotmäßiges Verhalten der Polen zu klagen: „Zu immer größeren Gesetzwidrigkeiten neigen die fremden Arbeiter; Hauptursache ist der übermäßige Genuß von alkoholischen Getränken", berichtete der zuständige Bürgermeister von Hochemmerich. „Es spielten sich fast allabendlich auf den Straßen Ausschreitungen und Schlägereien ab . . ., außerdem nimmt die Zahl der widerspenstigen Arbeiter sowie der Arbeitsverweigerungen von Tag zu Tag zu, und es muß ständig eine große Anzahl solcher Arbeiter in Sicherheitshaft genommen werden. Das Verbot des Verlassens des Ortspolizeibezirks findet offenbar nur geringe Beachtung, und die Entweichungen treten massenweise auf. Meldungen des Arbeitgebers über unentschuldigtes Fernbleiben von der Arbeitsstelle laufen stets in großen Mengen ein, und die Zahl der Beschuldigten, gegen die das Strafverfahren eingeleitet werden mußte, beträgt mehrere hundert. Arbeitszwang muß sehr häufig durch längere Inhaftierung ausgeübt werden; er führt aber nicht immer zu einem Erfolg von längerer Dauer."[87]

Daraufhin verlangten die örtlichen Behörden gegenüber dem Regierungspräsidenten und der Firmenleitung umfangreiche Sicherheitsvorkehrungen, ansonsten könnten sie der Weiterbeschäftigung der Rußland-Polen nicht mehr zustimmen; die darauf folgenden Verhandlungen zwischen der Firma und dem Landrat von Moers führten im Juni 1915 zu strengeren Verhaltensvorschriften für die Polen. Die Unternehmensleitung verpflichtete sich, „für die Unterbringung der Arbeiter ein Barackenlager im Anschluß an das Kriegsgefangenenlager in Hochemmerich herzustellen. Das Lager soll vollständig eingefriedet und abgeschlossen sein". Zur Bewachung im Lager waren Kruppsche Bedienstete als Hilfspolizeibeamte vorgesehen, die „von der Firma mit Armbinde, Dienstmütze und Waffe ausgestattet" werden sollten; innerhalb des Betriebes sollten deutsche Werkmeister und Vorarbeiter diese Aufgabe übernehmen. Sogar eine einheitliche Kennzeichnung war vorgesehen: „Zur Erleichterung der polizeilichen Beaufsichtigung soll die Kleidung der russisch-polnischen Arbeiter mit einem besonderen Abzeichen (eingenähter Streifen in Jacke und Hose) versehen werden." Darüber hinaus sah die Vereinbarung vor, den Polen den Besuch deutscher Gaststätten, das Verlassen des Gemeindebezirks, die Benutzung von öffentlichen Verkehrsmitteln und das Betreten von Bahnhöfen und Rheinbrücken zu verbieten sowie ein nächtliches Ausgehverbot aufzuerlegen.[88] Diese sehr weitgehenden Bestimmungen wurden dann allerdings auf dem Instanzenweg zunächst nicht genehmigt — sie verdeutlichen aber, daß auf den unteren Behördenebenen bereits zu diesem frühen Zeitpunkt über restriktive Behandlungsvorschriften für ausländisch-polnische Arbeiter nachgedacht wurde, als in den Erlassen der politischen und militärischen Führung noch über die völkerrechtliche Absicherung des Rückkehrverbots gehandelt wurde. Auch wenn man die

Aktivitäten der scheinbar übereifrigen Beamten in Moers mit den in anderen Städten der Region zu dieser Zeit üblichen Formen des Umgangs mit den Polen vergleicht, wird deutlich, wie sehr sich die Praxis der Ausländerbeschäftigung von dem Eindruck unterschied, den man aus der Betrachtung der Ausländerpolitik der Regierung erhält.

In Düsseldorf etwa war es Brauch, den polnischen Arbeitern sämtliche Ausweispapiere abzunehmen, um das Verbot der Freizügigkeit durchzusetzen. Eine Kasernierung der russisch-polnischen Arbeiter, so der Düsseldorfer Landrat, sei „dringend erwünscht", denn: „Die Russen lassen sich nur zusammenhalten, wenn sie eine straffe Zucht über sich fühlen. Nach den Erfahrungen, die bisher mit den Russen gemacht sind, fühlen sich die Russen überhaupt nicht wohl, wenn sie sich nicht dauernd unter Überwachung wissen. Dringend notwendig ist für die Russen die Befugnis der Ortspolizeibehörde oder einer anderen Instanz, die Fälle von Unbotmäßigkeit mit Arrest zu bestrafen. Die Polizeiverwaltungen haben wiederholt Russen, welche die anderen Arbeiter aufhetzen wollten oder sich faul und widerspenstig zeigten, auf 24 oder 48 Stunden bei Wasser und Brot eingesperrt. Die Wirkung der Maßregel war überall die gleiche: Die Russen wurden willig und folgsam und hielten selbst Zucht und Ordnung. Ob die Polizeiverwaltungen zu derartigen Maßregeln berechtigt waren, ist mir zweifelhaft. Praktisch hat sich das Verfahren außerordentlich bewährt, und ich habe bisher auch keinen Widerspruch dagegen erhoben. Beschwerden über Freiheitsentziehungen sind bisher nicht an mich gekommen."[89]

In diesem Bericht wird die Auseinanderentwicklung zwischen politischen Entscheidungen auf der Ebene der Reichsbehörden und den „praktischen Erfordernissen" der unmittelbar mit dem Einsatz der Polen beschäftigten Stellen präzise beschrieben. Angesichts der naheliegenden Zweckmäßigkeit gerät die juristische Berechtigung restriktiver polizeilicher Maßnahmen in den Hintergrund, wobei man, wenn es gegen die „Russen" geht, offenbar auf das stillschweigende Einverständnis der übergeordneten Behörden vertrauen kann.

Der aus solchen Behandlungsvorschriften resultierende mangelnde „Arbeitseifer" der ausländischen Arbeiter wurde von Seiten der Behörden wiederum mit schärferen Maßnahmen bekämpft. Das bezog sich allerdings durchaus nicht nur auf die Polen, sondern betraf auch Arbeiter aus dem westlichen Ausland. Gerade bei Belgiern und Holländern, deren Arbeits- und Lebensbedingungen in Deutschland deutlich besser waren als die der Arbeiter aus dem Osten, wurde besonders häufig über mangelnden Arbeitseifer geklagt, woraus wiederum die örtlichen Behörden die Forderung nach härterem Durchgreifen ableiteten: „Es erscheint auch notwendig", schrieb der Essener Polizeipräsident an den Regierungspräsidenten in Düsseldorf, „daß die belgischen Arbeiter hinsichtlich des

Arbeitszwanges und der sonstigen sicherheits- und ordnungspolizeilichen Bestimmungen den russischen gleichgestellt werden. Gerade unter ihnen befinden sich träge und unzuverlässige Elemente". Neben verschärften polizeilichen Maßnahmen sollten hier allerdings auch deutsche Facharbeiter kontrollierend und leistungssteigernd auf die Ausländer einwirken: „Es ist manchmal sogar erwünscht, daß insbesondere bei den Facharbeitern, bei denen eine Trennung selten durchführbar ist, die einheimischen Arbeitsgenossen das Verhalten der Ausländer während der Arbeit kontrollieren."[90]

Die hier geschilderten Maßnahmen zeigen, daß die unfreiwillige Anwesenheit der Ausländer eine behördliche Kettenreaktion auslöste, die deren Leben, vor allem das der russisch-polnischen Arbeiter, von der Regelung der Nachtruhe bis zum Verhältnis zu den deutschen Arbeitskollegen in ein starres Korsett von Vorschriften zu zwängen suchte, das jede selbständige Regelung der Arbeiter verhindern sollte. Aufschlußreich ist dabei die Begründung des Düsseldorfer Landrats für die Zwangsmaßnahmen: Die „Russen" fühlten sich sonst gar nicht wohl. Der vermeintliche Nationalcharakter der Slawen begründete in sich ein Ausnahmerecht, bei dem sich die sonst so gesetzestreuen Beamten auch nicht weiter um gesetzliche Vorschriften kümmern mußten.

Die Haltung der Behörden zu den polnischen Arbeitern wird auch durch ein Plakat offenbar, mit dem der Düsseldorfer Oberbürgermeister Zwangsarbeit für Arbeitsunwillige androhte und befahl, „gegen jeden Arbeiter aus dem russisch-polnischen Okkupationsgebiet, der sich weigert, Arbeiten, für die er angeworben worden ist, zu verrichten, den Arbeitszwang anzuwenden, und zwar auf der Arbeitsstelle, die von mir festgesetzt wird . . . Ich warne hiermit jeden russischen Staatsangehörigen aus dem russisch-polnischen Okkupationsgebiet, ohne meine Erlaubnis die Arbeit niederzulegen, unpünktlich oder angetrunken zur Arbeit zu erscheinen", sonst drohe „Sicherheitshaft", „empfindliche Freiheitsstrafe" usw., denn immerhin habe „das deutsche Reich es Euch erlaubt, trotzdem Ihr Angehörige eines feindlichen Staates seid, die Vorzüge eines geordneten Staatswesens noch während des Krieges zu genießen". Aber daneben wurden den Arbeitern auch Rechte zugesichert, die ja durchaus nicht selbstverständlich waren: Sie sollten nicht kaserniert werden, durften auf Antrag ihre Familien nachholen, erhielten die gleichen Löhne wie deutsche Arbeiter, hatten Beschwerderecht und durften von den Vorgesetzten weder beleidigt noch mißhandelt werden.[91]

Trotz solcher Zusicherungen verschlechterten sich die Lebensbedingungen der auslandspolnischen Arbeiter in dieser Region. Im November 1915 wies das Stellvertretende Generalkommando Münster auf die zunehmenden Klagen über die schlechte Behandlung der Polen hin; vor allem häuften sich die Mißhandlungen, was die Arbeiter verbittere und arbeitsunwillig mache. Die Polen erhielten häufig den ihnen zustehenden Lohn nicht und würden offenbar schon bei Abschluß der Arbeitsverträge übervorteilt, „während bei den belgischen Arbeitern die Zahl der Klagen nicht annähernd so hoch ist wie bei den Russ.-Polen".[92] Dennoch wurden auch gegenüber den Belgiern in zunehmendem Maße Zwangsmittel angewendet. Belgische Arbeiter, die „mutwillig feiern und sich unbotmäßig benehmen", bestimmte das Stellvertretende Generalkommando im Dezember 1915, „werden nach bewährter Übung zweckmäßig in Haft genommen, bis sie sich wieder arbeitswillig zeigen".[93] Von Inhaftnahme bei Arbeitsunwilligkeit ist also bereits Ende 1915 als „bewährter Übung" die Rede, ein Jahr, bevor der Arbeitseinsatz in Belgien auch offiziell als „Zwangsarbeit" deklariert wurde.

So nimmt es nicht wunder, daß die ausländischen Arbeiter in steigendem Maße versuchten, sich diesen Zwangsmaßnahmen zu entziehen. Dies geschah z. T. dadurch, daß sie sich nach Ablauf ihres Arbeitsvertrages darum bemühten, eine bessere Arbeitsstelle zu bekommen. Dies war prinzipiell nicht verboten und führte sogar zu regelrechten Abwerbeversuchen der Industriebetriebe untereinander.[94] Vor allem aber nahmen die Fluchten der polnischen Arbeiter rapide zu. Von den 900 Polen, die im Juli 1916 bei der FAH in Rheinhausen beschäftigt waren, wurden mehr als 80 „als entwichen geführt, und täglich mußte bei 10 bis 15 Arbeitern der Arbeitszwang durchgeführt werden, wobei jedoch nur in wenigen Fällen, trotz der Anwendung der strengsten Sicherheitshaft, die hartnäckige Widerspenstigkeit gebrochen wurde. In einigen Fällen nahmen die Leute lieber keine Nahrung zu sich, als daß sie die Arbeit nochmal aufnahmen", berichtete die Polizei in Hochemmerich an den Moerser Landrat.[95]

Die Behörden sahen sich außerstande, die Auslandspolen vollständig zu kontrollieren. Da viele von ihnen aus dem deutsch-polnischen Grenzland stammten, sprachen sie meist gut Deutsch; dadurch, klagten die überforderten Polizeibeamten, „verschwinden sie vollständig im öffentlichen Verkehr und der übrigen Arbeiterschaft"; an manchen Tagen fehlten fast 100 von ihnen bei der Arbeit, sie benutzten die Bahn und versuchten, „mit Frauen und Mädchen anzubinden", sie tranken Alkohol in den Gaststätten, „blieben dann mehrere Tage der Arbeit fern, trieben sich herum"[96] — kurz, sie verhielten sich nicht anders als die meisten ihrer deutschen bzw. deutsch-polnischen Kollegen auch, denn „durch die vorwiegend hier vorhandene Industriebevölkerung mit einem außerordentlich starken Bevölkerungs- und Aufenthaltswechsel gestalten sich hier die Verhältnisse auf allen Gebieten in vollständig abnormer Art".[97]

Die Unterscheidung zwischen „inländischen Polen", die zwar ebenfalls von den Behörden mißtrauisch beäugt wurden, als preußische Staatsbürger aber denselben Rechtsvorschriften wie Deutsche unterlagen, und den ausländischen Polen, die als „Zivilgefangene" und „feindliche Ausländer" in ihrer Lebensweise so weitgehenden Restriktionen unterworfen waren, mußte also nach politischen — und das hieß in der Praxis: willkürlichen — Kriterien geschehen. Gerade die Tatsache, daß sich die polnischen Zivilgefangenen und rekrutierten Arbeiter weder äußerlich noch durch ihre Sprachkenntnisse von der übrigen Arbeiterbevölkerung abhoben, dennoch aber als „feindliche Ausländer" galten und strengen Regelungen unterworfen waren, brachte die Polizeibehörden in Schwierigkeiten. Eine einheitliche Kennzeichnung, wie bei Krupp anfangs erwogen, war nicht durchgeführt worden und eine strikte Kasernierung bis dahin nicht durchsetzbar gewesen, obwohl sie von den unteren Behörden immer wieder gefordert worden war; denn nur eine Unterbringung in umzäunten Lagern hätte die Gewähr dafür geboten, die Ausländer vollständig überwachen zu können.

Im Sommer 1916 nahmen die Fluchtbewegungen noch einmal stark zu, allein im Juni und August wurden mehr als 100 russisch-polnische Arbeiter der FAH von Fluchthelfern gegen Bezahlung illegal über die holländische Grenze gebracht, was nach Meinung des Bürgermeisters in erster Linie auf die relative Bewegungsfreiheit der in Privatquartieren lebenden Ausländer zurückzuführen war.[98] Daraufhin kamen der Bürgermeister und die Firmenleitung des Hüttenwerks überein, erneut die Internierung der Polen zu beantragen. „Die Friedrich-Alfred-Hütte ist selbst zu der Überzeugung gekommen", schrieb der Bürgermeister im August 1916 an den Landrat, „daß der größte Teil der feindlichen Arbeiter unter diesen Umständen ihnen in bezug auf die Herstellung von Kriegsmaterial trotz der dringenden Notwendigkeit keine nennenswerten Arbeitskräfte mehr darstellen. Ihre Verwendung muß in diesem Betriebe, falls den aufgetretenen Übelständen nicht sofort wirksam entgegengetreten werden sollte, geradezu als schädlich bezeichnet werden. Die Friedrich-Alfred Hütte ist nach einer mündlichen Unterredung des Herrn Direktors Dorfs mit dem hiesigen Polizei-Kommissar gerne bereit, für die russischen Arbeiter ein Internierungslager zu errichten und der Behörde Gelegenheit zu einer vollständigen Kasernierung zu geben."[99] In der später entworfenen Verordnung war die Unterbringung der Ausländer in Lagern dann auch vorgesehen, und das Bewohnen von Privatquartieren wurde untersagt.[100]

Damit war ein weiterer Schritt getan. Die russisch-polnischen Arbeiter standen unter Sonderrecht, waren in Lagern untergebracht, unterlagen der Ausgangssperre und der Einschränkung der Freizügigkeit, wurden bei Arbeitsverweigerungen inhaftiert und waren häufig Mißhandlungen und Beleidigungen ausgesetzt. Durch die Unterbringung in Lagern kamen Mängel in der Ernährung hinzu. Die Küchen der Ausländerlager wurden nämlich in der Regel von der Frau des jeweiligen Lagerverwalters unterhalten, und die Fälle von Korruption und „Durchstechereien" wurden so häufig, daß sich das Generalkommando in Münster, um die Ernährung der ausländischen Arbeiter sicherzustellen, veranlaßt sah, bis ins kleinste gehende Anweisungen über die Verpflegung zu geben.[101] Die mangelhafte Ernährung stellte in der letzten Kriegsphase aber weiterhin eines der größten Probleme der russisch-polnischen Arbeiter dar. Die „dünne Brühe", die sie im Lager erhielten, war immer wieder Anlaß zu Beschwerden und Auseinandersetzungen. Darüber hinaus hatte der Betrieb bei Unterbringung und Verpflegung der Ausländer in den Lagern hier Zugriffsmöglichkeiten und Gelegenheit, Arbeitsleistung und Verpflegung miteinander zu koppeln. In vielen Firmen wurden „Arbeitsverweigerer" mit Essensentzug bestraft, ein zwar verbotenes, aber offenbar wirksameres Verfahren als die laut Kriegsministerium hier angemessene Strafe, nämlich die Arbeiter „in Schutzhaft zu nehmen und zu diesem Zwecke in ein Gefangenenlager zu unbezahlter schwerer Arbeit zu überführen, bis sie ihren Widerstand aufgeben."[102]

Die Zwangsarbeit russisch-polnischer Arbeiter in Deutschland während des Ersten Weltkrieges ist von der Entwicklung der Ausländerbeschäftigung in den vorangegangenen Jahrzehnten nicht zu trennen, aber ebensowenig ist sie ihr gleichzusetzen. Das von den preußischen Behörden entwickelte Instrumentarium zur Regulierung der „Ausländerzufuhr" in Form von Karenzzeit und Legitimationszwang, das gleichermaßen zur Überwachung der Auslandspolen wie zur Stabilisierung ihrer im Vergleich zur deutschen Arbeiterschaft schlechten sozialen Stellung diente, hatte eine Tradition der Diskriminierung insbesondere der Polen begründet, was den Übergang zu Zwangsmaßnahmen bei Kriegsbeginn zwar als kriegsbedingte und dadurch gerechtfertigte Verschärfung, aber nicht als etwas prinzipiell Neues erscheinen ließ. Auch die Debatte um „Überfremdung" und „antipolnischen Abwehrkampf" war noch in frischer Erinnerung, und als aus den ungeliebten polnischen Arbeitern nun auch noch „feindliche Ausländer" wurden, sahen sich die Behörden ihnen gegenüber nur soweit an Rechtsbestimmungen gebunden, als gegenüber dem Ausland der Schein gewahrt werden mußte. Daß sich die Behandlung der Polen nach Kriegsbeginn noch verschlechterte, lag ebenso wie die Verschärfung der ausländerrechtlichen Bestimmungen durchaus in der Logik und Dynamik der Traditionen der Ausländerbeschäftigung der Vorkriegszeit.

Zwar wurden diese Verschärfungen vor allem von den Sozialdemokraten und den polnischen Reichstagsabgeordneten heftig kritisiert — was bei der Regierung mindestens zu einer gewissen Vorsicht bei weiteren Maßnahmen führte —, insgesamt aber wurde das Schicksal der ausländischen Arbeiter während des Krieges in der deutschen Öffentlichkeit, sieht man von der Phase der Zwangsrekrutierung belgischer Zivilarbeiter ab, weder von großer Aufmerksamkeit begleitet, noch hatte das Rückkehrverbot von 1914 einen Sturm der Empörung erregt. Das hatte zunächst mit dem Krieg selbst zu tun, der angesichts der offenbaren Ausnahmelage die Toleranzschwelle der deutschen Öffentlichkeit für Ungerechtigkeiten im zivilen Bereich rapide senkte: Wo die Fronten wöchentlich Tausende von Gefallenen meldeten, konnte das Rückkehrverbot gegenüber feindlichen Zivilisten keine Emotionen mehr erwecken. Hinzu kam, daß der Arbeitseinsatz von Hunderttausenden kriegsgefangener Ausländer in Deutschland die Grenzen zwischen zivilen und militärischen Arbeitskräften verschwimmen ließ; und in dem Maße, wie sich der Krieg ausweitete und verschärfte, vergrößerte sich in der deutschen Gesellschaft die Bereitschaft, auch solche Maßnahmen gegenüber den Auslandspolen zu akzeptieren, die zu Beginn des Krieges vielleicht noch auf heftige Proteste gestoßen wären. Auf der anderen Seite schuf der Übergang zur Zwangsarbeit für die Behörden auch eine Fülle neuer und z. T. unerwarteter Probleme und Erfahrungen. Es zeigte sich, daß die Beschäftigung von ausländischen Arbeitern gegen deren Willen nur mit einem enormen Aufwand durchführbar war und zur ständigen Verschärfung der Bestimmungen führte. Wollte man das Entweichen der Ausländer verhindern, waren dazu umfangreiche Überwachungsmaßnahmen notwendig; das aber beeinträchtigte deren Leistungsbereitschaft und -fähigkeit insbesondere beim Einsatz in der Industrie. Je höher der Anteil an qualifizierter Arbeit, desto schwieriger war eine qualifizierte Arbeitsleistung mit reinen Zwangsmitteln erreichbar.

Es stellte sich heraus, daß Zwangsarbeit jedenfalls für die industriellen Unternehmer eine relativ teure Angelegenheit war. Da den Ausländern zumindest nominell der gleiche Lohn bezahlt wurde wie den deutschen Arbeitern — schon um die Entlassung von Deutschen und deren Ersetzung durch Ausländer zu verhindern — stiegen die Kosten durch Anwerbung, Transport, Erstellung von Unterkünften, Bewachungspersonal usw. erheblich an. Rechnet man niedrige Leistungen, häufige Fehlzeiten und die hohen Zahlen „Kontraktbrüchiger" hinzu, so war die Beschäftigung von Auslandspolen für die Industriebetriebe kein Geschäft. Die Löhne der Ausländer hätten wesentlich niedriger liegen müssen, um den Einsatz rentabel zu machen; das aber hätte weitere umfangreiche organisatorische Maßnahmen nach sich ziehen müssen, sowohl um negative Auswirkungen auf das Lohngefüge insgesamt zu vermeiden, als auch um die zu erwartenden Kontraktbrüche und Fluchten der Ausländer zu verhindern.

Zum zweiten zeigte sich, daß die praktische Durchführung des Ausländereinsatzes durchaus nicht parallel zu den Entscheidungsprozessen in den militärischen und zivilen Leitungsgremien verlief. Während die Landes- und Reichsbehörden nach dem offensichtlichen Scheitern der Politik der Zwangsdeportationen stärker zu Mitteln des größeren Arbeitsanreizes und einer verbesserten Rechtssituation der ausländischen Arbeiter zurückkehrten, wurden die Bestimmungen der subalternen Stellen und der Betriebe um so schärfer, je länger der Krieg dauerte. Ein Mechanismus wurde freigesetzt, der, ausgehend von Ansätzen zur Diskriminierung einer Gruppe von Arbeitern, eine eigene Dynamik entwickelte und zur Radikalisierung der Maßnahmen drängte. Die Existenz eines Sonderrechts für eine bestimmte Gruppe setzte deren klare und eindeutige Definition und Erkennbarkeit voraus und führte in ihrer Konsequenz zur Kasernierung, wenn nicht zur äußeren Kennzeichnung; das Verbot der Freizügigkeit zog, sollte es denn effektiv durchgeführt werden, Stacheldraht und Überwachung nach sich; aus Einzelverordnungen entwickelte sich ein System der Reglementierung und Repression mit einer ihm innewohnenden Tendenz zur Perfektionierung. Die Entrechtung im großen hatte zudem die Unterdrückung auch im kleinen zur Folge; die ausländischen Arbeiter wurden dann auch vom Aufseher verprügelt, von der Köchin ums Essen und vom Vorarbeiter um den Lohn betrogen. Obwohl es in oft strengem Gegensatz zu den Anordnungen und Erlassen der Verwaltungsspitzen stand, war es doch nur deren Konsequenz — Zwangsarbeit setzt offenbar eine Art Eigendynamik frei, durch die einmal eingewöhnte Unterdrückungsmechanismen unten fortwähren und sich verschärfen, wenn sie aus der Perspektive der Initiatoren in den Entscheidungsgremien oben längst dysfunktional und administrativ korrigiert worden sind.

Die Beschäftigung von Kriegsgefangenen und ausländischen Zivilarbeitern während des Ersten Weltkrieges in Landwirtschaft und Industrie stellte der unter chronischem Arbeitermangel leidenden deutschen Kriegswirtschaft mehr als zwei Millionen Arbeitskräfte zur Verfügung und war insofern von erheblicher Bedeutung und nahezu unverzichtbar. Aber während der Kriegsgefangenen-Einsatz relativ geringe organisatorische Probleme verursachte und insoweit durchaus effektiv war, waren die Erfahrungen mit der Verwendung von ausländischen Zwangsarbeitern weniger günstig: Die innenpolitische Opposition wurde dadurch ebenso gestärkt wie die außenpolitische Isolation und der Widerstand der Bevölkerung in den besetzten Gebieten gegen die deutschen Behörden. Zwangsarbeit, das hatte sich hier gezeigt, lohnte sich nur, wenn sie total und in großem Stile durchgeführt wurde; Voraussetzung dafür aber war, daß die deutsche Administration weder auf die Haltung der innenpolitischen Opposition, insbesondere auf die organisierte Arbeiterbewegung, Rücksicht zu nehmen hatte, noch auf die Kritik aus dem Ausland, noch auf die Lage in den besetzten Gebieten — diese Voraussetzungen aber fehlten im wilhelminischen Kaiserreich auch unter der diktatorischen Führung Ludendorffs und Hindenburgs.

Perspektivisch aber wurde deutlich, daß bei entsprechenden gesell-schaftlichen Voraussetzungen die massenhafte Zwangsarbeit in kriegs-wirtschaftlichen Boom-Phasen durchaus als erfolgversprechende Mög-lichkeit und als Alternative zum freien Arbeitsmarkt herangezogen werden konnte. Und in der Tat waren es die Erfahrungen mit der Zwangs-arbeit im Ersten Weltkrieg, auf die sich die Organisation des nationalso-zialistischen Ausländereinsatzes während des Zweiten bezog.

III. Verrechtlichung des Arbeitsmarktes 1918 bis 1933

Aufgrund der ungenauen statistischen Grundlagen ist die exakte Zahl der ausländischen Zivilarbeiter und Kriegsgefangenen, die bei Kriegsende in Deutschland beschäftigt waren, nicht berechenbar; rechnet man zu den 715.770 im Legitimationsverfahren registrierten Ausländern noch etwa 200.000 nichtlegitimierte hinzu, so kommt man auf eine Schätzung von etwa einer Million ziviler Arbeiter, so daß zusammen mit den Gefangenen mehr als zwei Millionen Ausländer im Sommer 1918 auf dem Gebiet des Deutschen Reiches eingesetzt gewesen sein dürften. Nach dem Ende des Krieges war es für die deutschen Demobilmachungsbehörden angesichts der zurückströmenden deutschen Soldaten und der krisenhaften Auswirkungen der Umstellung der deutschen Wirtschaft von Kriegs- auf Friedensproduktion eine vordringliche Aufgabe, die Ausländer möglichst schnell in ihre Heimat zurückzuführen — was auch in relativ kurzer Zeit gelang; bis 1924 war die Zahl der ausländischen Arbeiter in Deutschland gar auf 174.000 gesunken.[1] Paradoxerweise führte dies in der ostdeutschen Landwirtschaft aber zu einigen Problemen; zwar sollten die bis dahin von Ausländern besetzten Arbeitsplätze von heimkehrenden deutschen Soldaten eingenommen werden, aber da die Nachkriegsarbeitslosigkeit vor allem in den Städten und in der Industrie ausgeprägt war, hätten die Behörden in größerem Ausmaß Umsetzungen deutscher Arbeitskräfte aus der Industrie in die Landwirtschaft durchführen müssen. Das aber war nicht nur organisatorisch schwierig, sondern stieß auch bei den Betroffenen auf wenig Gegenliebe — und hätte zudem auf dem Lande sowohl das Lohngefüge in Bewegung gebracht als auch zu einer Veränderung der Arbeits- und Lebensbedingungen führen müssen. „An einen Ersatz der slavischen Schnitter durch einheimische Arbeitslose sei nicht zu denken", betonten die landwirtschaftlichen Interessenvertreter, „da diese für die gewünschte Arbeit gänzlich ungeeignet seien, auch gar nicht die Absicht hätten, in größerer Zahl auf's Land zu gehen".[2] Auch die Unterbringung bringe Schwierigkeiten mit sich, „weil keine Werkswohnungen vorhanden waren und die Schnitterkasernen als Massenquartiere für deutsche Arbeiter nicht in Frage kamen".[3] So beharrte die ostdeutsche Landwirtschaft darauf, weiterhin Ausländer beschäftigen zu können, weil „ohne die polnischen Wanderarbeiter auf die (!) Güter Ostelbiens ein intensiver landwirtschaftlicher Betrieb nicht möglich sei".[4] Mit diesen Forderungen konnten sich die Landwirte weitgehend durchsetzen; für die Behörden der neuen Republik ergab sich daraus im Kontext der Demobilmachung eine doppelte Aufgabe: Einerseits mußte angesichts der erheblichen Arbeitslosigkeit in Deutschland eine erneute Heranziehung ausländischer Arbeiter in größerem Umfang möglichst verhindert werden, auf der anderen Seite zwang der Druck der landwirtschaftlichen Interessenverbände dazu, ein gewisses, wenn auch in der Größenordnung mit den bisherigen Verhältnissen nicht zu vergleichendes Kontingent an polnischen Landarbeitern für die Beschäftigung auf den ostdeutschen Gütern zuzulassen. Das Reichsamt für wirtschaftliche Demobilmachung hatte unmittelbar nach dem Krieg die Grenzen für zuwanderungswillige Ausländer gesperrt und die Zurückführungen der noch auf Reichsgebiet befindlichen vorwiegend polnischen Arbeiter organisiert.[5] Zur gleichen Zeit aber genehmigte es die Beschäftigung von etwa 50.000 polnischen Landarbeitern in Ostdeutschland. In der Nationalversammlung wurde am 10. März 1919 über diese Entscheidung berichtet: „Nach reiflicher Überlegung hat sich das Demobilmachungsamt, nachdem sich sämtliche landwirtschaftlichen Organisationen in derselben Richtung entschieden hatten, entschlossen, die etwa 50.000 polnischen Landarbeiter hereinzulassen. Denn wenn man sie . . . aus dem Wirtschaftsleben gerade in dieser brennenden Zeit ausschaltet, so ändert man die ganze Struktur der Landwirtschaft. Auch würde man die doppelte Zahl der inländischen Arbeiter für die gleiche Zahl nötig haben. Die polnische Frage ist eben, so meinte auch der Vertreter des Demobilmachungsamts, lediglich eine Hackfruchtfrage."[6]

Mit dieser Entscheidung war es aber notwendig geworden, ein ebenso wirksames wie differenziertes Regelungsinstrumentarium zu entwickeln, das die „Ausländerzufuhr" auf das angesichts der wirtschaftlichen Notlage nur denkbare Minimum beschränkte, das andererseits flexibel auf wechselnde konjunkturelle Entwicklungen reagieren konnte. Schließlich drittens wurde nun die Frage aktuell, nach welchen politischen Prinzipien die Ausländerzulassung in der Folgezeit organisiert werden sollte.

Innerhalb der deutschen Arbeiterbewegung hatten die Diskussionen über das Ausländerproblem noch während des Krieges zur Formulierung einer Reihe von Forderungen im Hinblick auf die Nachkriegszeit geführt, die man in vier Punkten zusammenfassen kann: Zum einen sollten Ausländer nur dann beschäftigt werden, wenn geeignete deutsche Arbeitskräfte in genügender Zahl nicht vorhanden seien; Ausländer sollten zweitens nur nach Tarifbedingungen entlohnt werden, um lohndrückende Auswirkungen zu verhindern; drittens sollten das Aufenthaltsrecht und die Ausweisungskompetenz der Behörden nicht wie bisher weitgehend willkürlich, sondern gesetzlich und damit überprüfbar geregelt werden; schließlich viertens sollte die Zulassung von Ausländern an die Entscheidung von paritätisch aus Unternehmern und Arbeitervertretern gebildeten Ausschüssen gebunden werden.[7]

Diese Postulate wurden in dem seit Kriegsende einsetzenden Prozeß der gesetzlichen Neuregelung der ausländerpolitischen Bestimmungen auch zur Grundlage genommen; wenngleich die Organisationsstruktur der von 1914 und während des Krieges entwickelten Ausländerpolitik beibehalten wurde.[8]

Im März 1920 schlug die „Reichsarbeitsgemeinschaft land- und forstwirtschaftlicher Arbeitgeber- und Arbeitnehmervereinigungen" der Reichsregierung vor, in der Frage der Ausländerzulassung zukünftig drei Aspekte vorrangig zu beachten: Beschäftigung von Ausländern nur dann, wenn keine einheimischen Arbeiter zur Verfügung standen; gleiche Tarifbedingungen für Deutsche und Ausländer; Überprüfung der Ausländerzulassung durch paritätisch von Arbeitgebern und Arbeitnehmern besetzte Kommissionen.[9]

Auf dieser Basis wurde in den darauffolgenden Jahren die Organisation der Ausländerbeschäftigung geregelt. Schon durch die in der Zentralen Arbeitsgemeinschaft vereinbarte Tarifpflicht war „als Nebenprodukt" (Dohse) die tarifliche Gleichstellung der ausländischen Arbeiter festgeschrieben worden.[10] Damit war durch die sozialpolitischen Errungenschaften der Novemberrevolution gewissermaßen nebenbei eines der schwerwiegendsten Probleme bei der Beschäftigung von Ausländern — ihr Einsatz als Lohndrücker — im Sinne der Arbeiterschaft geregelt worden; ein wichtiger Schritt zu mehr sozialer Gerechtigkeit bei der Behandlung der Ausländer, der theoretisch bis 1939 Gültigkeit hatte; selbst in den Begründungen für die Lohnabschläge bei polnischen und sowjetischen Arbeitern während des Zweiten Weltkrieges wurde paradoxerweise von der prinzipiell weiter gültigen lohnpolitischen Gleichstellung deutscher und ausländischer Arbeiter gesprochen.

Das Arbeitsnachweisgesetz von 1922 vereinheitlichte dann die bis dahin in Einzelvorschriften erlassenen Regelungen:[11] Die Beschäftigung von Ausländern wurde auf die Landwirtschaft konzentriert, der Zuzug zu Industriebetrieben hingegen erschwert. Wollte ein Arbeitgeber Ausländer einstellen, so mußten die regionalen — paritätisch besetzten — Arbeitsnachweise zunächst bestätigen, daß entsprechende einheimische Arbeiter nicht zur Verfügung standen; die zentrale Regulierungskompetenz wurde dem 1920 gegründeten Reichsamt für Arbeitsvermittlung übertragen, die Anwerbung bei der Deutschen Arbeiterzentrale konzentriert. Gleichzeitig wurde aber die Arbeits- und Aufenthaltsgenehmigung für alle Ausländer, also nicht wie bisher nur für die Polen, auf zwölf Monate begrenzt, bei Landarbeitern galt in Übernahme der alten Karenzzeitbestimmungen die Genehmigung jeweils nur bis zum 15. Dezember. Für ausländische Landarbeiter, die seit 1913, und Industriearbeiter, die seit 1919 oder länger ohne Unterbrechung in Deutschland gearbeitet hatten, wurden „Befreiungsscheine" ausgestellt; ihnen war auch weiterhin pauschal Arbeitserlaubnis erteilt. Darüber hinaus blieb in den einzelnen Staaten, außer den süddeutschen, der Legitimationszwang in Kraft; durch den Erlaß des preußischen Innenministers über die „Ausweisung lästiger Ausländer" vom Januar 1923 wurde die Reglementierung abgeschlossen.[12] Bei der grundsätzlichen Neuordnung der gesamten Arbeitsverwaltung im Jahre 1927 — der Zusammenführung von Arbeitsvermittlung, Berufsberatung, Arbeitsbeschaffung und Arbeitslosenunterstützung unter das Dach der Reichsanstalt für Arbeitsvermittlung und Arbeitslosenversicherung[13] — wurden die die Ausländerbeschäftigung betreffenden Regelungen organisatorisch nur angepaßt, so daß nun die neue Reichsanstalt die entsprechenden Beschäftigungszahlen jährlich festlegte.

Mit diesen Vorschriften war nun ein Instrument geschaffen worden, durch das die Zulassung von ausländischen Arbeitskräften eng an die wirtschaftliche Lage in Deutschland angepaßt werden konnte; die Funktion von Ausländern als konjunkturelle Reservearmee vor allem in der Landwirtschaft war durch die jährliche Überprüfung durch die Fortdauer von Karenzzeit und Legitimationszwang festgeschrieben, die Möglichkeiten des Lohndruckes und des Einsatzes als Streikbrecher jedoch durch Tarifpflicht und paritätische Beteiligung stark beeinträchtigt. Der Landwirtschaft war der Zugriff auf polnische Arbeiter in gewissen Grenzen ermöglicht, die staatliche Einflußnahme auf die Ausländerbeschäftigung durchgesetzt.[14] Neu war aber vor allem, daß der Vorrang der einheimischen vor den ausländischen Arbeitern jetzt gesetzlich festgeschrieben war — der „Inländerprimat" ist seitdem eine der Grundlagen deutscher Ausländerpolitik bis in die Gegenwart hinein.

Die hier herausgebildete Verrechtlichung und Verstaatlichung der Organisation des Arbeitsmarktes während der Weimarer Republik war kein Spezifikum der Ausländergesetzgebung, sondern kennzeichnend für die Entwicklung der Arbeitsverwaltung und generell für behördliche Regelungsinstanzen insgesamt. Der Einfluß des Staates war hier aber besonders groß, weil er allein über Anwerbung und Abschiebung der ausländischen Arbeitskräfte entschied und somit über Kompetenzen verfügte, die die Entwicklung der Ausländerbeschäftigung in erster Linie von staatlicher Entscheidung abhängig machte. Dabei waren die in den Anfangsjahren der Republik entwickelten Regelungen stark von den politischen Machtverhältnissen dieser Zeit beeinflußt, deren sichtbarster Ausdruck die paritätische Besetzung der regionalen und zentralen Prüfungskommissionen war. Mit der Verlagerung des politischen Spektrums nach rechts in der zweiten Hälfte der Weimarer Zeit wurden diese Zugeständnisse aus der Ära des Klassenkompromisses der Nachkriegsjahre jedoch wieder zurückgenommen. Durch die von Syrup als Arbeitsminister Schleichers herausgegebene „Verordnung über ausländische Arbeitnehmer" vom 23.

Januar 1933 wurden die paritätischen Kommissionen aufgelöst und ihre Aufgaben den Landesarbeitsämtern übertragen; zudem wurden alle Vorgänge der Ausländerbeschäftigung, auch die Anwerbung und Vermittlung, bei den Arbeitsämtern zentralisiert.[15] Ein Jahr zuvor waren auch die ausländerpolizeilichen Regelungen neu gefaßt worden. Die Ausländerpolizeiverordnung vom 27. April 1932 verlagerte die Entscheidungsbefugnis bei Ausweisungen stärker auf die zentrale Ebene und definierte die Ausweisungsgründe genauer, was eine gewisse Verbesserung der Rechtsstellung der Ausländer mit sich brachte.[16] Beide Verordnungen hatten kurzfristig vor allem zum Ziel, angesichts der Massenarbeitslosigkeit die Zahl der ausländischen Arbeiter möglichst gering halten zu können und „einen wirksamen Schutz gegen die unerwünschte Zuwanderung von ausländischen Arbeitnehmern" durch das „Zusammenwirken der Polizeibehörden und der Arbeitsbehörden" zu bieten, wie die preußische Regierung 1932 betonte.[17]

1933 fanden die Nationalsozialisten ein gesetzgeberisches und verwaltungstechnisches Instrumentarium vor, das die Organisation der Ausländerbeschäftigung stark zentralisiert und die Steuerungsmechanismen effektiviert hatte. Der Primat inländischer Arbeitskräfte, den es in dieser scharfen und kodifizierten Form im Kaiserreich nicht gegeben hatte und der seit der Novemberrevolution durchgehendes Prinzip der Arbeitspolitik wurde, war gesetzgeberisch abgesichert worden; das Ausländerpolizeirecht enthielt genügend dehnbare Grundbegriffe, um die Anwesenheit von ausländischen Arbeitskräften den wirtschaftlichen Zielen der Regierung ebenso wie ihren politischen und ideologischen Vorstellungen entsprechend regeln zu können; die Arbeitsverwaltung war ausgebaut und ebenfalls zentralisiert und durch Aufenthalts- und Arbeitsgenehmigungspflicht in der Lage, die Anwerbung und die Beschäftigung von Ausländern weitgehend zu kontrollieren, wenn auch in den grenznahen Gebieten zu Polen und der Tschechoslowakei ein illegaler Grenzverkehr nie auszuschließen, allerdings auch nicht sehr bedeutend war.

In der Verrechtlichung, Zentralisierung und Effektivierung der Organisation der Ausländerbeschäftigung liegt dann auch die Bedeutung der Entwicklung während der Weimarer Zeit — quantitativ war die Beschäftigung ausländischer Arbeiter in dieser Zeit von untergeordneter Bedeutung; 1928 war der Höchststand mit 236.000 ausländischen Beschäftigten erreicht, von denen 135.000 legitimiert und 100.000 mit Befreiungsscheinen versehen waren; 1932 waren es nurmehr 108.000, davon ganze 3.000 landwirtschaftliche Saisonarbeiter.[18] Nach der Volkszählung von 1933 war die Hälfte der 756.760 noch in Deutschland lebenden Ausländer erwerbstätig. 80 % von ihnen hatten Deutsch als Muttersprache angegeben.[19] Die Ausländerbeschäftigung war bei Machtantritt der Nationalsozialisten ein quantitativ unbedeutendes Randphänomen, das sich vorwiegend auf seit langem in Deutschland arbeitende Industriearbeiter aus der Tschechoslowakei, Polen, Holland und Österreich erstreckte.

IV. Arbeit als Beute
1933 bis 1945

1. Für oder gegen den „Ausländereinsatz"?

Die Zuwanderung polnischer Arbeiter war während der Weltwirtschafts-krise nahezu vollständig zum Stillstand gekommen, was durch die Schlies-sung der deutsch-polnischen Grenzen für Wanderarbeiter im Jahre 1932 noch unterstützt wurde. Seit 1936 aber stieg die Zahl der polnischen Arbeiter in Deutschland wieder — die Ausländerbeschäftigung erwies sich erneut als zuverlässiger Indikator für die Entwicklung der deutschen Volkswirtschaft.

Die rapide anschwellende Rüstungskonjunktur hatte binnen kurzem in strategischen Bereichen — Rohstoffe, Devisen, landwirtschaftliche Produktion und Arbeitskräfte — zu erheblichen Mangelerscheinungen geführt; der Arbeitskräfteüberschuß der Krisenjahre wandelte sich in kurzer Zeit in Arbeitskräftemangel, vor allem, was landwirtschaftliche Arbeiter und Facharbeiter in der Industrie betraf.[1] Seitdem hatten in Ostdeutschland vor allem die „illegalen" Grenzübertritte polnischer Landarbeiter wieder zugenommen — wie seit etwa 50 Jahren immer, wenn die deutschen Landwirte wegen der verbesserten Wirtschaftslage zusätzliche Arbeitskräfte benötigt hatten. Daraufhin kam es auf Initiative der deutschen Regierung ab 1936 zu Verhandlungen mit der polnischen Regierung über die Zulassung einer jährlich neu festzulegenden Zahl polnischer Landarbeiter. 1937 wurde dieses Kontingent auf 10.000, 1938 auf 60.000, 1939 auf 90.000 Arbeiter festgelegt.[2]

Angesichts der sehr schwierigen Wirtschaftslage in Polen — Anfang der 30er Jahre waren bis zu 43 % aller Arbeitskräfte arbeitslos oder nicht voll beschäftigt[3] — war die Zahl der auf diese Weise in Deutschland zur Arbeit zugelassenen Landarbeiter aber erheblich geringer, als es arbeits-lose und ausreisewillige Polen gab, die auf eine Arbeitsstelle im „Reich" hofften. Infolgedessen nahm der illegale Grenzübertritt weiter zu, zumal die deutschen Behörden die illegale Zuwanderung wohlwollend bis unter-stützend behandelten.

Weder die Formen der Anwerbung und Zuwanderung noch die Arbeits- und Lebensverhältnisse der Polen in Deutschland hatten sich nach dem Machtantritt der Nationalsozialisten verändert; die Untersu-chung eines polnischen Soziologen von 1937 ergab das bekannte Bild: Die meisten Polen arbeiteten als Saisonarbeiter nur für die Dauer der Erntezeit in Deutschland; zwei Drittel von ihnen waren Frauen; Löhne, Unterkunft und Verpflegung waren zwar nicht gut, entsprachen aber den seit Jahr-zehnten üblichen Gepflogenheiten ebenso wie die außerordentlich langen Arbeitszeiten.[4] Insgesamt waren die Verhältnisse für die polnischen Land-arbeiter in Deutschland nach dem Urteil des polnischen Historikers Janusz Sobczak „fast die gleichen, wenigstens nicht schlimmer als die vor 1932".[5]

Angesichts des Arbeitermangels in der deutschen Wirtschaft, der sich so zuspitzte, daß er die rüstungswirtschaftlichen Vorbereitungen auf den Krieg ernsthaft zu gefährden drohte, konnten hier einige zehntausend polnische Landarbeiter aber keine wirksame Abhilfe schaffen. Die deut-sche Regierung schloß daher mit Italien und einigen anderen Staaten Abkommen über den „Arbeitskräfteaustausch" ab; Mitte 1939 beschäf-tigte die Landwirtschaft aufgrund solcher Abkommen rund 37.000 Italie-ner, 15.000 Jugoslawen, 12.000 Ungarn, 5.000 Bulgaren und 4.000 Hol-länder. Schon hier aber traten auf deutscher Seite erhebliche Bedenken gegen die verstärkte Beschäftigung von Ausländern zutage: zum einen waren angesichts der angespannten Devisenlage des Reiches einer Aus-weitung der Ausländerbeschäftigung erhebliche Grenzen gesetzt; zweitens wurden nun auch jene Stimmen laut, die vor den „volkstumspolitischen Gefahren", vor „Überfremdung" und „Gefahr für die Blutreinheit des deutschen Volkes" warnten; und drittens wurden „sicherheitspolizeiliche" Bedenken angesichts der politischen Gefahren, die von den Ausländern ausgehen könnten, geltend gemacht.[6]

Mit dem „Anschluß" Österreichs, vor allem aber der Annexion des Sude-tenlandes und der Deklaration des „Protektorats Böhmen und Mähren" entstand auch im Hinblick auf den Arbeitsmarkt eine neue Situation. In Österreich gab es im Sommer 1938 etwa 400.000 Arbeitslose; durch entsprechende Verordnungen bot sich für die deutsche Wirtschaft des „Altreichs" die Möglichkeit, im großen Stile zusätzliche Arbeiter zu bekommen, ohne daß dadurch devisenwirtschaftliche, ideologische, außenpolitische oder „sicherheitspolizeiliche" Probleme entstanden wären — etwa 100.000 Arbeitskräfte, vorwiegend Landarbeiter und industrielle Facharbeiter, wurden daraufhin zur Arbeit in Deutschland verpflichtet.[7] Desgleichen in der Tschechoslowakei: Aus dem „Protektorat" wurden bis Kriegsausbruch etwa 100.000 Arbeiter für die Arbeit in Deutschland rekrutiert — dies aber war ein qualitativer Sprung: Während Österreicher und Sudetendeutsche von den Behörden als Deutsche angesehen wurden, wurden im „Protektorat" zum ersten Male Ausländer ohne daraus entste-hende Devisenprobleme ins „Reich" angeworben.[8] Für die deutschen Sicherheitsbehörden entstand damit aber gleichzeitig das Problem, wie die Tschechen, aber auch die Polen, in der Folge zu kontrollieren und zu maßregeln seien. Hier wurde zunächst auf der Basis des alten Legitimationssystems die „ausländerpolizeiliche Erfassung" ausgebaut und zentralisiert; neben der Registrierung der Ausländer bei den Arbeitsbehörden wurde im August 1938 in der Berliner Polizeizentrale eine Ausländerzentralkartei errichtet. Friedrich Syrup — Präsident der Reichsanstalt für Arbeitsvermittlung und mittlerweile auch Staatssekretär im Arbeitsministerium sowie Leiter der Geschäftsgruppe Arbeitseinsatz im Vierjahresplan — hatte gerade auf die „Erfassung" sein Hauptaugenmerk gelegt: „Wir erfassen jeden Ausländer", bemerkte er 1937. „Sie können sich denken, daß wir mit dem Sicherheitsdienst und den Abwehrstellen im engsten Konnex arbeiten."[9] Darüber hinaus wurde im August 1938 eine neue „Ausländerpolizei-Verordnung" (APVO) erlassen, die die Kriterien für die Aufenthaltswürdigkeit von Ausländern ausdehnte, so daß der Polizei die Abschiebung als leicht greifbares Druckmittel zur Verfügung stand;[10] da dies in Zeiten des Arbeitermangels aber ein wenig sinnvolles Sanktionsinstrument war, wurden noch vor Kriegsbeginn, am 26. Juni 1939, für die Tschechen Sonderbestimmungen erlassen, wonach gegen diese bei „Arbeitsverweigerung", politischer Betätigung oder „sonstiger staatsfeindlicher Einstellungen" mit aller Schärfe vorzugehen und gegebenenfalls „Schutzhaft" zu beantragen sei.[11]

Damit war zwar eine unübersehbare Verschärfung der Vorschriften feststellbar, gleichwohl knüpften die APVO ebenso wie die Dekrete gegenüber den Tschechen an den bestehenden ausländerrechtlichen Bestimmungen an und erreichten nicht die Schärfe etwa der Verordnungen, wie sie zu Beginn des Ersten Weltkrieges erlassen worden waren.

Quantitativ aber blieb die Ausländerbeschäftigung vor Kriegsbeginn insgesamt in engen Grenzen; angesichts der Größenordnung des Arbeitermangels in Deutschland, der Mitte 1939 auf etwa eine Million geschätzt wurde, war die Zahl von 375.000 ausländischen Arbeitern, die ein Jahr zuvor erreicht wurde, zu gering, um eine durchgreifende Entlastung darstellen zu können.[12] Zudem wurde die Beschäftigung von Ausländern in dem die wirtschaftliche Eigenständigkeit betonenden Nazideutschland nach wie vor als Verstoß gegen ideologische und politische Prinzipien angesehen, weil — wie Syrup formuliert hatte — „selbst in Zeiten guter Konjunktur ein solches ungehemmtes Eindringen ausländischer, besonders östlicher Arbeitskräfte in die deutsche Wirtschaft ... aus staatspolitischen Gründen nicht geduldet werden kann, da dadurch in hohem Maße das deutsche Volkstum gefährdet ist".[13] Auch dürfe sich die nationale Wirtschaft nicht „von der Arbeit ausländischer, fremdstämmiger Arbeiter abhängig machen. Die Ausländer können nur eine vorübergehende Hilfe für Zeiten besonders angespannten Arbeitseinsatzes oder für Zeiten sein, in denen sich die Wirtschaft durch vermehrten Maschineneinsatz und dergleichen zu rationelleren Wirtschaftsmethoden durchbildet".[14]

Wie aber sollte dem nach den Erfahrungen des Ersten Weltkrieges mit einiger Wahrscheinlichkeit zu erwartenden weiteren Anstieg des Arbeitskräftemangels nach Eintritt in den seit 1936 unter Anspannung aller Kräfte vorbereiteten Krieg begegnet werden? Die Entwicklung der Ausländerbeschäftigung zwischen 1914 und 1918 wurde von den deutschen Rüstungs- und Mobilmachungsstäben sorgfältig analysiert; in einer 1941 veröffentlichten Studie hieß es dazu: „Obwohl man jedoch infolge des Arbeitermangels besonders in der Landwirtschaft bei Kriegsbeginn auf die Anwerbung dieser Kräfte nicht verzichten konnte, war die Art ihrer Einschaltung in die Kriegsarbeit nicht allzu erfolgreich. Sie hätten einer getrennten Behandlung und Abschließung von den deutschen Arbeitern bedurft; dies geschah nicht, so daß schließlich teilweise einschneidende Mißstände auftraten . . ., was sich in der Zersetzung zeigte, welche diese ausländischen Arbeiter gegenüber vielen deutschen Staatsangehörigen auf politischem, sozialem und sittlichem Gebiet zu erreichen sich bemühten." Demgegenüber wurde der Arbeitseinsatz von Kriegsgefangenen in der Landwirtschaft während des Ersten Weltkrieges als sehr erfolgreiches Unternehmen beschrieben, weil die Arbeitsleistungen der Gefangenen „beträchtlich waren und sie namentlich gegen Ende des Weltkrieges unentbehrlich für die deutsche Wirtschaft geworden waren".[15]

Dementsprechend früh begannen die Vorbereitungen für den Arbeitseinsatz der zu erwartenden Kriegsgefangenen; seit Herbst 1937 wertete das Wirtschafts- und Rüstungsamt beim OKW die Erfahrungen des Ersten Weltkrieges hierzu aus, die insgesamt als sehr günstig beurteilt wurden. Allerdings, so wurde vermerkt, seien frühzeitigere und umfassendere Vorbereitungen notwendig; außerdem sollte der Einsatz auf die Landwirtschaft beschränkt bleiben, denn „von einem Einsatz Kriegsgefangener in der Industrie soll auf Verlangen der Abt. Abwehr nach den Erfahrungen des Weltkrieges gänzlich Abstand genommen werden".[16] So waren die Vorbereitungen beim OKW für den Kriegsgefangeneneinsatz schon weit gediehen, als Göring die Beschäftigung von Gefangenen in der Landwirtschaft während des Krieges im Juni 1938 endgültig anordnete und die entsprechenden Vorkehrungen zu treffen befahl.[17]

Ausländische, auch polnische Zivilarbeiter in erheblichem Umfang während des Krieges nach Deutschland zu holen, stieß bei den Planungen hingegen auf die schon erwähnten Einwände vor allem von Seiten der Sicherheitsbehörden und der Partei, die besonders die „volkstumspolitischen" und „blutlichen" Gefahren hervorhoben. Zwar erließ der Innenminister, als das für 1939 vereinbarte Kontingent von 90.000 polnischen Arbeitern von der polnischen Regierung wegen der zunehmenden Spannungen in den deutsch-polnischen Beziehungen zurückbehalten wurde, die Anordnung, daß polnische Arbeitskräfte auch ohne Papiere nach Deutschland hineingelassen und von eigens eingerichteten Arbeitsämtern an der Grenze aufgefangen werden sollten.[18] Ein Masseneinsatz polnischer Zivilarbeiter in Deutschland während des Krieges war jedoch von den deutschen Behörden nicht vorgesehen worden.

2. Nationalsozialistische „Fremdarbeiterpolitik"[19]

Experimentierfeld Polen

Den Vorkriegsplanungen entsprechend begann unmittelbar nach Kriegsbeginn die Überführung der polnischen Kriegsgefangenen nach Deutschland — schon im Oktober 1939 waren etwa 210.000 von ihnen zur Arbeit eingesetzt, die Zahl stieg bis Anfang 1940 auf knapp 300.000; 90 % von ihnen arbeiteten in der Landwirtschaft. Das trug zwar zur Entlastung der angespannten Arbeitsmarktlage bei, reichte aber zur Befriedigung des seit Kriegsbeginn durch vermehrte Einziehung deutscher Arbeiter zur Wehrmacht weiter gestiegenen Arbeitskräftebedarfs nicht aus.[20] Der Arbeitskräftemangel blieb alarmierend, und die deutsche Führung erließ im Herbst 1939 einschneidende Bestimmungen, wonach die Arbeitsbelastung der deutschen Bevölkerung, vor allem der Arbeiterschaft, deutlich vergrößert wurde — mit dem Erfolg, daß sich die Stimmung in der deutschen Bevölkerung nach den Meldungen der Spitzeldienste rapide verschlechterte. Die „Ruhe an der Heimatfront" aber war eine der wesentlichen Voraussetzungen für die Regimeführung, um den Krieg nach außen führen zu können. Schon Anfang 1940 wurden die meisten dieser Verordnungen wieder zurückgenommen oder abgeschwächt, insbesondere wurden die Regelungen der Arbeitszeit und des Urlaubs abgemildert.[21] Damit aber stellte sich die Arbeitskräftefrage um so schärfer.

Bereits seit 1936 war in der nationalsozialistischen Führungsspitze diskutiert worden, ob angesichts des Arbeitermangels nicht in verstärktem Maße Frauen zur Arbeit in der Landwirtschaft und der Industrie herangezogen werden sollten. Die Kriegswirtschaftsplaner, wie etwa der Chef des Wirtschafts- und Rüstungsamtes, Thomas, sprachen sich dafür aus: „Die Frau wird im Ernstfall im großen Umfange die Arbeit in den Fabriken leisten müssen. Sie muß also dafür vorbereitet werden. Auch hier müssen sich die sozialen Bestrebungen, die Frau aus dem Betriebe zu lösen, den militärischen Notwendigkeiten unterordnen ... Feststeht, daß auf vielen Gebieten die Frau eine glänzende Facharbeiterin werden kann und auch bereits jetzt schon dementsprechende Arbeit tut."[22] Eine Verstärkung der Frauenarbeit widersprach aber dem vom Nationalsozialismus propagierten Bild der Frau als Gebärerin und Mittelpunkt der Familie, zum anderen hätte dies angesichts der Konjunkturlage zu deutlichen Lohnerhöhungen für weibliche Arbeitskräfte führen müssen, was aus wirtschaftlichen und ideologischen Gründen ebenfalls nicht gewünscht werden konnte.[23] Auch die Erinnerungen an den Ersten Weltkrieg, wo die erhebliche Zunahme der Frauenarbeit zu einer Verschärfung der sozialen Konflikte in Deutschland geführt hatten, ließen die Regimeführung vor einer Ausweitung der Frauenerwerbstätigkeit oder gar einer Dienstverpflichtung zurückschrecken. Da aber die deutsche männliche Arbeiterschaft bereits voll eingesetzt und über Gebühr beansprucht war, Rationalisierungsmaßnahmen erst mittelfristig Auswirkungen haben konnten und eine noch stärkere wirtschaftliche Umstrukturierung zu Ungunsten der Konsumgüterproduktion aus Angst vor sozialer Unruhe nicht gewagt wurde, andererseits jedoch von der Lösung des Arbeitskräfteproblems das gesamte Kriegsvorbereitungsprogramm abhing, war nur noch eine Möglichkeit offen, um an weitere Arbeitskräfte heranzukommen: die Beschäftigung von Ausländern.

Letztlich war die Entscheidung für den Einsatz von Ausländern und gegen den verstärkten Arbeitseinsatz deutscher Frauen das Ergebnis einer Güterabwägung. Beides, so argumentierten die Nationalsozialisten, habe Nachteile. Die Beschäftigung von Ausländern gerade in der Landwirtschaft, wo sie besonders dringlich gebraucht wurden, habe den Nachteil, „daß sie von dem Ideal wegführt, daß der deutsche Boden nur so lange dem deutschen Volke im echten Sinne des Wortes erhalten bleibt, als er auch von deutschstämmigen Menschen bewirtschaftet wird", formulierte der nationalsozialistische Arbeitswissenschaftler Willeke. Der Arbeitseinsatz der Frauen aber war noch weit unpopulärer und würde die ohnehin gefährdete innenpolitische Balance des Regimes destabilisieren, zudem widersprach er der nationalsozialistischen Frauenideologie und darüber hinaus der Überzeugung eines Großteils der Bevölkerung. Die Entscheidung für den Ausländereinsatz machte deutlich, so Willeke, „wie sehr man das Wertopfer einer vorübergehenden Einfremdung bestimmter Berufe eher zu bringen bereit ist als das Wertopfer einer Gefährdung der volksbiologischen Kraft des Deutschen Volkes durch stärkeren Einsatz der Frauen".[24]

Die Beschäftigung polnischer Landarbeiter hatte nach Kriegsbeginn zunächst in nur geringem Maße zugenommen. Deutsche Arbeitsverwaltungsbehörden waren bereits mit den einmarschierenden Wehrmachtseinheiten nach Polen gekommen; ihre Aufgabe bestand darin, die Arbeitslosen zu erfassen und so für die Beschäftigung der für deutsche Zwecke angekurbelten polnischen Wirtschaft bereitzustellen.[25] Gleichzeitig warben sie polnische Landarbeiter für den Arbeitseinsatz in Deutschland an — jedoch blieben die Zahlen recht gering; bis Ende des Jahres waren knapp 40.000 Polen ins „Reich" gebracht worden; damit wurde insgesamt der Umfang erreicht, der bei den Kontingent-Vereinbarungen mit Polen für 1939 sowieso vorgesehen war.[26]

Etwa im November aber setzte angesichts des Arbeitermangels innerhalb der Regimeführung eine Diskussion ein, an deren Ende die Entscheidung für den massenhaften Einsatz polnischer Zivilarbeiter stand. Göring wies bereits am 16. November die Arbeitsverwaltung an, „die Hereinnahme ziviler polnischer Arbeitskräfte, insbesondere polnische Mädchen, in größtem Ausmaß zu betreiben. Ihr Einsatz und ihre Entlöhnung müssen zu Bedingungen erfolgen, die den deutschen Betrieben leistungsfähige Arbeitskräfte billigst zur Verfügung stellen".[27] Im Januar 1940 wurde der Masseneinsatz von Polen im „Reich" durch eine Anordnung des deutschen Generalgouverneurs in Polen konkret in Gang gesetzt: „Bereitstellung und Transport von mindestens 1 Million Land- und Industriearbeitern und -arbeiterinnen ins Reich — davon etwa 750.000 landwirtschaftliche Arbeitskräfte, von denen mindestens 50 % Frauen sein müssen — zur Sicherstellung der landwirtschaftlichen Erzeugung im Reich und als Ersatz für im Reich fehlende Industriearbeiter."[28]

Solche Zahlen konnte man aber mit den traditionellen Methoden der Anwerbung von Saisonarbeitern nicht erreichen — und den deutschen Behörden war auch von vornherein klar, daß sie hier zu Druck und Zwang greifen mußten, um den Arbeiteranforderungen aus dem Reich entsprechen zu können. Grundlage der in den folgenden Monaten praktizierten Anwerbemethoden waren die bürokratische Erfassung der Arbeitslosen und ihre Verpflichtung zur Arbeitsaufnahme in Deutschland. Die Folgen ließen nicht lange auf sich warten: Viele Polen entzogen sich der Registrierung, flüchteten in die Wälder oder reagierten auf die Dienstverpflichtung nach Deutschland einfach nicht. Daraufhin wurden den einzelnen Distrikten und Gemeinden Gestellungskontingente auferlegt, für die Jahrgänge zwischen 1915 und 1925 wurde die Arbeitspflicht in Deutschland angeordnet, und überall im besetzten Polen kam es zu brutalen Einschüchterungs- und Zwangsmaßnahmen bis hin zu Umstellungen von Kinos und Schulen, zu Razzien in ganzen Stadtteilen und Städten, zu Repressalien gegen die Bevölkerung der Dörfer, deren dienstverpflichtete Bewohner geflüchtet waren.[29] Bis Ende Juli 1940 wurden so etwa 310.000 polnische Zivilarbeiter zur Arbeit nach Deutschland gebracht. Zusammen mit den Kriegsgefangenen, die im Sommer 1940 in den Status von „Zivilarbeitern" überführt wurden und zur Arbeit in Deutschland verpflichtet wurden, arbeiteten also etwa 700.000 Polen zu dieser Zeit im Deutschen Reich.[30]

Mit der Entscheidung für den massenhaften Einsatz von Polen aber waren die Spannungen zwischen wirtschaftlichen und ideologischen Interessen der Regimeführung noch verschärft worden, denn die Entscheidung für den Ausländereinsatz war ein flagranter Verstoß gegen die weltanschaulichen Prinzipien des Nationalsozialismus. Vor allem in der Parteiführung und von Seiten der SS wurde in scharfen Stellungnahmen auf die „Gefahren" der Beschäftigung von „Fremdvölkischen" im Reich hingewiesen und eine strenge Reglementierung des Lebens vor allem der Polen in Deutschland und eine Behandlung nach „rassischen" Gesichtspunkten gefordert. Seit Anfang 1940 begannen bei den zuständigen Arbeitsbehörden und im Reichssicherheitshauptamt der SS Verhandlungen über eine umfassende Reglementierung des polnischen Arbeiters. Dabei waren aufgrund der zur Verfügung stehenden Erfahrungen verschiedene Forderungen miteinander zu vereinbaren: einerseits sollten die polnischen Arbeiter möglichst hohe Leistungen erbringen, andererseits die Löhne möglichst niedrig sein, ohne jedoch wiederum Entlassungen der teureren deutschen Arbeitskräfte durch die Unternehmer nach sich zu ziehen. Die Polen sollten möglichst flexibel einsetzbar sein, andererseits aber von der deutschen Bevölkerung möglichst abgetrennt werden; zudem mußte ihre besondere rechtliche Stellung irgendwie auch äußerlich kenntlich sein, um die Kosten für die Bewachung niedrig zu halten und das Entweichen zu verhindern. Schließlich sollte sich auch das Postulat von der „rassischen Unterlegenheit des Polentums" gegenüber den Deutschen in den Behandlungsvorschriften ausdrücken.

Am 8. März 1940 gab das Reichssicherheitshauptamt ein Erlaßpaket heraus, das diese unterschiedlichen Forderungen zu berücksichtigen versuchte.[31] Danach blieben die polnischen Zivilarbeiter in einem zivilrechtlichen Arbeitsverhältnis — auch die Kriegsgefangenen wurden bald darauf per „Führererlaß" in „Zivilarbeiter" verwandelt —, wurden allerdings besonderen Vorschriften unterworfen: die Polen waren gezwungen, in Lagern zu wohnen, auf dem Lande aber mindestens in einer von den deutschen Arbeitskräften getrennten Unterkunft; sie mußten ein deutlich sichtbares Zeichen („P") an der Kleidung tragen, jeder Kontakt mit Deutschen außer bei der Arbeit war ihnen verboten. Ihr Lohn richtete sich nach dem der Deutschen, war aber mit einer 15 prozentigen „Sozialausgleichsabgabe" belegt, die an den Staat abzuführen war — so war die Arbeitskraft der Polen für das „Reich" insgesamt billiger, ohne daß man Entlassungen deutscher Arbeiter durch die landwirtschaftlichen Unternehmer förderte.[32] Darüber hinaus sollte den Polen nur die tatsächlich geleistete Arbeit — im Krankheitsfalle also gar nichts — bezahlt werden, es galten für sie die jeweils niedrigsten Tariflöhne, Zulagen durften ihnen nicht gezahlt werden. Effektiv, so das Kalkül der Ministerialbeamten, sollte den Polen gerade so viel bleiben, wie sie zur Reproduktion ihrer Arbeitskraft benötigten.[33]

Die Lebensverhältnisse der Polen in Deutschland wurden umfassend bis in Kleinigkeiten hinein geregelt; es war ihnen verboten, etwa öffentliche Verkehrsmittel zu benutzen oder Badeanstalten zu besuchen, polnische Messen durften nicht abgehalten werden, den Arbeitgeber oder den

Ortsbezirk zu verlassen, war untersagt — und selbst die Benutzung von Fahrrädern wurde per Erlaß verboten. Besondere Aufmerksamkeit widmeten die deutschen Behörden der Arbeitsleistung der Polen und ihren Kontakt zu deutschen Frauen. Bei „Arbeitsbummelei" drohte ihnen die Einweisung in eines der eigens für diesen Zweck errichteten Arbeitserziehungslager; bei sexuellem Kontakt polnischer Männer mit deutschen Frauen drohte den Polen die öffentliche Hinrichtung, den deutschen Frauen die Diffamierung (Haareabschneiden und an den Pranger stellen).[34]

Trotz dieser weitreichenden Diskriminierungsmaßnahmen setzte sich das von der NS-Führung erstrebte Herr- und -Knecht-Verhältnis in der Praxis des „Poleneinsatzes" durchaus nicht überall und sofort durch. Zwar war es gegenüber den „Polenerlassen" weder in der Bevölkerung noch innerhalb der Bürokratie zu Protesten gekommen; es war also offenbar problemlos möglich, einer großen Gruppe von ausländischen Arbeitern erheblich schlechtere Arbeitsbedingungen und ein repressives Sonderrecht zuzumuten, ohne daß dies zu Aufregung und Empörung in der deutschen Öffentlichkeit führte, ja überhaupt als Besonderes und Erwähnenswertes wahrgenommen wurde. Auf der anderen Seite aber setzten sich vor allem im Osten die Traditionen der Saisonarbeiterbeschäftigung auch nach Kriegsbeginn weiter fort. Der innenpolitische Geheimdienst des Regimes, der SD, hatte dazu schon am 20. November 1939 gemeldet: „Obwohl bereits verschiedene Partei- und Staatsstellen Richtlinien über die Behandlung polnischer Kriegsgefangener herausgegeben haben, laufen noch immer täglich zahlreiche Meldungen über ein allzu freundliches Verhalten eines Teiles der Bevölkerung gegenüber polnischen Kriegsgefangenen ein ... Aus vielen Berichten geht hervor, daß besonders auf dem Lande der Abstand zwischen der bäuerlichen Bevölkerung und den polnischen Kriegsgefangenen nicht genügend gewahrt wird. So ist vielfach beobachtet worden, daß polnische Gefangene bei den Bauern, bei denen sie beschäftigt sind, mit in die Familie aufgenommen werden, die Bauern ihre Mägde und in einzelnen Fällen auch ihre Töchter mit polnischen Gefangenen zum Tanze gehen ließen. Aus kath. Gegenden wird gemeldet, daß polnische Gefangene vielfach in geschlossenen Trupps zur Kirche geführt würden oder gemeinsam mit den Bauern, denen sie zugeteilt wurden, am Gottesdienst teilnahmen."[35]

Insgesamt war das System des Arbeitseinsatzes polnischer Arbeiter bis zum Sommer 1940 noch nicht lückenlos, die Lebens- und Arbeitsbedingungen der polnischen Arbeiter noch nicht einheitlich, in vielen Arbeitsstellen waren die Verhältnisse noch nicht anders als vor dem Kriege. Aber die Polenerlasse reglementierten nicht nur das Leben der Ausländer, sie griffen auch in das Verhältnis zwischen Deutschen und Polen ein. Die

Ungleichheit wurde zementiert, der Status des „Herrenmenschen" erhielt Rechtsgrundlagen.

Der „Poleneinsatz" hatte sich aus Sicht der deutschen Behörden trotz aller Probleme schon nach einigen Monaten durchaus bewährt und stabilisiert. Die riesige Lücke an Arbeitskräften auf dem Lande bei Beginn des Krieges war ausgefüllt worden, die Organisation funktionierte wenigstens so weit, daß in kurzer Zeit Hunderttausende von Polen in der deutschen Landwirtschaft eingesetzt werden konnten, die Staatspolizei hatte den gesamten Vorgang fest im Griff. Sowohl in ökonomischer Hinsicht wie unter politischen Gesichtspunkten war hier ein Modell entstanden, das einen die deutsche Volkswirtschaft stark entlastenden Effekt hatte und gleichzeitig durch die straf- und arbeitsrechtlichen Erlasse den Vorstellungen der Nazis in weitem Maße entsprach; auch wenn der Poleneinsatz nach wie vor als lästiges Übel angesehen wurde, das nur als Reaktion auf offensichtliche, kriegsbedingte Notstände akzeptiert wurde. Solange er auf die Landwirtschaft beschränkt wurde, hielten sich jedoch die ideologischen Widerstände in Grenzen; die Fiktion des baldigen Kriegsendes hatte zur Folge, daß über eine massenhafte Beschäftigung von Ausländern in der Industrie nicht weiter nachgedacht werden mußte.

Es zeigt sich, daß der Übergang von der Ausländerbeschäftigung in der Vorkriegszeit zum nationalsozialistischen „Ausländer-Einsatz" zwischen Herbst 1939 und Frühjahr 1940 durchaus fließend war; die Bestimmungen vom März 1940 knüpften dabei in verschärfender Weise sowohl an die Traditionen der Polenbeschäftigung in der ostdeutschen Landwirtschaft in den vergangenen 60 Jahren an wie in besonderer Weise an die Vorschriften während des Ersten Weltkrieges. Frei von allen Rücksichtnahmen auf Protest aus dem Ausland — aus dem Inland sowieso — spitzte die nationalsozialistische Regimeführung mit den Erlassen vom 8. März schon früher feststellbare Tendenzen zur Entrechtung der Polen in radikaler Weise zu — insofern steht der nationalsozialistische Ausländereinsatz in der Kontinuität der Ausländerbeschäftigung in Deutschland seit dem Ende des 19. Jahrhunderts. Auf der anderen Seite war der explizit rassistische Charakter der Polenerlasse, insbesondere die Bedrohung geschlechtlichen Verkehrs polnischer Männer mit deutschen Frauen mit der Todesstrafe, gegenüber der Entwicklung in der Vergangenheit ein neuer Faktor, der zwar auf lange eingeübten und weit verbreiteten Vorurteilen und rassistischem Dünkel gegenüber den Polen aufbauen konnte, in seinen Auswirkungen von der Praxis der Polenbeschäftigung in der Vorkriegszeit aber deutlich abgesetzt werden muß.

Bei der weiteren Entwicklung des „Ausländereinsatzes" orientierten sich die nationalsozialistischen Arbeitsbehörden an den Erfahrungen, die mit dem Einsatz der Polen seit Ende 1939 gemacht wurden; hierbei hatte sich gezeigt, daß bei den im nationalsozialistischen Deutschen Reich zur Verfügung stehenden administrativen Möglichkeiten und weil es in der deutschen Bevölkerung keine ernsthaften Widerstände gegeben hatte, die Zwangsarbeit von Ausländern mindestens vorübergehend und auch in so großem Umfange eine passable Alternative zur stärkeren Arbeitsbelastung der eigenen Bevölkerung darstellen konnte.

Ausweitung auf den Westen

Während also die Landwirtschaft im Frühjahr 1940 durch die massenhafte Rekrutierung polnischer Zivilarbeiter mit Arbeitskräften „versorgt" wurde, machten die rüstungswirtschaftlichen Vorbereitungen auf den „Frankreich-Feldzug" zur gleichen Zeit deutlich, daß in der nationalsozialistischen Kriegswirtschaft, namentlich in der Industrie, weiterhin Arbeitermangel bestand — allein den Betrieben mit Wehrmachtsaufträgen fehlten etwa eine halbe Million Arbeitskräfte. Nach den Vorstellungen der Arbeitseinsatz-Stäbe bei den zivilen und militärischen Behörden sollten weitere ausländische Arbeitskräfte vorwiegend aus drei Bereichen herangezogen werden: zum einen weiterhin aus Polen, um den landwirtschaftlichen Bedarf zu decken, dann durch Anwerbungen ziviler Arbeiter in den befreundeten, abhängigen und besetzten Ländern Süd- und Westeuropas sowie drittens durch Kriegsgefangene, vorwiegend aus Frankreich. Diese Pläne wurden in den folgenden Monaten auch weitgehend in die Tat umgesetzt.

Nach den Erfahrungen mit den polnischen Kriegsgefangenen war die deutsche Arbeitsverwaltung nach Beginn der Kampfhandlungen in der Lage, die französischen Kriegsgefangenen in kürzester Zeit auf Arbeitsstellen in Deutschland zu verteilen; schon Anfang Juli waren es etwa 200.000, Ende Oktober etwa 1,2 Millionen, von denen 54 % in der Landwirtschaft und allein 23 % im Baugewerbe eingesetzt wurden.[36] Darüber hinaus stiegen auch die Zahlen der angeworbenen ausländischen Zivilarbeiter — bis zum Spätsommer 1941 wurden u. a. 270.000 Italiener, 120.000 Belgier, 110.000 Jugoslawen in Deutschland eingesetzt — insgesamt arbeiteten zu dieser Zeit etwa 2,1 Millionen zivile und 1,2 Millionen kriegsgefangene Arbeitskräfte im „Reich". Vor allem durch die schnellen Siege im Westen verfügte das Deutsche Reich nunmehr über ein schier unerschöpfliches Arbeitskräftereservoir, so daß nun das Problem des Arbeitermangels ein für allemal gebannt schien und die deutsche Führung sogar darauf verzichtete, die holländischen und norwegischen Gefangenen zur Arbeit in Deutschland heranzuziehen, und sie ebenso wie einen Großteil der belgischen Kriegsgefangenen entließ.

Auch auf die Heranziehung von französischen Zivilarbeitern in größerem Umfange verzichtete man — die Arbeitskräftefrage in Deutschland

schien gelöst.[37] Ausländer stellten mittlerweile etwa 9 % aller Beschäftigten, sie waren vorwiegend auf wenig qualifizierten Arbeitsplätzen in der
Landwirtschaft, im Baugewerbe, Bergbau, zu geringeren Anteilen auch in
der Metallindustrie, eingesetzt und für die deutsche Kriegswirtschaft
bereits unentbehrlich — von einer „vorübergehenden Notstandsmaß-
nahme" konnte nun keine Rede mehr sein. Vielmehr wurden hier auch
Weichen für die Zukunft gestellt, wie das Reichsarbeitsministerium im
November 1940 bemerkte, als es gegenüber Göring darauf hinwies, daß
„die Gefangenen in der Landwirtschaft und in der gewerblichen Wirtschaft im allgemeinen in schlechtbezahlten und wenig begehrten Arbeitsplätzen eingesetzt sind. Diese Arbeitsplätze werden auch nach einer
Demobilmachung und Entlassung der eigenen Truppen erst zuletzt und
nur mit Schwierigkeiten von deutschen Kräften besetzt werden".[38] Und
einer der führenden Kriegswirtschaftstechnokraten, Hans Kehrl, hatte
dazu schon im September 1940 erklärt, oberstes Gebot sei „das sparsamste
Umgehen mit der deutschen Arbeitskraft . . . Im Großraum können
deutsche Arbeiter in Zukunft nur für hochwertige und bestbezahlte
Arbeit, die den höchsten Lebensstandard ermöglicht, angesetzt werden",
während die „Randvölker" den Rest zu übernehmen hätten. Für die
Produktion in Deutschland müsse man „bei der industriellen Produktion
Europas die Rosinen herauspicken, wir werden nur solche Produkte, zu
denen Intelligenz, die Geschicklichkeit und der Fleiß des deutschen
Arbeiters notwendig sind, hier betreiben".[39]

Hier setzte denn auch die seit dem Ende des „Frankreich-Feldzuges"
immer lauter werdende Kritik aus Partei und SS am Ausländereinsatz an.
Auf einer Konferenz in der Berliner Parteizentrale Ende Juli 1940 wurde
diese Kritik offen geäußert: Wenn nun propagiert werde, „daß jetzt nach
dem Krieg (!) die Arbeitskräfte des deutschen Volkes nicht mehr so in
Anspruch genommen werden dürfen, wie dies früher der Fall gewesen ist",
führe dies zu höherer Ausländerbeschäftigung und zum Verfall der „stärksten rassischen Kräfte" des Volkes in den Keimzellen der biologischen
Stärke Deutschlands; „die Arbeit des Landmannes, des Forstmannes, der
Seefischerei und auch der Bergbau" müßten daher „ausschließlich dem
deutschen Menschen vorbehalten werden". Diese Haltung richtete sich
gegen die Ansicht, „nun sei es Zeit, das deutsche Volk von der schweren
Arbeit zu befreien, sie den Hilfsvölkern zu überlassen und das deutsche
Volk der Segnungen der Zivilisation und den deutschen Arbeiter der
Segnungen der Technik teilhaftig werden zu lassen. Alle sozialen Errun-
genschaften großstädtischer Zivilisation für die deutschen arbeitenden
Schichten — alle schwere und harte Arbeit dann für die ausländischen und
fremdvölkischen Arbeitskräfte" — das müsse die „Vernichtung der
Widerstandskraft unseres Volkstums in wenigen Generationen" und die

Unterwanderung „von jenen fremdvölkischen Kräften, die eben bereit sind, diesen Lebenskampf zu führen", zur Folge haben. Ausländer dürften daher nur „im Straßenbau, in Kulturarbeiten, in der Bauindustrie und im Tagebau als Handlanger" eingesetzt werden.[40]

Gegen diese Position stand aber die Überzeugung der Manager in der Arbeitsverwaltung und in der Wirtschaftsbürokratie, daß Deutschland auch auf längere Sicht auf die Beschäftigung von Ausländern nicht mehr werde verzichten können; dahinter stand die Vorstellung von einem deutsch-dominierten Europa, mit der sich Überlegungen zur Verflechtung der Volkswirtschaften verbanden. So schrieb etwa der Ministerialbeamte Letsch vom Reichsarbeitsministerium Anfang 1941: „Auch nach dem Kriege wird auf den Einsatz ausländischer Arbeiter in Deutschland nicht verzichtet werden können. Dieser Einsatz wird wie bisher vorrangig für die Landwirtschaft, daneben aber auch für die gewerbliche Wirtschaft zur Erfüllung der kommenden großen Aufgaben des Friedens notwendig sein. Die Bildung der europäischen Großraumwirtschaft wird diese Entwicklung fördern. Dabei wird sich neben dem Hereinholen zusätzlicher Kräfte aus den Kontinentalstaaten nach Deutschland zweifellos auch der gegenseitige Kräfteaustausch in Form der sog. ,Gastarbeitnehmer' stärker entwickeln, ein ,intereuropäischer Ausgleich der Arbeitskräfte'", der „im großdeutschen Raum zum gegenseitigen Verständnis der Völker beitragen" werde.[41]

Angesichts der Ende 1940 erreichten, schier unüberwindlichen Vormachtstellung des Deutschen Reiches in Europa schien aber eine Ausweitung des Ausländereinsatzes nicht mehr nötig zu sein: eine Stabilisierung der Ausländerbeschäftigung auf dem Niveau von Ende 1940 — also 3 Millionen — verbunden mit der stärkeren Verteilung der Ausländer nach Volksgruppen und auf verschiedene Branchen sowie mit einer strikt nach Nationalität differenzierenden Behandlung: das markierte etwa die Kompromißlinie, auf der sich Befürworter und Gegner der Ausländerbeschäftigung treffen konnten.

Die zu dieser Zeit in der deutschen Bevölkerung ebenso wie bei den Behörden feststellbare Siegeseuphorie und das Gefühl, nach langen Anspannungen endlich aus dem Vollen schöpfen zu können, hatten vor allem gegenüber den Polen zur Folge, daß wirtschaftliche Gesichtspunkte in der Praxis der Ausländerbeschäftigung durchaus nicht an erster Stelle standen: Weder wurden entsprechende Anlernmaßnahmen durchgeführt, was vor allem in der Industrie Voraussetzung einer effektiven Arbeitsleistung der Ausländer gewesen wäre, noch wurde die berufsrichtige Umsetzung der französischen Kriegsgefangenen forciert. Vielmehr entwickelten die deutschen Arbeitsbehörden, aber auch untergeordnete Funktionsträger von Partei, Verwaltung und Polizei, beträchtliche Energie, wenn es darum ging, immer neue und oft wunderliche Kleinigkeiten betreffende Verbote, Auflagen und Schikanen vor allem für die Polen und Tschechoslowaken zu ersinnen — sei es, daß die ärztliche Behandlung eingeschränkt oder das Betreten von Strandpromenaden verboten wurde, sei es, daß — wie in Baden — „jedem Betriebsführer für die Landarbeiter polnischen Volkstums" ein „Züchtigungsrecht" zugestanden wurde.[42]

Besonders in der Frage des verbotenen Umgangs von Polen mit Deutschen entstand eine gnadenlose Verfolgungspraxis; aus zahlreichen Städten gingen beim RSHA in Berlin Berichte über die öffentliche Hinrichtung polnischer Arbeiter wegen sexuellen Verkehrs mit deutschen Frauen und über die Repressionen gegenüber den betroffenen Frauen ein.

Während die Behörden allen Fällen „verbotenen Umgangs" mit Polen mit brutalen Mitteln entgegentraten, standen ihnen ähnliche Repressionsinstrumente gegenüber den Arbeitskräften aus dem Westen nicht zur Verfügung. Gerade mit Franzosen aber pflegten viele Deutsche vor allem am Arbeitsplatz bald einen relativ vertrauten Umgang. Auch hier griffen Partei, Polizei und Gerichte mit exemplarischen, abschreckenden Strafen ein; für die Überlassung von ein paar Zigaretten an einen französischen Kriegsgefangenen wurden zuweilen Gefängnisstrafen ausgesprochen. Es gelang den Behörden aber auch nicht ansatzweise, die sich ausweitenden Kontakte zwischen Deutschen und Ausländern zu beschränken, obwohl sie auch gegenüber den Arbeitskräften aus dem westlichen Ausland immer mehr und strengere Vorschriften zur Regelung ihrer Lebensführung erließen.

Die Reaktionen auf diese Ausweitung der repressiven Bestimmungen ließen denn auch nicht lange auf sich warten. Da angesichts der Stärke und Schlagkraft der deutschen Sicherheitsorgane auch Ansätze von Aufbegehren oder gar Widerstand offenkundig zum Scheitern verurteilt waren, versuchte eine rasch anwachsende Zahl von „Fremdarbeitern", wie die Ausländer in Deutschland nun allgemein genannt wurden, sich der Ausbeutung und Schikanen zu entziehen, sei es durch Flucht nach Hause oder durch illegalen Wechsel des Arbeitsplatzes oder des Wohnlagers. Die Behörden und Betriebe reagierten darauf oft mit drakonischen Strafen, mit ausgedehnten Razzien und verschärfter Überwachung; es gelang ihnen jedoch nicht, die Fluchtzahlen deutlich zu senken.[43] Neben den „Fluchten" nahmen auch die Fälle von „Arbeitsverweigerung" oder „Arbeitsbummelei" stark zu und wurden bald zu Massendelikten, denen die Sicherheitspolizei kaum Einhalt gebieten konnte — tatsächlich aber verbargen sich hinter diesen Behörden-Begriffen oft auch gar keine aktiven Verhaltensweisen der Ausländer, sondern die häufig willkürliche und präventive Bestrafung von allem, was nach Zurückhaltung der Arbeitskraft, nach Opposition oder Aufbegehren der ausländischen Arbeiter roch — vom Zuspätkommen bis zum Nichterreichen der geforderten Arbeitsleistung.

Es bewies sich, daß die Beschäftigung von Millionen ausländischer Arbeitskräfte, die in Deutschland — wie die Polen — Zwangsarbeit verrichten mußten oder — wie die meisten Arbeiter aus dem Westen — zwar formal als freie Beschäftigte angeworben wurden, aber nach Ablauf des Arbeitsvertrages nicht oder nur unter erheblichen Schwierigkeiten wieder nach Hause zurückkehren konnten, daß also dieses System des nationalsozialistischen Ausländereinsatzes nur auf der Basis eines umfassenden Kontroll- und Repressionsapparates funktionieren konnte, in den nicht nur Polizei und SS, sondern auch Zehntausende von Deutschen, sei es als Werkschutzmann oder Lagerführer, als Bürokraft, Küchenleiterin oder Ausländerbeauftragter beim Arbeitsamt, integriert waren.

Dies war aber nur die eine, bei einer auf Zwang und Unterdrückung beruhenden Beschäftigung von 3 Millionen Ausländern wohl auch unumgängliche Seite des „Fremdarbeitereinsatzes". Auf der anderen Seite war die deutsche Kriegswirtschaft zu dieser Zeit bereits in hohem Maße auf die Ausländerbeschäftigung angewiesen; in der Landwirtschaft hätte ihr Ausfall binnen kurzem zum Zusammenbruch der Produktion geführt. Allen biologischen Einwänden zum Trotz gab es dazu auch auf längere Sicht keine Alternative. Eine weitere Erhöhung der Ausländerzahlen aber sollte nicht vorgenommen werden, um die Widersprüche zwischen ideologischem Postulat und realer Entwicklung an diesem Punkt nicht weiter zuzuspitzen.

Der „Russeneinsatz"

Nach den schnellen Siegen über Polen und Frankreich war die deutsche Führung von einem ebenso schnellen Sieg überzeugt, als Hitler im Sommer 1940 die Entscheidung für den Überfall auf die Sowjetunion traf. Diese feste Siegeszuversicht war auch der Grund dafür, daß an eine Beschäftigung sowjetischer Arbeitskräfte, Kriegsgefangener wie Zivilarbeiter, nicht gedacht und auch keine Vorkehrungen dafür getroffen wurden. Vielmehr wurden Pläne für Umsiedlungen von Millionen sowjetischer Menschen in den Norden der UdSSR entwickelt. „Viele 10 Millionen Menschen", faßte eine Expertengruppe in Mailand 1941 diese Planungen zusammen, „werden in diesem Gebiet überflüssig und werden sterben oder nach Sibirien auswandern müssen".[44] Aus dieser Grundhaltung heraus wurden auch die Planungen der Militärführung für die Behandlung der zu erwartenden sowjetischen Kriegsgefangenen durchgeführt, obwohl mit mindestens 2 bis 3 Millionen Gefangenen gerechnet wurde, wurden weder Unterkunft noch Transport derart großer Gefangenenmassen organisiert, noch die Verpflegung. Christian Streit, der das Schicksal der sowjetischen Kriegsgefangenen untersucht hat, bemerkt dazu: „Daß deshalb ein großer Teil der Gefangenen wie auch der Zivilbevölkerung verhungern würde, konnte nach Kenntnis der Planungen des Wirtschaftsstabes Oldenburg im OKW und OKH nicht mehr im Zweifel stehen. Ein Interesse an der Erhaltung des Lebens dieser Gefangenen zur Ausbeutung ihrer Arbeitskraft in der deutschen Wirtschaft bestand zu diesem Zeitpunkt nicht."[45] Der Arbeitseinsatz sowjetischer Gefangener im Reich war sogar ausdrücklich verboten, nur für die „unmittelbaren Bedürfnisse" der Truppe „war eine Beschäftigung der Gefangenen gestattet".[46] Die Folgen dieser Entscheidungen waren ungeheuer: Durch Hunger und Seuchen begann schon wenige Woche nach Beginn des Krieges gegen die Sowjetunion ein Massensterben der sowjetischen Gefangenen: 60 % der bis Ende des Jahres 1941 in deutsche Gefangenschaft geratenen 3.350.000 sowjetischen Gefangenen kamen ums Leben, 1,4 Millionen von ihnen bereits vor Anfang September 1941. Von den insgesamt 5,7 Millionen sowjetischen Kriegsgefangenen, die während des gesamten Krieges in deutsche Hand gerieten, kamen 3,3 Millionen in deutschem Gewahrsam um.[47]

Schon im August 1941, spätestens Mitte September aber zeichnete sich ab, daß die Erwartungen der deutschen Führung, den Krieg gegen die Sowjetunion bis Ende des Jahres 1941 siegreich abschließen zu können, falsch gewesen waren; als der deutsche Vormarsch vor Moskau zum Stillstand kam, wurde allmählich klar, daß man sich statt auf einen weiteren „Blitzkrieg" auf einen längeren, einen Abnutzungskrieg würde einstellen müssen — damit aber mußte auch das gesamte kriegswirtschaftliche Konzept umgestellt werden. Vor allem war mit einer baldigen Rückkehr der deutschen Soldaten der Ostfront an ihre Arbeitsplätze zu Hause nicht mehr zu rechnen, und der Arbeitskräftemangel nahm erneut, diesmal aber in noch größerem Umfang als 1939 und 1940, bedrohliche Ausmaße an. Eine halbe Million offener Stellen in der Landwirtschaft, 50.000 beim Bergbau, mehr als 300.000 im Metallbereich, 140.000 bei der Bauindustrie wurden gemeldet, so daß die deutsche Kriegswirtschaft ohne weitere ausländische Arbeitskräfte in großer Zahl nicht auskommen konnte.

Vor allem der Ruhrbergbau machte sich zum Vorreiter eines Einsatzes auch sowjetischer Arbeitskräfte im Reich, der hingegen von der Parteiführung und der SS weiterhin strikt abgelehnt wurde. Nach einem langen Entscheidungsstreit, bei dem der Inhalt und die Fronten der Auseinandersetzungen im wesentlichen den Debatten um den Poleneinsatz entsprachen, wurde von Hitler und Göring im Oktober und November 1941 der Einsatz von sowjetischen Kriegsgefangenen und Zivilarbeitern im Grundsatz genehmigt.[48] In den Ausführungsbestimmungen Görings vom 7. November 1941 wurde dabei kein Zweifel daran gelassen, welchen Charakter der „Russeneinsatz" in Zukunft haben werde: „Die deutschen Facharbeiter gehörten in die Rüstung; Schippen und Steineklopfen ist nicht ihre Aufgabe, dafür ist der Russe da." — „Keine Berührung mit deutscher Bevölkerung vor allem keine ‚Solidarität'. Deutscher Arbeiter ist grundsätzlich Vorgesetzter der Russen." — *Ernährung* Sache des Vierjahresplanes. Schaffung eigener Kost (Katzen, Pferde usw.). Kleidung, Unterbringung, Verpflegung etwas besser als zu Hause, wo Leute zum Teil in Erdhöhlen wohnen." — „Aufsicht: Wehrmachtsangehörige während der Arbeit, aber auch deutsche Arbeiter, die hilfspolizeiliche Funktionen wahrzunehmen haben." — „Die Strafskala kennt zwischen Ernährungsbeschränkung und standrechtlicher Exekution im allgemeinen keine weiteren Stufen." Görings Richtlinien sind insgesamt der zugespitzte Ausdruck des Kompromisses vom Herbst 1941: Arbeitseinsatz der Russen: Ja — dafür aber maximale Ausbeutung, denkbar schlechte Behandlung und Ernährung, Todesstrafe auch bei geringen Vergehen.

Nachdem die Grundsatzentscheidungen für den Einsatz sowjetischer Arbeitskräfte gefallen waren, gingen die beteiligten Stellen im Reich davon aus, daß angesichts der „riesigen Gefangenenmassen" im Osten das deutsche Arbeitskräfteproblem gelöst war. Tatsächlich aber stellte sich heraus, daß der größte Teil der Gefangenen in den Wehrmachtslagern im Osten bereits umgekommen und von den noch lebenden nur wenige noch transport- oder arbeitsfähig waren. Im Februar 1942 vermerkte der zuständige Ministerialbeamte Mansfeld dazu rückblickend: „Die gegenwärtigen Schwierigkeiten im Arbeitseinsatz wären nicht entstanden, wenn man sich rechtzeitig zu einem großzügigen *Einsatz russischer Kriegsgefangener* entschlossen hätte. Es standen 3,9 Millionen Russen zur Verfügung, davon sind nur noch 1,1 Millionen übrig. Die Zahl der gegenwärtig beschäftigten russischen Kriegsgefangenen (400.000) dürfte sich kaum erhöhen lassen."[49] Statt des organisatorisch relativ einfachen Arbeitseinsatzes von Kriegsgefangenen mußte die deutsche Arbeitsverwaltung nun also zur Anwerbung sowjetischer Zivilarbeiter übergehen, was nicht nur vom organisatorischen Aufwand, sondern auch ideologisch erhebliche Probleme mit sich brachte.

Im Frühjahr 1942 wurden daher Maßnahmen ergriffen, um den Einsatz von Ausländern, jetzt vor allem die Rekrutierung sowjetischer Zivilarbeiter, zu effektivieren und um analog zu den „Polenerlassen" vom März 1940 die den rassistischen Grundsätzen des NS-Regimes entsprechende Behandlung der sowjetischen Arbeitskräfte sicherzustellen:

Mit der Einrichtung der Funktion eines „Generalbevollmächtigten für den Arbeitseinsatz" (GBA) und ihrer Besetzung durch den Thüringer Gauleiter Fritz Sauckel wurde der gesamte Arbeitseinsatzbereich zentralisiert; vor allem wurden hier die „Anwerbungs"-Kampagnen in den besetzten Ländern, der Einsatz und die Behandlung der Ausländer koordiniert. Im wesentlichen bestand Sauckels Aufgabe darin, in möglichst kurzer Zeit möglichst viele Ausländer nach Deutschland zu bringen und zudem durch eine ziemlich krude und pathetische Propaganda die „Erfolge" der nationalsozialistischen Ausländerpolitik zu verkaufen; sein Einfluß auf ausländerpolitische Grundsatzentscheidungen hingegen war weniger bedeutend.[50]

Am 2. Februar 1942 erließ das RSHA die sogenannten „Ostarbeitererlasse".[51] „Ostarbeiter" war die nun auch offizielle Bezeichnung für die sowjetischen Zivilarbeiter, und die jetzt herausgegebenen Vorschriften entsprachen in ihren Grundsätzen denjenigen für die polnischen Arbeiter, gingen aber in einigen wichtigen Punkten noch darüber hinaus. Faßt man die Bestimmungen der „Ostarbeitererlasse" mitsamt den Ergänzungsbestimmungen zusammen, so ergibt sich folgendes Bild: Unterbringung in geschlossenen Wohnlagern, umzäunt, nach Geschlechtern getrennt; gemeinsame Unterbringung von Ostarbeiterfamilien. Rücktransport von Arbeitsunfähigen, Kindern unter 15 Jahren und Schwangeren. Verbot der Freizügigkeit und des Verlassens der Lager außer zur Arbeit. „Freizeitbetreuung" durch die DAF. Ausflüge mit deutschem Begleitpersonal als Belohnung möglich. Arbeit möglichst in geschlossenen Gruppen; Verhinderung jedes „Solidaritätsgefühls" zwischen Deutschen und Russen. Bewachung durch Werkschutz, Bewachungsgewerbe und deutsche Arbeiter als Hilfswerkschutzmänner. Führung der Lager durch von politischem Abwehrbeauftragten des Betriebes ernannte Lagerleiter. Bewachung weiblicher russischer Arbeitskräfte ebenfalls durch Männer. Striktes Kennzeichnungsgebot („Ost"). Einsatz von russischen V-Männern und Lagerältesten. Zweimal monatlich Möglichkeit zum Postverkehr. Verbot der seelsorgerischen Betreuung. Rücksichtsloses Durchgreifen — auch Waffengebrauch — bei Ungehorsam. Eigenes Strafsystem (Ordnungsstrafen wie Stubendienst, Zuteilung zum Straftrupp, Entziehung der warmen Tagesverpflegung bis zu drei Tagen, Arrest bis zu drei Tagen, Züchtigungserlaubnis für Lagerleiter; alle anderen Strafen nur durch Gestapo). Einweisung in Arbeitserziehungs- oder Konzentrationslager bei Arbeitsflucht. Todesstrafe bei Kapitalverbrechen, politischen Delikten und Geschlechtsverkehr mit Deutschen.

Über die rassistischen und „volkstumspolitischen" Befürchtungen bei einer massenhaften Beschäftigung von Russen in Deuschland hinaus kamen hier auch politische Einwände der Sicherheitsbehörden zum Tragen: die Angst, die „bolschewistischen" Ostarbeiter könnten auf die deutschen Arbeitskollegen politisch einwirken und so Solidarisierungen zwischen deutschen und sowjetischen Arbeitskräften herbeiführen. Dementsprechend wurde in den „Ostarbeitererlassen" und in den zahlreichen betrieblichen Ausführungsbestimmungen deutlich hervorgehoben, daß deutsche Arbeiter grundsätzlich als Vorgesetzte gegenüber den Russen aufzutreten hatten. Kontakte zwischen Deutschen und Russen hatten sich darüber hinaus auf die nötigsten dienstlichen Anweisungen zu beschränken, und auch die Begrenzung in der Beschäftigung auf Kolonneneinsatz diente diesem Ziel. Insgesamt sind die Ostarbeitererlasse als nahezu vollständige Umsetzung des rassistischen Prinzips der Unterteilung in „Herrenmenschen" und „Untermenschen" in die Praxis des Arbeitseinsatzes anzusehen — das hatte Heydrich im Dezember 1941 auch unmißverständlich angekündigt: „Sind die zu berücksichtigenden wirtschaftlichen Gesichtspunkte ohne weiteres als aktuell anerkannt, so muß dem Versuch, die rassische und Volkstumsfrage für die Nachkriegszeit zurückzustellen, entschieden entgegengetreten werden, da Kriegsdauer unbestimmt und die Gefahr mit der Zeit wächst. Leider hat der Ausländereinsatz ohne jegliche Führung hinsichtlich Anwerbung, Einsatz und Behandlung und dergl. begonnen, so daß es immer schwerer werde, noch nachträglich steuernd einzugreifen. Der in Vorbereitung befindliche Russeneinsatz bietet jedoch diese Gelegenheit, und sie muß und wird der besonderen Gefahren wegen, die diese Völker darstellen, genutzt werden."[52]

Bisher wurde, wenn es um die treibenden Kräfte für eine massenhafte Beschäftigung von ausländischen Arbeitskräften ging, in erster Linie von den Kriegswirtschaftsbehörden — der Vierjahresplan-Behörde, dem Landwirtschaftsministerium, dem Wirtschafts- und Rüstungsstab beim OKW oder auch der Arbeitsverwaltung — gesprochen. Welche Bedeutung aber kam in diesem Zusammenhang der Privatwirtschaft zu? In der Forschungsliteratur ist über diese Frage viel geschrieben worden, wobei vor allem von der marxistisch-leninistischen Seite die Industrie als „treibende Kraft" der massenhaften Ausländerbeschäftigung bezeichnet worden ist.[53] Nun hat sich gezeigt, daß der Anteil der polnischen Kriegsgefangenen und Zivilarbeiter, die in den ersten Kriegsjahren in der Industrie beschäftigt waren, sehr gering war, und auch die französischen Kriegsgefangenen sind mehrheitlich in der Landwirtschaft eingesetzt worden. Erste Versuche, Polen z. B. auch im Bergbau einzusetzen, waren hingegen von den betrieblichen Stellen als wenig erfolgreich beurteilt worden — für die Industrie war entscheidend, daß Fachkräfte, die in erster Linie benötigt wurden, zunächst eine längere Anlernungsphase brauchten, bevor sie profitabel eingesetzt werden konnten. Da man aber jeweils mit einer relativ kurzen Dauer der „Feldzüge" rechnete, hoffte die Industrie, ihre zum Militärdienst eingezogenen deutschen Arbeiter bald wieder zurückzuerhalten, so daß die Nachfrage vor allem der Großbetriebe nach Ausländern in der „Blitzkrieg"-Phase vergleichsweise gering war, sieht man von einigen Branchen, wie vor allem dem Baubereich, ab.

Dies galt auch für die Zeit vor und einige Monate nach dem Überfall auf die Sowjetunion. Zwar gab es schon im Juli 1941 Stimmen, etwa aus der Ruhrindustrie, die bei den Behörden nach sowjetischen Arbeitskräften anfragten, dies blieben aber zunächst Einzelfälle; das Gros der Betriebe wartete ab und hoffte, nach einem baldigen Sieg gegen die Sowjetunion schon im Winter wieder entlassene deutsche Soldaten als Arbeitskräfte einstellen zu können.[54] Als aber im Herbst deutlich wurde, daß damit nicht mehr zu rechnen war und durch Hitlers und Görings Grundsatzentscheidungen der Einsatz sowjetischer Arbeitskräfte genehmigt worden war, richtete sich auch die Industrie auf die Beschäftigung von russischen Zivilarbeitern und Kriegsgefangenen ein. Für den westdeutschen Bereich wurde diese Entscheidung in der Bezirksgruppe Nordwest der Wirtschaftsgruppe Eisen am 19. November 1941 getroffen. „Mit dem Russeneinsatz wird man sich allmählich befreunden müssen", hieß es dort. Angesichts der militärischen Lage sei deutlich geworden, „daß auf lange Sicht gesehen nur der richtig liege, der sich Russen verschaffe . . . Da wir also an einem Russen-Einsatz nicht vorbeikommen werden, bleibt lediglich zu prüfen, ob nicht die Nordwestgruppe durch eine Gemeinschaftsaktion versuchen sollte, den Zeitpunkt dieses Austausches möglichst hinauszuschieben".[55] Da dies aber als sinnlos angesehen wurde, wurde die Zustimmung zur Beschäftigung sowjetischer Arbeitskräfte in der Ruhrindustrie auf dieser Sitzung beschlossen.

Belege für die „offen verbrecherische Verschleppungskonzeption der führenden deutschen Monopole, für ihre Initiative und führende Rolle bei der Massenverschleppung in allen Phasen des Krieges"[56] sind dies nicht; diese These ist empirisch nicht zu bestätigen. Vielmehr wird deutlich, daß die Vertreter der Großindustrie nur widerstrebend von ihren Plänen für die Zeit nach dem schon gewonnen geglaubten Krieg abrückten und sich durch die Zustimmung zum „Russeneinsatz" auf die Perspektive eines langen Abnutzungskrieges einzustellen begannen. Ihr ursprüngliches Ziel war aber die Vorherrschaft der deutschen Industrie in Europa gewesen, nicht die massenhafte Anlernung und Beschäftigung von sowjetischen Arbeitern in den deutschen Betrieben.

Seit dem Winter 1941 begannen nun in den von der Wehrmacht besetzten Teilen der Sowjetunion die „Anwerbungs-Kampagnen" — aber mit „Werben" hatte die Rekrutierungs- und Deportationspraxis der beteiligten deutschen Stellen der Arbeitsverwaltung, der Wehrmacht und der SS nichts mehr zu tun. Nach den Erfahrungen in Polen erließen die deutschen Behörden sogleich Bestimmungen, wonach durch Dienstverpflichtung und jahrgangsweise Aushebungen die den entsprechenden Bezirken auferlegten Kontingente an Arbeitskräften zu rekrutieren waren. Zwar gab es in einigen Gegenden in den ersten Wochen auch freiwillige Meldungen, die deutschen Behörden gingen jedoch von Beginn an davon aus, daß „freiwillige Werbung dafür . . . keinen Erfolg haben werde".[57]

Wie die Rekrutierungsaktionen in der Praxis aussahen, geht z. B. aus einem Bericht einer deutschen Briefzensurstelle vom November 1942 hervor; danach wurden „Männer und Frauen einschließlich Jugendlicher vom 15. Lebensjahr ab auf der Straße, von den Märkten und aus Dorffestlichkeiten herausgegriffen und fortgeschafft. Die Einwohner halten sich deshalb ängstlich verborgen und vermeiden jeden Aufenthalt in der Öffentlichkeit. Zu der Anwendung der Prügelstrafe ist nach den vorliegenden Briefen seit etwa Anfang Oktober das Niederbrennen der Gehöfte bzw. ganzer Dörfer als Vergeltung für die Nichtbefolgung der an die Gemeinden ergangenen Aufforderungen zur Bereitstellung von Arbeitskräften getreten. Die Durchführung dieser letzten Maßnahme wird aus einer ganzen Reihe von Ortschaften gemeldet".[58]

Mit solchen Methoden gelang es den deutschen Behörden, in kurzer Zeit riesige Mengen von Arbeitskräften aus der Sowjetunion nach Deutschland zu verbringen: Von April bis Dezember 1942 allein wurden etwa 1,3 Millionen ziviler Arbeitskräfte nach Deutschland geholt — das sind wöchentlich etwa 40.000; je zur Hälfte Männer und Frauen. Das Durchschnittsalter der Deportierten lag bei etwa 20 Jahren, viele von ihnen waren aber erheblich jünger; auch 15- und 16jährige wurden ins Reich zur Arbeit gebracht. Darüber hinaus kamen 1942 noch etwa 450.000 sowjetische Kriegsgefangene zum Arbeitseinsatz ins Reich, so daß Ende des Jahres bereits mehr als 1,7 Millionen Zivilarbeiter und Kriegsgefangene aus der Sowjetunion in deutschen Betrieben beschäftigt waren. Davon wurde der größte Teil nunmehr in der Industrie eingesetzt, die seit der Umstellung auf einen langen Abnutzungskrieg im Winter 1941/42 unter dem Druck stetig hochgeschraubter Produktionsanforderungen stand.[59]

Auch im Westen und in Polen verstärkten die deutschen Behörden die Anwerbe- und Rekrutierungsmaßnahmen und griffen nunmehr durch die Einführung einer Dienstpflicht auch in Frankreich verstärkt zu Zwangsmaßnahmen — mit der Folge, daß zum einen zwar die Einsatzzahlen westlicher Zivilarbeiter stiegen, zum anderen die Widerstandsbewegungen in den betroffenen Ländern an Stärke zunahmen. Über die Lage in Frankreich meldete der deutsche Geheimdienst im Sommer 1942, daß „in Folge des Arbeitsdienstverpflichtungsgesetzes weitere Teile der indifferenten Masse der Bevölkerung ins gegnerische Lager" wechselten. „In manchen Kreisen stößt man heute geradezu auf eine Atmosphäre von erbitterter Ablehnung alles Deutschen . . . Wenn sich das auch nun nicht in offener Ablehnung äußere, so ist doch die Gefahr unverkennbar, daß ein wesentlicher Teil der Bevölkerung für die Feindagitation noch empfänglicher geworden (ist) als bisher."[60] Auch die Ausbreitung der Partisanengruppen in der Sowjetunion ist sehr wesentlich auf die Deportationspolitik der deutschen Besatzungstruppen zurückzuführen.[61]

Betrachtet man die Politik und die Praxis des Ausländereinsatzes im Verlaufe des Jahres 1942 im Zusammenhang, so wird deutlich, daß das Regime zwar erhebliche Anstrengungen unternahm, um immer neue Massentransporte mit Arbeitskräften vor allem aus der Sowjetunion nach Deutschland zu bringen, und daß auch die Organisation des Ausländereinsatzes effektiviert worden war. Auf der anderen Seite blieb aber der Primat des Rassismus vor allen wirtschaftlichen Erwägungen bestehen; die Arbeits- und Lebensbedingungen der Ostarbeiter und sowjetischen Kriegsgefangenen waren denkbar schlecht, diejenigen der polnischen Arbeiter unterschieden sich davon nur wenig; während es den Arbeitskräften aus dem Westen zwar besser ging, ihre Situation aber erheblich schlechter war als die der Deutschen, so daß die rassistische Hierarchie (Deutsche — Westarbeiter — Arbeitskräfte aus dem Osten) in der Praxis überall sichtbar wurde und sich fortwährend stabilisierte. Die extensive Ausbeutung der Arbeiter aus dem Osten war die Folge der Vorstellung, daß es ein leichtes sei, immer weitere Millionen von ihnen ins Reich zu deportieren; so blieben auch ihre Arbeitsleistungen vergleichsweise niedrig und der Effekt für die nationalsozialistische Kriegswirtschaft erheblich geringer, als es die Einsatzzahlen suggerierten.

Mit der vernichtenden deutschen Niederlage in Stalingrad Anfang 1943 und der dadurch offenbar gewordenen Kriegswende trat hier jedoch eine Änderung ein. Zum ersten Mal wurde der Führung wie dem größten Teil der Bevölkerung in Deuschland bewußt, daß es nunmehr nicht mehr darum ging, wann man den Krieg gewinnen würde, sondern darum, ihn nicht zu verlieren. Die verstärkten Ersatzforderungen der Ostarmeen hatten schon seit dem Spätherbst 1942 durch Einziehungen auch von Rüstungsarbeitern das Arbeitskräftedefizit in Deutschland wieder aktualisiert; im ersten Halbjahr 1943 fehlten der deutschen Kriegswirtschaft etwa 1,5 Millionen Arbeitskräfte.[62] Mit den bisherigen Methoden der Verstärkung der Anwerbungen waren diese Lücken nicht zu stopfen; zwar ging die Regimeführung nun doch dazu über, auch deutsche Frauen durch Dienstverpflichtung in stärkerem Maße als bisher zu Arbeiten in der Industrie einzusetzen — die Zahlen zeigen jedoch, daß auch dies nur in sehr begrenztem Umfang in der Praxis wirksam wurde.[63] Es war vielmehr unumgänglich, die Arbeitsleistungen der ausländischen, vor allem der sowjetischen Arbeitskräfte in Deutschland drastisch zu erhöhen — hier lagen die größten ungenutzten Potentiale. Das aber setzte eine entsprechende Verpflegung, eine bessere Behandlung und in gewissem Maße auch eine politische Aufwertung der „Ostarbeiter" voraus. In diese Richtung ging auch eine politische und propagandistische Initiative verschiedener Reichsbehörden unter der Führung des Propagandaministers Goebbels. Ausgehend davon, daß Deutschland als „Schutzwall Europas" Krieg gegen den „Bolschewismus", nicht aber gegen das russische Volk führe (wodurch politische vor „rassische" Gesichtspunkte gesetzt wurden — eine Umkehrung der bis dahin propagierten Zielsetzung der Kriegsführung), sollte die Parole „Europäische Arbeiter gegen den Bolschewismus" gemeinsame Interessen der in Deutschland beschäftigten Arbeiter aus den zahlreichen von der Wehrmacht besetzten Ländern und auch der sowjetischen Arbeitskräfte suggerieren.[64] Damit einher ging eine Kampagne zur Verbesserung der Arbeits- und Lebensbedingungen der Ostarbeiter, die zur rapiden Steigerung der Arbeitsleistungen führen sollte. Während Goebbels' „Europa"-Initiative auf die tatsächliche Außenpolitik des Regimes nur wenig Einfluß ausüben konnte, kam es in der Ausländerpolitik in der Folgezeit zu einigen Veränderungen gegenüber den sowjetischen Arbeitskräften: So wurden die Ernährungssätze erhöht, umfangreiche Maßnahmen zur Anlernung in Gang gesetzt, gewisse Lockerungen beim Ausgang und bei den Einsatzmöglichkeiten in den Betrieben zugestanden.[65] Gleichzeitig blieben aber alle diskriminierenden Vorschriften der Sicherheitsbehörden in Kraft, und das Strafsystem wurde sogar noch weiter verschärft. Immerhin war damit den Betrieben die Möglichkeit geboten, ihre sowjetischen Arbeitskräfte effektiver einzusetzen, und in der Tat wußten seit Mitte 1943 fast alle Betriebe von steigenden Arbeitsleistungen zu berichten.

Tab. 9: Arbeitsleistungen der ausländischen Arbeiter und Kriegsgefangenen im Bereich Rheinland und Westfalen, Mitte 1943, in % der durchschnittlichen Arbeitsleistungen der an gleichen Arbeitsplätzen eingesetzten deutschen Arbeiter[66]

Ostarbeiter:	80—100 %	Belgier:	80—100 %
Ostarbeiterinnen:	50— 75 %	Holländer:	60— 80 %
im Vergleich zu deutschen Frauen:	90—100 %	Italiener, Jugoslawen, Kroaten:	70— 80 %
Polen:	60— 80 %	Kriegsgefangene im Bergbau:	50 %
Franzosen:	80—100 %	in der Metallindustrie:	70 %

Im gleichen Zuge wurden die Rekrutierungen von Zivilarbeitern in ganz Europa durch immer brutalere Methoden noch ausgeweitet. Es gelang der Regimeführung tatsächlich, trotz der militärischen Rückschläge zwischen Anfang 1943 und Kriegsende noch einmal etwa 2,5 Millionen ausländischer Zivilarbeiter und Kriegsgefangener ins Reich zu bringen.[67] Etwa 600.000 von ihnen waren Italiener — nach dem Sturz Mussolinis im Juli 1943 hatten die deutschen Behörden die italienischen Soldaten, die sich weigerten, auf deutscher Seite weiterzukämpfen, in die Arbeitslager ins Reich verbracht und dort zur Arbeit eingesetzt. Die italienischen Militärinternierten — im Volksmund „Imis" oder (nach dem neuen italienischen

Regierungschef) „Badoglios" genannt — fanden sich dort neben den Arbeitern aus der Sowjetunion auf der untersten Stufe der rassistischen Hierarchie wieder und waren in besonderer Weise der Wut der Deutschen über den italienischen „Verrat" ausgesetzt.[68] Damit arbeiteten jetzt mehr als sieben Millionen ausländischer Menschen in Deutschland für die Deutschen — der überwiegende Teil von ihnen gegen ihren Willen und unter Bedingungen, die sich in Folge der sich abzeichnenden Niederlage Deutschlands, der zunehmenden Brutalität der Behörden (aber auch vieler deutscher Vorgesetzter und Kollegen) sowie der Zerstörung der deutschen Städte durch die Luftangriffe beständig verschlechterten. (Tab. 10 bis 12)

Tab. 10: Ausländische Arbeitskräfte in der deutschen Kriegswirtschaft 1939 bis 1944[69]

		1939	1940	1941	1942	1943	1944
Land- wirtschaft	Deutsche	10.732.000	9.684.000	8.939.000	8.969.000	8.743.000	8.460.000
	Zivile Ausl.	118.000	412.000	769.000	1.170.000	1.561.000	1.767.000
	Kriegsgef.	—	249.000	642.000	759.000	609.000	635.000
	Ausl. insg.	118.000	661.000	1.411.000	1.929.000	2.230.000	2.402.000
	Ausl. in % aller Beschäftigten	1,1 %	6,4 %	13,6 %	17,7 %	20,3 %	22,1 %
Alle nicht- landwirtsch.	Deutsche	28.382.000	25.207.000	24.273.000	22.568.000	21.324.000	20.144.000
	Zivile Ausl.	183.000	391.000	984.000	1.475.000	3.276.000	3.528.000
	Kriegsgef.	—	99.000	674.000	730.000	954.000	1.196.000
	Ausl. insg.	183.000	490.000	1.659.000	2.205.000	4.230.000	4.724.000
	Ausl. in % aller Beschäftigten	0,6 %	1,9 %	6,4 %	8,9 %	16,5 %	18,9 %
Gesamt- wirtschaft	Deutsche	39.114.000	34.891.000	33.212.000	31.537.000	30.067.000	28.604.000
	Zivile Ausl.	301.000	803.000	1.753.000	2.645.000	4.837.000	5.295.000
	Kriegsgef.	—	348.000	1.316.000	1.489.000	1.623.000	1.831.000
	Ausl. insg.	301.000	1.151.000	3.069.000	4.134.000	6.460.000	7.126.000
	Ausl. in % aller Beschäftigten	0,8 %	3,2 %	8,5 %	11,6 %	17,7 %	19,9 %

In der Landwirtschaft war im August 1944 jeder zweite Beschäftigte ein Ausländer; im Bergbau, Bau- und Metallbereich etwa jeder dritte. Die Gesamtheit der ausländischen Arbeitskräfte verteilte sich im Sommer 1944 zu je etwa einem Drittel auf die Landwirtschaft, die Schwerindustrie und die restliche gewerbliche Wirtschaft. Das Übergewicht der Landwirtschaft, das den Ausländereinsatz bis Anfang 1942 geprägt hatte, war verschwunden. Zwei Drittel der Polen und der französischen Kriegsgefangenen waren in der Landwirtschaft beschäftigt, während die seit 1941 neu hinzugekommenen Arbeitskräfte vorwiegend in der gewerblichen Wirtschaft eingesetzt worden waren.

Tab. 11: Deutsche und ausländische Arbeitskräfte in ausgewählten Berufsgruppen, August 1944[70]

Berufsgruppe	Beschäftigte insgesamt	davon ausl. Arbeitskräfte	davon Zivilarbeiter	Kriegs- gefangene	Ausländer- anteil an den Gesamt- beschäftigten in %
Landwirt- schaft	5.919.761	2.747.238	2.061.066	686.172	46,4
Bergbau	1.289.834	433.790	196.782	237.008	33,7
Metall	5.630.538	1.691.329	1.397.920	293.409	30,0
Chemie	886.843	252.068	206.741	45.327	28,4
Bau	1.440.769	478.057	349.079	128.978	32,3
Verkehr	1.452.646	378.027	277.579	100.448	26,0
Druck	235.616	9.668	8.788	880	4,1
Textil/ Bekleidung	1.625.312	183.328	165.014	18.314	11,1
Handel/ Banken	1.923.585	114.570	92.763	21.807	6,0
Verwaltung	1.488.176	49.085	39.286	9.799	3,3
Gesamt- wirtschaft	28.853.794	7.651.970	5.721.883	1.930.087	26,5

Von den 5,7 Millionen registrierten ausländischen Zivilarbeitern im August 1944 waren 1.924.912 Frauen, genau ein Drittel. Die Ausländerinnen allerdings kamen zum überwiegenden Teil (87 %) aus dem Osten (von den Männern 62 %). Je niedriger in der politischen und rassistischen Hierarchie der Nazis die einzelnen Ausländergruppen angesiedelt waren, desto höher war der Frauenanteil; von 3 % bei den mit Deutschland verbündeten Ungarn bis 51 % bei den Arbeitskräften aus der Sowjetunion.

Fazit nach diesem kurzen Überblick über die Statistik der Ausländerbeschäftigung in Deutschland im letzten Kriegsjahr: ein Viertel aller Beschäftigten in der deutschen Wirtschaft waren Ausländer, in der rüstungswichtigen Industrie und in der Landwirtschaft etwa ein Drittel. Der Arbeitseinsatz der Millionen Fremdarbeiter und Kriegsgefangenen während des Zweiten Weltkrieges hatte es dem nationalsozialistischen Deutschland erlaubt, den Krieg weiterzuführen, als seine eigenen Arbeitskraftressourcen längst aufgebraucht waren. Ohne Ausländer wäre für Deutschland dieser Krieg spätestens im Sommer 1943 verloren gewesen. Gleichzeitig erlaubte der Ausländereinsatz es der Regimeführung aber auch, die Versorgungslage der deutschen Bevölkerung bis in die letzte Kriegsphase auf hohem Niveau zu halten und sich dadurch ebenso die Loyalität der Bevölkerung zu erhalten wie durch den Verzicht auf den massenhaften Einsatz deutscher Frauen in der Industrie.

Ausländische Zivilarbeiter und Kriegsgefangene nach Staatsangehörigkeit und Wirtschaftszweigen, August 1944[71]

„Staatsangehörigkeit"	Landwirt-schaft	Bergbau	Metall	Chemie	Bau	Verkehr	insgesamt
Belgier insgesamt	28.652	5.146	95.872	14.029	20.906	12.576	253.648
Zivilarbeiter	3.948	2.787	86.441	13.533	19.349	11.585	203.262
Kriegsgefangene	24.704	2.629	9.431	496	1.557	991	50.386
in % aller Belgier	11,2 %	2,0 %	37,8 %	5,5 %	8,2 %	4,9 %	100 %
Franzosen insgesamt	405.897	21.844	370.766	48.319	59.440	48.700	1.254.749
Zivilarbeiter	54.590	7.780	292.800	39.417	36.237	34.905	654.782
Kriegsgefangene	351.307	14.064	77.966	8.902	23.203	13.795	599.967
in % aller Franzosen	32,3 %	1,7 %	29,5 %	3,9 %	4,7 %	3,9 %	100 %
Italiener insgesamt	45.288	50.325	221.304	35.276	80.814	35.319	585.337
Zivilarbeiter	15.372	6.641	41.316	10.791	35.271	5.507	158.099
Kriegsgefangene	29.916	43.684	179.988	24.485	45.543	29.812	427.238
in % aller Italiener	7,7 %	8,6 %	37,8 %	6,0 %	13,8 %	6,0 %	100 %
Niederländer							
Zivilarbeiter	22.092	4.745	87.482	9.658	32.025	18.356	270.304
in % aller Niederländer	8,2 %	1,8 %	32,4 %	3,5 %	11,9 %	6,8 %	100 %
Sowjets insgesamt	862.062	252.848	883.419	92.952	110.289	205.325	2.758.312
Zivilarbeiter	723.646	92.950	752.714	84.974	77.991	158.024	2.126.753
Kriegsgefangene	138.416	159.898	130.705	7.978	32.298	47.301	631.559
in % aller Sowjets	28,5 %	8,3 %	29,2 %	3,7 %	3,6 %	6,8 %	100 %
Polen insgesamt	1.125.632	55.672	130.905	23.871	68.428	35.746	1.688.080
Zivilarbeiter	1.105.719	55.005	128.556	22.911	67.601	35.484	1.659.764
Kriegsgefangene	19.913	667	2.349	960	827	262	28.316
in % aller Polen	66,7 %	3,3 %	7,5 %	1,4 %	4,1 %	2,1 %	100 %
„Protektorats"-angehörige Zivilarbeiter	10.289	13.413	80.349	10.192	44.870	18.566	280.273
in % aller „Protektorats"angehörigen	3,7 %	4,8 %	28,7 %	3,6 %	16,0 %	6,6 %	100 %
Insgesamt	2.747.238	433.790	1.691.329	252.068	478.057	378.027	7.615.970
Zivilarbeiter	2.061.066	196.782	1.397.920	206.741	349.079	277.579	5.721.883
Kriegsgefangene	686.172	237.008	293.409	45.327	128.978	100.448	1.930.087
in %	36,1 %	5,7 %	22,2 %	3,3 %	6,3 %	5,0 %	100 %

Die jüdischen KZ-Häftlinge und der „Arbeitseinsatz"

Wenn bisher von dem Arbeitskräftepotential gesprochen wurde, das den deutschen Behörden in den von der Wehrmacht besetzten Ländern zur Verfügung stand, so waren damit zivile ausländische Arbeitskräfte und Kriegsgefangene bezeichnet, die dem Zugriff der deutschen Arbeitsbehörden oder der Abteilung Kriegsgefangene im OKW zugeordnet waren. Die in den Machtbereich der SS geratenen Häftlinge in den Konzentrations- und Vernichtungslagern, vor allem die Millionen europäischer Juden hingegen fielen aus der Arbeitseinsatz-Organisation heraus. Das Schicksal der Juden und die Entscheidung für den massenhaften Einsatz von sowjetischen Zivilarbeitern und Kriegsgefangenen im November 1941 sind aber auf eine schreckliche Weise miteinander verknüpft. Als Antwort auf die

Umstellung vom Blitzkrieg auf den Abnutzungskrieg mit dem damit einhergehenden hohen Arbeitskräftebedarf hatte die SS-Führung im Februar 1942 das Wirtschafts- und Verwaltungshauptamt (WVHA) gegründet[72] — im Zusammenhang mit dem im gleichen Zeitraum gefaßten Entschluß zur „Endlösung der Judenfrage" sollte hier eine umfassende wirtschaftliche „Nutzung" derjenigen KZ-Häftlinge organisiert werden, die bei den Selektionen auf den Bahnhofsrampen der Vernichtungslager als „arbeitsfähig" klassifiziert wurden.[73] An die Verwendung vor allem der jüdischen KZ-Häftlinge in der Privatindustrie band das WVHA jedoch strenge Bedingungen und befürwortete generell die Einrichtung von Sonderbetrieben auf dem Gelände der Konzentrationslager oder in deren Nähe, während der Einsatz in den Stammbetrieben der Unternehmen, in denen auch deutsche Arbeiter und ausländische Fremdarbeiter und Kriegsgefangene beschäftigt wurden, durch entsprechende Auflagen erschwert wurde.[74] In der Folge verzichteten die meisten Unternehmen auf die Verwendung von KZ-Häftlingen, da ihnen seit Anfang 1942 ausländische Arbeiter, vor allem aus der Sowjetunion, gerade zu dieser Zeit in ganz erheblichen Größenordnungen zur Verfügung standen — oder sie knüpften von sich aus daran Bedingungen, die zu einer Beschäftigung von KZ-Häftlingen als Facharbeiter auf qualifizierten Arbeitsplätzen geführt hätten, was den Vorstellungen der SS vom Charakter der Arbeit als Strafe für die Juden oder gar von der „Vernichtung durch Arbeit" eklatant widersprach.

So bildete die Entscheidung für den massenhaften Arbeitseinsatz von sowjetischen Zivilarbeitern und Kriegsgefangenen im November 1941 die Voraussetzung für den Übergang zur Massenvernichtung der Juden in den Lagern der SS, weil ein kriegswirtschaftlicher Druck oder Sachzwang, die KZ-Häftlinge zur Arbeit einzusetzen, auf diese Weise verhindert oder doch aufgefangen wurde. Die Beschäftigung von jüdischen KZ-Insassen blieb in den beiden folgenden Jahren im wesentlichen auf die SS-eigenen Unternehmen sowie wenige KZ-nahe Betriebe beschränkt.[75] Vielmehr wurden jüdische Arbeitskräfte sogar aus kriegswichtigen Industrien herausgezogen, und die Massenvernichtung der Juden begann mit bald rasender Geschwindigkeit.[76]

Gleichzeitig aber blieb die Perspektive des „Arbeitseinsatzes" der Juden offiziell bestehen und fand in den Selektionen auf den Rampen der Vernichtungslager weiterhin ihren sichtbaren Ausdruck; sei es zur Tarnung, sei es „zur Aufrechterhaltung der Fiktion, nur Arbeitsunfähige zu töten", wie Hans Mommsen hervorhebt. So blieb „die Genozid-Politik im Zwielicht der angeblichen Notwendigkeit des Arbeitseinsatzes".[77]

Knapp zwei Jahre später hatte sich diese Situation erheblich verändert. Die Zahl der zum Wehrdienst eingezogenen Belegschaftsmitglieder der deutschen Rüstungsbetriebe hatte weiter zugenommen, der Arbeitskräftemangel der Unternehmen war erheblich — denn die Produktionsanforderungen waren ja nicht geringer geworden, weitere ausländische Zivilarbeiter oder Kriegsgefangene hingegen seit dem Frühjahr 1944 nur noch in geringem Umfang zu bekommen; so daß die Frage des Arbeitseinsatzes von jüdischen KZ-Häftlingen in der Privatindustrie unter diesen gewandelten Bedingungen erneut zur Debatte stand. Der kriegswirtschaftliche Druck, der 1942 gefehlt hatte, war nun vorhanden — gleichwohl reichte er nicht aus, um das Vernichtungsprogramm der SS abzustoppen. Zwar forderte Speers Planungschef Saur in einer Sitzung des Jägerstabes am 14. April, „daß wir weitere hunderttausend ungarische Juden oder sonst etwas hereinholen müssen" — in diesem Fall für die unterirdische Flugzeugproduktion[78] — dennoch wurden zwei Drittel der etwa 400.000 ungarischen Juden, die zwischen Mai und Juli 1944 nach Auschwitz deportiert worden waren, dort umgebracht.[79]

Eine Beschäftigung jüdischer Häftlinge in der Privatindustrie lehnte die SS jedoch auch im Frühjahr 1944 noch ab. Am 24. April 1944 schrieb die Dienststelle Eichmanns an das Auswärtige Amt: „Ein sogenannter offener Arbeitseinsatz in Betrieben des Reiches kann . . . aus grundsätzlichen Erwägungen nicht in Betracht kommen, da er im Widerspruch zu der inzwischen im großen und ganzen abgeschlossenen Entjudung des Reiches stehen . . . würde."[80]

In dem Maße aber, wie sich die militärische und kriegswirtschaftliche Lage des Deutschen Reiches verschlechterte und die Arbeitskräfteknappheit der deutschen Rüstungsindustrie sich ausweitete, mußte die SS gegenüber den hier postulierten Forderungen zurückstecken. Das Rüstungsministerium gewann im gleichen Zeitraum zunehmend an Einfluß auch auf die Verwendung von KZ-Arbeitskräften und setzte seit dem Frühsommer 1944 die Beschäftigung von jüdischen Häftlingen in der Privatindustrie im Reichsgebiet in erheblichen Größenordnungen durch.

Privatfirmen, die KZ-Häftlinge beschäftigen wollten, mußten sich dabei zunächst direkt an das WVHA wenden; von dort aus wurden die Anforderungen überprüft, und das jeweils „zuständige" KZ bekam gegebenenfalls den Auftrag, die vereinbarte Zahl von Häftlingen den betreffenden Unternehmen zur Verfügung zu stellen.[81] Nach Speers Neuorganisation im Oktober 1944 wurde dann auch hier die GBA-Behörde eingeschaltet.[82] Der Arbeitseinsatz von KZ-Häftlingen in der Privatwirtschaft nahm also nennenswerte Größenordnungen erst an, nachdem andere Arbeitskraftreserven nicht mehr zur Verfügung standen. Waren es noch im April 1944 nicht mehr als 130 „Außenlager" der 20 Konzentrations-Stammlager, in denen in der Privatwirtschaft beschäftigte KZ-Häftlinge untergebracht wurden, so war die Zahl bis Kriegsende auf etwa 1.000 mit mehr als 600.000 Insassen gestiegen[83] — angesichts der etwa 7,7 Millionen ausländischen Fremdarbeiter und Kriegsgefangenen zu dieser Zeit und vor allem in Relation zu den Zahlen der in der zweiten Kriegshälfte von der SS ermordeten Juden dennoch eine geringe Zahl.

Die Arbeits- und Lebensbedingungen der jüdischen KZ-Häftlinge, die die SS in den letzten Kriegsmonaten der Privatindustrie zur Zwangsarbeit zur Verfügung stellte, waren schrecklich. Gleichwohl rettete die Bestimmung für den Arbeitseinsatz vielen von denen, die von den Mengeles auf die Seite der „Arbeitsfähigen" selektiert und dann tatsächlich einem Arbeitskommando zugeteilt worden waren, das Leben. Jedoch war dies ausdrücklich als Ausnahme, als kriegsbedingter Kompromiß deklariert worden: Die Vernichtung a l l e r Juden war das Ziel der SS; die Beschäftigung eines Teiles von ihnen in der Rüstungsproduktion konnte nicht mehr sein als ein vorübergehendes Zugeständnis an kriegswirtschaftliche Sachzwänge, in der Absicht, dadurch dem eigentlichen Ziel näher zu kommen. Hätte die SS zu einer früheren Zeit, als dies aus kriegswirtschaftlichen Erwägungen bereits geboten schien, den umfassenden Arbeitseinsatz — mehr noch: die effektive, d. h. qualifizierte Beschäftigung — der Juden in der deutschen Kriegswirtschaft angeordnet, so hätte dies auf der einen Seite eine erhebliche Erweiterung des den Deutschen zur Verfügung stehenden Arbeitskräftepotentials bedeutet und somit eine merkliche Verstärkung der deutschen Wirtschaftskraft insgesamt. Auf der anderen Seite wäre es aber der Preisgabe eines der zentralen Kriegsziele des Nazi-Regimes gleichgekommen: der „Endlösung der Judenfrage". „Die Vernichtung der Juden gehörte mit zu den Zielen des Krieges", schreibt dazu Falk Pingel, „und sie wurde nur insoweit auch als Mittel seiner Durchführung funktionalisiert, als sie selbst dadurch nicht in Frage gestellt wurde".[84]

3. Kriegswirtschaft und Ideologie: Die Praxis der Zwangsarbeit

Extensive Ausbeutung

Die Arbeits- und Lebensbedingungen der sowjetischen Zivilarbeiter und Kriegsgefangenen waren gemäß den Richtlinien Görings vom November 1941, durch die „Ostarbeitererlasse" sowie durch entsprechende Vorschriften der Arbeits- und Ernährungsbehörden so gestaltet worden, daß schon kurze Zeit nach dem Eintreffen der ersten Transporte aus dem gesamten Reichsgebiet Meldungen eintrafen, daß die Ernährungslage der Ostarbeiter und der russischen Kriegsgefangenen katastrophal, die Unterbringung unzureichend und der Lohn der Zivilarbeiter durch eine zusätzliche Steuer („Ostarbeiterabgabe") so niedrig sei, daß er keinen Leistungsanreiz enthalte. Zahlreiche Betriebe beschwerten sich bei den zuständigen zivilen und militärischen Behörden, daß eine effektive

Arbeitsleistung von den sowjetischen Arbeitern angesichts ihres Ernährungszustandes nicht mehr zu erwarten sei. Die Essener Firma Krupp zum Beispiel berichtete im April 1942: „Bei den zivilen russischen Arbeitern, die — mit wenigen Ausnahmen — in einem ausgezeichneten Gesundheitszustand hier ankamen, machen sich bereits ebenfalls die typischen Hungerödeme bemerkbar. Nach Ansicht unserer Betriebsärzte ist der körperliche Verfall ausschließlich auf die ungenügende Verpflegung zurückzuführen, wobei wir noch besonders darauf hinweisen, daß unsere Verpflegungssätze den amtlichen Vorschriften entsprechen. Von unseren russischen Kriegsgefangenen sind bereits über 30 % infolge ungenügender Ernährung arbeitsunfähig und 12 schon im Lager gestorben.“[85]

Auch die Vorschrift, die sowjetischen Arbeitskräfte nur in Kolonnen einzusetzen, stand einer effektiven und für die Unternehmen lohnenden Beschäftigung im Wege: Zwar standen nun genügend Arbeitskräfte zur Verfügung, aber die tatsächliche Entlastung der unter Hochdruck produzierenden Betriebe durch die Beschäftigung der Russen war erheblich geringer als veranschlagt — ihre Arbeitsleistungen lagen durchweg unter 70 %, in vielen Fällen unter 50 % im Vergleich zu deutschen Arbeitskräften, obwohl die Betriebe übereinstimmend berichteten, daß bei besserer Ernährung die Leistungen denjenigen der Deutschen durchaus nahe kämen.

Ursache dieser vom wirtschaftlichen Standpunkt aus absurd wirkenden Entwicklung waren aber nicht nur die Erlasse und Verordnungen der Behörden. Ausschlaggebend war vielmehr auch eine Einstellung bei den zentralen und örtlichen Verantwortlichen in den Behörden und Betrieben, wonach „der Russe“ „rassisch wertlos“ sei, zu höheren und qualifizierteren Leistungen gar nicht in der Lage, und die Ernährung der sowjetischen Arbeiter nur die Versorgung der deutschen Bevölkerung belasten würde. „Wenn der Eine nicht taugt, taugt der Andere. Die Bolschewisten seien seelenlose Menschen, wenn hunderttausende eingingen, kämen weitere Hunderttausend dran“, erklärte z. B. ein Vertreter der DAF in Essen gegenüber einem Kruppschen Betriebsleiter, der darauf hingewiesen hatte, daß die ihm zugeteilten sowjetischen Arbeitskräfte dem Verhungern nahe und zur Arbeit gar nicht in der Lage seien.[86] Zwar gab es verschiedene Initiativen zur Verbesserung der Lage der Ostarbeiter und sowjetischen Kriegsgefangenen, außer der Lockerung der Kolonnenarbeit aber geschah bis zum Frühjahr 1943 nichts.

So war die Beschäftigung der ausländischen Arbeitskräfte in Deutschland gegen Ende des Jahres 1942 durch tiefgreifende Widersprüche gekennzeichnet. Eine Eindämmung oder gar Zurückentwicklung des Ausländereinsatzes, wie sie von der SS und Teilen der Partei gefordert wurde, war kriegswirtschaftlich völlig undenkbar. In dem Maße, in dem sich die militärische Lage des Reiches verschlechterte, war das Regime auf die

Arbeitsleistung der Ausländer angewiesen, was nun aber eine leistungs-orientierte Behandlung und stärkere Integration in das deutsche Alltags- und Arbeitsleben voraussetzte, wodurch die Gefahr entstand, daß dadurch die rassistischen Zerrbilder der deutschen Propaganda vom „russischen Untermenschen" zerfließen konnten. Sollte also die Arbeitsleistung der Ausländer, vor allem der sowjetischen Arbeitskräfte, gesteigert werden, wäre dadurch die nationalsozialistische Nachkriegs-Perspektive eines Europa beherrschenden deutschen Herrenvolkes berührt und der Sinn eines nationalsozialistischen Sieges in Frage gestellt.

Viele Unternehmen gerade der Metallindustrie, die an einem effektiven Einsatz der ihnen zugewiesenen Arbeitskräfte interessiert waren und sogar dazu übergingen, die russischen Arbeiter anzulernen, entwickelten in der Folgezeit eigene Behandlungs-Richtlinien und gaben auch Zusatzverpflegung aus.[87] Die Erhaltung und Steigerung der Leistungsfähigkeit wurde in der Mehrzahl der Betriebe zum obersten Grundsatz im Ausländereinsatz, ein Vorhaben, das zunächst bei den Westarbeitern, dann zunehmend auch bei den sowjetischen Zivilarbeitern mit Erfolg durchgeführt wurde. Seit 1943 wurden diese Tendenzen auch von der politischen Führung unterstützt und durch gelockerte Behandlungsvorschriften sowie eine Kampagne zur Leistungssteigerung der Ostarbeiter durch verbesserte Anlernung gefördert. Der Versuch, die Ausbeutung der Arbeitskraft gerade der Ostarbeiter zu optimieren, war für die Betriebe deswegen erfolgversprechend, weil sie auf sozialpolitische Hemmnisse bei der Beschäftigung wie bei den deutschen, vor allen den weiblichen, Arbeitskräften keinerlei Rücksichten zu nehmen brauchten. Ostarbeiter und Ostarbeiterinnen wurden so zu begehrten, weil billigen und effektiven Arbeitskräften. Hatte sich vor allem die Industrie anfangs wegen der zahlreichen Einsatzbeschränkungen, der geringen Ernährungsrationen, des schlechten Gesundheitszustandes der Russen und wegen verbreiteter Abneigung gegen die sowjetischen Arbeiter in den Betriebsleitungen wie in den Belegschaften gegen den „Russeneinsatz" gewehrt, so forderten die Unternehmensleitungen, seit diese Hemmnisse weitgehend weggefallen waren, immer neue Kontingente an zusätzlichen Ostarbeitern. Vom ökonomischen Standpunkt aus wurde die Beschäftigung von Ausländern, auch von Ostarbeitern, in Deutschland durchaus lohnend und war auch als Nachkriegsperspektive denkbar geworden. Diese Einschätzung faßte im Juni 1943 einer der Direktoren der Fieseler-Werke in einer Ansprache so zusammen: „Der Deutsche hat sich mit dem Ausländereinsatz zum ersten Mal in einem riesigen Umfange die Tätigkeit von Hilfsvölkern zu eigen und zu nutze gemacht und daraus Lehren gezogen und Erfahrungen gesammelt. Es wird gut sein, schon während, spätestens nach dem Kriege, diesen ganzen Erfahrungsschatz an berufener Stelle zu sammeln."[88]

Daß der Primat der Arbeitsleistung aber durchaus nicht überall durchgesetzt war, zeigt das Beispiel des Bergbaus. Hier waren die Arbeits- und Lebensbedingungen vor allem der sowjetischen Arbeitskräfte besonders schlecht und blieben es bis zum Ende des Krieges. Ende Dezember 1942 waren bereits 28 % der Belegschaften der Steinkohlezechen des Ruhrgebiets Ausländer, drei Viertel davon Ostarbeiter und Kriegsgefangene. Schon wenige Wochen nach ihrer Ankunft aber war der anfangs so gute Gesundheitszustand der dem Bergbau zugeteilten Zivilarbeiter in ähnlich lebensbedrohender Weise verschlechtert worden wie derjenige der Kriegsgefangenen. Bis zum Sommer 1942 war es bei den etwa 25.000 sowjetischen Arbeitern in den Zechen des Dortmunder Bezirks zu einem effektiven Einsatz noch gar nicht gekommen. Ein Dortmunder Bergrevierbeamter berichtete darüber: „Es kommt z. B. oft vor, daß russische Kriegsgefangene in der Grube nach kurzer Zeit zusammenbrechen und daß sie untertage völlig apathisch und mit der Bahre oder auf sonstige Art übertage gebracht werden müssen."[89] Selbst Ende 1942 war noch etwa jeder sechste sowjetische Bergarbeiter nicht einsatzfähig, die Durchschnittsleistung der übrigen lag bei 37 % im Vergleich zu deutschen Arbeitern. Wer von den sowjetischen Kriegsgefangenen nicht arbeitsfähig war, wurde nach einiger Zeit in das Stammlager zurückgeschickt, wo viele von ihnen starben. Manche Zechen weigerten sich in der Folgezeit sogar, die ihnen zugewiesenen Gefangenen dorthin zurückzuschicken, „zumal dort nur ein kleiner Teil der Leute wieder zurückkommt", wie etwa vom Zechenverband Hibernia festgestellt wurde.[90]

Außer über schlechte Ernährung wurde immer wieder über Mißhandlungen geklagt. In einem Rundschreiben der Bergbau-Bezirksgruppe Ruhr hieß es dazu: „Wiederholt wird von Seiten der Wehrmacht und der zivilen Dienstbehörden Beschwerde geführt, daß die Behandlung der russischen Kriegsgefangenen immer noch auf einigen Zechen zu wünschen übrig läßt, daß Schlagen, Mißhandlungen noch nicht abgestellt sind, daß über und unter Tage jede menschliche Behandlung fehlt. Dies läßt erkennen, daß gerechte Betreuung, überhaupt Interesse für die anvertrauten Kriegsgefangenen nicht vorhanden ist. Wie ist sonst ein täglicher Abgang durch Tod, Abtransport total abgemagerter Todeskandidaten, die bereits Monate eingesetzt sind, zu erklären?"[91] An solchen Mißhandlungen waren vor allem Vorarbeiter und Steiger beteiligt, aber auch die Berichte über Ausschreitungen deutscher Bergleute gegenüber den Russen sind nicht eben selten.

Zwar versuchten die Zechenleitungen seit 1943 ebenfalls, die Arbeitsleistungen der sowjetischen Arbeiter zu steigern, allein der Erfolg blieb gering. Mangelnde Verpflegung, schlechter Gesundheitszustand, hohe Todesraten blieben kennzeichnend für den Ausländereinsatz im Ruhrbergbau. „So mußten z. B. aus einem Bergbaubetriebe in den letzten 3

Monaten 90 Sowj. Krgf. wegen Entkräftung in das Mannschaftsstammlager zurückgeführt werden. Ein Teil dieser Krgef. konnte nicht mehr gerettet werden", hieß es im Mai 1943 in einem Schreiben des Wehrkreiskommandos VI an das Dortmunder Oberbergamt.[92] Anfang 1944 waren im gesamten Bergbaubereich 181.764 sowjetische Gefangene beschäftigt, allein im ersten Halbjahr dieses Jahres waren aber 32.236 „Abgänge" zu verzeichnen. Was darunter zu verstehen war, zeigt eine Aufschlüsselung der Zahlen im oberschlesischen Bergbau für diesen Zeitraum. Von den insgesamt 10.963 dort als „Abgänge" registrierten sowjetischen Kriegsgefangenen waren 7.914 „wegen Krankheit ins Lager zurückgeführt", 1.592 „wegen Krankheit in Lazarette überführt", 639 waren als „Todesfälle auf Arbeitskommandos" gemeldet, 818 als „Fluchten".[93] Die Berichte über die schrecklichen Lebensverhältnisse der im Bergbau beschäftigten ausländischen, vor allem aber der sowjetischen Arbeiter waren sowohl den Unternehmensleitungen wie den Behörden wohlbekannt. So lagen etwa Berichte von Kommissionen der Schutzmachtvertreter des Internationalen Roten Kreuzes und der deutschen Begleitoffiziere über die Besuche bei Kriegsgefangenen-Arbeitskommandos im Bergbau vor. In einem Bericht vom Dezember 1944 waren die vorwiegenden Mißstände zusammengefaßt:

„1) Krgef. werden geschlagen.

2) Krgef. mußten bei Arbeit im Wasser ohne Gummistiefel arbeiten.

3) Krgef. fehlte die zweite Decke, noch Ende Oktober 1943.

4) Unterkünfte sind vielfach überbelegt, nicht ungezieferfrei, Nachtruhe nicht gesichert.

5) Krgef. kommen mit nassen Kleidern aus der Grube und fahren mit nassen Kleidern wieder ein, da keine Möglichkeit zum Trocknen in den Unterkünften.

6) Untersuchung auf Bergbaufähigkeit ist sehr oberflächlich. Ein Zivilarzt untersucht z. B. bis zu 200 Krgef. in der Stunde auf Bergbaufähigkeit.

7) Unverhältnismäßig hohe Unfallziffern. Vielfach fahren Schichten ein, ohne daß sich unter den Krgef. ein deutscher Fachmann befindet; Unfallverhütungsvorschriften hängen nur in deutscher Sprache aus.

8) Verpflegung quantitativ ausreichend, qualitativ dagegen häufig schlecht.

9) Kranke werden verspätet dem Arzt vorgeführt.

10) Kranke Kriegsgefangene, die noch schonungsbedürftig sind, werden vorzeitig wieder untertage eingesetzt."[94]

Bei den betroffenen Bergbau-Unternehmen stießen solche Berichte häufig auf Unverständnis und Kritik. So schrieb die Betriebsleitung der Essener Steinkohle: „Bemerkenswert ist immer wieder der Eifer, mit welchem sich deutsche Behörden pp. um das Wohlergehen der Ausländer bemühen.

Zur rechten Einstellung gegenüber solchen Bemühungen und Anweisungen verhilft stets die nüchterne eigene Überlegung, in welchem Ausmaß sich solche Stellen bisher um das Wohlergehen unserer deutschen Arbeiter bzw. Arbeiterinnen ebenso ernsthaft bemüht haben. Und den durchweg gut untergebrachten und gut verpflegten ausländischen Arbeitskräften, soweit diese auf den Anlagen des Unternehmens untergebracht sind, bzw. zum Arbeitseinsatz kamen, geht es in jeder Weise gut. Diese Geister können ihr Los in einer Zeit, in welcher das deutsche Volk um Sein oder Nichtsein kämpft, gut ertragen."[95]

Die Hierarchie des Rassismus

Bei einer so großen Zahl ausländischer Arbeitskräfte sind summarische Urteile über deren Lebensverhältnisse nicht möglich, vielmehr unterschied sich die Situation der verschiedenen Gruppen der Fremdarbeiter und Kriegsgefangenen beträchtlich voneinander — und zwar nach verschiedenen Kriterien.

Am präzisesten feststellbar sind dabei die Kriterien von „Rasse" und „Volkstumszugehörigkeit". Sowohl was die Lebensmittelrationen, die Ausstattung der Unterkünfte, die Arbeitszeiten und -löhne sowie die Beschäftigung an qualifizierten Arbeitsplätzen betraf, als auch in Bezug auf die sicherheitspolizeilichen Bestimmungen — Strafsystem, Umgang mit Deutschen, Mißhandlungen etc. — waren die Westarbeiter schlechter als die Deutschen, aber deutlich besser als die Arbeiter aus dem Osten gestellt; daraus entwickelte sich eine Hierarchie, bei der die französischen Zivilarbeiter vor denen aus anderen westlichen Ländern (Belgien, Niederlande) rangierten, darunter die Arbeitskräfte aus den zum Teil mit Deutschland verbündeten oder von ihm abhängigen südosteuropäischen Ländern (Ungarn, Rumänen, Slowenen, Griechen, Serben, Kroaten), darunter die Arbeiter aus der Tschechoslowakei (dem sogenannten „Protektorat Böhmen und Mähren"), darunter die Polen, und ganz unten rangierten die Arbeiter aus der Sowjetunion sowie seit dem Sommer 1943 auch die italienischen Militärinternierten; wobei noch gewisse Abstufungen zwischen Ukrainern und Russen auf der einen, Zivilarbeitern und Kriegsgefangenen auf der anderen Seite feststellbar sind. Die während des letzten Kriegsjahres vermehrt in der Rüstungsindustrie beschäftigten KZ-Häftlinge bildeten zudem noch eine eigene Kategorie unterhalb dieser rassistischen Stufenleiter, weil sich bei ihrem Arbeitseinsatz eine auf Leistung orientierte Behandlung bis Kriegsende nicht durchsetzte; in der Praxis jedoch begannen sich die Unterschiede zwischen der Situation etwa der sowjetischen Arbeitskräfte und der jüdischen KZ-Häftlinge im Chaos der letzten Kriegsphase in manchen Betrieben zu verwischen.

In der betrieblichen Praxis ließen sich diese durch eine unübersehbare

Abb. 6: Zwangsrekrutierung ukrainischer Frauen, 1942

Abb. 7: Anwerbebüro in Frankreich

154

Abb. 8: Ostarbeiterlager, 1942

Abb. 9: Polnischer Landarbeiter, ca. 1942

Abb. 10: Hinweise für Betriebsleiter: Beurteilung der Arbeitseignung sowjetischer Arbeiter nach „rassischen Merkmalen", 1944

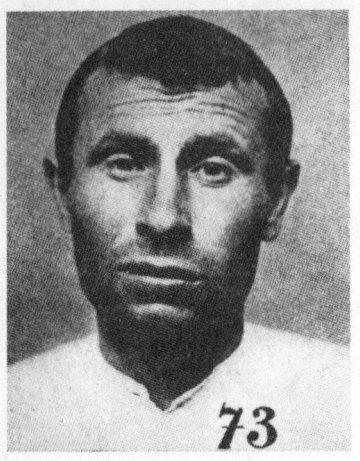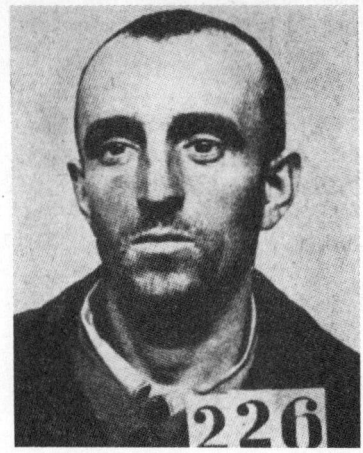

„Typ des angängigen Arbeiters, hat ständig zu meckern und ist unzufrieden; durch geringe Zugaben zufrieden und einsatzfreudig"

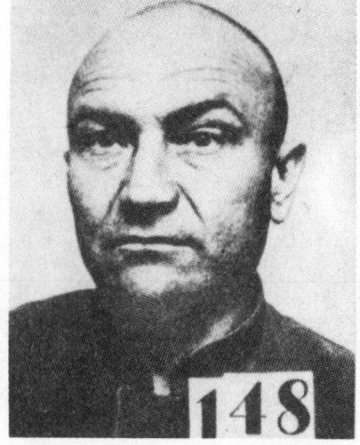

„Simulanten"

„Sehr gute Facharbeiter, die ohne Ansprüche zu stellen in jedem Betrieb und an jedem Arbeitsplatz eingesetzt werden können:"

„Typ des guten Arbeiters, zuverlässig, ruhig, fleißig."

„Fleißige Frauen, angelernt, gute Eignung."

Abb. 11: „Leistungssteigerung der Ostarbeiter" — Betriebskampagne 1944

„Ostarbeiter-Gruppe in der Gießerei. Ostarbeiter-Vormann und zwei Anlerner."

„Zuverlässiges Arbeiten, unter Aufsicht einer deutschen Frau."

Fülle von Erlassen durchreglementierten Abstufungen natürlich nicht in allen Einzelheiten auch durchsetzen. Aber in den Berichten der behördlichen und betrieblichen Stellen vor Ort wird doch immer wieder deutlich, wie sehr diese Hierarchie auch der Vorurteilsstruktur bei den Verantwortlichen in den Betrieben und Lagern sowie in weiten Teilen der Bevölkerung entsprach, so daß die Zugehörigkeit zu einem bestimmten „Volkstum" auch in starkem Maße bestimmte, wie es den einzelnen tatsächlich erging.

Neben die Einteilung nach Nationalität oder „Volkstum" trat die nach Geschlecht — was sich vor allem auf die Arbeiterinnen aus dem Osten auswirkte: Um den „blutlichen Gefahren", die für die Regimeführung aus dem Arbeitseinsatz von „Fremdvölkischen" drohten, abzuwehren, waren die Rekrutierungskommandos im Osten gehalten, jeweils zur Hälfte männliche und weibliche Arbeitskräfte anzuwerben; so waren von den Polen etwa ein Drittel, von den sowjetischen Zivilarbeitern etwas mehr als die Hälfte Frauen. Sie unterlagen in den Betrieben den gleichen Anforderungen wie die Männer, erhielten aber eine noch schlechtere Bezahlung und waren zudem den Nachstellungen durch deutsche Vorgesetzte und Lagerführer relativ schutzlos ausgesetzt — die Akten der Düsseldorfer Gestapo-Stelle zum Beispiel sind voll von Fällen, in denen deutsche Lagerleiter den im Durchschnitt etwa 20 Jahre alten Ostarbeiterinnen durch Ausnutzung ihrer Vorgesetztenfunktion oder einfach mit Gewalt sexuelle Kontakte abgenötigt hatten.[96]

Von Bedeutung für die Lebensverhältnisse der Ausländer war es aber auch, in welcher Branche und in welchen Betrieben sie beschäftigt, in welchen Lagern sie untergebracht und seit Ende 1942 vor allem, ob sie in einer Großstadt oder auf dem Lande eingesetzt waren. Das Beispiel Bergbau hatte bereits gezeigt, wie schrecklich die Bedingungen der dort vorwiegend beschäftigten Zivilarbeiter und Kriegsgefangenen aus dem Osten waren, während in der Metallindustrie zum Teil deutlich bessere Verhältnisse zu beobachten waren. Vor allem für die Lebensmittelversorgung war es von großem Vorteil, in der Landwirtschaft beschäftigt zu werden — das ging so weit, daß die Behörden die ausgemergelten, halbverhungerten sowjetischen Arbeitskräfte zur „Aufpäppelung" — das war der offizielle Begriff — für einige Zeit in die Landwirtschaft versetzten.[97] Viele Ausländer versuchten aber gerade in den letzten beiden Kriegsjahren, auf eigene Faust dem Bergbau und anderen Branchen, etwa der Bauindustrie, zu entkommen und illegal bei einem Bauern Arbeit und Unterkunft zu finden.

Daß die Verhältnisse in einzelnen Lagern und Betrieben sich oft so eklatant voneinander unterschieden, verweist hingegen darauf, daß die Bestimmungen der Behörden trotz aller Reglementierungswut noch erheblichen Spielraum ließen und daß es hier ganz wesentlich auf das

Verhalten der Verantwortlichen in den Fabriken und den Lagern ankam. Wer einen Meister oder Vorarbeiter erwischt hatte, der es zuließ, daß etwa den russischen Arbeitern ohne Genehmigung zusätzliche Lebensmittel verabreicht wurden, oder einen Lagerführer, der den Lagerinsassen die denkbar knappen Ruhepausen nicht durch zusätzliche Schikanen noch zerstörte oder sich an den außerordentlich verbreiteten Korruptionsgeschäften mit den den Ausländern zustehenden Lebensmitteln nicht beteiligte, dessen Aussichten, den „Arbeitseinsatz" in Deutschland ohne körperliche Dauerschäden zu überleben, waren erheblich größer als diejenigen eines Fremdarbeiters, der den Schikanen und Mißhandlungen, der Korruption und dem Machtrausch der Verantwortlichen im Lager und im Betrieb schutzlos ausgeliefert war.

Das Verhalten der mit dem „Ausländereinsatz" beschäftigten Deutschen — und bei mehr als 7 Millionen Ausländern waren das viele zehntausend Menschen — gerät so immer stärker in den Vordergrund, je mehr man sich über die politische und Verwaltungsebene hinaus mit der Wirklichkeit der Ausländerbeschäftigung während des Zweiten Weltkrieges beschäftigt. Die deutsche Bevölkerung war hier nicht passiver Zuschauer — sie war als aktiver Faktor der nationalsozialistischen Politik eingeplant, und vom Verhalten der einzelnen Deutschen am Arbeitsplatz, im Lager oder in der Öffentlichkeit hing es ab, wie es den ausländischen Zwangsarbeitern tatsächlich erging.

Seit dem Einsetzen der alliierten Großangriffe auf deutsche Großstädte wurde es ein zunehmend bedeutsamer Gesichtspunkt für die ausländischen Arbeiter, ob sie auf dem Land oder in den bombengefährdeten Großstädten lebten. Ostarbeiter, Polen und Kriegsgefangene durften die öffentlichen Luftschutzbunker nicht betreten, und in vielen Lagern waren nicht einmal Splitterschutzgräben vorhanden.[98] Für die ausländischen Arbeiter in den großen Städten begann eine Zeit der fortwährenden Angst — in manchen Städten kam es zu regelrechten Paniken der unzureichend gegen die Angriffe geschützten Ausländer. „Ein großer Teil der Fluchten sind Panikfluchten", stellte der Kommandant des Kriegsgefangenenlagers in Hemer fest. „So sind von einem großen Arb. Kdo. in dem gefährdeten Bezirk Dortmund-Ost allein 32 sowj. Kr. Gf. von den Arbeitsstellen geflohen, die bei ihren Vernehmungen nach der Wiederergreifung immer wieder die häufigen Bombardements als Fluchtgrund angaben."[99] Da die Ausländerlager meist in den Innenstädten und nahe bei den Fabriken lagen, waren sie den Luftangriffen besonders stark ausgesetzt — da aber andererseits Aufräumungs- und Instandsetzungsarbeiten vorrangig an Betriebsanlagen und Wohngebieten der deutschen Bevölkerung und, wenn überhaupt, an den Ausländerlagern zuletzt vorgenommen wurden, verschlechterten sich die Lebensverhältnisse der Bewohner dieser Lager nach einem Angriff drastisch und oft für lange Zeit. Über die Verhältnisse in einem Lager für französische Kriegsgefangene in Essen nach einem Angriff berichteten die zuständigen Lagerärzte: „Das Lager ist belegt mit 640 französischen Kriegsgefangenen. Durch den Fliegerangriff am 27. April ds. Js. ist das Lager weitgehend zerstört; z. Zt. sind die Verhältnisse unhaltbar. Im Lager sind noch 315 Gefangene untergebracht, 170 von diesen aber nicht mehr in Baracken, sondern in einem Durchlaß der Eisenbahnstrecke Essen-Mülheim im Zuge der Grunertstraße. Dieser Durchlaß ist feucht und für die dauernde Unterbringung von Menschen nicht geeignet . . . Für Revierkranke stehen zwei übereinanderstehende Holzbetten zur Verfügung. Im allgemeinen findet die ärztliche Behandlung im Freien statt." Im September 1944 — ein halbes Jahr nach dem Angriff — meldete ein anderer Arzt über dasselbe Lager: „Das Kriegsgefangenenlager in der Nöggerathstraße befindet sich in einem schauderhaften Zustand. Die Leute wohnen in Aschenbehältern, Hundeställen, alten Backöfen und in selbstgefertigten Hütten. Die Verpflegung war nur gerade ausreichend."[100]

Neben Nationalität, Geschlecht und den spezifischen Verhältnissen in einzelnen Branchen, Betrieben und Lagern kam also als weiterer Faktor, der über die Art der Lebensverhältnisse der Ausländer bestimmte, hinzu, ob die einzelnen in einem zerstörten oder unzerstörten Lager lebten, so daß die Bandbreite der Verhältnisse, in denen ausländische Arbeiter in Deutschland lebten, außerordentlich groß war.

Bei aller notwendigen Differenzierung muß man aber insgesamt feststellen, daß sich das Kriterium „Nationalität" bzw. „Rasse" am stärksten in den unterschiedlichen Lebensverhältnissen der ausländischen Arbeiter niederschlug. Die regelmäßigen Berichte der deutsche Briefzensurstellen geben darüber Auskunft; danach erhielten die Arbeiter aus dem Westen Europas für die schwere Arbeit, die sie leisten mußten, zwar den gleichen Lohn wie die Deutschen, wurden aber häufig nicht entsprechend ihrer Qualifikation eingesetzt. Auch die Arbeitszeiten entsprachen weitgehend denjenigen der deutschen Arbeiter, und über die häufigen Überstunden und Sonntagsschichten beklagten sie sich ebenso wie ihre deutschen Kollegen. Häufiger Gegenstand von Beschwerden war die Qualität der Verpflegung in den Lager- und Betriebsküchen; Klagen wegen zu geringer Portionen tauchen seltener auf. Eine bitter beklagte Einschränkung war für die meisten „Westarbeiter" die schiere Unmöglichkeit, Urlaub zu erhalten, um nach Hause fahren zu können. Die deutschen Behörden hatten dies erschwert, schließlich sogar verboten, weil ein Teil der Urlauber nicht zurückgekehrt war.[101]

Die Situation der Arbeiter aus Westeuropa unterschied sich insgesamt von derjenigen der deutschen Arbeiter auch in materieller Hinsicht; aber einschneidender waren wohl die Diskriminierungen und Demütigungen, über die häufig berichtet wurde. Erniedrigende Strafen (z. B. Prügel bei Urlaubsüberschreitung) und Schikanen führten ihnen vor Augen, daß sie nicht als willkommene „Gastarbeiter" in Deutschland waren, sondern — jedenfalls die meisten — als Angehörige besiegter Feindstaaten in einem von einer terroristischen Diktatur regierten Land. „Ich hoffe, daß es bald zu Ende ist", schrieb im Februar 1943 ein französischer Arbeiter nach Hause, „denn hier haben die Leute eine Gesinnung wie die Wilden ... Man beißt sich förmlich die Finger ab, weil man nichts sagen darf, man muß alles einstecken".[102]

Und doch standen die Zivilarbeiter aus dem Westen auf der obersten Stufe der rassistischen Hierarchie, der Platz der sowjetischen Kriegsgefangenen und Zivilarbeiter hingegen war ganz unten; ihre Lebensverhältnisse waren deutlich schlechter noch als die der Polen und in der Regel unvergleichlich schlechter als die der Westarbeiter. Überlange Arbeitszeiten, schlechte Ernährung, Bezahlung, Unterkunft und Kleidung, mangelnde ärztliche Behandlung, Stacheldraht, Diffamierungen, Mißhandlungen kennzeichneten ihre Situation als Zwangsarbeiter in Deutschland — darin waren sich selbst Berichterstatter der NS-Behörden einig, die die Lebensverhältnisse der Ostarbeiter und Kriegsgefangenen untersuchten, um nach Möglichkeiten der Leistungssteigerung zu suchen. So schrieb eine Kommission des Wirtschaftsstabes Ost über ihre Eindrücke bei einer Rundreise durch das Ruhrgebiet im November 1943: „In den bereisten Gauen wird aber ganz im allgemeinen, abgesehen von wenigen Musterbetrieben, der Ostarbeiter seinem Schicksal überlassen, weil man ihn lediglich als aus dem weiten Ostraum leicht (zu) ergänzendes Produktionsmittel betrachtet. Die Betriebsführer haben fast durchgängig keinerlei Verständnis für das Wesen der Ostarbeiterfrage und wollen auch kein Interesse daran nehmen. Infolge dessen lassen selbst die notwendigsten Dinge wie Essen und Unterkunft zu wünschen übrig, sind ungenügend, lieblos hergerichtet, schmutzig und zum Teil sogar über jedes Maß hinausgehend schlecht ... Aufschlußreich war aber die Bemerkung: ,Der Ostarbeiter sei sehr zäh. Er arbeite, bis er an dem Arbeitsplatz mit dem Gesicht in den Dreck falle und der Arzt nur noch den Totenschein ausstellen könne.' ... Die Stimmung der Ostarbeiter war mit wenigen Ausnahmen, wo sie ausgesprochen gut genannt werden konnte, im allgemeinen eine unzufriedene bis zum Teil sogar katastrophale. So wird z. B. das Bild der Trostlosigkeit und Verelendung in dem Lager des Bochumer Vereins nie ausgelöscht werden können: ... Arbeiter furchtbar heruntergekommen, Stimmung katastrophal, Lager vernachlässigt und dreckig, Essen unzureichend. Prügel. Familien auseinandergerissen. Fluchtversuche sogar von Frauen. Essen als Prämie — erst Leistung dann Betreuung. Keinerlei Verständnis bei Leitung."[103]

Im Sommer 1943 inspizierte ein Beamter des Auswärtigen Amtes auf eigene Faust einige Ostarbeiterlager in Berlin und berichtete darüber: „Trotz der den Ostarbeitern offiziell zustehenden Rationen ist einwandfrei festgestellt worden, daß die Ernährung in den Lagern folgendermaßen aussieht: Morgens einen halben Liter Kohlrübensuppe. Mittags im Betrieb, einen Liter Kohlrübensuppe. Abends einen Liter Kohlrübensuppe. Zusätzlich erhält der Ostarbeiter 300 g Brot täglich. Hinzu kommen wöchentlich 50 bis 75 g Margarine, 25 g Fleisch oder Fleischwaren, die je nach der Willkür der Lagerführer verteilt oder vorenthalten werden . . . Große Mengen von Lebensmitteln werden *verschoben*. Diese den Ostarbeitern bestimmten Lebensmittel werden von den anderen ausländischen Arbeitern aufgekauft und an die Ostarbeiter für Wucherpreise verkauft . . . Es sei hier noch erwähnt, daß der größte Teil der Arbeiterinnen die Entbindung mehr fürchten als den Tod. So mußte ich selbst sehen, wie Ostarbeiterinnen auf Betten ohne Matratze auf den Stahlfedern lagen und in diesem Zustande entbinden mußten . . . Die größte Geißel der Lager aber bildet die Tuberkulose, die sich auch unter den Minderjährigen sehr stark ausbreitet. Im Rahmen der sanitären und gesundheitlichen Lage, in der sich die Ostarbeiter befinden, muß unterstrichen werden, daß es den deutschen und russischen Ärzten von den Betriebskrankenkassen verboten wird, irgendwelche Medikamente den Ostarbeitern zu verabfolgen. Die an Tuberkulose Erkrankten werden nicht einmal isoliert. Die Erkrankten werden mit Schlägen gezwungen, ihrer Arbeit nachzugehen, weil die Lagerbehörden die Zuständigkeit der behandelnden Ärzte anzweifeln. Es entzieht sich meiner Kenntnis, aus welchen Gründen die deutschen Stellen eine große Anzahl Kinder aus den besetzten Ostgebieten nach Deutschland ‚importierten‘. Es steht jedoch fest, daß sich zahlreiche Kinder von 4 bis 15 Jahren in den Lagern befinden, und daß sie in Deutschland weder Eltern noch sonstige Verwandte besitzen. Daß diese Kinder für deutsche Kriegsziele wertlos sind, ist offensichtlich. Die Ernährungslage, der gesundheitliche Zustand und die materielle Not tragen sicherlich nicht dazu bei, die ‚Moral‘ des Ostarbeiters zu stärken. Er befindet sich in einer allgemeinen Apathie, in der er vom Leben nichts mehr erhofft. So werden z. B. Frauen mit genagelten Brettern ins Gesicht geschlagen. Männer und Frauen werden wegen des leichtesten Vergehens nach Ablage der Oberkleidung im Winter in betonierte kalte Kerker gesperrt und ohne Essen gelassen. Aus ‚hygienischen‘ Rücksichten werden Ostarbeiter im Winter auf dem Hof des Lagers aus Schläuchen mit kaltem Wasser begossen. Hungrige Ostarbeiter werden wegen einiger gestohlener Kartoffeln vor den versammelten Lagerinsassen auf die unmenschlichste Art und Weise hingerichtet."[104]

Trotz derartiger Verhältnisse, die ausweislich der relativ breiten Berichterstattung durch deutsche Arbeitseinsatz-Behörden keine Ausnahme darstellten, gelang es den Nationalsozialisten, die Arbeitsleistungen auch für sowjetische Arbeitskräfte in den letzten beiden Kriegsjahren nicht unwesentlich zu steigern. Dafür waren verschiedene Faktoren ausschlaggebend: Die häufig festzustellende Bindung der Ernährung an die Höhe der Arbeitsleistung und die weitgehende Durchsetzung des Akkordsystems sind hier vor allem zu nennen; aber auch der stetige Ausbau der Kontroll- und Strafsysteme sowohl der Gestapo wie innerhalb der Betriebe der unternehmenseigenen Werkschutzleute und Rollkommandos. Darüber hinaus muß man dabei aber auch psychologische Momente berücksichtigen: Die Behauptung des Selbstwertgefühls und der persönlichen Identität durch „gute Arbeit" waren von einiger Bedeutung gerade für diejenigen, die der allseitigen Unterdrückung und Mißgunst nichts entgegenzusetzen hatten als ihre Arbeitsleistung. Dies galt in besonderer Weise für die Frauen; gerade die im Durchschnitt sehr jungen Ostarbeiterinnen waren bei den industriellen Unternehmen seit 1943 sehr begehrte Arbeitskräfte, weil ihre Leistungen hoch, ihre Löhne aber besonders niedrig waren und für sie die Schutzbestimmungen der deutschen Sozialgesetze für Frauen nicht wirksam waren. Im Gegensatz zu ihren männlichen Kollegen galten sie aber auch als besonders leicht lenkbar, Angst vor Widerständigkeit hatten die deutschen Behörden bei ihnen nicht. Da sie zudem oft schutzlos den sexuellen Nachstellungen von Lagerleitern und anderen deutschen Vorgesetzten, aber auch von ihren Landsleuten, ausgesetzt waren, unterlagen sie als sowjetische Zwangsarbeiter und als Frauen einer doppelten Unterdrückung.

Mit der Vorschrift, daß mindestens die Hälfte der nach Deutschland gebrachten Arbeitskräfte aus Polen und der Sowjetunion Frauen zu sein hatten, verfolgten die deutschen Behörden das Ziel, sexuelle Kontakte zwischen Deutschen und „Fremdvölkischen" auf diese Weise zu verhindern; die Folge aber war, daß die Zahl der in Deutschland geborenen Kinder von polnischen und sowjetischen Eltern stieg — vor allem für Parteikreise war dies ein ausgesprochener Skandal.

Waren anfangs schwangere Frauen aus Polen und der Sowjetunion noch in die Heimat zurückgeschickt worden, so hegten Arbeitsämter und Polizeistellen bald den Verdacht, daß die Schwangerschaften in der Absicht herbeigeführt worden wären, auf diese Weise Deutschland verlassen zu können. Daher wurden seit dem Frühjahr 1943 die Möglichkeiten der Abtreibung bei schwangeren Polinnen und Ostarbeiterinnen ausgeweitet — viele untere Behörden aber befürworteten gegenüber diesen Frauen ein wesentlich brutaleres Vorgehen.[105] „Unter den aus dem Reich

Zurückgekehrten befindet sich eine erhebliche Menge von schwangeren Frauen, die, da sie ihrer baldigen Niederkunft entgegensehen, aus dem Arbeitsverhältnis im Reich in ihre frühere Heiamt entlassen wurden. Die Häufigkeit der Fälle läßt darauf schließen, daß dieser Zustand ein gewollter ist", wurde aus dem Generalgouvernement gemeldet und angeregt, diese Kinder den Polinnen abzunehmen: „Die Kinder guten Blutes könnten in Heimen untergebracht werden, während die anderen einer Sonderbehandlung zugeführt werden müßten. M. E. würde dadurch mit einem Schlage die Kinderfreudigkeit bei diesen Polinnen nachlassen."[106] „Sonderbehandlung" war der Tarnbegriff der nationalsozialistischen Behörden für Hinrichtung — hier wurde also auf unfaßbar zynische und brutale Weise nichts anderes gefordert, als einen Teil der Kinder der Polinnen umzubringen und die „rassisch wertvollen" Kinder ihren Müttern wegzunehmen und in Heimen großzuziehen.

Daran anknüpfend vereinbarte Himmler mit dem GBA Ende 1942, keine ausländischen Arbeiterinnen aus dem Osten bei Schwangerschaft mehr abzuschieben. „Gutrassige Kinder" dieser Frauen sollten vielmehr in besonderen Heimen als Deutsche erzogen und „schlechtrassige" Kinder in Kindersammelstätten zusammengefaßt werden, wobei für diese Sammelstätten, wie Himmler ausdrücklich vermerkte, eine „hochtrabende Bezeichnung" einzuführen sei.[107] Am 27. Juni 1943 erging dann der daraus folgende Erlaß des RSHA, der eine konsequente Praktizierung rassebiologischer Grundsätze in diesen Fragen zum Inhalt hatte. Die Betreuungseinrichtungen für „schlechtrassige" Kinder von polnischen und sowjetischen Arbeiterinnen hießen nun „Ausländerkinder-Pflegestätten" und sollten mit ausländischem Personal belegt werden. Mit „gutrassigen" Kindern sollte anders verfahren werden: „Die Notwendigkeit, den Verlust deutschen Blutes an fremde Volkskörper zu verhindern, wird durch die Blutopfer des Krieges verstärkt. Es gilt daher, die Kinder von Ausländerinnen, die Träger z. T. deutschen und stammesgleichen Blutes sind und als wertvoll angesehen werden können, . . . nach Möglichkeit dem Deutschtum zu erhalten und sie daher als deutsche Kinder zu erziehen", lautete die Begründung eines komplizierten Verfahrens der „rassischen Überprüfung". Fiel diese „positiv" aus, wurden die Kinder nach der Stillphase in besondere Pflegeheime eingewiesen und von den Müttern getrennt — bei Westarbeiterinnen nur mit Zustimmung der Mutter, bei Polinnen und Ostarbeiterinnen ohne Einwilligung. Außerdem sollten „rassisch besonders wertvolle werdende Mütter, die den Bedingungen des Lebensborns entsprachen, in SS-Mütterheimen aufzunehmen und ihre Kinder zu bevormunden" sein.[108]

In der Folgezeit wurden zahlreiche derartige „Ausländerkinder-Pflegestätten" eingerichtet, oft auch auf Veranlassung der Firmen, bei denen die ausländischen Mütter beschäftigt waren. So auch bei der Firma

Krupp in Essen: Das Kinderheim „Buschmannshof" in Voerde bei Dinslaken wurde 1943 eröffnet, weil, wie der Kruppsche Oberlagerführer später erklärte, die Zahl der Ostarbeiterkinder weiter anstieg und die Platzverhältnisse im Kruppschen Krankenhaus in Essen nicht mehr ausreichten.[109] Deshalb wurden die Kinder in Voerde von einem Teil der russischen Mütter unter Leitung einer deutschen Frau betreut. Von den 120 Kindern aber, die dort untergebracht waren, starben zwischen Herbst und Winter 1944 mindestens 48 infolge einer Diphterie-Epidemie, die offensichtlich auch durch schlechte Versorgung der Kinder mit Lebensmitteln hervorgerufen war. Bei Kriegsende wurde das Lager dann nach Thüringen evakuiert, ohne daß die Mütter davon Bescheid erhielten. Die Überlieferung dieser Vorfälle läßt eine gesicherte genauere Darstellung des Schicksals dieser Kinder nicht zu; daß sie als unnütze Esser, Menschen zweiter oder gar dritter Klasse behandelt wurden, deren Leben nicht viel galt, beweist auch ein zweiter Fall aus diesem Zusammenhang. Im Mai 1944 wurde in dem Dorf Velpke bei Helmstedt von Seiten der NSDAP ebenfalls ein derartiges Kinderheim eröffnet, um dort die neugeborenen Kinder der im Kreis Helmstedt beschäftigten Ostarbeiterinnen unterzubringen, die ihnen, wenn möglich, mit Gewalt weggenommen wurden.[110] Leiterin des Heims war eine „volksdeutsche" Lehrerin, unterstützt von vier jungen Ostarbeiterinnen. Zwischen Mai und Dezember 1944 wurden dort 110 polnische und russische Kinder untergebracht, von denen 96 in diesem Zeitabschnitt starben — an Epidemien, Unterernährung und „allgemeiner Schwäche", obwohl sie bei guter Gesundheit und mit warmer Kleidung dort eingeliefert worden waren. Daß solche Verhältnisse nicht eben selten, sondern eher die Regel waren, macht das Schreiben eines SS-Gruppenführers Hilgenfeldt an Himmler deutlich. Hilgenfeldt hatte eines der Ostkinder-Heime besucht und schrieb dazu am 11. August 1943: „Die augenblickliche Behandlung der Kinder ist m. E. unmöglich. Es gibt hier nur ein Entweder — Oder. Entweder man will nicht, daß die Kinder am Leben bleiben, dann sollte man sie nicht langsam verhungern lassen und durch diese Methode noch viele Liter Milch der allgemeinen Ernährung entziehen; es gibt dann Formen, dies ohne Quälerei und schmerzlos zu machen. Oder man beabsichtigt, die Kinder aufzuziehen, um sie später als Arbeitskräfte verwenden zu können. Dann muß man sie aber auch so ernähren, daß sie einmal im Arbeitseinsatz vollwertig sind."[111]

In diesen Aktivitäten der Partei und der SS in Zusammenarbeit mit betrieblichen Stellen gegenüber den „fremdvölkischen" Kindern und ihren Müttern wird die Kontinuität der radikalen Durchsetzung rassebiologischer Prinzipien gegenüber Ostarbeitern und Polen auch in den letzten beiden Kriegsjahren offenbar. Die Durchsetzung von Rasse-Prinzipien bei der Selektion von „gutrassigen" und „schlechtrassigen" Kleinkindern zeigt, daß das Regime den wirtschaftlichen Zwängen und dem Arbeitskräftemangel nur vorübergehend gehorchen wollte und die Optionen auf radikale Lösungen im Sinne der Rassedoktrin lediglich aufgeschoben hatte. Bei den für den Arbeitseinsatz nicht brauchbaren Säuglingen aber konnte schon jetzt nach den Methoden vorgegangen werden, die man den sowjetischen und polnischen Arbeitern nach siegreicher Beendigung des Krieges insgesamt zugedacht hatte.

Verschiebung der rassepolitischen Selektionspraxis auf nicht arbeitseinsatz-relevante Bereiche, Kontinuität des Sonderstrafsystems und der je nach Kriegsverlauf dosierten Repressionen einerseits — Initiativen zur „Liberalisierung" der Behandlungsvorschriften, vor allem zur Annäherung des Status von Ost- und Westarbeitern unter der Parole des „antibolschewistischen Abwehrkampfes Europas" andererseits — das waren die Grundzüge der nationalsozialistischen Ausländerpolitik in den letzten beiden Kriegsjahren.

Opposition und Widerstand[112]

Angesichts der unmenschlichen Praktiken der „Rasse"-Behörden des NS-Regimes und der Lebensverhältnisse, unter denen vor allem die Arbeiter aus dem Osten zu leiden hatten, liegt die Frage nahe, ob und inwieweit es den ausländischen Arbeitern gelingen konnte, sich dagegen zur Wehr zu setzen. In den ersten Kriegsjahren äußerten sich Opposition und Widerstand angesichts der Stärke und Schlagkraft der nationalsozialistischen Sicherheitsbehörden vorwiegend in verschiedenen Formen des Arbeitsentzugs: Fluchten, „Arbeitsbummelei", zum Teil auch Absprachen mit deutschen Arbeitskollegen, es „langsam angehen zu lassen" — meist individuelle und spontane Reaktionen auf unerträgliche Arbeits- und Lebensbedingungen.

In dem Maße aber, in dem die Differenz zwischen dem Anspruch der nationalsozialistischen Behörden auf totale Reglementierung und Kontrolle des Lebens der Ausländer und der sich einer vollständigen Kontrolle notwendig entziehenden Praxis des Einsatzes von Millionen ausländischer Arbeitskräfte immer größer wurde, entwickelte sich vor allem in den Ausländerlagern eine Art „informeller Substruktur" unter den Fremdarbeitern und Kriegsgefangenen — ein sich stetig ausweitender Bereich von Schwarzmarkt und Illegalität, von Arbeitsflucht und informeller Solidarität, aber auch von Gewalt und Unterdrückung: in manchem eher ein Spiegel- als ein Gegenbild zum nationalsozialistischen Unterdrückungssystem, aber oft genug die einzige Möglichkeit für viele ausländische Arbeiter, zu überleben.

Die einzelnen Elemente geäußerter Widerständigkeit standen jedoch in keiner direkten Beziehung zueinander; erst seit 1943 lassen sich diese einzelnen Phänomene stärker miteinander in Beziehung setzen — wobei damit eine ganze Skala von Verhaltensweisen bezeichnet ist.

Am verbreitetsten waren Formen der individuellen Versorgung — Versuche, durch Tausch- und Schwarzhandel, Verkäufe kleiner, selbst hergestellter Gebrauchsgegenstände oder auch durch Lebensmittel-Diebstähle die unzureichende Ernährung in den Lagern auf eigene Faust aufzubessern. Ausgangspunkt war dabei in vielen Fällen die überall festzustellende und sich in der letzten Kriegsphase rasch ausbreitende Korruption vor allem bei den Lagerführern und anderen Deutschen, die mit der Lebensmittelversorgung der Ausländer zu tun hatten. Die unterschiedliche Versorgungslage der einzelnen Ausländergruppen trug ebenfalls dazu bei, daß der Schwarzhandel in den Lagern blühte. „Die schlechte Ernährung der Ostarbeiter trüge zur Entwicklung des Schwarzhandels wesentlich bei", wurde den Reichsbehörden im März 1944 berichtet, „da namentlich Franzosen und andere Personen aus dem Westen einen schwunghaften Brothandel mit den Ostarbeitern unterhielten. Das Pfund Brot werde an die Ostarbeiter durchschnittlich zum Preise RM 10,- gehandelt."[113] Bei den Westarbeitern hingegen wurden bevorzugt Papiere gehandelt — angesichts der Formularwut der Nazis kein ganz aussichtsloser Weg, sich so die Unterlagen für die Heimreise zu beschaffen: alles zusammen aber Ausdruck einer Entwicklung, wonach die Erlasse der Reichsbehörden und die Wirklichkeit des Ausländereinsatzes in den Lagern und Betrieben sich zunehmend auseinanderentwickelten, was vielen Ausländern den Versuch ermöglichte, unterhalb der polizeilichen Reglementierungen und Kontrollen die eigenen Lebensverhältnisse zu verbessern.

Am stärksten fand diese Entwicklung aber Ausdruck in den während der letzten beiden Kriegsjahre rapide anschwellenden Fluchtzahlen der ausländischen Arbeiter.

Tab. 13: Fluchten von ausländischen Arbeitern 1943[101]

Februar 1943	20.353
März	27.179
April	27.172
Juni	30.000
Juli	38.000
August	45.000
Dezember	46.000
Monatsdurchschnitt	ca. 33.000

Nun wurde der größte Teil der „Geflüchteten" bald wieder aufgegriffen — auch deshalb, weil die Behörden jeden Ausländer, der nicht im Betrieb oder Lager erschien, als „geflüchtet" meldeten, auch wenn er nur für einige Zeit verschwunden war oder obdachlos in den Trümmern der durch einen Luftangriff zestörten Innenstadt herumirrte. Aber vielen gelang es doch, entweder in ihr Heimatland zurückzukehren oder — in der Mehrzahl der Fälle — auf diese Weise das Lager, den Betrieb oder die Stadt zu wechseln. Auch die Arbeitsfluchten waren vorwiegend individuelle Aktionen vieler Einzelner — aber sie hatten eine nicht unerhebliche Vergrößerung der Desorganisation des Ausländereinsatzes zur Folge. Die Fluchten waren zusammen mit den verschiedenen Arten von „Arbeitsbummelei" die wichtigsten und wirksamsten Formen der Widerständigkeit gegen die Deutschen. Sie entsprachen der politischen und sozialen Lage der Fremdarbeiter im Reich und verbanden relativ niedrige Risiken für die einzelnen mit vergleichsweise großer Effektivität.

Organisierter politischer Widerstand der Ausländer aber hatte so lange keine Aussicht auf Erfolg, wie die Stärke und Schlagkraft der Gestapo einerseits, die Loyalität der deutschen Bevölkerung zur Regimeführung andererseits so groß waren, wie dies bis etwa Frühjahr 1943 der Fall war. Erst seitdem gibt es — in Parallele zur Entwicklung des deutschen Widerstandes gegen den Nationalsozialismus[115] — erste Hinweise auf organisierte und explizit politische Widerstandtätigkeit unter den ausländischen und hier vor allem unter den sowjetischen Arbeitskräften.

Die deutschen Niederlagen im Osten im Winter 1942/43 waren das Signal für verschiedene Gruppen von sowjetischen Antifaschisten, nunmehr an den Aufbau regelrechter Widerstandsgruppen zu gehen. Die wichtigste von ihnen war die „Brüderliche Zusammenarbeit der Kriegsgefangenen" (BSW) — die größte und am besten organisierte Widerstandsbewegung von Ausländern überhaupt, die die Gestapo während des Krieges aufgedeckt hat.[116] Ausgehend von einer kleinen Gruppe im illegalen Kampf geschulter sowjetischer kriegsgefangener Offiziere breitete sich die BSW bis zum Mai 1943 vor allem in Süddeutschland aus und verfügte in vielen Lagern für sowjetische Kriegsgefangene und Zivilarbeiter über Kontaktleute. Nach dem klassischen Typus illegaler Parteiorganisationen von oben gegründet, zentralistisch von Offizieren und politischen Kommissaren geführt und programmatisch linientreu, mit Statuten, Beitragszahlungen und Vertretersystem, orientierte sie politisch auf den Massenaufstand der Ausländer, um das NS-Regime von innen zu stürzen. Ihre Praxis hingegen bestand vor allem aus Fluchthilfe und Ausübung von Druck auf deutsche Lagerleiter und Betriebsführer zur Verbesserung der Lebenssituation der Gefangenen und Zivilarbeiter. Ihre zentralistische Organisationsstruktur aber ermöglichte es den NS-Behörden schon im

Frühjahr 1943, nachdem sie einmal eine Spur aufgenommen hatte, die gesamte Organisation in relativ kurzer Zeit aufzurollen und zu zerschlagen.

Dies war bei dezentral arbeitenden Gruppen viel schwieriger, vor allem wenn sie in die informelle Substruktur unter den Ausländern integriert waren. Solche Gruppen sind seit Anfang 1944 in zunehmendem Maße feststellbar. Der Sicherheitsdienst (SD) der SS meldete dazu im Frühjahr 1944: „Das Vordringen der sowjetischen Armeen, die Ereignisse in Italien und nicht zuletzt die Terrorangriffe auf deutsche Städte bewirken bei den im Reich befindlichen Ostarbeiter(innen) eine Stärkung ihres Selbstbewußtseins. Dieser sich immer mehr vollziehende Stimmungsumschwung erwecke bei den Ostarbeitern die Hoffnung auf eine baldige Rückkehr in ihre Heimat und löse in steigendem Maße Gedanken an einen aktiven Kampf gegen die Deutschen aus."[117]

Seit dieser Zeit stellte die Gestapo in fast allen größeren Städten des Reichs organisierte Widerstandsgruppen vor allem unter den sowjetischen Arbeitern fest, deren Zahl zum Sommer hin stark anwuchs. Der Kern der Aktivitäten solcher Gruppen lag in erster Linie in der Vorbereitung und Hilfe zur Flucht, der Beschaffung illegaler Papiere, der Versorgung der Kranken, der Organisation von Lebensmitteln, der Unschädlichmachung von Spitzeln usw. Zwar wurden in vielen der von der Gestapo aufgefundenen Programme auch die Beschaffung von Waffen genannt. Tatsächlich aber wurden bei diesen Organisationen und Komitees Waffen nicht gefunden — Indiz dafür, daß die Programmatik der Vorbereitungen von Aufruhr und Aufständen eher ein Fernziel markierte, während im Frühjahr 1944 Festigung und langsame Verbreiterung der Organisationen im Vordergrund standen.

Über die meisten dieser Organisationen wissen wir aber nur wenig: Die Berichte der Gestapo nach der Aufdeckung der Gruppen und der Verhaftung der Mitglieder sagen über den tatsächlichen Umfang der Tätigkeiten der Widerstandskämpfer nur selten etwas aus. Bemerkenswert aber ist, daß solche Zusammenschlüsse sowjetischer Arbeiter im gesamten Reichsgebiet zu verzeichnen sind. Insgesamt liegen für die Zeit von März bis September 1944 Berichte über derartige Widerstandsgruppen sowjetischer Kriegsgefangener und Zivilarbeiter aus 38 Städten vor, mit insgesamt mindestens 2.700 Beteiligten bzw. Festgenommenen.[118]

Mißt man den Wirkungsgrad dieser Gruppen nicht an den programmatischen Fernzielen eines Massenaufstands, sondern an den bestehenden Bedingungen und Möglichkeiten, so ist die erhebliche Zunahme und Ausweitung des antifaschistischen Widerstands der sowjetischen Arbeitskräfte im letzten Kriegsjahr unübersehbar, vor allem dort, wo er sich aus den unmittelbaren Lebens- und Arbeitsverhältnissen der ausländischen Arbeiter heraus entwickelte. Das bedeutete zwar eine Beschränkung auf kleinräumige Organisation und einen zumindest vorläufigen Verzicht auf überregionale Verflechtungen, sicherte aber stärker gegen frühzeitige Entdeckung und Zerschlagung. Die Verbindung zu deutschen Widerstandsgruppen, auf die die deutschen Sicherheitsorgane besonders argwöhnisch achteten, war zwar von vielen Gruppen beabsichtigt, ist aber nur in wenigen Fällen nachzuweisen. Insgesamt deuten Umfang und Verbreitung der Widerstandsaktivitäten unter den ausländischen, vor allem den sowjetischen Arbeitern im letzten Kriegsjahr darauf hin, daß in dieser Phase des Krieges hier das größte aktive Widerstandpotential gegen die nationalsozialistische Herrschaft in Deutschland überhaupt bestand. Für die deutschen Sicherheitsbehörden stellten darüber hinaus diese Gruppen insofern eine besondere Bedrohung dar, als zu Recht angenommen werden mußte, daß diese bei der Masse der Fremdarbeiter und Kriegsgefangenen auf ein erheblich größeres Maß an Sympathie oder Unterstützung rechnen konnten, als es bei den in der Bevölkerung weitgehend isolierten deutschen Widerstandsgruppen kommunistischer oder sozialdemokratischer Ausprägung der Fall war.

Vom Zwangsarbeiter zur „Displaced Person"

Die letzten Kriegswochen wurden besonders für die in den großen Städten lebenden Ausländer geradezu zu einem Inferno. In den am meisten zerstörten Städten, wie etwa in Köln oder im Ruhrgebiet, nahm die Zahl der obdachlosen, ohne Verpflegung und als „geflüchtet" geltenden umherirrenden Fremdarbeiter und Kriegsgefangenen zu, in manchen Stadtteilen lebten viele hundert vorwiegend sowjetischer Arbeiter in den Ruinen der zerstörten Häuser und mußten versuchen, das nahe Kriegsende zu überleben. Es entstanden hier Zusammenschlüsse, „Banden", von Ausländern, die sich durch Diebstähle und Plünderung Lebensmittel zu besorgen versuchten und sich nun auch gewaltsam und bewaffnet der Verfolgung durch die Sicherheitspolizei erwehrten — bis hin zu regelrechten Feuergefechten mit der Gestapo, wie sie aus Köln überliefert sind.[119]

Nun nahm die Zahl von Plünderungen seit Anfang 1945 auch bei Deutschen stark zu, häufig aber wurden Plünderungen generell den Ausländern zugeschoben. Die Sicherheitspolizei reagierte darauf mit exzessiven Gewaltmaßnahmen, überall in den großen Städten wurden ausländische „Plünderer" festgenommen und — seit das RSHA den unteren Gestapo-Behörden das „Recht" auf selbständige Anordnung von Hinrichtungen delegiert hatte — oft auf der Stelle erschossen. Als dann „die Front" nahte und die Gestapo-Beamten sich abzusetzen begannen, kam es in oft buchstäblich letzter Minute zu Massenhinrichtungen in zum Teil unglaublichem Ausmaß. So wurden z. B. in Duisburg 67 Ausländer, vorwiegend Ostarbeiter, in den letzten Kriegstagen ermordet, in Essen 35, in Bochum 23, in Dortmund mehr als 200 — und wenige Tage bevor die Amerikaner dieses Gebiet erreicht hatten, wurden in Suttrop im Sauerland auf Anordnung des SS-Generals Kammler 208 Ostarbeiter — 129 Männer, 77 Frauen und 2 Kleinkinder — umgebracht. Zwar, so die Begründung des SS-Generals, sei es zu Plünderungen oder Ausschreitungen von Seiten der Ostarbeiter in dieser Gegend noch nicht gekommen, diese seien aber unbedingt zu erwarten, und dem müsse vorgebeugt werden.[120]

Dieser Blutrausch der nationalsozialistischen Verfolgungsbehörden in den letzten Kriegstagen, als der Untergang des „Dritten Reiches" schon unmittelbar bevorstand, ist mit rationalen Gründen allein nicht erklärbar. Gerade der letzte Fall zeigt, daß es gar nicht in erster Linie die „Taten" der obdachlosen Ostarbeiter, sondern geradezu ihre Existenz war, die als nicht hinnehmbare „Provokation" empfunden wurde; stellten die herumstreunenden Ausländer im Chaos der letzten Kriegsphase doch den Inbegriff all dessen dar, was der Nationalsozialismus bekämpfte. „Plündernde" Ostarbeiter waren auch die Erfüllung all jener rassistischen Ängste, die ihnen gegenüber seit Beginn des Ausländereinsatzes gehegt worden waren — endlich schien nun das einzutreten, was man immer vermutet hatte: der „Russe" als plündernder und mordender Bandit. Die „Plünderungen" der Ostarbeiter konnten so nicht nur von der unter deutschen Volksgenossen grassierenden Kriminalität ablenken, sondern auch das schlechte Gewissen über die Behandlung der Ausländer überhaupt und der sowjetischen Arbeitskräfte im besonderen in den Jahren zuvor kompensieren, glichen sozusagen die jenen gegenüber begangenen Untaten wieder aus und konnten somit bedenken- und gnadenlos „gerächt" werden.

Für viele Fremdarbeiter war die Leidenszeit mit dem Einmarsch der alliierten Truppen aber nicht zu Ende. Zwar gelang es den Alliierten, in kurzer Zeit die Verpflegung und Ernährung der vielen Millionen mit dem Sammelbegriff „Displaced Persons" (DP's) bezeichneten Ausländer, die sich bei Kriegsende in Deutschland aufhielten, sicherzustellen — eine erhebliche organisatorische Leistung.[121] Aber schon bei der Frage der Rückführung der „DP's" begannen die Schwierigkeiten: Die meisten der Arbeitskräfte aus dem Westen wurden in den ersten Tagen und Wochen nach der Befreiung in die Heimat zurückgebracht — oder machten sich auf eigene Faust auf den Heimweg. Mit der Sowjetunion hatten die West-Alliierten schon auf der Konferenz in Jalta vereinbart, daß alle sowjetischen Staatsangehörigen unverzüglich in die UdSSR zurückzuschicken, zu „repatriieren" waren.

Ein nicht unerheblicher Teil der sowjetischen Kriegsgefangenen und Zivilarbeiter aber stand in den Augen der sowjetischen Behörden unter Kollaborationsverdacht — und dies betraf nicht nur die Angehörigen der

„Wlassow-Armee", die auf deutscher Seite gegen die Sowjetunion gekämpft hatten. Vielmehr gibt es Anzeichen dafür, daß der Kollaborationsverdacht pauschal einem Großteil der zivilen Zwangsarbeiter und der Kriegsgefangenen aus der Sowjetunion galt und daß es hier nach deren Repatriierung zu erheblichen Repressionen gekommen ist. Eine Aufklärung des weiteren Schicksals der sowjetischen DP's steht aber noch aus, über Vermutungen und einige Augenzeugenberichte über Erschießungen hinaus gibt es nur wenig gesicherte Informationen.[122]

Bis auf einige Zehntausend sind nach und nach alle DP's repatriiert worden. Die Übriggebliebenen — unter ihnen viele Polen — versuchten zum Teil nach Nordamerika auszuwandern; viele blieben aber auch als „Heimatlose Ausländer" in Westdeutschland.

4. Der „Fremdarbeitereinsatz" und die Kontinuität der Ausländerbeschäftigung in Deutschland

Die Frage nach dem historischen Ort des Nationalsozialismus innerhalb der deutschen Geschichte des 19. und 20. Jahrhunderts stellt sich bei einer Untersuchung der Geschichte der Ausländerbeschäftigung insofern mit Nachdruck, als der Nachweis von Bruch oder Kontinuität der nationalsozialistischen Zwangsarbeiterpolitik im Kontext der Entwicklung vor 1933 und nach 1945 ein historisch-moralisches Urteil über Charakter, Struktur und Gewaltpotential der Ausländerbeschäftigung im Kaiserreich und in der Bundesrepublik darstellte. Von dieser Prämisse ausgehend erklärt sich auch die deklarative Schärfe, mit der in der Literatur dazu kontrovers Stellung bezogen wird. Klaus J. Bade etwa sieht im nationalsozialistischen Ausländereinsatz „eine scharf abgegrenzte historische Ausnahmesituation": „Mit der nationalsozialistischen ‚Fremdarbeiterpolitik' begann ein neues und vor allem zur Zeit des Zweiten Weltkrieges besonders tragisches Kapitel in der Geschichte der Ausländerbeschäftigung in Deutschland. Es war weit mehr als eine bloß verschärfte Fortsetzung der Rekrutierung ‚ausländischer Wanderarbeiter' in Kaiserreich und Weimarer Republik . . . Deshalb ist auch die ‚Fremdarbeiterfrage' im Dritten Reich und insbesondere im Zweiten Weltkrieg mit der in Kaiserreich und Weimarer Republik vorausgegangenen ‚Wanderarbeiterfrage' ebensowenig vergleichbar wie mit der ‚Gastarbeiterfrage' in der Bundesrepublik."[123] Demgegenüber betonen andere Historiker, vor allem aus der DDR, aber auch westliche Autoren, daß die Ausländerbeschäftigung im Kaiserreich, in Weimar, im Nationalsozialismus und in der Bundesrepublik in einem fortlaufenden Zusammenhang gesehen werden müsse: „Von den deutschen Junkern vor dem Ersten Weltkrieg und während der Weimarer Republik, die polnische ‚Wander'- oder ‚Saisonarbeiter' auf ihren Ritter-

gütern und Domänen ausbeuteten, über die monopolistischen Hintermän-
ner und Nutznießer des Nazi-Regimes, die sich Arbeitssklaven,
‚Fremdarbeiter‘, aus allen von Hitler überfallenen Ländern zusammen-
treiben ließen, bis zu den Monopolherren Westdeutschlands, die unter
dem Aushängeschild der Wohltätigkeit und ‚europäischer Gesinnung‘
westeuropäische ‚Gastarbeiter‘ anwerben, zieht sich *eine Linie*: die skru-
pellose, Menschenwürde und Heimatgefühl nicht achtende Unterwerfung
von Angehörigen fremder Nationalität unter die Interessen des
Monopolkapitals.“[124]

Die Stellungnahme zu diesem Problem ist erkennbar von auch politischer Bedeutung: Wenn der „Ausländereinsatz“ im Zweiten Weltkrieg in
der Kontinuität der „Fremdarbeiterpolitik des Imperialismus“ steht,[125] so
wäre damit der Unterschied zwischen der Ausländerpolitik des Kaiserreichs sowie der Weimarer und der Bonner Republik zum nationalsozialistischen Zwangsarbeitersystem nur gradueller und nicht prinzipieller
Natur; die terroristische Unterdrückung von Millionen Zwangsarbeitern
wäre der Ausländerbeschäftigung in kapitalistischen Ländern, zumal aber
in Deutschland mit seinen spezifischen Traditionen von Rassismus und
Kontinentalimperialismus, inhärent — und somit wiederholbar. Wenn
hingegen die Entwicklung während des Krieges so sehr als Sonderproblem
und nach hinten und vorne abgegrenzte Ausnahmesituation beschrieben
wird, daß der nationalsozialistische Ausländereinsatz mit der Saison- und
Gastarbeiterbeschäftigung nicht einmal verglichen werden dürfe, wie
dies Bade fordert, so ist darin das Bemühen zu erkennen, die Geschichte
der Ausländerbeschäftigung in Deutschland gleichsam vor ihrer Denunzia-
tion durch die Nationalsozialisten zu bewahren. Bei näherer und differenzierter Betrachtung der Entwicklung des „Fremdarbeitereinsatzes“ aber
wird deutlich, daß die Frage „Kontinuität oder Bruch“ falsche Alternativen
stellt, weil sie von der Vorstellung eines in sich geschlossenen Systems der
Zwangsarbeit im „Dritten Reich“ ausgeht, das als strukturelles oder stati-
sches Funktionselement des deutschen Faschismus begriffen wird. Tatsächlich aber zeigt schon ein Vergleich der zögerlichen und ganz auf vorübergehende, kurzfristige Maßnahmen abgestellten Entscheidungen über den
„Poleneinsatz“ im Herbst und Winter 1939 mit der Praxis der riesenhaften,
fast ganz Europa umspannenden Organisation des Ausländereinsatzes vier
Jahre später, daß es sich hierbei um einen durch raschen und tiefgreifenden
Wandel gekennzeichneten und von verschiedenartigen Dynamiken beweg-
ten Prozeß handelte. Der Fremdarbeitereinsatz von 1940 und derjenige von
1944, obwohl kein halbes Jahrzehnt voneinander getrennt, weisen gravie-
rende Unterschiede auf: nicht nur in Bezug auf die Größenordnung, sondern auch auf die dahinter stehende politische Zielsetzung und ihre ideologische Rechtfertigung, die ökonomische Effektivität, die Lage der
betroffenen ausländischen Arbeiter und die Methoden ihrer Behandlung.

Nimmt man nun also die Situation der letzten beiden Kriegsjahre zum Ausgangspunkt — ein riesiges, durchorganisiertes, die kriegswirtschaftlichen Erfordernisse an einen effektiven Arbeitseinsatz wie die Maximen der rassistischen Ideologie berücksichtigendes System, das etwa 8 Millionen Menschen umfaßte — so erscheint in der Tat schon der Vergleich mit den Saisonarbeitern des Kaiserreichs und mit den Gastarbeitern der Bundesrepublik abwegig. Die klassischen Kategorien der Ausländerbeschäftigung wie Konjunkturpuffer, Unterschichtung, Teilung des Arbeitsmarktes etc. hier als Kontinuitätsbelege heranzuziehen hieße, den Unterschied zwischen der Lage eines sowjetischen Gefangenen im Bergbau, der dem Tode näher war als dem Leben, und der eines spanischen Gastarbeiters der 60er Jahre zu einer zu vernachlässigenden Differenz in den Erscheinungsformen des in beiden Fällen identischen zugrundeliegenden Prinzips herabzuwürdigen.

Von der Ausgangssituation bei Beginn des Krieges aus betrachtet sind hingegen die Elemente der Kontinuität zur Ausländerbeschäftigung vor 1933 nicht von der Hand zu weisen. Das gilt sicherlich in besonderer Weise für die Heranziehung von Arbeitern aus befreundeten oder verbündeten Ländern und in vieler Hinsicht auch für die Beschäftigung von „Westarbeitern": Die Form der Anwerbung, die Regelung der Arbeits- und Lebensverhältnisse in Deutschland entsprachen in weitem Maße den auch vor dem Kriege und der NS-Herrschaft üblichen Gepflogenheiten, wie sie sich seit den 80er Jahren des 19. Jahrhunderts in Deutschland herausgebildet hatten. Diese Form der Ausländerbeschäftigung koinzidierte dabei mit den in Teilen der Regimeführung angestellten Überlegungen, ob die unter „Europäische Großraumwirtschaft" firmierenden Pläne für eine vom Deutschen Reich dominierte europäische Wirtschaftsallianz nicht auch auf Arbeitskräfte im Zuge des „Intereuropäischen Arbeitskräfteaustausches" ausgeweitet und auch für die Zeit nach dem Kriege ins Auge gefaßt werden konnten. Diese Konzeption geriet jedoch im Verlaufe des Krieges immer stärker in den Hintergrund. Denn zum einen wurde der Anteil der Arbeitskräfte aus dem Osten und der Zwangsanwerbungen bei den ausländischen Arbeitern auch im Westen immer größer, zum anderen verschärften sich mit der Zeit die Repressionen der deutschen Sicherheitsbehörden auch gegenüber den eigentlich zu bevorzugenden Arbeitern aus befreundeten Ländern und den besetzten Gebieten des Westens beständig, und die sich verschlechternden Lebensbedingungen in Deutschland ließen den Entwurf einer solchen „Gastarbeitnehmer"-Politik Makulatur werden.

Aber auch der „Poleneinsatz" knüpfte zunächst an die langen Traditionen der Beschäftigung polnischer Arbeiter in der deutschen Landwirtschaft an; die Übergänge von der Vollbeschäftigung im Zuge der deutsch-polnischen Kontingentvereinbarungen, über die Hereinnahme auch „illegaler" Polen, über die durch sozialen Druck verstärkte Anwerbung bis hin zu jahrgangsweiser Rekrutierung und durch Terror erzwungenen Deportationen sind fließend. Ausgangspunkte für diese schrittweise Verschärfung in der Zeit etwa zwischen dem Beginn des „Polenfeldzuges" und dem Krieg gegen Frankreich waren dabei einerseits die während des Kaiserreiches und der Weimarer Republik, vor allem aber während des Ersten Weltkrieges, gemachten Erfahrungen mit der Ausländerbeschäftigung und die daraus entwickelten Instrumente der Ausländerpolitik, zum anderen aber das politische und ideologische Postulat der Nationalsozialisten, wonach sich die in der Vergangenheit gemachten „Fehler" im Umgang mit „niederrassigen" Ausländern nicht wiederholen dürften und hier also mit den Traditionen der Ausländerbeschäftigung gebrochen werden müsse. Die daraus resultierende rechtliche Kodifizierung des Unterschieds zwischen „Herrenmenschen" und „Arbeitsvölkern" in Form der Polenerlasse und später noch schärfer der Ostarbeitererlasse hat selbst auch ihre Vorläufer in der administrativen Festschreibung der Diskriminierung auslandspolnischer Arbeiter vor allem während des Ersten Weltkrieges. Ausschlaggebend aber war, daß dies nach 1914 Gegenstand heftigen innen- und außenpolitischen Streits gewesen war und sich nie vollständig und in reiner Form hatte durchsetzen können, während sich nunmehr die Totalisierung der Zwangsarbeit ungehindert und nur durch kriegswirtschaftliche Effektivitätsgesichtspunkte beeinträchtigt in gewaltiger Dynamik entfalten konnte. Das Fehlen eines gewerkschaftlichen Widerlagers zum einen, die Konkurrenzen der widerstreitenden Interessen innerhalb der Regimeführung zum anderen hatten zur Folge, daß sich die nationalsozialistische Ausländerpolitik in den ersten Kriegsjahren fortwährend radikalisierte, bis die veränderte Kriegslage die Gesichtspunkte von Qualifikation und Arbeitsleistung stärker in den Vordergrund brachte. Das nun herausgebildete Zwangsarbeitersystem aber hatte mit der Beschäftigung von Saisonarbeitern vor dem Kriege nur noch wenig gemein, vor allem wenn man die Situation der betroffenen ausländischen Arbeiter selbst betrachtet. Aber es war daraus hervorgegangen; der nationalsozialistische Ausländereinsatz war nicht die einzige, aber eine mögliche Fortsetzung und radikale Konsequenz aus den vorherigen Entwicklungen und Traditionen.

Dies wird auch deutlich, wenn man die rassistischen Prädispositionen und Potentiale in der deutschen Bevölkerung betrachtet. Im Kern unterschied sich die rassistische Politik der Nationalsozialisten gegenüber den „Fremdarbeitern" von den in Teilen der Bevölkerung etwa gegenüber den Polen verbreiteten und lange eingeübten Vorurteilen und rassistischen Grundmustern nicht durch ihre inhaltliche Ausrichtung, sondern durch ihre radikale, zur Tat drängende Zuspitzung, durch die vollständige betrachtet, daß während des Krieges Ausländer in so großer Zahl in Deutschland arbeiteten. Der Arbeitseinsatz der Fremdarbeiter und Kriegsgefangenen in Deutschland hat in der westdeutschen Öffentlichkeit gewissermaßen nicht den Status des Historischen als etwas Besonderem, als etwas, was Geschichte gemacht hat. Es gab und gibt in Deutschland, was den Arbeitseinsatz der Fremdarbeiter im Zweiten Weltkrieg angeht, kein Schuldbewußtsein, kein verbreitetes Gefühl, daß es sich dabei um ein Unrecht und ein Verbrechen gehandelt habe — das war eine Hypothek, die auch auf der zehn Jahre später wieder aufgenommenen Beschäftigung ausländischer Arbeitskräfte in der Bundesrepublik lastete.

Absage an alle humanistischen und aufklärerischen Traditionen, während rassistische Gefühls- und Denkmuster in der Bevölkerung zwar verbreitet, jedoch ideologisch immer gemischt waren mit liberalem und aufklärerischem Gedankengut. Rassismus als Staatsidee und als praktizierte Politik hingegen mußte die Ablösung solcher Vermischung forcieren.

Betrachtet man die Praxis des „Fremdarbeitereinsatzes" unter diesem Aspekt, so wird man bei allen notwendigen Einschränkungen und Differenzierungen doch feststellen müssen, daß das Kalkül der Nationalsozialisten in diesem Punkt aufgegangen ist. Rassismus im nationalsozialistischen Deutschland beschränkte sich nicht auf das Verhältnis zu den Juden, noch weniger war er reduziert auf die Anhänger oder gar die Funktionsträger des Regimes. Der nationalsozialistische Ausländereinsatz hat vielmehr gezeigt, daß ein nach rassistischen Kriterien hierarchisiertes Modell einer nationalsozialistischen Gesellschaft funktionieren konnte; daß ein solches, nach ganz atavistisch anmutenden Wertsetzungen organisiertes Herrschaftssystem durch Terror gegenüber den Angehörigen „niederer" Rassen oder Nationalitäten und durch sichtbare Bevorteilungen der Angehörigen des deutschen „Herrenvolkes" die sozialen Spannungen innerhalb der Klassenstruktur der deutschen Gesellschaft in ihrer Bedeutung hinter den nationalen bzw. „rassischen" Unterschieden wenn nicht bedeutungslos machen, so doch erheblich entschärfen konnte. Die Berichte über Mißhandlungen von Ausländern in den Betrieben sind dabei nur zugespitzter und in der Regel nicht einmal typischer Ausdruck dieser Entwicklung. Die meisten Deutschen zeigten am Schicksal der Ausländer wenig Interesse — die Sorge um das eigene Überleben ließ wenig Platz, das Elend der Fremdarbeiter als irgendwie Besonderes zu betrachten. Die Ausländer waren einfach da und gehörten zum Kriegsalltag wie Lebensmittelmarken oder Luftschutzbunker. Die Diskriminierung der Arbeiter aus Osteuropa wurde dabei ebenso als gegeben hingenommen wie die Kolonnen halbverhungerter Menschen, die täglich durch die Straßen der Städte in die Fabriken marschierten. Auch die eigene bevorrechtigte Stellung ihnen gegenüber war nichts Exzeptionelles, nichts worüber man sich Gedanken machte — eben das aber machte das Funktionieren des nationalsozialistischen Arbeitseinsatzes aus: daß die Praktizierung des Rassismus zur täglichen Gewohnheit, zum Alltag wurde.

Hier aber liegt der Ansatz für eine andere Form der Kontinuität: In Erinnerung an die nationalsozialistische Diktatur und in der öffentlichen Auseinandersetzung damit spielen die Fremdarbeiter keine bedeutende Rolle; sie tauchen in den Erinnerungen Älterer meist eher als beiläufige Selbstverständlichkeit auf, sind im Gedächtnis nicht bei Krieg, Nationalsozialismus oder SS-Verbrechen sortiert, sondern eher unter „Privates", das mit Krieg und Nazismus gar nicht in unmittelbarem Zusammenhang zu stehen scheint;[126] und es wird durchaus nicht als etwas NS-Spezi-

V. „Gastarbeiter" in der Wachstumsgesellschaft 1945 bis 1980

1. Vertriebenenintegration und Ausländerbeschäftigung

Das Ausmaß der Zerstörungen in den deutschen Städten und vor allem in den Industriebetrieben ist 1945 von den Zeitgenossen als so riesig empfunden worden, daß viele sich fragten, ob es jemals wieder zu Verhältnissen wie vor dem Kriege kommen werde; das westdeutsche „Wirtschaftswunder" der 50er Jahre hat sich vor allem deswegen so nachhaltig in die Wahrnehmung der Bevölkerung eingeprägt. Betrachtet man allerdings die wirtschaftliche Entwicklung von den späten 30er- bis in die frühen 50er Jahre im Zusammenhang, so ergibt sich ein etwas anderes Bild; es zeigt sich, daß die alliierten Bombenangriffe zwar die Wohnviertel in den Städten mancherorts zu vier Fünfteln zerstört oder beschädigt hatten, daß aber die Produktionsanlagen in den Industriebetrieben davon weit weniger betroffen waren. Die Untersuchungen der amerikanischen Air Force über die Auswirkungen der Bombenangriffe auf die deutsche Kriegsproduktion zeigten, daß 1944 z. B. nicht mehr als 6,5 % aller Werkzeugmaschinen in der deutschen Industrie beschädigt waren oder daß in der Stahlindustrie die Produktionssteigerungen durch den Bombenkrieg nur unwesentlich verlangsamt worden waren. Insgesamt erreichte die deutsche Rüstungsindustrie den Höhepunkt ihrer Gesamtproduktion im Sommer 1944, und selbst im ersten Quartal 1945 lag sie noch fast doppelt so hoch wie 1941.[1]

Wenn also die Auswirkungen des Bombenkrieges auf die Industrieanlagen geringer waren als angenommen, kommt die wirtschaftliche Entwicklung während des Krieges stärker ins Blickfeld. Und hier zeigt sich, in wie starkem Maße die industriellen Kapazitäten in der Zeit von Rüstungskonjunktur und Kriegswirtschaft ausgeweitet worden sind. So war etwa die Steinkohleproduktion von 1935 bis 1943 um ein Drittel, die von Rohstahl um fast 100 %, die von Walzwerkerzeugnissen um 50 % gestiegen; die Gesamterzeugung von Werkzeugmaschinen lag 1928 bei 125.700 t, 1944 bei 244.000 t; bei Lokomotiven war das Verhältnis 48.300 zu 202.500.[2] Am Ende des Krieges war das Brutto-Anlagevermögen der Industrie um rund 20 % angewachsen, im Zeitraum von 1936 bis 1945 stiegen die Brutto-Anlageinvestitionen um 75,3 %, während die Kriegszerstörungen bei Kriegsende insgesamt mit etwa 17 % berechnet werden.[3] Wichtiger vielleicht noch war der Gütegrad der Industrieanlagen; ein großer Teil des Maschinenparks war neu: 1945 waren 55 % des gesamten industriellen

Anlagevermögens nicht älter als 10 Jahre — die deutschen Industrieanlagen waren während des Krieges nicht nur erheblich erweitert, sondern auch qualitativ enorm verbessert worden.

Diese rapide Ausweitung der industriellen Produktion war während des Krieges, da die Zahl der erwerbstätigen deutschen Frauen sich nur unwesentlich veränderte, nur mit Hilfe der im Sommer 1944 etwa 7,7 Millionen ausländischen Zivilarbeitern und Kriegsgefangenen möglich gewesen. Als diese nach Kriegsende innerhalb kurzer Zeit in ihre Heimatländer zurückkehrten, wurden sie durch die heimkehrenden deutschen Soldaten nur unvollständig ersetzt, denn die Zahl der im erwerbsfähigen Alter stehenden deutschen Männer war durch die Kriegsverluste erheblich reduziert worden. Volkswirtschaftlich gesehen stand also bei Kriegsende die stark ausgeweitete Produktionskapazität der deutschen Wirtschaft einem erheblich verringerten Arbeitskräfteangebot gegenüber.

Tatsächlich aber stellten sich die Probleme in den Nachkriegsjahren zunächst ganz anders dar. Denn durch die wirtschaftliche Lähmungskrise der deutschen Wirtschaft (außer durch politische Entscheidungen der Alliierten vor allem hervorgerufen durch die weitgehende Zerstörung der Transportwege) lagen in der Nachkriegszeit große Teile der Produktionsanlagen in Deutschland still; als aber seit der Währungsreform 1948 der wirtschaftliche Aufschwung in den drei Westzonen Deutschlands begann, zeigte sich schnell, wie sehr die Industriekapazität während des Krieges ausgedehnt worden war. Zwei Voraussetzungen waren für ihre Nutzung besonders wichtig: das entsprechende Kapital — dabei wirkte sich vor allem die amerikanische Auslandshilfe im Zuge des Marshallplanes aus — und das Vorhandensein einer ausreichenden Zahl von Arbeitskräften. Hier aber hatte es seit Kriegsende in den Westzonen — und nur die sollen im folgenden untersucht werden — dramatische Entwicklungen gegeben. Bis 1950 waren 8,3 Millionen Vertriebene und Flüchtlinge aus den deutschen Ostgebieten und der sowjetisch besetzten Zone (SBZ) in die Bundesrepublik gekommen und die Zahlen stiegen weiter, wie Tabelle 14 zeigt.

An dieser Statistik lassen sich verschiedene markante Entwicklungen hervorheben: Zieht man die Flüchtlinge und Vertriebenen von der Zahl der Gesamtbevölkerung 1950 ab, so zeigt sich, daß zu dieser Zeit die Zahl der einheimischen Bevölkerung um etwa eine Million geringer war als 1939. Berücksichtigt man nun die 1944 etwa vier Millionen Fremdarbeiter und Kriegsgefangenen auf dem Gebiet der späteren Bundesrepublik, so wird deutlich, daß die Flüchtlinge und Vertriebenen volkswirtschaftlich die hier entstandenen Arbeitskräftelücken ausfüllten.

Mehr als 90 % des Bevölkerungszuwachses zwischen 1950 und 1960 entfallen auf die Zuwanderung von Flüchtlingen und Vertriebenen, die 1960 fast ein Viertel der Gesamtbevölkerung der Bundesrepublik ausmachten. Eine zweite Statistik gibt Hinweise darauf, in welchem Zeitraum

Tab. 14: Bevölkerung, Vertriebene und DDR-Flüchtlinge in der Bundesrepublik, 1950 bis 1960, in 1.000[4]

Jahr	Bevölkerung insgesamt	Vertriebene insgesamt	davon DDR-Flüchtlinge	zusammen	in % der Gesamtbevölkerung	Veränderungen im Vergleich zum Vorjahr		Flüchtlinge und Vertriebene in % der Zunahme insgesamt
						Gesamtbevölkerung	Flüchtlinge und Vertriebene	
1939	43.008	—	—	—	—	—	—	—
1950	50.173	8.024	337,3	8.361,3	16,7	—	—	—
1951	50.528	8.275	625,1	8.900,1	17,6	355	538,7	149
1952	50.859	8.418	857,3	9.275,2	18,2	331	375,1	113
1953	51.350	8.610	1.265,3	9.875,3	19,2	491	600,1	122
1954	51.880	8.732	1.560,7	10.292,7	19,8	530	417,4	78,7
1955	52.382	8.914	1.942,5	10.883,5	20,7	502	590,8	117,7
1956	53.008	9.069	2.338,8	11.407,8	21,5	626	524,3	83,7
1957	53.656	9.332	2.723,5	12.055,5	22,5	648	547,7	100
1958	54.292	9.579	2.949,8	12.528,8	23,1	636	473,3	74,4
1959	54.876	9.734	3.123,6	12.857,6	23,4	584	329	56,3
1960	55.433	9.888	3.349	13.237	23,9	557	379,4	68

diese neu hinzugekommenen Bevölkerungsgruppen durch den wirtschaftlichen Aufschwung am Arbeitsmarkt absorbiert wurden.

Tab. 15: Wirtschaftswachstum, Arbeitslosigkeit und offene Stellen
1950 bis 1960[5]

Jahr	Brutto-sozialpro-dukt Mrd. DM in konst. Preisen	1950 = 100	Arbeitslose in 1.000	in % der besch. Arbeit-nehmer	offene Stellen in 1.000
1950	143,6	100	1868	11,0	118
1951	158,6	110	1713	10,4	118
1952	172,7	120	1651	9,5	116
1953	186,9	130	1491	8,4	124
1954	200,8	140	1410	7,6	139
1955	224,9	157	1073	5,6	203
1956	241,3	168	876	4,4	223
1957	255,0	178	753	3,7	222
1958	264,5	184	763	3,7	221
1959	283,8	198	539	2,6	290
1960	309,4	215	270	1,3	465

Es zeigt sich, daß spätestens Ende der 50er Jahre der Prozeß der Einbeziehung der neu hinzugekommenen Arbeitskräfte aus dem Osten abgeschlossen war, ermöglicht durch wahrhaft gigantische Wachstumsraten, die binnen zehn Jahren zu einer Verdoppelung des Bruttosozialproduktes führten. Es ist also — jedenfalls den statistischen Reihen zufolge — in relativ kurzer Zeit gelungen, den größten Teil der erwerbstätigen Flüchtlinge und Vertriebenen tatsächlich in Arbeit zu bringen — eine Folge des wirtschaftlichen Wachstums in den 50er Jahren, das aber wiederum auf den Auswirkungen des Rüstungsbooms zwischen etwa 1936 und 1944 aufbaute. Ohne die Flüchtlinge wäre also schon in den 50er Jahren ein erhebliches Defizit an Arbeitskräften entstanden. So kann man zusammenfassend und zugespitzt in beide Richtungen gleichermaßen argumentieren: Ohne das „Wirtschaftswunder" wäre die Integration der Flüchtlinge und Vertriebenen, ohne deren zusätzliches Arbeitskräftepotential wäre das „Wirtschaftswunder" nicht möglich gewesen.

Auf der anderen Seite ist es naheliegend, daß dieser Prozeß der Integration nicht so linear und reibungslos verlaufen konnte, wie es die Betrachtung dieser wenigen Zahlen suggerieren könnte. Vor allem gab es hierbei erhebliche regionale Unterschiede, die auch die Probleme bei der Eingliederung der Vertriebenen sehr ungleich verteilten.[6] Diese unterschiedliche Verteilung hatte vor allem zwei Ursachen: Zum einen sollten nach dem erklärten Willen der alliierten Besatzungsmächte die Vertriebenen und Flüchtlinge aus den Ostgebieten vorwiegend in solche Regionen gebracht werden, in denen der Zerstörungsgrad an Wohnraum niedriger lag — was erklärt, warum die agrarisch-strukturierten Länder Bayern, Niedersachsen und Schleswig-Holstein, deren Bevölkerungszahl vor dem Krieg zusammen nur ein Drittel der Gesamtbevölkerung der späteren Bundesrepublik betrug, bis 1950 fast 60 % aller Vertriebenen aufnahmen; zum anderen lehnte die französische Regierung die Aufnahme von Vertriebenen in ihre Besatzungszonen bis 1948 ab — dadurch erklärt sich der niedrige Vertriebenenanteil in Rheinland-Pfalz und in Baden-Württemberg, deren badischer Landesteil zur französischen Zone gehörte.[7]

Die alliierten Besatzungsbehörden und die deutschen Zonenverwaltungen hegten gegenüber der Zuwanderung von vielen Millionen Menschen aus dem Osten erhebliche Befürchtungen: Wie sollten in so kurzer Zeit Wohnraum und Arbeitsplätze beschafft werden, und wie würde sich das Zusammenleben zwischen den kulturell meist ganz unterschiedlichen Einheimischen und Zugewanderten entwickeln? Vor allem aber: Entstand hier nicht ein brisanter politischer Sprengsatz, wenn Millionen Entwurzelter lange Zeit ohne Unterkunft und Arbeit und unter ihnen ablehnend und fremd gegenüberstehenden Menschen leben mußten? Im Nachhinein mögen diese Befürchtungen aus der Kenntnis der weiteren Entwicklung übertrieben wirken, für die Zeitgenossen waren diese Ängste vor einer (Rechts-)Radikalisierung der Vertriebenen sehr naheliegend und angesichts der Größenordnung der Probleme auch durchaus berechtigt.[8]

Tatsächlich aber gelang es, die Vertriebenen und Flüchtlinge in relativ kurzer Zeit so weit in die sich neu formierende bundesdeutsche Gesellschaft zu integrieren, daß politische Gefährdungen und soziale Spannungen jedenfalls nicht in dem Maße auftraten, wie sie befürchtet worden waren; der Hauptgrund dafür lag in der günstigen wirtschaftlichen Entwicklung in den 50er Jahren sowie in dem durch strukturelle Verschiebungen und die Disparität zwischen Produktionspotential und einheimischem Arbeitskräfteangebot entstandenen potentiellen Arbeitskräftemangel in den Westzonen.

Auf der anderen Seite ist dies eine Sichtweise vom Ergebnis her, die die erheblichen Schwierigkeiten zwischen Einheimischen und Zugewanderten, wie sie bis in die zweite Hälfte der 50er Jahre hinein auftraten, ausblendet. So führten die Requirierung von Wohnungen, das häufig jahrelange enge Beieinander mit fremden und kulturell oft ganz anders geprägten Menschen ebenso zu Spannungen wie das Aufbrechen alter, festgefügter Traditionen und die Auflockerung von bis dahin stabilen Verhaltensweisen und Mentalitäten durch die Zuwanderung der Fremden, sei es durch die Heterogenisierung der Konfessionsstruktur oder durch die häufig stark ausgeprägte Aufstiegs- und Leistungsorientierung der Vertriebenen und Flüchtlinge, die vor allem innerhalb der Arbeiterschaft die Erosion der bis dahin noch relativ geschlossenen Sozialmilieus beschleunigten.[9]

Damit aber wird deutlich, daß die Vertriebenen nicht nur in volkswirtschaftlicher Hinsicht in einer engen Beziehung zu den ausländischen Arbeitskräften stehen, die vor 1945 und seit Ende der 50er Jahre im Deutschen Reich bzw. der Bundesrepublik beschäftigt worden sind: Der Zuzug so vieler fremder Arbeitskräfte führte bei vielen Einheimischen auch zu Abwehrreaktionen bis hin zu offener Feindseligkeit — wobei in manchen Regionen der Übergang von polnischen Landarbeitern zu Vertriebenen aus Ostpreußen als bloßer Austausch empfunden worden sein mag. In vielen Städten und Dörfern gab es Barackenlager, die nacheinander etwa von Reichsarbeitsdienst-Kolonnen, dann während des Krieges von Fremdarbeitern, später von „DP's" und anschließend von Vertriebenen bewohnt worden waren, um nicht selten seit den frühen 60er Jahren als „Gastarbeiterlager" Verwendung zu finden. Unbeschadet aller rechtlichen und sozialen Unterschiede dieser verschiedenen Gruppen führte dies bei den Einheimischen doch zu Kontinuitäten in der Wahrnehmung der Lagerbewohner. Die Abwehrreaktionen gegenüber den Vertriebenen sind als Ausdruck der kulturellen Irritationen und Herausforderungen zu verstehen, die von der Zuwanderung der Fremden für die Einheimischen ausgingen, sowie als Folgen der zum Teil heftigen Konkurrenzen zwischen Zuwanderern und Einheimischen auf dem Arbeitsmarkt sowohl auf dem Lande wie in den Industriezentren. Sie waren aber nicht zuletzt auch Ausdruck eines chauvinistischen Überlegenheitsgefühls, das während der Kriegsjahre gegenüber den Fremdarbeitern in zugespitzter Weise bei erheblichen Teilen der Bevölkerung festzustellen gewesen war und das sich jetzt gegenüber den Vertriebenen jedenfalls zum Teil fortsetzte. Darüber hinaus ist die in den ersten Jahren der Nachkriegszeit deutlich werdende relative Unterprivilegierung der Vertriebenen gegenüber den Einheimischen vor allem am Arbeitsplatz als Element des sekundären Aufstiegs der Einheimischen durch „Unterschichtung" zu verstehen und weist insofern auf die Traditionen der Ausländerbeschäftigung. Auch die Vertriebenenverbände, die sich schon früh herausbildeten, tragen Züge von Einwandererorganisationen, wie wir sie etwa am Beispiel der Ruhrpolen näher betrachtet haben: die Bewahrung des Zusammenhalts im Einwanderermilieu gegen die Verunsicherung und das Fremdheitsgefühl in der neuen

Umgebung; wobei die soziale und kulturelle Bedeutung dieses Milieus in dem Maße abnimmt, wie die Integration in die Einwanderungsgesellschaft gelingt, während die Funktion der Einwandererorganisationen als politische pressure-group durchaus länger bestehen bleibt.

Aber neben diesen Aspekten, die auf strukturelle Ähnlichkeiten in der Situation von Vertriebenen und ausländischen Arbeitskräften verweisen, sind doch auch deutliche Unterschiede festzuhalten:

— Dadurch, daß es sich um Personen deutscher Nationalität und Sprache handelte, entstanden hier weder ausländerrechtliche noch Sprachprobleme, und die bei der Ausländerzuwanderung der vergangenen Jahrzehnte bis dahin immer feststellbaren „volkstumspolitischen" oder gar rassistischen Abwehrreaktionen in der Bevölkerung und bei den zuständigen Behörden blieben hier fast vollständig aus.

— Vor allem für die tatsächlichen Machtträger, die alliierten Besatzungsbehörden, war die Unmöglichkeit der Rückkehr und daraus resultierend die Notwendigkeit der dauerhaften und vollständigen Integration der Ostvertriebenen Grundlage des politischen Handelns. Aber auch für einen Großteil der Vertriebenen selbst war eine Rückkehr in die Heimat sogar auf längere Sicht keine realistische Perspektive, was ihre Integrationswilligkeit erklärt. „Nationale Aspekte" bei den deutschen Behörden und integrationsorientierte Überlegungen bei den Alliierten waren es vor allem, die schon früh den Daueraufenthalt der Ostvertriebenen in Westdeutschland und ihre soziale, politische und wirtschaftliche Gleichberechtigung und Integration politisch förderten.

— Anders als die ausländischen Arbeiter waren die Ostvertriebenen eine sozial heterogene Gruppe und so nicht der doppelten Unterprivilegierung — Fremde zu sein *und* Arbeiter — ausgesetzt. Ein Teil der Vertriebenen fand so relativ schnell Anschluß auch an die Mittel- und Oberschicht der westdeutschen Gesellschaft und bildete hier eine durchsetzungsstarke Interessengruppe.

— Durch das Wahlrecht waren die Vertriebenen für die deutschen Parteien auch politisch ein ernstzunehmender Faktor, der in der Programmatik wie in der politischen Praxis entsprechende Berücksichtigung fand.

— Zuwanderung und Integration der Vertriebenen schließlich vollzogen sich in einer Zeit, als es eine immobile, „seßhafte" Gesellschaft der Einheimischen jedenfalls in weiten Teilen der drei Westzonen gar nicht gab; vielmehr trafen die Vertriebenen selbst auf eine Gesellschaft in Bewegung: Soldaten kehrten aus Krieg und Gefangenschaft heim, evakuierte Familien zogen aus weniger bombengefährdeten Regionen zurück in die Großstädte; Kinder fuhren aus den KLV-Lagern heim zu ihren Eltern; Arbeiter strömten aus den verlagerten Betrieben zurück in die Industriestädte; gleichzeitig suchten die Ausgebombten neue Wohnungen und Arbeiter neue Arbeitsplätze, weil ihre alten zerstört waren — in diesem allgemeinen Durcheinander der verschiedenartigsten Wanderungen waren die Vertriebenen eben nur eine Gruppe unter vielen, die „neu in der Gegend" waren, so daß die Konflikte zwischen Alteingesessenen und Neuhinzukommenden sich nicht in der Schärfe stellten, wie dies unter normalen Umständen wohl der Fall gewesen wäre.[10]

Als dann in den späten 50er Jahren — verstärkt aber seit dem 13. August 1961, als in Berlin die „Mauer" gebaut wurde und der Strom der Flüchtlinge aus der DDR jäh abriß — ausländische Arbeitskräfte in verstärktem Umfang in die Bundesrepublik angeworben wurden, lag die Auseinandersetzung mit den Problemen der Vertriebenenintegration zwischen der Erfahrung mit dem nationalsozialistischen Fremdarbeitereinsatz und der Wiederaufnahme der massenhaften Ausländerbeschäftigung in der Bundesrepublik, so daß schon die rein zeitliche Unterbrechung dazu führte, das eine mit dem anderen nicht in direkte Verbindung zu bringen.

Durch den vorübergehenden Ersatz der Ausländerbeschäftigung durch die Integration der Vertriebenen in den bundesdeutschen Arbeitsmarkt konnte so der Zwangsarbeitereinsatz zwischen 1939 und 1945 in der Öffentlichkeit einerseits als kriegsbedingter Sonderfall isoliert werden; da er aber auf der anderen Seite in der Erfahrung der deutschen Bevölkerung nicht als Bestandteil der großen Verbrechen des NS-Regimes angesehen worden war, wurde er auch nicht zum Gegenstand der öffentlichen Auseinandersetzung, der „Bewältigung" der Vergangenheit in den Nachkriegsjahren. So konnte fünfzehn Jahre nach Kriegsende die massenhafte Beschäftigung von Ausländern unter der Fiktion der Voraussetzungslosigkeit wieder aufgenommen werden, ohne daß die Einstellungen und Haltungen gegenüber den „Fremdarbeitern" während des Krieges in den 50er Jahren eine öffentliche, kritische Bearbeitung erfahren hätten.

Die Entwicklung der Ausländerbeschäftigung in der Bundesrepublik kann man in vier deutlich voneinander zu trennende Phasen einteilen, wie schon ein Blick in die Statistik zeigt (Tab. 16, S. 188, 189).

Betrachtet man die Zahlen der erwerbstätigen Ausländer, so sind diese bis 1959/60 relativ niedrig (I), steigen dann bis 1966 rapide an (II), um sich nach einem Rückgang während der Rezession von 1967/68 bis 1973 erneut zu verdoppeln (III); danach sinken sie langsam, aber stetig (IV); seit 1979 gibt es einen erneuten, aber leichten Aufwärtstrend.

Die ausländische Wohnbevölkerung hingegen nimmt nach 1973 weiter zu, seitdem sinkt der Anteil der Beschäftigten unter den Ausländern stetig und liegt konstant unter 50 % — Ausdruck des zunehmenden Anteils an nicht erwerbstätigen Familienangehörigen der ausländischen Arbeiter.

Auch die Verteilung der Nationalitäten ergibt deutliche Trends: Die Italiener sind bis 1969 die größte nationale Gruppe der ausländischen

Arbeitskräfte in der Bundesrepublik und erreichen die 100.000er Grenze bereits 1960, Spanier und Griechen bilden die zweite und dritte Gruppe (100.000: 1963), dann folgen die Türken (1965) und die Jugoslawen (1968). 1980 sind die Türken sowohl bei der Wohnbevölkerung wie bei den Erwerbstätigen die mit Abstand größte Gruppe.

Schließlich zeigen die Zahlen, welche Bedeutung die Ausländerbeschäftigung seit Mitte der 60er Jahre mit Erwerbstätigenanteilen von über 5 % für die Volkswirtschaft der Bundesrepublik besitzt — die in diesem Zusammenhang aufgetretenen Probleme sollen im folgenden für die einzelnen Etappen der Entwicklung näher betrachtet werden.

Tab. 16: Ausländer in der Bundesrepublik Deutschland (einschl. Berlin-West). Wohnbevölkerung und Beschäftigte insgesamt und nach ausgewählten Nationalitäten, 1950 bis 1980, in 1.000[11]

Jahr	Ausländer Wohn-bevöl-kerung	Ausl.-Quote	Beschäf-tigte	Ausl.-Quote	Griechen Wohn-bevöl-kerung	Be-schäf-tigte	Italiener Wohn-bevöl-kerung	Be-schäf-tigte
1950	567,9							
1951	506,0				3,3		23,5	
1952	466,2				3,4		24,5	
1953	489,7				3,6		26,0	
1954	481,9		72,9	0,4	3,6	0,5	25,6	6,5
1955	484,8		79,6	0,4	3,8	0,6	25,8	7,5
1956			98,8	0,5		1,0		18,6
1957			108,2	0,6		1,8		19,1
1958			127,1	0,6		2,8		25,6
1959			166,8	0,8		4,1		48,8
1960			329,4	1,5		20,8		144,2
1961	686,1	1,2	548,9	2,5	42,1	52,3	196,7	224,6
1962			711,5	3,2		80,7		276,8
1963			828,7	3,7		116,9		287,0
1964			985,6	4,4		154,8		296,1
1965			1.216,8	5,7		187,2		372,3
1966			1.313,5	6,3		194,6		391,3
1967	1.806,7	2,8	991,3	4,7		140,3		266,8
1968	1.924,2	3,2	1.089,9	5,2		144,7		304,0
1969	2.381,1	3,9	1.501,4	7,0	271,3	191,2	514,6	349,0
1970	2.976,5	4,9	1.949,0	9,0	342,9	242,2	573,6	381,8
1971	3.438,7	5,6	2.240,8	10,3	394,9	268,7	589,8	408,0
1972	3.526,6	5,7	2.352,4	10,8		270,1		426,4
1973	3.966,2	6,4	2.595,0	11,9	399,2	250,0	622,0	450,0
1974	4.127,4	6,7	2.286,6	10,9	406,4	229,2	629,6	331,5
1975	4.089,6	6,6	2.038,8	10,1	390,5	196,2	601,4	292,4
1976	3.948,3	6,4	1.920,9	9,5	353,7	173,1	568,0	279,1
1977	3.948,3	6,4	1.888,6	9,3	328,5	162,5	570,8	281,2
1978	3.981,1	6,5	1.869,3	9,1	305,5	146,8	572,5	288,6
1979	4.143,8	7,2	1.933,6	9,5	296,8	140,1	594,4	300,4
1980	4.450,0	7,5	2.070,0	9,1	298,0	132,9	618,0	309,2

Jahr	Jugoslawen Wohnbevölkerung	Jugoslawen Beschäftigte	Spanier Wohnbevölkerung	Spanier Beschäftigte	Türken Wohnbevölkerung	Türken Beschäftigte
1950						
1951	23,7		1,6		1,3	
1952	21,7		1,7		1,3	
1953	22,1		1,8		1,5	
1954	21,0	1,8	1,9	0,4	1,5	
1955	21,0	2,1	2,1	0,5	1,7	
1956		2,3		0,7		
1957		2,8		1,0		
1958		4,8		1,5		
1959		7,3		2,2		
1960		8,8		16,5		2,5
1961	16,4		44,2	61,8	6,7	
1962		23,6		94,0		18,6
1963		44,4		119,6		33,0
1964		53,1		151,1		85,2
1965		64,1		182,8		132,8
1966		96,7		178,2		161,0
1967		95,7		118,0		131,3
1968		119,1		115,9		152,9
1969	331,6	265,0	206,9	143,1	322,4	244,3
1970	514,5	423,2	245,5	171,7	469,2	353,9
1971	594,3	478,3	270,4	186,6	652,8	453,1
1972		474,9		184,2		511,1
1973	673,3	535,0	286,1	190,0	893,6	605,0
1974	707,8	466,7	272,7	149,7	1.027,8	606,8
1975	677,9	415,9	247,4	124,5	1.077,1	543,3
1976	640,4	387,2	219,4	107,6	1.079,3	521,0
1977	630,0	377,2	201,4	100,3	1.118,0	517,5
1978	610,2	369,5	188,9	92,6	1.165,1	514,7
1979	620,6	367,3	182,2	89,9	1.268,3	540,4
1980	632,0	357,4	180,0	86,5	1.462,0	591,8

2. Prophylaktische Ausländerpolitik

Am 10. November 1954 überraschte die Tageszeitung *Hamburger Echo* ihre Leser mit der Schlagzeile: „Fremdarbeiter statt Rekruten". Der Bundeswirtschaftsminister Erhardt habe mit dem italienischen Außenminister über die Möglichkeit der Zulassung von 100.000 bis 200.000 insbesondere landwirtschaftlichen Arbeitern aus Italien in der Bundesrepublik verhandelt, da durch die beginnende Rüstungsproduktion und die Einziehung der ersten militärpflichtigen Jahrgänge in der Bundesrepublik bald mit einem Arbeitskräftedefizit zu rechnen sei.[12]

Diese Ankündigung stieß vor allem bei Gewerkschaften und Vertriebenenverbänden, aber auch beim Arbeitsministerium auf Verwunderung, wurden doch 1954 noch 7 %, also über eine Million, Arbeitslose gemeldet. Wozu also Ausländer, wenn noch so viele Deutsche ohne Arbeit und die Reserven des deutschen Arbeitsmarktes offenbar noch lange nicht ausgeschöpft waren? So beeilte sich das Bundesarbeitsministerium mit der Feststellung, „es bestehe zunächst nicht die Absicht, ausländische Arbeitnehmer in die Bundesrepublik zu holen", und stellte heraus, daß es sich eher um prophylaktische Überlegungen handele, was dereinst bei „Vollbeschäftigung" und Arbeitermangel in der Bundesrepublik geschehen könne.[13] Auch das Bundesvertriebenenministerium erklärte, „an eine Anwerbung ausländischer Arbeitskräfte soll(e) erst dann gedacht werden, wenn die Masse der jetzt noch arbeitslosen Vertriebenen und Flüchtlinge feste Arbeitsplätze erhalten" habe.[14]

Der Hintergrund dieser in der Öffentlichkeit nur wenig beachteten Kontroverse lag in der ungleichmäßigen Entwicklung des Arbeitsmarktes nach dem Krieg — 1955 betrug die durchschnittliche Arbeitslosigkeit 5,1 %; wies aber starke regionale Unterschiede auf: In Baden-Württemberg lag sie nur bei 2,2 %, in Nordrhein-Westfalen bei 2,9 %; in Schleswig-Holstein hingegen bei 11,1 %. Am 30. September 1955 betrug die Arbeitslosigkeit bei Männern im Bundesdurchschnitt nurmehr 1,8 % — das hieß, jedenfalls die problemlos mobilisierbaren deutschen Arbeitskräfte waren in den wirtschaftlich starken Regionen nahezu vollständig beschäftigt; da die Wirtschaftsprognosen auf ein weiterhin starkes Wirtschaftswachstum verwiesen, war mit einem regionalen Arbeitskräftemangel in absehbarer Zeit zu rechnen.

Dies galt schon seit längerem für die Landwirtschaft; denn hier machte sich bemerkbar, daß trotz der Konzentration der Vertriebenen auf dem Lande die Landflucht weiter anhielt,[15] noch verstärkt durch die besonders schlechten Arbeitsbedingungen für Landarbeiter. Der dadurch entstandenen Arbeiskräfteknappheit versuchten vor allem südwestdeutsche Landwirte seit 1953 durch die Forderung nach Hereinnahme ausländischer Arbeiter zu begegnen.[16] Zwar wurde dies zunächst von der Bundesregierung mit dem Hinweis auf die Arbeitslosigkeit bei deutschen Arbeitskräften abgelehnt, immerhin aber konzedierte Bundesarbeitsminister Storch am 14. Dezember 1954, daß man auf das Angebot der italienischen Regierung, italienische Arbeitskräfte nach Deutschland zu schicken, zurückkommen würde, sobald „eine Nachfrage nach Arbeitskräften eintritt, die aus den eigenen Reserven nicht mehr gedeckt werden" könne — dies sei aber vor 1957 voraussichtlich nicht der Fall.[17] Demgegenüber sprachen das Wirtschafts- und das Ernährungsministerium von der „Notwendigkeit einer Hereinnahme" von Ausländern, „sei es aus Gründen der Aufrechterhaltung und Steigerung der Produktivität, sei es aus landespolitischen Erfordernissen", wie es in einer regierungsamtlichen Stellungnahme von 1955 hieß;[18] beide gingen aber auch von der „Vollbeschäftigung" im Inland als Voraussetzung für die Zulassung von Ausländern aus. Gerade dieser scheinbar so eindeutige Terminus „Vollbeschäftigung" aber war der Punkt, an dem sich die Einschätzungen teilten.

Während SPD und Gewerkschaften, aber auch das Arbeitsministerium, die Bundesanstalt für Arbeit und offenbar auch die Mehrheit der CDU-Abgeordneten der Meinung waren, „der letzte deutsche Arbeiter muß doch erst in Arbeit sein, bevor wir an diese Dinge denken, und wir müssen die Bundesregierung wirklich bitten, zunächst alle Anstrengungen zu machen, um unsere Wirtschaft und Industrie zu bewegen, dort hinzugehen, wo noch Arbeitskräfte sind",[19] spielten hier beim Wirtschaftsministerium auch lohnpolitische Überlegungen eine Rolle. Denn durch den regionalen und strukturellen Arbeitskräftemangel nahm der Konkurrenzdruck zwischen den Unternehmen bei der Suche nach Arbeitskräften zu und begann sich in Lohnzugeständnissen an die Arbeiterschaft auszuwirken. Durch die Ausweitung des Arbeitskräfteangebots konnte dieser Entwicklung entgegengesteuert werden.[20] Auf der anderen Seite traten die Gewerkschaften von Anfang an dafür ein, daß, sollten denn tatsächlich ausländische Arbeitskräfte in die Bundesrepublik geholt werden, diese den deutschen Arbeitnehmern in arbeits-, tarif- und sozialrechtlicher Hinsicht gleichgestellt wurden, um lohndrückende Auswirkungen einer Ausländerbeschäftigung zu verhindern.[21]

Am 22. Dezember 1955 wurde dann in Rom das deutsch-italienische Anwerbeabkommen geschlossen[22] — das erste seiner Art, das für die später folgenden Anwerbeabkommen mit anderen Ländern das Muster abgab und hier daher etwas näher erläutert werden soll. In diesem Abkommen wurde geregelt, daß die Arbeitskräfte in Italien von einer Anwerbekommission der Nürnberger Bundesanstalt für Arbeit in Verbindung mit der italienischen Arbeitsverwaltung ausgewählt und angeworben werden sollten, die ihrerseits die Anforderungen der deutschen Betriebe erhielt und die italienischen Arbeiter je nach Eignung den einzelnen Unternehmen zuwies. Dabei wurde in einem Musterarbeitsvertrag, in dem die Vorstellungen der deutschen Gewerkschaften weitgehende Berücksichtigung gefunden hatten, die prinzipielle sozialpolitische Gleichstellung der angeworbenen ausländischen mit vergleichbaren deutschen Arbeitskräften garantiert; ebenso die Bezahlung nach Tarif, die Vertragsdauer, die Zusicherung einer „angemessenen Unterkunft" und das Recht auf Lohntransfer; Anträge auf Familiennachzug sollten bei dem Nachweis angemessenen Wohnraums wohlwollend geprüft werden.

In der Öffentlichkeit und von Seiten der Regierungsbehörden wurde dabei darauf verwiesen, daß es sich hier lediglich um eine kurzfristige, vorübergehende Maßnahme zur Deckung von „Spitzenbedarf" handele und es dazu aber derzeit keine Alternativen gebe. Der wirtschaftsnahe *Industriekurier* etwa faßte die Alternativen zur Ausländerbeschäftigung im Oktober 1955 so zusammen:

— die innerdeutschen Arbeitsmarktreserven seien nur durch regionale Mobilität der noch Arbeitslosen zu erschließen, das stoße aber auf enge Grenzen des Wohnungsmarktes; Arbeitslose gebe es in Schleswig-Holstein, sie würden aber im Ruhrgebiet und Stuttgart gebraucht, wo es für sie keinen Wohnraum gäbe;

— eine Forcierung der technischen Rationalisierung könne sich nur mittelfristig auswirken und stieße auf enge Grenzen auf dem Kapitalmarkt;

— die stärkere Einbeziehung von deutschen Frauen sei zwar wirtschaftlich naheliegend und möglich, aber „familienpolitisch" unerwünscht;

— die Erhöhung der Arbeitszeit für die deutschen Beschäftigten sei die dritte Variante, diese aber stoße auf den Widerstand der Gewerkschaften, die auf Eindämmung des „Überstundenunwesens" und die Vierzig-Stunden-Woche hinarbeiteten. So bleibe, jedenfalls kurzfristig, nur die Beschäftigung von Ausländern; zudem seien „die Vorteile, die ein Rückgriff auf Italiener dadurch mit sich bringt, daß dadurch keine Wohnungsbauballung verursacht wird, sondern die Gestellung von Baracken im allgemeinen ausreichen dürfte, nicht zu verkennen".[23]

Die hier vorgegebene Argumentation — zur Ausländerbeschäftigung gebe es keine wirtschaftlich und politisch sinnvollen Alternativen, wenn man weiterhin wirtschaftliches Wachstum wolle — findet sich in den Folgejahren immer wieder, wenn es um die Ausweitung der Ausländerbeschäftigung ging.[24] Wichtig ist dabei, daß längerfristige Perspektiven damit zunächst jedoch nicht verbunden waren; „kurzfristig aber", faßt Siegfried Bethlehem diese Überlegungen zusammen, „war die Heranziehung von Ausländern die einfachste Form, der auf Expansion des Arbeitsmarktes ausgerichteten Wirtschaft Rechnung zu tragen."[25]

Knut Dohse argumentiert hier etwas anders. Er verweist darauf, daß die Ausländerbeschäftigung vor 1960 quantitativ ein ganz marginales Phänomen gewesen sei, das weder in der Öffentlichkeit noch innerhalb des Regierungsapparats auf sonderliches Interesse gestoßen sei; zudem hätten die wenigen tausend italienischen Arbeitskräfte auch keine wesentliche Entlastung des deutschen Arbeitsmarktes darstellen können. Er betont vielmehr, daß in den 50er Jahren durch die Wiederinkraftsetzung der Ausländerpolizeiverordnung von 1938[26] und der „Verordnung über ausländische Arbeitnehmer" von 1933[27] eine „Rekonstruktion des Regelungsinstrumentariums" der Ausländerbeschäftigung stattgefunden habe, die an die rigiden Bestimmungen der nationalsozialistischen Ausländergesetzgebung statt an die in der Frühphase der Weimarer Republik entwickelten Vorschriften angeknüpft habe, in denen zum Beispiel der Grundsatz der Mitwirkung der Arbeitnehmervertreter bei der Ausländerzulassung gegolten habe.[28] Auch durch die Anwerbungsvereinbarung mit Italien seien weitgehende Präjudizien geschaffen worden, ohne daß es dabei auch nur zu einem Anflug von öffentlicher Debatte gekommen sei: „Die Exekutive konnte daher das ausländerpolitische Instrumentarium der fünfziger Jahre öffentlichkeitslos rekonstruieren und knüpfte dabei an historische Phasen an, in denen die Gewerkschaften entweder extrem schwach oder gänzlich aufgelöst waren . . . Die damit entwickelten Strukturen stellten wichtige Vorentscheidungen für die Form der Ausländerzulassung zu einem Zeitpunkt dar, als weit und breit an eine massive Beschäftigung ausländischer Arbeiter noch nicht zu denken war." Gleichzeitig, so Dohse weiter, trug das Italienabkommen „zu einem langsamen Prozeß der Normalisierung der Ausländerbeschäftigung bei, der zugleich als Prozeß der Entthematisierung der Problematik der Arbeitsmarktöffnung zu beschreiben ist. Der Einsatz ausländischer Arbeiter wurde allmählich zu einem wenig dramatischen alltäglichen Vorgang."[29]

Die Entwicklung der Ausländerpolitik in den 50er Jahren hat zu einer solchen „Entthematisierung" sicherlich beigetragen; zu fragen wäre allerdings, ob sie auch von den Akteuren so angelegt war, ob politische Absichten dahinter steckten. Dies setzte voraus, daß die zuständigen Behörden mit einer verstärkten Ausländerbeschäftigung in naher Zukunft rechneten; angesichts des Zuzuges von Flüchtlingen aus der DDR ist dies zumindest fraglich. Vielmehr ging es darum, am unteren Ende des Arbeitsmarktes der deutschen Landwirtschaft die Zugriffsmöglichkeit auf billige ausländische Arbeiter zu sichern, so daß — ein Prozeß, den wir auch am Ende des 19. Jahrhunderts, nach 1918 und vor 1939 feststellen konnten — das Lohngefüge in der Landwirtschaft auf relativ niedrigem Niveau stabilisiert werden konnte, zumal auch diesmal eine saisonalisierte Beschäftigung der Ausländer den Wünschen der landwirtschaftlichen Arbeitgeber entgegenkam. Eine solche Beschäftigungsweise aber war den Vertriebenen und vor allem den Flüchtlingen aus der DDR nicht zuzumuten, zumal sich letztere vorwiegend aus jüngeren, besser ausgebildeten und eher städtisch orientierten Personen zusammensetzten, für die eine Arbeit als Landarbeiter sowieso nicht in Frage kam.

Eine öffentliche Debatte um die Traditionen der Ausländerbeschäftigung hingegen, die nur zehn Jahre nach Kriegsende ja nahe gelegen hätte, gab es zu dieser Zeit nicht. Gleichwohl wurde die erneute Anwerbung von Ausländern unterhalb politischer Deklamationen in mancher Hinsicht durchaus in Zusammenhang zur Zeit vor 1945 gesehen, was sich nicht nur an dem wie selbstverständlichen Weitergebrauch der Bezeichnung „Fremdarbeiter" zeigte. So gab etwa das *Handelsblatt* im September 1955 Hinweise zur richtigen Behandlung von Italienern: Schon bei der Anwerbung sollten die Unternehmer darauf achten, „sich selbst in jedem Falle das Auswahlrecht der Arbeitskräfte vorzubehalten, damit man nicht Gefahr läuft, das zu bekommen, was man abschieben möchte . . . Schließlich wird man noch eines Vertrauensmannes bedürfen, der die örtlichen Verhältnisse kennt und die erforderlichen Auskünfte über Charakter, Arbeitsfreudigkeit, Familienverhältnisse, politische Einstellung, Vorstrafen usw. einholen kann . . . Ein großer Fehler wäre es bei all diesem, Erfahrungen, die man während des letzten Krieges mit ausländischen Arbeitskräften im Positiven und Negativen gemacht hat, als auch für heute gültig anzunehmen. Die heutige Lage ist völlig neu. Schon dies ist anders: damals kamen die Ausländer gezwungen, heute kommen sie freiwillig; damals bedingten schon die Kriegsverhältnisse geringere Ansprüche, heute sind — auch beim Italiener! — die Ansprüche an den Lebensstandard und an den Lohn hoch. Zudem wird heute jedes Versäumnis, jedes Versagen, jede kleine Fehlentscheidung (des Unternehmers, U. H.) sogleich als eine persönliche und auch nationale Unfreundlichkeit angesehen, die nur mit Kündigung des Arbeitsverhältnisses beantwortet werden kann. Und wenn einer geht, gehen viele mit".[30]

Insgesamt aber sind Äußerungen wie diese warnenden Hinweise, daß man die Italiener nicht mehr wie noch in Kriegszeiten behandeln könne, eher selten. In den folgenden Jahren behielt die Anwerbung von Italienern nach Deutschland ihren geringen Umfang; 1959 waren es weniger als 50.000, von denen die meisten in der Landwirtschaft beschäftigt wurden. Es gab auch keinen Grund, diese Zahlen zu erhöhen, solange es durch die stetige Zuwanderung von Flüchtlingen aus der DDR Reserven auf dem bundesdeutschen Arbeitsmarkt gab.

3. Vom „Mauerbau" zur „Rezession"

Zwischen 1959 und 1962 wurde auf dem deutschen Arbeitsmarkt ein Wendepunkt erreicht. Das Verhältnis zwischen der Zahl der Arbeitslosen und derjenigen der offenen Stellen kehrte sich um, die Zahl der deutschen Erwerbspersonen (Erwerbstätige und arbeitslose Gemeldete) begann seit 1962 zu sinken, zwischen 1959 und 1965 nahm die Zahl der ausländischen

Arbeitskräfte um eine Million zu; die Gesamtzahl der Erwerbstätigen in der Bundesrepublik aber, die zwischen 1950 und 1960 um 4,5 Millionen angestiegen war, vergrößerte sich bis 1965 nur um etwa 500.000 und pendelte sich seitdem bei etwa 26,5 Millionen ein.[31] Anfang der 60er Jahre trafen hierbei mehrere Entwicklungen und Ereignisse aufeinander und verstärkten sich gegenseitig:

— Da das Wirtschaftswachstum anhielt, mit dem Bau der „Mauer" 1961 der Zustrom von Flüchtlingen aus der DDR aber ausblieb, füllten die Gastarbeiter seitdem die dadurch entstehenden Lücken.

— Die Zahl der deutschen Erwerbstätigen aber begann seit 1962 zu sinken, denn zum einen traten in dieser Zeit die geburtenschwachen Kriegsjahrgänge ins Erwerbsleben, zweitens führte die verbesserte Altersversorgung zu einer Absenkung des durchschnittlichen Eintrittsalters in den Ruhestand, drittens verlängerte sich seit den 60er Jahren die Ausbildungszeit, viertens sank die durchschnittliche Arbeitszeit von 44,4 (1960) auf 41,4 Wochenstunden (1967). Auch diese Lücken wurden durch die Ausländer ausgeglichen.

— Darüber hinaus hielt durch die zunehmende Ausländerbeschäftigung die Erweiterung des Arbeitskräftepotentials bis 1967 in der Größenordnung der Jahre vor 1961 an. Für die Unternehmen wurde es daher seit 1959 zunehmend schwieriger, weitere Arbeitskräfte zu bekommen, um die Produktion auszuweiten; „der Kampf um Arbeiter", schrieb Der Spiegel im Sommer 1959, sei „zu einer aufreibenden Dauerbeschäftigung geworden, in die sich Personalverwaltungen großer Industrieunternehmen verstrickt sehen wie kleinere Betriebe mit wenigen Beschäftigten".[32] Daß in dieser Situation in erheblichem Umfang ausländische Arbeiter in die Bundesrepublik anzuwerben seien, war bei Arbeitgebern und Regierung unumstritten; das entsprechende Instrumentarium dafür war ja in den 50er Jahren bereits entwickelt worden und wurde nun ausgeweitet. Schon im März 1960 schloß Arbeitsminister Blank mit Griechenland und Spanien Anwerbeverträge nach dem Vorbild der deutsch-italienischen Vereinbarungen.[33] Weitere Anwerbeverträge folgten: mit der Türkei am 30. Oktober 1961, mit Portugal am 17. März 1964, mit Jugoslawien am 12. Oktober 1968.[34] Zur Ausländerbeschäftigung, begründete Blank diese Abkommen, gebe es keine Alternative, da „trotz fortschreitender Rationalisierung und Mechanisierung der Produktionsverfahren in der Bundesrepublik weiterhin ein steigender Kräftebedarf zu erwarten sei. Auf der anderen Seite verfüge der deutsche Arbeitsmarkt über keine Reserven mehr, die Zahl der Sowjetzonenflüchtlinge gehe zurück, und das Arbeitskräftepotential werde weiter schrumpfen wegen der veränderten Altersstruktur, der verbesserten Altersversorgung und der vermehrten Einberufungen zum Wehrdienst".[35] Eine öffentliche Debatte, ob überhaupt und wie und in welchem Umfang man in den Folgejahren ausländische

Arbeitskräfte in die Bundesrepublik holen solle, gab es allerdings auch in den frühen 60er Jahren nicht; zu selbstverständlich und unumstritten war die Perspektive Wirtschaftswachstum, zu unstrittig auch, daß dazu weitere Arbeitskräfte in großer Zahl nötig waren.

Daß die Beschäftigung von Ausländern für die Bundesrepublik ausschließlich positive Auswirkungen haben werde, wurde dabei mit unterschiedlichen Argumenten begründet: „Für Volkswirtschaften, die sich entfalten und wachsen wollen", schrieb etwa *Die Welt* 1964, seien ausländische Arbeiter „wichtig — fast möchte man sagen: unentbehrlich. Wirtschaftlicher Fortschritt ist stets mit Veränderungen in der Wirtschaftsstruktur verbunden ... Die Investitionen verlagern sich und mit ihnen der Bedarf an Arbeitskräften". Dazu fehlten aber die notwendigen Arbeitskraftreserven, und „auch die Beweglichkeit der Arbeitskräfte wird geringer. Denn die Freisetzungen gehen nicht mehr so abrupt und auch nur selten in so großem Ausmaß vor sich, oder sie werden aus sozialpolitischen und wirtschaftspolitischen Gründen ... durch staatliche Maßnahmen aufgehalten oder wenigstens gebremst. Die neu entstehenden oder schneller emporstrebenden Wirtschaftszweige sind auf die Zuwanderung ausländischer Arbeiter angewiesen, wenn die Beweglichkeit der inländischen Arbeitskräfte nicht mehr groß genug ist, den Bedarf zu decken".[36] Dieser Aspekt der Mobilität der Ausländer — nicht der einzelnen, sondern als fungible Reservearmee insgesamt — stand im Vordergrund der befürwortenden Stellungnahmen der Ausländerbeschäftigung. Dabei wurde schon früh auf die Möglichkeiten hingewiesen, daß sich durch Ausländer krisenhafte Entwicklungen auf dem Arbeitsmarkt bis zu einem gewissen Grad ausgleichen ließen. Schon 1959 hatte die *Frankfurter Allgemeine* den wesentlichen Vorteil der Ausländerbeschäftigung darin gesehen, daß „bei eventueller Arbeitslosigkeit in Deutschland die ausländischen Arbeiter wieder zurückgeschickt werden können".[37] Auf einer Konferenz der Arbeitgeberverbände zum Thema „Gastarbeiter" wurde dies explizit formuliert: „Was bringen die ausländischen Arbeitskräfte auf dem Gebiet der Mobilität? Wenn wir das näher betrachten, stellen wir fest, daß die ausländischen Arbeitskräfte, die hier bei uns sind, total mobil sind, nicht nur der einzelne ausländische Arbeitnehmer, sondern die ausländischen Arbeitnehmer insgesamt durch den enormen Rückfluß und das starke Wiedereinwandern ... Der Betrieb A, der im nächsten Jahr die Arbeitnehmer nicht mehr braucht, wird keine neuen Arbeitnehmer einstellen, und der Betrieb B, der im Wachstumsbereich tätig ist, wird im nächsten Jahr seine 100 oder 1.000 Arbeitskräfte bekommen. Dadurch wird meiner Ansicht nach ein außerordentlich günstiger Effekt ausgelöst."[38]

In betriebswirtschaftlichen Kalkulationen wurden die zusätzlichen Aufwendungen bei der Ausländerbeschäftigung gegen finanzielle Vorteile aufgerechnet. Dabei wurde die Erstellung von Wohnheimen, die Zahlung von Dolmetschern, „Kopfpauschale" für die Anwerbung durch die Bundesanstalt für Arbeit, verschiedene Betreuungsmaßnahmen und die Kosten der Anlernphase den spezifischen Vorzügen der Beschäftigung von Ausländern gegenübergestellt: „In der Regel wird der Ausländer nicht an der betrieblichen Altersversorgung teilnehmen, nicht in Betracht kommen für Sonderzuwendungen bei Arbeitsjubiläen sowie für Heilverfahren, Frühheilverfahren und Erholungskuren. Der bei uns arbeitende Ausländer stellt in der Regel die Arbeitskraft seiner besten Jahre zur Verfügung; für die Betriebe ergibt sich daraus der Vorteil, daß nur in seltenen Fällen ein älterer oder nicht mehr voll arbeitsfähiger ausländischer Mitarbeiter aus sozialen Gründen mit durchgezogen werden muß."[39]

Für die Bundesregierung stand im Vordergrund, daß durch die Ausländerbeschäftigung nicht nur weiteres Wirtschaftswachstum ermöglicht werde, sondern durch die hohe Sparquote der Gastarbeiter die Konsumgüternachfrage gedämpft und die Preise stabilisiert würden. Anläßlich der Beschäftigung des einmillionsten Gastarbeiters im Herbst 1964 schrieb Arbeitsminister Blank: „Diese Million Menschen auf deutschen Arbeitsplätzen trägt mit dazu bei, daß unsere Produktion weiter wächst, unsere Preise stabil und unsere Geltung auf dem Weltmarkt erhalten bleibt. Die Rolle der Gastarbeiter auf dem Arbeitsmarkt wird in den kommenden Jahren sicher noch gewichtiger werden."[40] Dabei beschränkten sich die Vorteile der Ausländerbeschäftigung nicht auf die Wirtschaft — auch der Staat profitiere davon, betonte im März 1966 der Staatssekretär im Arbeitsministerium, Kattenstroth: „So tragen die ausländischen Arbeitnehmer, von denen 90 v. H. in bestem Schaffensalter zwischen 18 und 45 Jahren stehen, einerseits erheblich zur Gütervermehrung bei, ohne andererseits die Konsumgüternachfrage in der Bundesrepublik in gleichem Umfang zu erhöhen ... Hinzu kommt, daß die ausländischen Arbeitnehmer in der Bundesrepublik Lohnsteuer und Sozialversicherungsbeiträge nach denselben Regeln wie inländische Arbeitnehmer zahlen. Bei dem Lebensalter der ausländischen Arbeitnehmer wirkt sich das z. Zt. vor allem für die deutsche Rentenversicherung sehr günstig aus, weil sie weit höhere Beiträge von den ausländischen Arbeitnehmern einnimmt, als sie gegenwärtig an Rentenleistungen für diesen Personenkreis aufzubringen hat[41], ... man kann hiernach wohl sagen, daß die Beschäftigung ausländischer Arbeitskräfte nicht nur für die Wirtschaft selbst einen Gewinn, sondern auch für die Allgemeinheit weitaus mehr Vorteile als Nachteile bringt."[42]

Diesen Vorteilen der Ausländerbeschäftigung für die Wirtschaft der Bundesrepublik standen in den Augen der Verantwortlichen positive Entsprechungen für die Heimatländer der Gastarbeiter und für diese selbst gegenüber: Die Arbeitslosenzahlen der Entsendeländer würden gesenkt, die Zahlungsbilanzen durch die Lohntransfers verbessert, die Qualifikationsstruktur der Arbeiterschaft durch ihre Tätigkeit in deutschen Fabriken erhöht — ein „Stück Entwicklungshilfe für die südeuropäischen Länder", wie es häufig genannt wurde. Zudem schloß kein Politiker dieser Zeit eine Rede über die Gastarbeiter ohne Hinweise auf die überaus positiven politischen Auswirkungen ihrer Anwesenheit in der Bundesrepublik im Sinne von Völkerverständigung und europäischer Integration. Durch die Beschäftigung von Ausländern in Deutschland, so Arbeitsminister Blank 1964, sei „die Verschmelzung Europas und die Annäherung von Menschen verschiedenster Herkunft und Gesittung in Freundschaft eine Realität" geworden.[43]

So beurteilten nahezu alle damit befaßten Stellen die Ausländerbeschäftigung in dieser Phase positiv — für die Bundesregierung standen weiterhin hohe Wachstumszahlen und Preisdämpfung im Vordergrund, für die Arbeitgeber war die Beschaffung von Arbeitskräften für weniger qualifizierte Arbeitskräfte sehr viel einfacher geworden, zudem wurde auf diese Weise ein durch Arbeitskräftemangel sonst entstehender Lohndruck nach oben in den unteren Lohngruppen vermieden; für die Gewerkschaften wurden die Bedingungen für die angestrebten Arbeitszeitverkürzungen durch die Ausländerbeschäftigung erheblich günstiger.

Allen gemeinsam war aber auch die feste Überzeugung, daß es sich dabei um ein zeitlich begrenztes Phänomen handele, um eine Übergangserscheinung. Über etwaige Folgewirkungen und längerfristige Perspektiven der Beschäftigung einer immer größer werdenden Zahl von Gastarbeitern jedenfalls machte man sich bei den Verantwortlichen zu dieser Zeit keine Gedanken.

Die Parallelen etwa zur Einschätzung Syrups von 1918[44] sind unübersehbar: mobile Arbeitskräfte als konjunkturelles Ausgleichsinstrument; hohe Arbeitsleistungen von Arbeitern „in den besten Jahren"; Lohnauftriebsdämpfung in unteren Lohngruppen und keine Folgekosten — das wurde 1961 als ebenso aktuell und vorteilhaft angesehen wie fünfzig Jahre zuvor. Die „volkstumspolitischen Nachteile" der Ausländerbeschäftigung hingegen, die Syrup in Einklang mit der zeitgenössischen Diskussion so hervorgehoben hatte, tauchen hier nicht mehr auf — im Gegenteil: Durch die Betonung der positiven Auswirkungen für die europäische Einigung konnte nunmehr die wirtschaftlich vorteilhafte Beschäftigung von ausländischen Arbeitern auch als völkerverbindende Tat apostrophiert werden — angesichts der Erfahrungen von vor 1945 eine kühne These, die aber zeigt, wie sehr man sich in der Bundesrepublik von eben dieser Vergangenheit zu distanzieren trachtete, ohne sie auch nur zu erwähnen oder sich gar damit auseinanderzusetzen; die Fiktion des voraussetzungslosen Neuanfangs auch in der Ausländerpolitik machte eine solche ungenierte Beschwörung der Völkerfreundschaft möglich.

Daß der größte Vorteil der Ausländer für die deutsche Wirtschaft in ihrer Funktion als mobile Reservearmee des westdeutschen Arbeitsmarktes gesehen wurde, schlug sich auch in den ausländerrechtlichen Vorschriften nieder. Im Ausländergesetz vom April 1965,[45] das die bis dahin geltenden Gesetze und Erlasse aus der Vorkriegszeit ablöste, war durch ein rigides Aufenthalts- und Arbeitserlaubnisrecht für Ausländer aus Nicht-EWG-Staaten den Ausländerbehörden ein Ermessensspielraum gegeben, der die Entwicklung der Arbeitskräftezufuhr aus dem Ausland der wirtschaftlichen Situation in der Bundesrepublik flexibel anpassen sollte.[46] Demgegenüber sollten die Angehörigen von EWG-Ländern, in diesem Fall also die Italiener, nach den Vereinbarungen bei der Gründung der EWG den deutschen Arbeitnehmern arbeitsrechtlich gleichgestellt werden, was bis 1970 durch entsprechende Verordnungen schrittweise auch durchgeführt wurde.[47]

Für die Mehrheit der ausländischen Arbeiter aber wurde im Ausländerrecht das Konzept des vorübergehenden Aufenthalts zur Rechtsvorschrift, die ihr Leben in Deutschland wesentlich prägte. Sie erhielten zunächst nur für ein Jahr das Aufenthaltsrecht, waren aber während dieser Zeit an den Arbeitgeber in Deutschland gebunden. Eine Verlängerung der Arbeits- und Aufenthaltserlaubnis über dieses eine Jahr hinaus stand im Ermessen der bundesdeutschen Behörden und wurde nur erteilt, wenn dadurch „die Belange der Bundesrepublik Deutschland nicht beeinträchtigt" wurden (§ 2 Ausl. Gesetz). Eine ständige Niederlassung in der Bundesrepublik aber wurde von den Gerichten als Verstoß gegen diese Bestimmung bewertet[48] — war aber auch von den Gastarbeitern, die in dieser Phase in der Bundesrepublik beschäftigt waren, in der Regel nicht beabsichtigt.

Die soziale Lage der Gastarbeiter in der ersten Hälfte der 60er Jahre war also vor allem dadurch geprägt, daß ihr Aufenthalt in Deutschland nach Überzeugung der deutschen Behörden und Arbeitgeber kürzer oder länger, jedenfalls vorübergehend war; aber auch ihre eigenen Pläne und Erwartungen bei dem Entschluß, sich in die Bundesrepublik zur Arbeit anwerben zu lassen, gingen davon aus. Der überwiegende Teil der Gastarbeiter bestand folgerichtig aus zwanzig- bis vierzigjährigen Männern, die in der Regel allein und ohne Familienanhang nach Deutschland gekommen waren — über 80 % aller in der Bundesrepublik lebenden Ausländer waren 1961 erwerbstätig, bei der deutschen Bevölkerung hingegen nur 47 %.[49] Kennzeichnend für sie war die feste Absicht, bald nach Hause zurückzukehren; ihre Verbindungen zur Heimat waren entsprechend eng.

Das bedeutete aber auch, daß die sozialen und wirtschaftlichen Verhältnisse in ihrer Heimat der Vergleichsmaßstab blieben, mit dem sie ihr Leben in Deutschland maßen. Ihr Ziel war es, in möglichst kurzer Zeit so viel Geld zu verdienen, daß sie erhebliche Teile des Lohnes nach Hause schicken oder sparen konnten, um nach einigen Jahren in ihre Heimat zurückzukehren und dort auf verbesserter wirtschaftlicher Grundlage Arbeit anzunehmen oder sich gar selbständig zu machen. Das hatte Auswirkungen auf ihr Verhalten in Deutschland: Sie akzeptierten eher als Deutsche sowohl schmutzige als auch besonders schwere Arbeit, machten mehr Überstunden, verzichteten auf einen ihrem Lohn entsprechenden Lebensstandard und Konsum, wohnten möglichst billig und zeigten an politischen und gewerkschaftlichen Aktivitäten wenig Interesse. Ihre Beziehung zu den Verhältnissen in der Bundesrepublik war ganz auf kurze Fristen eingestellt, längerfristige Veränderungen in Deutschland betrafen sie nach eigener Überzeugung nicht — auch dies Aspekte, die bereits in der Zeit vor 1914 die Lage der ausländischen Arbeiter in der Landwirtschaft und der Industrie wesentlich gekennzeichnet hatten, ebenso wie die Tatsache, daß es gar nicht in erster Linie Ausländer selbst waren, die sich über ihre schlechten Arbeits- und Lebensbedingungen erregten — allein die jederzeit drohende Aberkennung der Aufenthaltserlaubnis wirkte hier abschreckend und disziplinierend —, sondern Gewerkschaften, Behörden und Presse ihrer Heimatländer und — mit einiger Verzögerung — auch deutsche Stellen: Teile der Presse, Wohlfahrtsverbände und Kirchen.

Die Arbeitsbedingungen der Gastarbeiter in deutschen Betrieben während der 60er Jahre lassen sich mit einigen Zahlen umreißen: 1966 waren 90 % der ausländischen Männer als Arbeiter beschäftigt — aber nur 49 % der deutschen. 71,8 % aller ausländischen Arbeitskräfte waren 1961 im sekundären Sektor tätig, bei den deutschen nur 47,8 %; 72 % aller ausländischen Männer arbeiteten 1966 als an- oder ungelernte Arbeiter.[50] Die höchsten Ausländerquoten waren 1963 im Baugewerbe, in der Eisen- und Metallindustrie sowie im Bergbau zu verzeichnen.[51] Ausländer erhielten im Vergleich zu deutschen Arbeitern durch niedrigere Qualifikation oder Einstufung auch niedrigere Löhne, hatten erheblich häufiger Arbeitsunfälle und wechselten ihren Arbeitsplatz öfter als Deutsche.[52] Zusammengefaßt: Ausländer arbeiteten in dieser Zeit vorwiegend als un- oder angelernte Arbeiter in der Industrie, und zwar vor allem in solchen Bereichen, in denen schwere und schmutzige Arbeit, Akkordlohn, Schichtsystem sowie serielle Produktionsformen mit niedrigen Qualifikationsanforderungen (Fließband) besonders häufig waren. Für die Unternehmen hatte dies in einer Zeit starker Arbeitskräftenachfrage erhebliche Vorteile, weil für solche Arbeitsplätze deutsche Arbeiter nicht oder nur mit erheblichen Lohnzugeständnissen zu bekommen gewesen wären, was gerade die unqualifizierten Arbeitsplätze unrentabel gemacht hätte. In der

Analyse eines Wirtschaftswissenschaftlers im Jahre 1965 wurde dieser Aspekt komprimiert dargestellt: „Da die Zuwanderung selektiert in dem Sinne ist, daß sie sich überwiegend aus beruflich noch wenig qualifizierten Arbeitsplätzen zusammensetzt, muß sie vielfach mit dem bei den einheimischen Arbeitskräften unbeliebten und/oder gering bezahlten Tätigkeiten beginnen. Auf diese Weise bleibt es im offenen Arbeitsmarkt möglich, ohne Lohnzugeständnisse auch für diese Tätigkeiten Arbeitskräfte zu rekrutieren, während im geschlossenen Arbeitsmarkt sich von der Endnachfrage her der Druck zur Nivellierung der Löhne ohne Rücksicht auf Produktivitätsunterschiede, ferner eine Kompensation der Unbeliebtheit bestimmter Arbeitsverrichtungen durch um so höhere Bezahlung stärker durchsetzen würden."[53]

Hinzu trat in zunehmendem Maße ein zweiter Aspekt: Dadurch, daß die Ausländer Arbeitsplätze besetzten, für die deutsche Arbeiter nicht oder nur mit entsprechenden Lohnanreizen zu bekommen waren, ermöglichten sie den Aufstieg von Deutschen in qualifizierte oder beliebtere Positionen — ein Strukturwandel des Arbeitsmarktes kam in Gang, den Friedrich Heckmann in einer Faustrechnung anschaulich zusammengefaßt hat:

„1. Zwischen 1960 und 1970 stieg die Gesamtzahl der abhängig Beschäftigten geringfügig an.

2. Die Zahl der Arbeiter nahm im gleichen Zeitraum um ca. 1 Mill. ab. (Zwischensaldo: 1 Mill. ‚Aufstiege').

3. Im gleichen Zeitraum wuchs die Zahl der ausländischen Arbeiter um ca. 1,7 Mill., d. h. es müssen noch einmal 1,7 Mill. inländischer Arbeiter ‚ersetzt' worden und ‚aufgestiegen' sein.

4. Gesamtsaldo der ‚Aufstiege' = 2,7 Mill.

5. Gleichzeitig nahm im untersuchten Zeitraum die Zahl der Angestellten um 2,3 Mill. zu. Diese Zunahme muß also vor allem auf den Überwechsel aus Arbeitertätigkeiten erfolgt sein; die wichtigste Bedingung war die Zuwanderung der Gastarbeiter."[54]

In den 60er Jahren bildete sich also in den Gastarbeitern ein Subproletariat vorwiegend schlecht qualifizierter Hilfsarbeiter heraus, das fehlende deutsche Arbeitskräfte in den unteren Bereichen der Arbeitsplatzhierarchie ersetzte, zum anderen aber die Voraussetzungen für einen massiven sozialen Mobilitätsschub der deutschen Arbeitnehmer schuf. Im Vergleich zu den deutschen waren die ausländischen Arbeiter am Arbeitsplatz in vieler Hinsicht benachteiligt. Für die Gastarbeiter aber war zumindest in den ersten Jahren ihres Aufenthalts in der Bundesrepublik nicht dies der Vergleichsmaßstab, sondern die Verhältnisse in ihren Heimatländern, die zu dieser Zeit in allen Anwerbeländern durch hohe Arbeitslosigkeit und niedrige Löhne gekennzeichnet waren. Das erklärt, warum die ausländischen Arbeiter in der Bundesrepublik diese Benachteiligungen akzeptierten, ohne daß es bis 1967 zu sozialen und politischen Spannungen in größerem Umfang gekommen wäre. Die in der deutschen Presse zu dieser Zeit häufiger geäußerten Befürchtungen von einem Import des Kommunismus in Gestalt kommunistischer Gastarbeiter und einer daraus erfolgenden politischen Zuspitzung des „Gastarbeiterproblems" erwiesen sich bald als unbegründet.[55]

Etwa zwei Drittel der neuangeworbenen Gastarbeiter wohnten 1962 in Gemeinschaftsunterkünften, die entweder von den Betrieben, die die Ausländer beschäftigten, oder auch von städtischen Behörden, Wohlfahrtsverbänden oder Privatpersonen unterhalten wurden.[56] Über die Zustände in diesen Wohnheimen ist schon früh viel geschrieben worden — Zeitungsberichte über die Wohnsituation, nicht über die Arbeitsbedingungen und die Rechtslage der Ausländer waren es, die in der bundesdeutschen Öffentlichkeit ein gewisses Interesse für die Gastarbeiter hervorriefen, die ansonsten in der ersten Hälfte der 60er Jahre nur wenig öffentliche Beachtung und Aufmerksamkeit erfuhren. Schon im August 1960 berichtete *Die Welt* in einem aufsehenerregenden Artikel über die Wohnverhältnisse italienischer Arbeiter: „Die Bunker sind dabei fast noch attraktiv. Auch Baracken mit Doppel-, oft gar Dreideckerbetten scheinen direkt löblich, wenn man etwa einen ‚Raum' gesehen hat, in dem 10 Männer nur gerade auf ihren Strohsäcken liegen können. Alles andere, sozusagen selbst das Naseputzen muß draußen geschehen . . . ‚Wir wissen ja nicht, wie lange das so bleibt', diese Antwort bekommt man oft, soll heißen: Vielleicht haben wir wieder einmal eigene Arbeitslose zu beschäftigen, und was dann mit den eigens errichteten Wohnbauten? Die Sorge um den Fortgang des Wirtschaftswunders wird ausgerechnet denen gegenüber ausgelebt, die geholt worden sind, damit die Trompeten des Vormarsches nicht verstummen."[57]

Das *Handelsblatt* beschrieb im Februar 1967 eine Polizeiaktion in Düsseldorf: „In einem Raum von nicht mehr als 15 Quadratmetern hausen 6 türkische und griechische Gastarbeiter. Übereinander und eng zusammengerückt stehen die Betten; alle Männer liegen schon, obwohl es gerade erst halb neun ist. Aber was sollen sie in diesem Loch anders anfangen? Nicht einmal genügend Stühle sind vorhanden; in der Mitte, unter einer schief herabhängenden Glühbirne, steht ein kleiner, von einer ‚Tischdecke' aus Zeitungspapier bedeckter Tisch. Der Fußboden ist kahl und schmutzig, nicht anders die Wände; nach einem Bild, einer Gardine sucht man vergeblich . . . Um ins nächste Zimmer zu gelangen, muß man eine steile Holztreppe erklimmen. Nur durch Sperrholzwände wird der Raum zusammengehalten. Hier brennt noch Licht. Ein Arbeiter kniet gerade auf einem kleinen Teppich und verrichtet sein Gebet, die anderen hocken in ihren Betten. Aus der Papiertragetüte eines Kaufhauses haben sie sich einen notdürftigen Lampenschirm gemacht. Einen Ofen gibt es für die Leute aus dem Süden nicht, die kaum etwas anderes so sehr bei uns vermissen wie Sonne und Wärme. Man sucht nach Worten, um den Toilettenraum zu beschreiben. Auf dem Boden schwimmt eine einzige dreckige Lache, das Inventar besteht aus einer kalksteinernen Latrine ohne Besatz. Das nächste Zimmer erreicht man erst nach einer bei Dunkelheit und Regen halsbrecherischen Kletterei. Über den Dachgarten und von dort über eine wackelige Stiege kommt man in eine Art Verandazimmer von knapp 20 Quadratmetern, das sieben Gastarbeiter ihr ‚Zuhause' nennen. So dicht stehen die Betten zusammen, daß kaum für ein paar Hocker und einen kleinen Tisch Platz bleibt . . . Ein paar Straßen weiter befindet sich das zweite Ziel der Razzia, eine Baracke. Die Umgebung ist trist, der Regen drischt gegen die Holzwände, vor dem Eingang steht in einem Blumentopf eine kleine Palme. Hundert Südländer führen hier ein trauriges Dasein. 80 DM monatlich zahlt jeder von ihnen dem Vermieter, einem Deutschen. Wer diesen Mann sieht, zweifelt nicht daran, daß die 8.000,- DM Monat für Monat pünktlich in seine Kasse wandern. Verschüchtert stehen die Männer in Schlafanzügen und beobachten stumm, was um sie herum vor sich geht. Man kann sich leicht ausmalen, wie ‚Zucht und Ordnung' aussehen, deren sich der zu Wohlstand gekommene Barackenvermieter grinsend rühmt. Auch bei ihm wohnen jeweils 6 Leute in einem bescheidenen Raum. Einmal für sich allein zu sein, davon darf man nur träumen. Und die Gewohnheit, nachts die Zimmertür hinter sich abzuschließen, wird jedem Neuling schon am ersten Tag ausgetrieben. Für 480,- DM Miete pro Raum ist den Ausländern nur erlaubt, einen Stuhl an die Zimmertür zu stellen.

Dritte Station ist ein zweistöckiges Mietshaus in einer allgemein als vornehm geltenden Straße unmittelbar an einem Park. Mit betonter Freundlichkeit bittet die Vermieterin die beiden Beamten ins Haus. Sie sei sehr dafür, daß sich die Polizei hin und wieder davon überzeuge, daß in ihrem Haus alles in Ordnung ist, meint sie, auf das erste Zimmer losgehend. Ohne anzuklopfen tritt sie ein, schaltet Licht an. 6 Marokkaner schlafen in dem Raum. Einem nach dem anderen reißt sie die fast bis über den Kopf gezogene Decke vom Gesicht. Für den bescheidenen Einwand der Kripo-Leute, so viel Aufwand sei gar nicht nötig, hat die Frau nur ein Lächeln übrig: ‚Ach, das haben die gerne.' Über sich selbst spricht sie nur als der ‚Mama'. Nach Spezialität des Hauses wird mit einem Tuch über den Kopf geschlafen, ‚damit die Bettwäsche nicht so schnell schmutzig wird', erklärt ‚Mama'. Darauf seien die Männer von ganz allein gekommen. In fünfzig Gesichter blicken die Männer von der Kripo. Jeder zahlt DM 65,- Miete. Sogar im Keller hausen 6 Nordafrikaner, in einem winzigen Raum. Die Toilette ist schmuddelig und so eng, daß man sich in ihr kaum drehen kann."[58]

Für die Unternehmen war die Erstellung von Wohnunterkünften für die Gastarbeiter der einschneidendste Kostenfaktor bei der Ausländerbeschäftigung. Während vertraglich geregelt war, daß Ausländer die gleichen Löhne und Sozialleistungen zu erhalten hatten wie Deutsche, gab es bei den Unterkünften Einsparungsmöglichkeiten, die sich dann in entsprechend primitiven Wohnverhältnissen der Gastarbeiter niederschlugen.[59] Und die ausländischen Arbeiter selbst waren vor allem an billigen Unterkünften interessiert, da sie ja von einem nur vorübergehenden Aufenthalt in Deutschland ausgingen. Zwischen den Interessen der Unternehmer und der Gastarbeiter entstand so ein Spielraum, den auch viele private Wohnungsvermieter für sich zu nutzen wußten; galt doch die Übervorteilung von Ausländern, jedenfalls in den frühen 60er Jahren, weithin als Kavaliersdelikt, außerdem war mit Protesten vor allem der ganz unerfahrenen und verschüchterten Neuankömmlinge nicht zu rechnen.

Die Bundesregierung versuchte, durch Darlehen und Zuschüsse den Bau von Ausländer-Wohnungen zu fördern,[60] und tatsächlich wurden vor allem in Großunternehmen seit Mitte der 60er Jahre in verstärktem Maße bessere Wohnheimplätze geschaffen. „Die Variationsbreite reicht vom Asozialen-Milieu bis zum modernen Jugendherbergsstil", schrieb Ulrike Meinhof in der *Konkret* 1966 in einem großen Bericht über die Probleme der Gastarbeiter dazu.[61] Insgesamt aber blieb die Wohnsituation der Ausländer bis in die späten 70er Jahre das von außen sichtbarste Zeichen ihrer Unterprivilegierung und Benachteiligung in Deutschland.

In enger Parallele zur Situation vor 1914 bestanden die Vorteile der Ausländerbeschäftigung nach Auffassung von Unternehmen und Regierung in der Bundesrepublik vor allem darin, daß die Gastarbeiter die unbeliebten und wenig qualifizierten Arbeitsplätze ausfüllten, dadurch in diesem Bereich einen sonst notwendig gewordenen Lohnanstieg begrenzten und in dem Maße „billige" Arbeitskräfte waren, wie es den Unternehmen gelang, zusätzliche Aufwendungen im außerbetrieblichen Bereich möglichst niedrig zu halten. Nun zeigte aber ein Blick in die benachbarte Schweiz und auch in andere Länder mit hohem Ausländeranteil wie Frankreich,[62] daß der volks- und betriebswirtschaftliche Ansatz, der hinter diesem Konzept stand, zumindest fragwürdig und vor allem äußerst kurzsichtig war. In der Schweiz waren 1960 bereits 16,8 % der Erwerbstätigen Ausländer; die Anwerbungen hatten hier — vor allem aus Italien — schon in den frühen 50er Jahren begonnen. Von der Arbeitsplatzstruktur der ausländischen Arbeitskräfte her war die Situation in der Schweiz derjenigen in der Bundesrepublik sehr ähnlich; die langfristigen Auswirkungen der Ausländerbeschäftigung traten hier aber früher als in Deutschland zutage. Die dabei gemachten Erfahrungen faßte das Schweizer

Bundesamt für Industrie, Gewerbe und Arbeit 1964 so zusammen: „Ohne ausländische Arbeitskräfte hätte sich in strukturell ungünstig gelagerten Wirtschaftszweigen vermutlich eine stärkere leistungsmäßige Konzentration und Selektion der Unternehmen durchgesetzt, als sie tatsächlich erfolgte. Auch wenig rentable Unternehmungen konnten sich halten. Diese Betriebe konnten vielfach aus finanziellen Gründen nicht in volkswirtschaftlich erwünschtem Ausmaß rationalisieren, weshalb die darin beschäftigten Arbeitskräfte heute eine unterdurchschnittliche Produktivität aufweisen. Das bedeutet gesamtwirtschaftlich, daß zur Herstellung einer bestimmten Gütermenge mehr Arbeitskraft als notwendig aufgewendet werden muß. Die ausländischen Arbeitskräfte ermöglichen vielen Betrieben die Aufrechterhaltung der Produktion, die sonst aus Mangel an Rationalisierungsmöglichkeiten oder an Kapital ausgeschieden wären. Dadurch wurde die Produktivität negativ beeinflußt, und volkswirtschaftlich erwünschte strukturelle Änderungen unterblieben oder verzögerten sich . . . Diese Überlegungen weisen darauf hin, daß sich unsere Wirtschaft vermutlich nicht in dem Ausmaß auf arbeitssparende Produktionsmittel umgestellt hat, wie dies ohne ausländische Arbeitskräfte der Fall gewesen wäre."[63]

Durch Ausländerbeschäftigung wurden also an sich rationalisierungsbedürftige Arbeitsplätze konserviert; in der Folge entstand in der Schweizer Wirtschaft ein Modernisierungsdefizit. Damit in Verbindung standen zwei weitere Aspekte, die in der Schweiz zu beobachten waren: Mit der Länge des Aufenthalts stieg auch die Zahl derjenigen Ausländer, die ihre Rückkehrabsichten aufgaben und — etwa durch Nachzug der Familie — sich auf einen Daueraufenthalt einrichteten. Zum zweiten waren mit dem Anwachsen der Ausländerquote auch zunehmende Abwehrreaktionen der einheimischen Bevölkerung gegen die Ausländer zu beobachten, die hier in großen „Volksbegehren gegen die Überfremdung" ihren Ausdruck gefunden hatten und bis zu heftigen Formen der Fremdenfeindlichkeit reichten.[64]

In der Bundesrepublik allerdings wurden die Schweizer Erfahrungen bis in die Mitte der 60er Jahre hinein weitgehend ignoriert, und kritische Stimmen zur Ausländerbeschäftigung blieben vereinzelt oder beschränkten sich auf moralisch-pädagogische Warnungen. Zwar gab es auch schon in der Frühphase der Gastarbeiterbeschäftigung vereinzelte Hinweise auf mögliche negative Auswirkungen in wirtschaftlicher Hinsicht,[65] aber erst seit 1964, verstärkt mit dem Einsetzen der Rezession 1966/67, begann darüber eine politische Diskussion.

Sie wurde ausgelöst durch einen Artikel des Berliner Wirtschaftswissenschaftlers Föhl.[66] Föhl versuchte mit entsprechenden Berechnungen nachzuweisen, daß erstens „ohne weitere Gastarbeiter jeder neu geschaffene Arbeitsplatz von hoher Arbeitsproduktivität einen alten Arbeitsplatz verdrängt, während bei Einsatz zusätzlicher Gastarbeiter neben dem neuen Arbeitsplatz auch der alte Arbeitsplatz mit seiner niedrigeren Arbeitsproduktivität noch in Betrieb gehalten wird" — mit der Folge, daß ebenso wie in der Schweiz unqualifizierte Arbeitsplätze nicht wegrationalisiert würden, sondern mit Gastarbeitern besetzt bestehen blieben und die notwendige Modernisierung der Anlagen verzögert werde. Zweitens zeigte Föhl, daß die günstigen Berechnungen vom wirtschaftlichen Nutzen der Gastarbeiterbeschäftigung darauf beruhten, daß die Ausländer nur vorübergehend in Deutschland blieben und keine öffentlichen Investitionen in größerem Maße für sie notwendig würden: „Sehr viel ungünstiger sieht das Ergebnis dann aus, wenn im Falle zusätzlicher Gastarbeiter ein Teil der privaten Investitionen zur Einrichtung von Wohnungen, Aufenthaltsräumen und dergleichen, also zu Zwecken verwendet werden muß, die nicht zur Steigerung der Produktivität beitragen . . . Werden auch zusätzliche öffentliche Investitionen erforderlich, die durch Steuern finanziert werden, so sinkt der Verbrauch pro Kopf, also der Lebensstandard, noch stärker ab, als dies durch die Vergrößerung der produktiven Investitionen je Kopf ohnehin der Fall wäre." Drittens verwies Föhl auf die Langfristigkeit der mit der Ausländerbeschäftigung entstandenen Probleme, schon allein weil die Aufenthaltsdauer der Ausländer in Deutschland stieg: „Die bisher erreichte Höhe des Einsatzes von Gastarbeitern läßt sich nicht so leicht wieder rückgängig machen. Die inzwischen in besser bezahlte, ‚gehobene' Stellungen aufgerückten Arbeiter wollen nicht wieder zurück zu ihrer früheren Beschäftigung. Schon das macht eine Reduzierung schwierig."

Föhls Artikel erregte in der Bundesrepublik einige Aufmerksamkeit; zwar war auf den Aspekt der ausbleibenden Modernisierung vereinzelt schon früher hingewiesen worden. Aber mitten in der Rezession von 1966/67 trat die Gastarbeiterfrage nicht wie bis dahin als theoretisches oder moralisches, sondern als wirtschaftliches und soziales Problem auf den Plan, und die Selbstverständlichkeit, mit der „Wirtschaftswunder" und „Gastarbeiter" bis dahin in Verbindung gebracht worden waren, verflog. Die Thesen Föhls wurden sogar Gegenstand einer Anfrage der oppositionellen FDP im Bundestag. Der sozialdemokratische Wirtschaftsminister Schiller nahm dabei die Gelegenheit wahr, die grundsätzliche Haltung der Regierung der Großen Koalition, die sich an diesem Punkt in nichts von ihren Vorgängerinnen unterschied, zu diesem Thema zu erläutern.[67] Zur Frage der Produktivität erwiderte Schiller: „Die Verdrängung von weniger produktiven Arbeitsplätzen würde nur eintreten, wenn die berufliche, regionale und betriebliche Mobilität der Arbeitskräfte hinreichend groß ist . . . Demgegenüber weisen gerade die ausländischen Arbeitnehmer eine hohe Mobilität auf, die ihre Beschäftigung in den jeweiligen Brennpunkten des Bedarfs . . . sicherstellt." Gegen Föhls Berechnungen verwies Schiller also auf die regionalen Strukturunterschiede, die einem gleichmäßigen Modernisierungsdruck zuwiderliefen; die Ausländer als mobile Einsatzreserve boten hier flexible Steuerungs- und Ausgleichsmöglichkeiten.

Zur Frage der sinkenden Wirtschaftlichkeit der Beschäftigung ausländischer Arbeitskräfte bei längerem Aufenthalt und der dadurch entstehenden Notwendigkeit von zusätzlichen Investitionen für Wohnungen, Kindergärten, Schulen etc. erklärte der Minister: „Die Bundesregierung ist hier der Ansicht, daß der durch die Beschäftigung eines ausländischen Arbeitnehmers verursachte private und öffentliche Investitionsbedarf nicht über den durchschnittlichen Investitionsaufwand für einen deutschen Erwerbstätigen hinausgeht." Dem stand allerdings entgegen, daß nach Föhls Berechnungen ein wirtschaftlicher Sinn durch Ausländerbeschäftigung nur dann zu erzielen war, wenn, wie bis dahin in der Bundesrepublik in der Praxis weitgehend gehandhabt, die privaten und öffentlichen Investitionen für ausländische Arbeiter deutlich unter dem Durchschnitt für deutsche Erwerbstätige lagen. Schließlich drittens zeigte Schiller anhand der zu dieser Zeit bereits abflauenden Rezession die „ausgesprochen günstigen Wirkungen" der Ausländerbeschäftigung in Krisenzeiten: „Da ein erheblicher Teil der ausländischen Arbeitnehmer nur für eine begrenzte Zeit in der Bundesrepublik arbeiten will, muß eine große Zahl von ihnen immer wieder durch Neuanwerbungen ersetzt werden. Daraus ergibt sich aber auch, daß allein schon durch eine Veränderung der Nachfrage der Unternehmen nach ausländischen Arbeitnehmern deren Beschäftigung flexibel gehalten wird. Gerade die jüngsten Erfahrungen mit der konjunkturellen Entwicklung haben dies sehr nachdrücklich gezeigt. Gegenüber dem vergleichbaren Vorjahreszeitraum sind gegenwärtig etwa 200.000 ausländische Arbeitskräfte weniger in der Bundesrepublik beschäftigt" — die Ausländer als flexibler Krisenausgleich, als „Konjunkturpuffer" also, durch den die Auswirkungen einer Konjunkturabschwächung auf die Wirtschaft und den Arbeitsmarkt gedämpft oder gar abgefangen werden konnten. Mit dieser Stellungnahme lehnte der Wirtschaftsminister alle kritischen Einwände Föhls ab und machte dadurch deutlich, daß angesichts der sich erholenden Konjunktur in den kommenden Jahren erneut an Ausländeranwerbungen im großen Stil gedacht war. Zu diesem Entschluß trugen die Erfahrungen während der Krise in erheblicher Weise bei. Der rapide Rückgang der Ausländerbeschäftigung in dieser Phase, der noch bis Ende 1967 anhielt und fast 400.000 Personen umfaßte, war durch mehrere Faktoren herbeigeführt worden. Zum einen hatte die Zahl der Rückwanderer auch in den vorhergehenden Jahren immer bei etwa 30 % pro Jahr gelegen; durch die stark nachlassende Zahl der Anforderungen von Seiten der Unternehmer war der Zufluß in diesem Jahr aber sehr gering, so daß per saldo die Zahl der ausländischen Arbeiter in der Bundesrepublik sank. Darüber hinaus kehrten aber in diesem Jahr auch solche Gastarbeiter in ihre Heimatländer zurück, die dies eigentlich nicht vorgehabt hatten — vor allem solche, die in stark konjunkturabhängigen Branchen arbeiteten und ihre Aussichten skeptisch beurteilten. Dazu trug sicherlich auch der Umstand bei, daß diejenigen Gastarbeiter, die in Betriebsunterkünften wohnten, bei Arbeitslosigkeit außer ihrer Stelle auch die Unterkunft verloren.[68] Insgesamt also schien die Entwicklung während der Rezession die Auffassungen von den Gastarbeitern als einer wirtschaftlich äußerst flexibel einsetzbaren Reservearmee glänzend zu bestätigen. Längerfristige Folgen, Probleme und Belastungen durch die Ausländer bei nachlassender Konjunktur waren offenbar nicht zu erwarten. Die Gastarbeiterbeschäftigung nahm so geradezu den Rang eines konjunkturellen Ausgleichsinstrumentes an.

Auffällig ist aber, daß die Diskussionen um die Gastarbeiterbeschäftigung während der Rezession vorwiegend wirtschaftliche Aspekte berührten und dabei wiederum nahezu ausschließlich die kurzfristigen Perspektiven der bundesdeutschen Wirtschaft und ihrer Wachstumschancen im Blick hatten. Soziale Aspekte der Ausländerbeschäftigung oder die Auswirkungen auf die Volkswirtschaften der Entsendeländer spielten zu dieser Zeit allen europapolitischen Integrationshymnen zum Trotz ebenso eine untergeordnete Rolle wie Überlegungen zu den langfristigen Folgewirkungen einer durchgehend hohen Ausländerbeschäftigung auf das Anwerbeland.

In politischer Hinsicht aber war seit Mitte der 60er Jahre in der Bundesrepublik ein neuer Aspekt offen zutage getreten, der bis dahin zwar immer wieder einmal angesprochen oder befürchtet, nie aber wirklich ernst genommen worden war: Fremdenfeindlichkeit. Spätestens seit es der NPD, die 1966 bis 1968 in sieben Landtage einziehen konnte, gelungen war, die Parolen der Ausländerfeindlichkeit in größerem Umfang publik zu machen und dabei auf Zustimmung zu stoßen, lagen auch in diesem Punkt Parallelen zur „Überfremdungs-Initiative" in der Schweiz nahe. Aber anders als dort erschien die Ablehnung der Beschäftigung von Millionen Ausländern in der Bundesrepublik nicht als zwar politisch und moralisch fragwürdige, gleichwohl eher kurzfristige Reaktion auf „Überfremdungs"-Ängste und Furcht vor sozialer Deklassierung, sondern mobilisierte in der Bundesrepublik selbst — und mehr noch im Ausland — Befürchtungen vor einer Renaissance des Rassismus in Deutschland. Daß es im Verhältnis zwischen Deutschen und Ausländern nicht ohne Probleme abging, war in der Presse schon seit Anfang der 60er Jahre zuweilen berichtet worden. Gewöhnlich waren dies Bemerkungen wie die Kritik des *Rheinischen Merkur* an Bundesbürgern, „die es bereits als ‚großzügig‘ empfinden, daß ‚wir‘ den ‚Katzelmachern‘ (anderswo werden sie ‚Makkaronis‘ genannt) erlauben, in der Bundesrepublik zu arbeiten" — gemeinhin durch den Hinweis konterkariert, daß ohne Ausländer weder die deutsche Wirtschaft noch der Wohlstand des Einzelnen im gewünschten Maße werden wachsen können.[69] Zwar gab es auch schon 1960 Schilder an Gaststätten wie „Proibizione per Italianos" (!),[70] aber weder die Presseberichterstattung noch zeitgenössische Untersuchungen lassen Hinweise auf eine *offene* Ausländerfeindlichkeit in größerem Ausmaße zu.[71] Vielmehr vermitteln die entsprechenden Artikel eher den Eindruck, als sei bei Politikern und Publizisten die Befürchtung verbreitet gewesen, die Gastarbeiterbeschäftigung könne vor allem im Ausland unliebsame Erinnerungen an den „häßlichen Deutschen" wecken, und als sei man deshalb heftig bemüht gewesen, durch Appelle an „Takt" und „Gastfreundschaft" volkspädagogisch auf die deutsche Bevölkerung einzuwirken. „Die Beziehungen der Gastarbeiter zu den Deutschen überhaupt und besonders zu ihren deutschen Arbeitskollegen sind alles andere als harmonisch", schrieb etwa das *Hamburger Echo* 1962. „Die andersartige Mentalität kann . . . nur durch Geduld und Verständnis als ein das Arbeitsklima verschlechternder Faktor ausgeschaltet werden. Der Gastarbeiter ist kein ‚merkwürdiges Tier‘, das gestikuliert und laut spricht. Ebensowenig ist er ein Maschinenanhängsel. Jedes Volk hat seine ‚nationalen‘ Vor- und Nachteile. Daß die wirtschaftliche und technische Entwicklung einigen Völkern einen vorteilhafteren Platz zwischen den anderen einzuräumen scheint, bedeutet keinesfalls, daß es Völker ersten und zweiten Ranges gibt . . . Hinzu kommt der Gedanke, daß die Hunderttausende von Gastarbeitern Gegenstand einer erfolgreichen — weil in menschlicher Beziehung sehr wirksamen — Entwicklungshilfe sind. Und gerade bei diesen menschlichen Beziehungen dürfen die Gastgeber nie vergessen, daß in der Geschichte nicht selten Gäste nützlich für die Gastgeber gewesen sind — und vice versa! Wenn diese Gäste gute Erfahrungen während ihres Aufenthaltes in der Bundesrepublik sammeln, werden sie später in ihren Ländern die besten Botschafter Deutschlands."[72]

Erst mit Einsetzen der wirtschaftlichen Rezession 1966 kamen neue Tendenzen zum Vorschein. Der stete Hinweis auf den ökonomischen Nutzen der Ausländerbeschäftigung verlor an Überzeugungskraft, und die Gastarbeiter stießen in der Bevölkerung vermehrt auf Ablehnung. Nach einer Untersuchung von 1966 wurde in der Presse über die Gastarbeiter fast dreimal so häufig negativ wie positiv geurteilt, allein ein Drittel dieser Berichte beschäftigte sich mit kriminellen oder sexuellen Sensationen.[73] 51 % der Bevölkerung waren zu dieser Zeit „eher dagegen", daß die Bundesrepublik Ausländer als Gastarbeiter nach Deutschland holte.[74] Und bei konservativen Politikern wurde Kritik an der Gastarbeiterbeschäftigung insgesamt und den Gastarbeitern selbst zur beifallsträchtigen Passage in jeder Wahlkampfrede. Im Mai 1966 schrieb etwa die *Nürnberger Abendzeitung* dazu: „Seit etwa einem Jahr kann man in fast jeder politischen Veranstaltung auf bundesdeutschem Boden Beifall erzielen, wenn man sich nur recht abfällig über die Gastarbeiter äußert. Eine Fabrikbelegschaft beschloß kürzlich, außertariflich einige Wochenstunden länger zu arbeiten, um die Einstellung von Gastarbeitern zu vermeiden. In Berichten von Industrievereinigungen steht zu lesen, daß die Unterbringung von Gastarbeitern deshalb Schwierigkeiten macht, weil man sie in den eigentlichen Wohnorten nicht haben will. Sie seien zu laut, heißt es da zum Beispiel. Oder: Gastarbeiter verschaffen sich Lohnvorteile durch organisiertes Krankfeiern. Oder: Durch sie ist die Kriminalität angestiegen. Oder: Sie schicken ‚unser gutes Geld‘ nach Hause in fremde Länder. Und so weiter. Selbst einige Abgeordnete fangen an, auf dieser neonationalistischen Welle mitzuschwimmen, die aus den trüben Quellen des Vorurteils, der Unwissenheit und der Borniertheit gespeist wird."[75]

Aber dennoch läßt sich das Verhältnis der Deutschen zu den Gastarbeitern während dieser Zeit nicht als „Fremdenfeindlichkeit" schlechthin beschreiben. Vielmehr hat es den Anschein, als sei die wie selbstverständliche Erwartung und Akzeptanz der eigenen sozialen und ökonomischen Bevorrechtigung den Ausländern gegenüber (gepaart mit der behäbigen Genugtuung der eigenen Großherzigkeit, die Ausländer am deutschen Wirtschaftswunder teilhaben zu lassen) zwar verbreitet, insgesamt aber die Ausländerbeschäftigung nicht Gegenstand sonderlicher Aufmerksamkeit gewesen. In einer Gesellschaft, die ob der Faszination ihrer wirtschaftlichen Dynamik keine Zukunftsperspektiven entwickelte, wurden die Gastarbeiter eher als Symptom des neuen Reichtums wahrgenommen, wie Farb-TV oder Fußgängerzonen.

Eine problematische Konstellation entstand erst, als in der Rezession Gastarbeiterbeschäftigung und Zunahme der Arbeitslosigkeit bei Deutschen zusammenfielen. Der unbedingte Vorrang deutscher vor ausländischen Arbeitern war die sich daraus ableitende Forderung, die in polemischen Angriffen gegen die angebliche Bevorzugung von Ausländern ihren Ausdruck fand.[76] Man muß aber diese fremdenfeindlichen Ausbrüche während der Rezession von denen der späten 70er und 80er Jahre unterscheiden: Im Bewußtsein der Öffentlichkeit herrschte, das zeigt vor allem die Berichterstattung in der Presse, nach wie vor das Bewußtsein vor, daß die Gastarbeiter für einige Jahre zum Geldverdienen hier waren und danach wieder zurückkehrten — die Tendenz zum Daueraufenthalt läßt sich anhand der Statistiken auch für diese Zeit schon ablesen, bestimmte aber nicht die öffentliche Diskussion. Bestimmend war vielmehr die Angst vor Konkurrenz auf dem Arbeitsmarkt, gepaart mit nun deutlicher zum Vorschein kommenden Vorurteilen über das Sozialverhalten der Gastarbeiter — ohne daß daraus das Verlangen nach gänzlichem

Verzicht auf Ausländerbeschäftigung auch in Zeiten der Hochkonjunktur entstanden wäre. Auch die in der Schweiz so ausgeprägte Debatte um die „Überfremdung" spielte in der Bundesrepublik — von rechtsradikalen Gruppen und ihrem bald wieder schrumpfenden Anhang abgesehen — keine Rolle. Was gewünscht wurde, war eine Reservearmee von Arbeitskräften für die unbeliebten Arbeitsplätze, die bei konjunkturellen Einbrüchen ebenso schnell und geräuschlos wieder verschwand, wie sie gekommen war, die zu den deutschen Beschäftigten nicht in Konkurrenz stand und ihnen gegenüber sozial und wirtschaftlich untergeordnet war.

Diese Haltung wurde an einem damals aufsehenerregenden Vorfall in Baden-Württemberg 1966 auf skurrile Weise deutlich. Auf einer Tagung des Bundes Deutscher Arbeitgeber (BDA) zum Thema „Gastarbeiter" im Frühjahr des Jahres war — entgegen weitverbreiteten Vorurteilen — über die hohen Arbeitsleistungen der Gastarbeiter berichtet worden, die „keineswegs geringer als die ihrer deutschen Kollegen" seien.[77] Tags darauf berichtete die *Bild-Zeitung* über diese Tagung mit der Schlagzeile „Gastarbeiter fleißiger als deutsche Arbeiter?"[78] Die Folge war, daß es vor allem in Baden-Württemberg zu erheblicher Unruhe unter den deutschen Belegschaften kam, die sich in mehreren Betrieben zu Warnstreiks mit etwa 5.000 Beteiligten ausweitete.[79] Die Schlagzeile hatte offenbar ins Schwarze getroffen — das Wirtschaftswunder der vergangenen 15 Jahre hatte in der deutschen Bevölkerung ein neues Selbstbewußtsein heranwachsen lassen, das sich über den wirtschaftlichen Erfolg als Ausweis eigener Tüchtigkeit und Rechtschaffenheit legitimierte und das es gestattete, an diesem Erfolg andere teilhaben zu lassen, solange dadurch die eigene Position nicht in Frage gestellt, sondern eher noch verstärkt wurde. Mit dem Vorwurf, daß die Gastarbeiter „fleißiger" seien als Deutsche, wurde die Grundlage der kollektiven Ersatzidentität der westdeutschen Bevölkerung angegriffen — die Reaktionen bestanden denn auch in eilfertigen Nachweisen, daß die Ausländer *nicht* fleißiger seien als Deutsche — und in Aufrufen zum Boykott der *Bild-Zeitung*.

4. Hochkonjunktur und Massenanwerbung

Die Rezession von 1966/67 wurde, vergleicht man sie mit den Konjunktureinbrüchen seit den späten 70er Jahren, erstaunlich schnell überwunden; die Wachstumsraten erreichten, nachdem sie 1967 zum ersten Mal negativ (-0,2 %) gewesen waren, 1968 bereits wieder + 7,3 %, 1969 + 8,2 % und blieben bis 1973 durchweg positiv. Gerade weil die Rezession so schnell überwunden worden war und damit die Möglichkeit einer jedenfalls weitgehenden politischen Konjunktursteuerung bewiesen schien, griff in den darauffolgenden Jahren unter der sozialliberalen Regierung Brandt/Scheel ein wirtschaftlicher Optimismus Platz, der demjenigen der

50er und 60er Jahre in nichts zurückstand und sich von jenem höchstens durch das verstärkte Zutrauen in die Wirksamkeit staatlicher Lenkungsmaßnahmen unterschied.

Auf dem Arbeitsmarkt machte sich dieser Optimismus in besonderer Weise bemerkbar — die Zahl der offenen Stellen stieg rasch an und mit ihr die Nachfrage nach ausländischen Arbeitskräften. Und wieder stand die stetige Hervorhebung der „positiven Auswirkungen" der Ausländerbeschäftigung im Mittelpunkt der öffentlichen Behandlung des Themas: „Auch aus der Perspektive der öffentlichen Hand", schrieb etwa der *Industriekurier* im Herbst 1968, „überwiegen die Erträge der Ausländerbeschäftigung bei weitem den Aufwand. Da die Ausländer im produktiven Alter nach Deutschland kommen, entstehen keine Heranbildungskosten (Schule, Kindergarten) und keine Alterskosten (Altersheim). Jedes Jahr zahlen die Ausländer ein Vielfaches an Beiträgen zur Arbeitslosenversicherung von dem, was die Bundesanstalt zu ihrer Betreuung aufwendet. Mit einem positiven Saldo schloß bisher auch stets die Rentenversicherung der Gastarbeiter ab: Der Überschuß aus den von Ausländern gezahlten Rentenbeiträgen und den bereits fälligen Renten beträgt jährlich über eine Mrd. DM. Erst in zwanzig bis fünfundzwanzig Jahren werden sich hier Einnahmen und Ausgaben die Waage halten. Ähnlich lukrativ dürfte die Rechnung für den Fiskus ausfallen. Die Steuereinnahmen aus der Gastarbeiterbeschäftigung dürften die öffentlichen Investitionen erheblich übertreffen".[80] Angesichts der konjunkturellen Erholung und des damit verbundenen Aufwertungsdrucks auf die D-Mark wurde die Ausländerbeschäftigung nun darüber hinaus sogar als wirtschaftspolitisches Rezept gegen Währungsprobleme gepriesen; denn „ein Gastarbeiter dürfte das Sozialprodukt der Bundesrepublik Deutschland um etwa zwanzigtausend Mark jährlich vermehren. Der ihm ausgezahlte Lohn liegt wohl durchschnittlich in der Größenordnung von 10.000 Mark, während aus seinem Arbeitsprodukt ein Betrag von 10.000 Mark in Gestalt von Steuern, Sozialbeiträgen und Bruttogewinn des Arbeitgebers anfällt. Bei den Sozialbeiträgen stellt er zumindest für die Krankenversicherung ein sehr günstiges Risiko dar, da seine Neigung, sich bei kleinen Unpäßlichkeiten krankschreiben zu lassen, viel geringer ist, als seine Neigung, in der Zeit, in der er in Deutschland ist, möglichst viel zu verdienen und zu sparen ... Die Vermehrung der Zahl der Gastarbeiter zunächst von einer Million auf 1,5 oder auch 2 Millionen würde nicht zuviel sein. Die kräftige Aufstockung unseres Bestandes an — möglichst gut ausgebildeten — Gastarbeitern wird für unsere innere Wirtschaftsrechnung sehr nützlich sein."[81]

Damit war die Perspektive für die nächsten Jahre gewiesen — die Zahl der ausländischen Arbeitskräfte stieg von 1968 bis 1973, als sie ihren Höhepunkt erreichte, von 1,014 auf 2,595 Millionen, allein zwischen 1968 und

Abb. 12: Gastarbeiterlager in Braunschweig

Abb. 13: Spanische Arbeiter in einem Barackenlager, Gelsenkirchen

Abb. 14: Diskothek in Gelsenkirchen, 1974

Abb. 15: Ausländer mit deutschem Vorarbeiter

214

Abb. 16: Türkische Familie in Essen, 1978

Abb. 17: Türkische Familie in Duisburg-Hüttenheim — Exodus 1984

1971 wurden also so viele Ausländer zusätzlich beschäftigt wie in der Zeit bis 1968 insgesamt. Insbesondere stieg die Zahl der türkischen Arbeitskräfte, die 1967 noch bei 130.000 gelegen hatte und bis 1973 auf mehr als 600.000 anwuchs. Seit Ende Januar 1972 waren die Türken die größte unter den nationalen Gruppen der Gastarbeiter.

Die Struktur der Ausländerbeschäftigung hatte sich gegenüber der Zeit vor 1967 nicht wesentlich verschoben; Anfang 1973 waren 35,7 % aller Gastarbeiter in der Eisen- und Metallerzeugung und -verarbeitung beschäftigt, 24,1 % im Verarbeitenden Gewerbe, 16,6 % im Baubereich. Die höchsten Ausländerquoten verzeichneten zu dieser Zeit der Hoch- und Tiefbau (21,9 %), das Gaststättengewerbe (20,5 %) und die Kunststoff-, Gummi- und Asbestindustrie (20,6 %) — jeder neunte Arbeitnehmer war 1973 in der Bundesrepublik Ausländer; im produzierenden Gewerbe einschließlich Bau jeder sechste.

Der die Ausländerbeschäftigung seit 1880 traditionellerweise kennzeichnende Trend, daß Ausländer auf unqualifizierten Arbeitsplätzen mit besonders schwerer, schmutziger, gefährlicher oder allgemein unbeliebter Arbeit weit überproportional vertreten waren, hatte weiter angehalten; die durch „Unterschichtung" möglich gewordenen Aufstiegschancen für deutsche Arbeitnehmer hatten noch zugenommen.

So war der sozialdemokratische Arbeitsminister Arendt auch Anfang 1971 noch guter Dinge, was die weiteren Perspektiven der Ausländerbeschäftigung anging: „In welchem Maße noch über den derzeitigen Beschäftigungsstand hinaus Ausländer gebraucht werden, sei von der Entwicklung auf dem Arbeitsmarkt abhängig. Insofern könne man nicht von einer ‚Obergrenze' für die Beschäftigung von Ausländern sprechen."[82]

Zur gleichen Zeit aber wurden von Unternehmern und Regierung andere Tendenzen mit Sorge betrachtet und zunehmend kritisch kommentiert: Die Aufenthaltsdauer der Gastarbeiter stieg stetig an;[83] die Fälle, in denen Gastarbeiter ihre Familie nachholten, nahmen zu; die Zahl der beschäftigten ausländischen Frauen wuchs;[84] und vor allem: Die Anzahl der nichterwerbstätigen Ausländer wurde beständig größer. Waren es 1967 noch 815.000 nichterwerbstätige Ausländer gewesen, die in der Bundesrepublik lebten (und 1961 gar nur 137.200 gegenüber ca. 550.000 erwerbstätigen), waren es 1973 schon 1,37 Millionen[85] — alles gleichermaßen Hinweise auf einen längerfristigen oder gar Daueraufenthalt einer zunehmenden Zahl von Ausländern in Deutschland. In der Perspektive der Verantwortlichen bei Wirtschaft und Behörden barg dies die Gefahr einer zunehmenden finanziellen Belastung für die Bundesrepublik in sich. Zwar kamen durch die nach wie vor hohen, wenn auch allmählich sinkenden Rückkehrerquoten (1971/72 kehrten 16,1 % der ausländischen Arbeitskräfte in ihre Heimatländer zurück) Befürchtungen, es könne sich hier um einen verkappten Einwanderungsprozeß handeln, noch nicht auf; zumal die hohe Rückkehrerzahl während der Rezession hier die beruhigende Gewißheit zu bieten schien, dies werde bei der nächsten Krise auch so sein.[86]

Aber durch die Aussichten, daß der wirtschaftliche Nutzen der Gastarbeiter absinken könnte, entstand in der Bundesrepublik seit etwa 1970 eine an Heftigkeit zunehmende Debatte über Vor- und Nachteile der Ausländerbeschäftigung. Diese Diskussion wurde noch dadurch verstärkt, daß durch die 1971 in Kraft getretene Arbeitserlaubnisverordnung den Ausländern, die länger als 5 Jahre in der Bundesrepublik beschäftigt waren, eine auf 5 Jahre befristete „besondere Arbeitserlaubnis" erteilt wurde — unabhängig von der Entwicklung auf dem Arbeitsmarkt.[87] Das galt aber im Mai 1972 bereits für 400.000 ausländische Arbeitskräfte aus Nicht-EG-Ländern, so daß zusammen mit den etwa 500.000 Italienern, die als Angehörige eines EG-Mitgliedsstaates von Restriktionen bei der Arbeitserlaubnis gänzlich frei waren, nahezu 40 % der Gastarbeiter nicht mehr durch das Instrument der Nichterteilung der Arbeitserlaubnis zur kurzfristigen Rückkehr gezwungen werden konnten.[88] Damit aber war die Funktion der Ausländerbeschäftigung als Konjunkturpuffer wenn nicht aufgehoben, so doch stark eingeschränkt.

In der Folge begann in der Bundesrepublik ein lebhaftes Hin- und Herrechnen, ob die Ausländerbeschäftigung unter diesen Bedingungen im Sinne einer Kosten-Nutzen-Abwägung noch lohnend sei. Hier exponierten sich vor allem die Arbeitgeberverbände. Im November 1971 schrieb einer ihrer Vertreter dazu: „Der wirtschaftliche Dämpfungseffekt, den wir bisher mit der Beschäftigung der Ausländer bei uns erzielen konnten, verkehrt sich in das Gegenteil, weil die Ausländer und die Familien, die sich hier niederlassen, zumindest erhöhte Konsumbedürfnisse haben, die sie zum Teil im Wege der Kreditierung befriedigen müssen. Dazu kommen die öffentlichen Investitionen, die ungleich höher sind, als wenn ausländische Arbeitnehmer bei uns in Gemeinschaftsunterkünften leben. Es geht nicht nur um die Erstellung angemessener Wohnungen und die Bereitstellung von Schulräumen und Lehrern für die ausländischen Kinder, sondern die Infrastruktur unserer Gemeinden muß sich von heute auf morgen auf eine größere Bevölkerungszahl einstellen." Fazit des Autors: „Angesichts der Beschäftigung von fast 2,2 Millionen ausländischen Arbeitnehmern drängt sich immer mehr die Frage auf, ob damit nicht eine Schwelle überschritten worden ist, mit der eine ursprünglich sinnvolle Maßnahme nunmehr wirtschafts- und arbeitspolitisch uneffizient geworden ist."[89] In der Presse war diese Argumentation weniger differenziert, dafür klarer zu lesen: „Der nicht integrierte, auf sehr niedrigem Lebensstandard vegetierende Gastarbeiter verursacht relativ geringe Kosten von vielleicht 30.000 DM. Bei Vollintegration muß jedoch eine Inanspruchnahme der Infrastruktur von 150.000 bis 200.000 DM je Arbeitnehmer angesetzt werden. Hier beginnen die politischen Aspekte des Gastarbeiterproblems."[90] Um dieser Probleme Herr zu werden, wurde von Seiten der Arbeitgeberverbände das sogenannte „Rotationsprinzip" vorgeschlagen. Die Aufenthalts- und Arbeitsgenehmigung für ausländische Arbeitskräfte sollte nach diesem Konzept nach einigen Jahren automatisch ablaufen und die Gastarbeiter wieder in ihre Heimatländer zurückkehren, um durch neu angeworbene ersetzt zu werden; dadurch würden, so die Befürworter dieses Konzepts, die Aufenthaltszeiten ausländischer Arbeitskräfte in der Bundesrepublik verkürzt, Familiennachzug und Aufgabe des Rückkehrwunsches verhindert und die Notwendigkeit erhöhter Aufwendungen für die Infrastruktur vermieden.[91] Im Kern beinhaltete dieser Vorschlag eine Wiederaufnahme der Grundgedanken der preußischen Karenzzeitbestimmungen aus der Zeit vor dem Ersten Weltkrieg, die ebenfalls, jedoch aus vorwiegend „nationalpolitischen" und weniger aus wirtschaftlichen Gründen, den Daueraufenthalt von ausländischen Arbeitern verhindern sollten. Gegen das Rotationsprinzip aber sprachen nicht zuletzt die Interessen der bundesdeutschen Wirtschaftsunternehmen selbst, für die es keinen Sinn machen konnte, eingearbeitete und bewährte ausländische Arbeitskräfte nach einigen Jahren per Zwangsrotation zu verlieren, um erneut neue, ungelernte Gastarbeiter anlernen und einarbeiten zu müssen. So wurde dieses Konzept nicht weiter favorisiert, zumal es erhebliche soziale Probleme mit sich gebracht hätte und auf den Protest von Gewerkschaften, Kirchen und den Regierungsparteien gestoßen war.[92]

Daß aber auch die Bundesregierung die Vorteile der Ausländerbeschäftigung nicht mehr so hoch einschätzte wie noch ein Jahr zuvor, wurde zum ersten Mal in einer Rede des Arbeitsministers Arendt im März 1972 deutlich. „Bei zunehmender Aufenthaltsdauer", erklärte er bei einer Konferenz über den europäischen Arbeitsmarkt, „und infolge des damit verbundenen Nachzugs von Familienangehörigen schwäche sich jedoch die regionale Mobilität der ausländischen Arbeitnehmer ab. Bei einem anhaltenden Zustrom von Gastarbeitern würden außerdem möglicherweise arbeitssparende Investitionen unterlassen. Das habe zur Folge, daß die Wachstumsrate der Arbeitsproduktivität sinke. Steigende Ausländerzahlen und längere Aufenthaltsdauer führten zugleich zu erhöhten privaten und öffentlichen Aufwendungen für Eingliederungs- und berufliche Strukturmaßnahmen. Irgendwo werde dann der Punkt erreicht, wo die Nachteile die Wachstumsvorteile aufzehrten."[93] Hier wurden drei Argumente aufgenommen, die schon seit längerem in der Diskussion waren: die Abnahme der regionalen Mobilität der ausländischen Arbeiter, der modernisierungshemmende Effekt und die Belastung der Infrastruktur durch die hohe Ausländerzahl. Alle zusammen verstärkten sich gegenseitig und ließen nach Meinung des Ministers den Zeitpunkt näher rücken,

wo die Gastarbeiterbeschäftigung ein Minusgeschäft zu werden begann —
im Kern also auch dies eine Aufrechnung von Nutzen und Kosten der
Ausländer aus Sicht der westdeutschen Volkswirtschaft.

Der wirtschaftliche Wendepunkt der Ausländerbeschäftigung in diesem Sinne wurde im Verlaufe des Jahres 1973 erreicht. Schon in seiner
Regierungserklärung im Januar 1973 hatte Bundeskanzler Brandt die
Notwendigkeit betont, „daß wir sehr sorgsam überlegen, wo die Aufnah-
mefähigkeit unserer Gesellschaft erschöpft ist und wo soziale Vernunft
und Verantwortung Halt gebieten".[94] Im Juli wurden daraufhin zunächst
die Gebühren für die Vermittlung ausländischer Arbeitnehmer aus Nicht-
EG-Ländern von 300 DM auf 1.000 DM erhöht; dadurch sollte der Anreiz
für Unternehmer, ausländische Arbeiter bei den Arbeitsämtern anzufor-
dern, verringert werden — keine sehr wirksame Maßnahme, wie die weiter
steigenden Anwerbezahlen nach der Gebührenerhöhung zeigten. Am 23.
November 1973 wurde dann mit dem „Anwerbestopp" der weitere
Zustrom von Gastarbeitern aus Nicht-EG-Ländern ganz abgeschnitten.
Nach den Erfahrungen von 1967 erhofften sich Regierung und Bundesanstalt für Arbeit davon einen merklichen Rückgang der Ausländerbeschäftigung, denn sie gingen davon aus, „daß auch künftig 200.000 bis 300.000
ausländische Arbeitnehmer jährlich auf eigenen Wunsch in ihre Heimat
zurückkehren. Auf der anderen Seite kommen jährlich 40.000 bis 50.000
in der Bundesrepublik lebende Kinder ausländischer Arbeitnehmer in das
erwerbsfähige Alter."[95] Per saldo würde also die Ausländerbeschäftigung
jährlich um etwa eine Viertelmillion abnehmen, so daß einerseits eine
gewisse Anpassungsphase für die Wirtschaft entstünde, zum anderen ein
deutlicher Rückgang auch der finanziellen Belastungen durch die Gastarbeiterbeschäftigung zu erwarten sei.

Der Zeitpunkt des Anwerbestopps hat vielfach dazu geführt, ihn als
Reaktion auf den „Ölboykott" der arabischen Ölstaaten zu bezeichnen —
und die Bundesregierung hat dies dadurch bekräftigt, daß sie ihn als
prophylaktische Maßnahme angesichts möglicher konjunktureller Ein-
brüche im Gefolge der Ölkrise darstellte.[96] Tatsächlich aber war diese
nicht mehr als ein verstärkendes Moment und zudem ein günstiger Anlaß,
den Zustrom ausländischer Arbeiter ohne große Widerstände von Seiten
der Entsendeländer und ohne langwierige Diskussion in der deutschen
Öffentlichkeit über die sozialen Folgen dieser Maßnahme einzudämmen
und die Zahl der Ausländer zu senken. Der Zusammenhang zwischen der
jahrelangen Kosten-Nutzen-Diskussion und dem Anwerbestopp wurde
auf diese Weise in den Hintergrund gedrängt, der „Ölschock" schien die
Ursache für die Wende der deutschen Ausländerpolitik zu sein. „So
verderben die Araber mit ihrem Ölboykott", schrieb z. B. die *Frankfurter
Rundschau*, „auch so manchem türkischen Glaubensbruder den Traum
vom Taxibetrieb in Istanbul".[97]

5. Vom „Gastarbeiterproblem" zur „Einwandererfrage"

Als die Debatte um die Kosten der Ausländerbeschäftigung in den Anwerbestopp vom November 1973 gemündet war, gingen Regierung und Tarifpartner davon aus, daß damit zwar nicht alle Probleme mit den Gastarbeitern vom Tisch waren, aber analog zu 1967 doch rasch an Bedeutung verlieren würden. Tatsächlich aber nahm die Entwicklung einen ganz anderen Verlauf. Zwar sank die Zahl der ausländischen Erwerbstätigen binnen 2 Jahren um eine halbe Million und entsprach somit exakt den Vorausschätzungen der Bundesanstalt für Arbeit. Die ausländische Wohnbevölkerung aber nahm nicht im gleichen Maße ab — im Gegenteil, sie erhöhte sich noch bis 1975 und lag dann 1980 gar um eine Million höher als 1972. 27 % aller Ausländer waren 1975 jünger als 20 Jahre, 1981 fast ein Drittel. Immer größer wurde auch der Anteil der Frauen; 1961 kamen auf 1.000 Männer 451 Frauen, 1974 waren es 631, 1981 708, bei der Altersgruppe zwischen 25 und 30 Jahren war 1980 das Verhältnis bereits nahezu ausgeglichen. Während die Ausländerquote bei der Wohnbevölkerung bereits 1974 bei 6,7 % lag, waren im gleichen Jahr 17,3 % aller Neugeborenen in der Bundesrepublik die Kinder ausländischer Eltern.[98] Kurz: Alle Anzeichen deuteten darauf hin, daß immer mehr Ausländer auf längere Zeit, wenn nicht auf Dauer in der Bundesrepublik bleiben wollten — sie holten ihre Familien nach, zogen aus den Wohnheimen in (möglichst billige) Mietwohnungen, ihre Sparquote sank, ihr Konsumanteil wurde höher und die Verbindungen zur Heimat wurden lockerer, vor allem bei den Kindern der Gastarbeiter, der sogenannten „Zweiten Generation".

Daß es eine solche Entwicklung geben würde, konnte bei Betrachtung der Verhältnisse in der Schweiz nicht überraschen. Die nun auch in der Bundesrepublik deutlich gewordenen Veränderungen in der Problemlage der Ausländerbeschäftigung entsprachen nämlich in vielen Aspekten der Entwicklung, wie sie aus anderen Einwanderungsländern bekannt ist und wie sie etwa auch bei den Ruhrpolen zur Anfang des Jahrhunderts in Deutschland festzustellen gewesen war: Nach einer längeren Aufenthaltsdauer — von etwa zehn Jahren aufwärts — beginnt aus dem vorübergehenden Arbeitsaufenthalt ein Dauerzustand zu werden — ein objektiver Einwanderungsprozeß, der mit der Zeit auch subjektiv von einer zunehmenden Anzahl der Ausländer als solcher wahrgenommen wird.[99]

Damit aber war das zentrale Anliegen des Anwerbestopps, nämlich die Senkung der Kosten der Ausländerbeschäftigung, nicht nur nicht erreicht — die Kosten nahmen mit der Auseinanderentwicklung von Erwerbs- und Wohnbevölkerung noch zu. Innerhalb weniger Monate wurde in der Bundesrepublik offenbar, daß mit dem ungehinderten Anstieg der Ausländerzahlen in den vergangenen Jahren ein Berg von langfristigen, kostenintensiven, sozial brisanten und auch moralisch schwerwiegenden Folgeproblemen entstanden war, die in der Öffentlichkeit wie unter den Verantwortlichen bei Regierung und Arbeitgebern zunächst ziemlich fassungsloses Erstaunen hervorriefen.

Nun wurde mit diesen Problemen aber nur die Rechnung für eine zukunftsblinde, längerfristige Folgewirkungen negierende und einseitig wachstumsorientierte Wirtschafts- und Sozialpolitik aufgemacht, die mehr als 20 Jahre lang die Grundlage nicht nur staatlichen Handelns, sondern auch der Zielsetzungen und Vorstellungen bei Arbeitgebern und Gewerkschaften sowie in dem ganz überwiegenden Teil der Bevölkerung gewesen war. Eine ähnliche Entwicklung ist ja auch in anderen Bereichen feststellbar — in der Umweltzerstörung oder in der Städtebaupolitik, wo die ungehemmte Fortschrittsbegeisterung der 50er und 60er Jahre zu irreversiblen Fehlentwicklungen geführt hat, die die Gesellschaft der Bundesrepublik auf viele Jahrzehnte hinaus sozial und ökonomisch belasten und, jedenfalls kurz- und mittelfristig, gar nicht lösbar sind.

Doch nicht nur die Bundesrepublik und die hier lebenden Deutschen und Ausländer waren davon betroffen; es zeigte sich, daß auch für die Heimatländer der Gastarbeiter die langfristigen Auswirkungen der Arbeitsemigration insgesamt nicht günstig waren: Die Bilanz für die Entsendeländer war vielmehr überwiegend negativ. Eine vergleichende Untersuchung der Auswirkungen der Arbeitskräfteabwanderung aus Italien, der Türkei und Jugoslawien kam 1976 zu folgendem Ergebnis: „Die Migration erweist sich in allen drei Ländern als ein ungeeignetes Mittel, um die hohe Arbeitslosigkeit in den Griff zu bekommen, zumal die Entsendeländer auf diesem Wege von der Konjunkturentwicklung der Anwerbeländer abhängig werden und in Rezessionsphasen Rückwandererwellen in Kauf nehmen müssen. Die regionalen Entwicklungsgefälle in den Entsendeländern wurden durch die Migration nicht abgebaut, sondern eher noch verstärkt. Die Impulse für die wirtschaftliche Entwicklung durch die Ersparnisse der Abwanderer waren minimal. Ebenso sind die erhofften technisch-industriellen Lerneffekte der Migration gering geblieben, bzw. es wurden erhöhte berufliche Qualifikationen nicht adäquat verwertet." Lediglich für den Ausgleich des Handelsbilanzdefizits in Jugoslawien und vor allem der Türkei waren die Devisentransfers der Abwanderer von einiger Bedeutung. Darüber hinaus erwies sich aber, daß durch das Ventil Arbeitsemigration in den Entsendeländern kein entsprechender Druck auf die Entwicklung arbeitsplatzintensiver wirtschaftspolitischer Maßnahmen entstand und somit gerade in strukturschwachen Regionen eher eine Festschreibung der Modernisierungsdefizite ausgelöst wurde als eine regional ausgleichende Entwicklung.[100]

Die Folgeprobleme der Ausländerbeschäftigung in der Bundesrepublik, wie sie seit 1973 verstärkt zum Bewußtsein kamen, waren vielfältig und entzogen sich schon durch ihre wechselseitigen Bezüge schnellen Lösungsmöglichkeiten. Nach Einschätzung des Arbeitsministeriums von 1976 hatte sich „die Hoffnung, nach der die Bundesregierung mit einem Abbau der Ausländerbeschäftigung auch die Probleme der Eingliederung lösen wollte, nicht erfüllt. Es ist im Gegenteil zu weiteren Fehlentwicklungen gekommen. Zu den Problemfeldern der heutigen Ausländerpolitik gehören . . . der Familiennachzug, die Geburtenentwicklung, die Ghettobildung, die soziologische Umschichtung der Stadtbevölkerung, Schul- und Berufsprobleme sowie Rechts- und Statusunsicherheit."[101]

Man kann die hier angesprochenen Probleme in vier Komplexe zusammenfassen: (1) Wohnsituation, (2) Arbeit und Arbeitsmarkt, (3) Familiennachzug und „Zweite Generation" sowie (4) das Verhältnis zwischen Ausländern und Deutschen.

Zu (1): Wie nicht anders zu erwarten, versuchten die ausländischen Arbeiter, die sich seit längerer Zeit in Deutschland aufhielten, aus dem Provisorium des Arbeiterwohnheims herauszukommen und eine „richtige" Wohnung zu beziehen, vor allem dann, wenn sie ihre Familie nachgeholt hatten oder dies tun wollten. 79 % aller Ausländer, die 1973 zehn Jahre oder länger hier waren, wohnten bereits schon in einer abgeschlossenen Wohnung, aber nur 42 % derjenigen mit maximal zweijährigem Aufenthalt.[102] Nun verteilten sich die Gastarbeiterfamilien aber nicht gleichmäßig über die Städte, sondern wohnten relativ dicht beisammen, so daß regelrechte Ausländerviertel entstanden. Zwei Faktoren waren dafür ausschlaggebend: Zum einen zogen Ausländer bevorzugt in besonders billige Wohnungen in Fabriknähe oder in Sanierungsgebiete der Innenstadt;[103] zum anderen hatte der Zuzug von Gastarbeitern in den Augen der Deutschen ein Absinken des Wohnwerts des Hauses oder Viertels zur Folge, so daß deutsche Bewohner fortzogen und weitere Ausländer nachfolgten. Oft war dies auch ein ganz bewußt herbeigeführter Prozeß, den Wohnungsbauspekulanten nutzten, um „sanierungsreife" Altbauviertel abreißen und durch teurere Wohnungen oder Bürogebäude ersetzen zu können („Umnutzung"); sie vermieteten diese Wohnungen an ausländische Familien, ließen die Gebäude verfallen und erreichten auf diese Weise die erstrebte Abbruchgenehmigung.[104]

Als problemverschärfend erwies sich nun die regional stark unterschiedliche Ausländerquote. In Baden-Württemberg lag sie 1973 bei 16,5 %, in Niedersachsen nur bei 5,9 %. Noch deutlicher waren die Unterschiede in einzelnen Städten und Ballungsräumen — in Stuttgart waren 26,5 % aller Beschäftigten Ausländer, in Frankfurt 22,6 %, in Villingen 22,1 % — in Emden hingegen nur 1,3 % usw. Die Folge war, daß in manchen Wohnbezirken großer Städte fast die Hälfte der Bewohner (oder mehr) Ausländer waren.[105] In der Öffentlichkeit und bei den Politikern wurde diese Entwicklung mit großer Sorge betrachtet und befürchtet, daß die Bildung von „Ausländerghettos" zu sozialen Spannungen und Auseinandersetzungen zwischen Deutschen und Ausländern führen würde. Vor allem aber würde dadurch eine „Eingliederung auf Zeit" der Ausländer in die deutsche Gesellschaft behindert, wenn nicht unmöglich, und die Belastung der Infrastruktur von Regionen mit besonders hohem Ausländeranteil sozial und finanziell untragbar.[106]

Auf der anderen Seite bekommt diese Konzentration der ausländischen Wohnbevölkerung in mehrheitlich oder nahezu ausschließlich von Ausländern bewohnten Stadtvierteln dann eine andere Qualität und Perspektive, wenn man dabei den Verlauf von Einwanderungsprozessen in anderen Ländern und die historischen Erfahrungen mit der Seßhaftwerdung von ausländischen Arbeitskräften in Deutschland berücksichtigt. Friedrich Heckmann hat vor allem die Geschichte der amerikanischen Einwanderung herangezogen und auf Typizitäten des Einwanderungsprozesses hin untersucht, von denen sich auch Aufschlüsse auf die Situation in der Bundesrepublik ergeben. Es zeigte sich, daß eine solche „Ghettoisierung" in mehr oder weniger geschlossenen Einwandererkolonien nicht allein als Ausschließung durch die Gesellschaft des Einwanderungslandes oder Abschließung vor ihr verstanden werden darf, sondern auch als Durchgangsstadium im Einwanderungsprozeß. Danach hat die „Einwandererkolonie" einen eigenständigen Platz zwischen zwei anderen Gesellschaften: derjenigen des Herkunftslandes, die in der Anfangsphase des Aufenthalts im Ausland (und für die erste Generation der Arbeitsemigranten oft bis ans Lebensende) Maßstab und Orientierungspunkt ist, mit zunehmender Dauer der Emigration aber an Bedeutung verliert und zu verblassen zu beginnt. Auf der anderen Seite steht die Gesellschaft des Aufnahmelandes — für die Neuankömmlinge zunächst fremd und abweisend, meist von der Wahrnehmung her auch auf enge Bereiche (Arbeit, Stadt, Wohnviertel) reduziert. Zwischen diesen beiden etabliert sich als drittes die Gesellschaft der Einwanderer in die „Kolonie", die sich von den beiden anderen unterscheidet; sie bildet eigene Formen des Zusammenhalts und der Sozialstruktur heraus, die gegen die Verunsicherung und Instabilität der Einwanderer Sicherheit und Stabilisierung innerhalb dieser Gemeinschaft erzeugen und gerade durch die Abschließung gegen die Aufnahmegesellschaft erst jenes Maß an Selbstsicherheit und Identität der Einwanderer ermöglichen, das über längere zeitliche Distanz — oft über Generationen — eine Annäherung oder gar Integration in die Aufnahmegesellschaft erlaubt.[107] Dieser Befund der vergleichenden Migrationsforschung stimmt in den wesentlichen Punkten mit den Ergebnissen historischer Betrachtungen überein, wie sie hier am Beispiel der Ruhrpolen angestellt wurden.[108] Allerdings zeigte sich hierbei auch, daß die Profilierung eines eigenen Sozialmilieus der ruhrpolnischen Bevölkerung kein quasi automatischer Prozeß im Gefolge der Einwanderung war, sondern eine Reaktion auf den antipolnischen „Abwehrkampf" der deutschen Rechten dargestellt hatte. Erst die Politik der „Hakatisten" und polenfeindlichen Behördenvertreter veranlaßte die Polen im Ruhrgebiet nun ihrerseits zum Kampf um nationale Identität und zur strikten Ablehnung aller Integrationsangebote, die sie als Versuche zur „Assimilation" und „Germanisierung" verstanden.

Hier wird deutlich, daß „Einwanderung" kein naturwüchsiger, in festgelegten Schritten ablaufender Prozeß ist, sondern in seiner jeweiligen Form sehr weitgehend vom Verhalten der Gesellschaft des Aufnahmelandes abhängig. Berücksichtigt man also den langfristigen Charakter von Einwanderungsprozessen, wie sie im internationalen Rahmen und in der deutschen Geschichte beobachtet werden können, so zeigt sich, daß der Versuch der Politiker und Behörden der Bundesrepublik, nach der Wende der Ausländerpolitik 1973 nun die „Integration" der ausländischen Arbeiter in der Bundesrepublik mittels entsprechender Erlasse und Gesetzesmaßnahmen beschleunigen und steuern zu wollen, um sich so der durch die massenhafte Anwerbung von Gastarbeitern heraufbeschworenen Probleme in kurzer Zeit entledigen zu können, ein allzu kurzatmiges Unterfangen war. So ist auch das Problem der „Ghettobildung" der Ausländer in Deutschland nicht kurzfristig durch Erlasse oder Sanierungsmaßnahmen zu lösen. Vielmehr muß man dabei zunächst berücksichtigen, wie Heckmann betont, „welche Sozialsysteme die ausländische Bevölkerung selbst entwickelt hat, um ihre Angehörigen zu integrieren, nicht in die deutsche Gesellschaft als Einwanderungsgesellschaft, sondern in die Gesellschaft der Einwanderer in Deutschland. Die Frage der Integration, wie sie heute üblicherweise diskutiert wird, stellt sich überhaupt erst mit späteren Wandlungs- und Auflösungsprozessen der Kolonie und der Assimilation der Einwanderer in einem Prozeß, der über mehrere Generationen verläuft."[109] Dieser Prozeß aber besitzt keine Zwangsläufigkeit, sondern ist offen, wie der unterschiedliche Grad der Integration verschiedener ethnischer Einwanderergruppen in die Gesellschaft der USA zeigt; von dort aus läßt sich auch belegen, daß eine Ausländerpolitik, die undifferenziert Problemlösungsstrategien für *alle* Gruppen der Einwanderer entwirft, wenig Aussicht auf Erfolg haben wird.

Zu (2): Der seit Mitte der 70er Jahre deutlich gewordene Trend zum Daueraufenthalt, zum Familiennachzug, zur Verwandlung der „Gastarbeiter" in „Einwanderer" hat im betrieblichen Bereich aber nicht eine entsprechende Angleichung an die Situation der deutschen Beschäftigten im gleichen Zeitraum zur Folge gehabt. Nur 11 % der ausländischen Arbeiter konnten während ihres Aufenthalts in der Bundesrepublik einen beruflichen Aufstieg erreichen — meist vom Hilfs- zum Facharbeiter.[110] Die Sozialstruktur der ausländischen Arbeitskräfte blieb nahezu zementiert; der Anteil der Ungelernten unter ihnen sank zwischen 1972 und 1980 nur von 31 % auf 28,5 %; derjenige der Angelernten von 41 % auf 40,2 %; immerhin stieg der Anteil der Facharbeiter von 16 auf 23,6 %.[111] Das wird auch in anderen Bereichen deutlich: Die Löhne für männliche ausländische Arbeitskräfte liegen zu mehr als drei Viertel, die der Frauen zu 60 % unterhalb des Durchschnitts; bei den Facharbeitern sogar zu 80 %.[112] Ausländer arbeiten nach wie vor häufiger als deutsche Beschäftigte im Akkord und im Schichtsystem; sie arbeiten vorwiegend in produktionsnahen Bereichen mit höherem Unfallrisiko, tauchen häufiger in der Unfallstatistik auf und sind auch — dies ist eine neue Entwicklung — in höherem Maße von Arbeitslosigkeit betroffen als Deutsche. Denn während der 60er Jahre war wegen der niedrigen durchschnittlichen Aufenthaltszeit und der höheren Rückkehrbereitschaft die Arbeitslosenquote bei den Gastarbeitern immer unterdurchschnittlich gewesen. Wer als Ausländer arbeitslos wurde, kann man etwas zugespitzt zusammenfassen, kehrte in die Heimat zurück und tauchte in den Statistiken nicht auf. Seit den 70er Jahren ist diese enge Verbindung zwischen Arbeitslosigkeit und Rückwanderung unterbrochen; der Anteil der arbeitslosen Ausländer übertrifft denjenigen der Deutschen mittlerweile erheblich: Ende Februar 1982 lag die Gesamtarbeitslosenquote bei 8,2 %, die der Ausländer hingegen bei 12 %.[113]

Hier zeigt sich die Kehrseite der „Unterschichtung"; ausländische Arbeitskräfte mit vorwiegend niedriger Qualifikation sind vor allem in den Wirtschaftsbereichen beschäftigt, die in besonderer Weise von der Strukturkrise der westdeutschen Wirtschaft betroffen sind, etwa dem Stahl- und Metallsektor, dem Baubereich oder der Textilindustrie; ein Großteil der arbeitslosen Ausländer gehört daher bereits der Gruppe der „schwer Vermittelbaren" an, dem harten Kern der Arbeitslosen, für die nach allen Prognosen auch in den nächsten Jahren kaum Arbeitsplätze vorhanden sein werden. Die Folgeprobleme für beide Seiten sind erheblich: Die Ausgaben der öffentlichen Hand für Arbeitslosen- und Sozialhilfe steigen, während die Zukunftsaussichten für die ausländischen Arbeitslosen ziemlich düster sind. Durch zumeist lange Aufenthaltsdauer, oft auch Familienbindungen in der Bundesrepublik von der Heimatgesellschaft entfremdet, leben sie hier unter schlechten sozialen Bedingungen, aufgefangen oft nur durch die Unterstützung der Verwandtschaft, was sie noch enger an die Einwanderergesellschaft in der Bundesrepublik bindet, ohne daß sich daraus soziale Perspektiven für sie entwickelten.

Zu (3): Dies gilt in ganz besonderer Weise für die ausländischen Kinder und Jugendlichen, deren Situation im Schnittpunkt nahezu aller schwerwiegenden Folgeprobleme der Ausländerbeschäftigung liegt. Drei Viertel aller 15- bis 24jährigen Ausländer in der Bundesrepublik besaßen 1980 keinen Hauptschulabschluß, der sie zu einer qualifizierenden Berufsausbildung überhaupt erst befähigen würde.[114] Nach Umfragen bei den Eltern hatten 46 % der 16- bis 20jährigen Ausländerkinder weder Arbeit noch eine Lehrstelle, noch gingen sie zur Schule;[115] zwei Drittel der 15- bis 19jährigen Ausländer erhielten keinerlei berufliche Ausbildung; nur die Hälfte von ihnen kam der Berufsschulpflicht nach.[116] Entsprechend sind ausländische Jugendliche von Arbeitslosigkeit in weit stärkerem Maße betroffen als deutsche.[117]

Die Entwicklung, die sich in solchen Zahlen ausdrückt, hat verschiedene und meist längerfristige Ursachen. Im Kern ist sie Ausdruck eines sozialen und rechtlichen Schwebezustands von Ausländern, die seit längerer Zeit in Deutschland leben und ihre Familien nachgeholt haben, die aber aufgrund der ausländerrechtlichen Bestimmungen weder von festen Perspektiven in der Bundesrepublik ausgehen können noch konkrete Absichten haben, in die Heimat zurückzukehren, die ihnen selbst, mehr noch ihren Kindern, längst fremd geworden ist. Die ausländerpolitische Leitlinie der Bundesregierung seit 1974 aber lautete: Eingliederung ja — Einwanderung nein. Durch diese Konzeption der „Integration auf Zeit" war eine für die zweite Generation der Ausländer in Deutschland ganz unerträgliche Lage entstanden: Die Kinder sollten in das deutsche Schulsystem integriert werden, andererseits aber den Kontakt zur Kultur der Heimat ihrer Eltern nicht verlieren, um die „Rückkehroption" offen zu halten. Die Folge davon waren und sind „zweisprachige Analphabeten", die weder die Sprache ihrer Eltern noch die ihrer Klassenkameraden beherrschen, die dementsprechend sozial isoliert und für eine Berufstätigkeit kaum qualifiziert sind.[118] Besonders schwierig ist die Lage derjenigen ausländischen Jugendlichen, die erst zu einer relativ späten Lebenszeit in die Bundesrepublik gekommen sind; dies betrifft in erster Linie Türken — sie kommen bereits mit abgeschlossener Schulbildung nach Deutschland, das bedeutet in der Türkei die Absolvierung der fünfjährigen Grundschule. Ihre Probleme sind beinahe unlösbar: Sie erleben den mit der Übersiedlung verbundenen „Kulturschock" in der Pubertät, sie haben keinen Beruf erlernt, sie können kein Wort Deutsch, sind im kulturellen Umfeld ihres Heimatlandes sozialisiert worden und haben entsprechend große Probleme, sich an die neue Umgebung zu gewöhnen und mit deren Anforderungen fertig zu werden. Daß gerade bei dieser Gruppe die Kriminalitätsquote besonders hoch ist und deutlich über derjenigen der deutschen Jugendlichen liegt, kann angesichts solcher Ausgangsbedingungen nicht verwundern.[119]

Zu (4): Bei dem Versuch, das Verhältnis zwischen Deutschen und Ausländern zu beschreiben, sind präzise Aussagen schwierig und meist nur Näherungswerte möglich, die aus einzelnen Beobachtungen einen Gesamteindruck zu formulieren versuchen. Seit den 70er Jahren hat sich nun die Demoskopie dieses Problems in verstärktem Umfang angenommen und in einer Vielzahl von Untersuchungen teilweise bestürzende Ergebnisse zutage gefördert. In einer Übersicht über die demoskopischen Umfragen zum Ausländerproblem zwischen 1978 und 1982 wurden folgende Trends ermittelt:[120]

1. „Der Anteil der Bürger, die sich bei der Alternative, die Gastarbeiter sollten wieder in ihr Land zurückkehren oder die Möglichkeit erhalten, für immer hierzubleiben, für die Rückkehr und nicht für Integration aussprechen, ist von nur 39 % im November 1978 auf 68 % im März 1982 angestiegen" — und korrelierte dabei direkt mit dem zunehmenden Anteil derjenigen, die die allgemeine Wirtschaftslage als „nicht gut" beurteilten.

2. „43 % der Befragten fühlten sich durch den hohen Ausländeranteil in ihrem Wohnort bedroht, aber 53 % der über 65jährigen" — „das Bedrohungsgefühl ist am stärksten ausgeprägt bei älteren, weniger gut ausgebildeten und wirtschaftlich besorgteren Mitbürgern, deutlich geringer bei besser ausgebildeten Angestellten und Beamten unter 34 Jahren mit optimistischerer Wirtschaftseinschätzung."

3. „63 % der Bürger sind dagegen, daß Gastarbeiter ihre Familien in die Bundesrepublik nachholen, und 76 % sind der Meinung, daß die Gastarbeiter vor allem wegen des hohen Kindergeldes in Deutschland ihre Kinder nachholten — aber 65 % treten für den gemeinsamen Unterricht deutscher mit ausländischen Kindern ein, 68 % bejahen den Anspruch auf gleiche Sozialleistungen. Nimmt man noch hinzu, daß 71 % selten oder nie im täglichen Leben Kontakt mit Ausländern haben, so wird deutlich, auf wie geringen praktischen Erfahrungen diese uneinheitlichen und schwankenden Einstellungsprofile beruhen."

Hier zeigt sich aber auch, mit welchen Vorbehalten demoskopische Untersuchungen zu diesen Fragen zu behandeln sind. So ist etwa eine Umfrage, nach der 49 % der Bundesbürger „latent ausländerfeindlich" seien, mit einiger Skepsis aufzunehmen, sind doch die Maßstäbe, nach denen „Ausländerfeindlichkeit" meßbar wäre, äußerst unpräzise und nicht einheitlich. Denn gibt es nicht, um ein Beispiel zu nennen, auch gute Gründe, die Rückkehr der Ausländer in ihre Heimatländer den mit ihrem Aufenthalt hier entstehenden Problemen vorzuziehen, gerade wenn man die Interessen der Ausländer zum Ausgangspunkt nimmt? Ist jemand, der von ihm fremden Kulturformen irritiert ist, schon deshalb ausländerfeindlich? Oder anders herum: Ist derjenige, der eine möglichst rasche Integration der Ausländer in die deutsche Gesellschaft fordert, schon deshalb ein „Ausländerfreund"? Steckt dahinter nicht vielleicht der Wunsch, sich schwierige soziale und menschliche Probleme möglichst rasch und unauffällig vom Halse zu schaffen? Sind Vorschläge, den Nachzug älterer türkischer Jugendlicher in die Bundesrepublik zu erschweren, angesichts der immensen Probleme, die diese Jugendlichen hier haben, in jedem Fall gegen deren Interessen gerichtet?

Der schnelle Schluß von solchen Umfrageergebnissen auf ein rechtsradikales Potential in der Bundesrepublik, das durch Fremdenhaß schürende neofaschistische Gruppen genützt werden könnte, ist ebenso häufig wie unzulässig; dabei werden die Einstellungs- und Verhaltensirritationen, die bei Deutschen wie Ausländern angesichts so problemgeladener Entwicklungen wie der Ausländerfrage in der Bundesrepublik mit einiger Zwangsläufigkeit auftreten, mit moralischen und politischen Kategorien gemessen, die von der Suggestion eindeutig richtiger oder falscher Verhaltensformen ausgehen. Denn die Befürchtungen von deutschen Eltern, daß ihre Kinder in Klassen mit 40 oder 70 % Ausländern ohne ausreichende Deutschkenntnisse langsamer oder weniger lernen als in Klassen ohne ausländische Kinder und entsprechend schlechtere Berufschancen haben, sind nicht per se „ausländerfeindlich", sondern zunächst einmal ebenso berechtigt wie die Angst ausländischer Eltern vor sozialer Isolation und Diskriminierung ihrer Kinder. Die Aggressionen von Deutschen angesichts hoher Kriminalitätsraten von ausländischen Jugendlichen sind nicht dadurch aus der Welt geschafft, daß man sie als „ausländerfeindlich" bezeichnet und auf die schwierige soziale Lage dieser Jugendlichen verweist.[121]

Nachdem in der westdeutschen Gesellschaft die Anwerbung von Gastarbeitern jahrzehntelang unumstritten gewesen war, wurde nun seit Mitte der 70er Jahre unter dem Eindruck zunehmender Fremdenfeindlichkeit in der Bevölkerung und angesichts einer rapide anwachsenden Arbeitslosigkeit die „Integration" der Ausländer als neue Zielperspektive ausgegeben, ohne daß über den Inhalt dieses Begriffs wirkliche Übereinstimmung bestanden hätte. Denn daß durch die Heranziehung von Millionen von ausländischen Arbeitern und ihren Familien Probleme entstanden waren, die nun nicht mehr per politischem Willensakt zu lösen waren, und daß, nachdem die Ausländer 25 Jahre lang als Wachstumsmotoren ohne Folgekosten betrachtet worden waren, nicht einfach per Erlaß auf „Integration" umzuschalten war, blieb dabei lange Zeit außen vor. Kritik an dieser nebulösen Neuorientierung aber sah sich rasch dem Vorwurf der „Ausländerfeindlichkeit" ausgesetzt, so daß der Schuldvorwurf von den politisch Verantwortlichen an die bundesdeutsche Bevölkerung weitergegeben wurde und somit aus objektiven Problemen, die das Resultat der jahrzehntelang betriebenen Ausländerpoltik waren, nun subjektives Fehlverhalten vor allem derjenigen gemacht wurde, die mit den Ausländern am meisten zu tun hatten: die sozial schwachen Schichten in der deutschen Bevölkerung. Die Ursachen der sich auftürmenden Schwierigkeiten lagen und liegen aber nicht in der mangelnden Freundlichkeit oder dem Umgangston, mit denen den Ausländern von Seiten der Deutschen begegnet wird, sondern in der politischen Anlage der Ausländerbeschäftigung, die bis in die frühen 70er Jahre darauf abgestellt gewesen war, parallel zur wirtschaftlichen Entwicklung in der Bundesrepublik Ausländer im unteren Bereich des Arbeitsmarktes möglichst flexibel und kostengünstig einzusetzen, ohne daß dadurch Folgekosten für die Wirtschaft und den Staat in der Bundesrepublik auftraten.

Dieses Kalkül ging seit 1973 nicht mehr auf; die zunehmenden Probleme zwischen Deutschen und Ausländern aber waren eine der Folgen dieser Entwicklung, nicht ihre Ursache, wie Patrick von zur Mühlen in einer pointierten Stellungnahme hervorgehoben hat: „Die gesamte Einwanderung von Ausländern wurde von Arbeitsämtern und Unternehmen, Parteien und Gewerkschaften durchgeführt oder beschlossen, ohne daß sich jemand Gedanken darüber machte, was zu tun sei, wenn man sie bei verändertem Arbeitsmarkt einmal nicht mehr brauchen würde. Die deutsche Bevölkerung wurde hierbei nicht gefragt. Jede Kritik an dieser Entwicklung wurde früher mit dem Schuldvorwurf der Fremdenfeindlichkeit rasch zum Schweigen gebracht, so daß eine Diskussion über das Für und Wider nicht stattfand. Daß dieses verdrängte Unbehagen in Form von massiven Äußerungen von Ausländerfeindlichkeit jetzt erneut an die Oberfläche tritt, ist, so scharf man ihnen begegnen muß, psychologisch nicht unerklärlich. Man hat durch jahrelangen millionenfachen Menschen-Import unserer Gesellschaft ein Minderheitenproblem großen Ausmaßes aufgebürdet. Appelle zur Integration und gegen Fremdenfeindlichkeit klingen daher mehr nach einem Alibi, wenn sie von Personen oder Institutionen stammen, die Menschen beliebig verpflanzten, aus sozialen, kulturellen und familiären Bindungen herausrissen und entwurzelten . . . Daß die Gastarbeiter in völliger Unkenntnis dieser Problematik und aufgrund materieller Not freiwillig herkamen, entbindet nicht die Verantwortlichen in Deutschland der schweren Schuld, die sie auf sich geladen haben."[122]

Auf diesem Hintergrund muß auch die Entwicklung der Ausländerpolitik in der Bundesrepublik seit 1973 betrachtet werden — auch hier sind Maßstäbe zur Beurteilung nicht ganz einfach zu finden, und es wird deutlich, daß manche vielleicht gut gemeinten Maßnahmen schon nach kurzer Zeit neue Probleme mit sich brachten oder zutage förderten, so daß insgesamt der Eindruck einer sehr kurzatmigen und zuweilen hektischen Politik entsteht, die durch immer neue Erlasse, Richtlinien und Gesetze soziale Prozesse kurzfristig zu steuern versuchte, ohne deren Langfristigkeit und Ausmaß immer zu erkennen oder zu beachten. Im folgenden sollen daher die zahlreichen ausländerpolitischen Maßnahmen der letzten Jahre auch nicht im einzelnen vorgestellt, sondern eher die dahinterstehenden Konzeptionen behandelt und auf ihre Tragfähigkeit hin untersucht werden.

Schon seit dem „Aktionsprogramm für Ausländerbeschäftigung" vom Juni 1973, spätestens seit Verhängung des Anwerbestopps verfolgte die Ausländerpolitik der Bundesregierung eine Doppelstrategie: einerseits Begrenzung des Zuzuges von weiteren Ausländern in die Bundesrepublik, wenn möglich Herabsetzung der Ausländerzahlen, Ablehnung eines Einwanderungsprozesses, Förderung des Rückkehrwunsches, Aufrechterhaltung der kulturellen Bindungen an die Heimatgesellschaft — andererseits verstärkte Maßnahmen zur „Integration" und Eingliederung der hier bereits lebenden Ausländer. Diese Prinzipien, die im Kern bis heute gültig sind, hatten in sich durchaus widersprüchliche politische Maßnahmen zur Folge. So wurden z. B. durch die Änderung des Kindergeldgesetzes seit dem 1. 1. 1975 höhere Kindergeldsätze auch für Ausländer gewährt, allerdings (nach dem das Sozialrecht beherrschenden „Territorialitätsprinzip") nur für solche Kinder, die sich auch in der Bundesrepublik aufhielten[123] — mit der wenig überraschenden Folge, daß die Zahl der nach Deutschland nachgeholten ausländischen Kinder anstieg. Demgegenüber sah die Arbeitserlaubnisverordnung vor, daß Ausländer — auch Jugendliche —, die nach dem 30. November 1974 in die Bundesrepublik eingereist waren, hier keine Arbeitsgenehmigung erhielten. Als deutlich wurde, daß dies zu sozial und moralisch untragbaren Verhältnissen führte, wurde der Stichtag auf den 1. Januar 1977 verlegt;[124] 1980 und 1981 wurden die entsprechenden Bestimmungen erneut geändert; nunmehr gelten für Familienangehörige Wartezeiten (Ehegatten vier, Kinder zwei Jahre) vor Erteilung einer Arbeitserlaubnis — das „Dickicht der Regelungen" ist mittlerweile schier undurchdringlich.[125]

Um den Problemen der regionalen Konzentration der Ausländer entgegenzusteuern, wurden seit Mai 1975 für bestimmte Gebiete „Zuzugssperren" für Ausländer erlassen[126] — eine Maßnahme, die jedoch den bis dato so positiv hervorgehobenen flexiblen Einsatzmöglichkeiten der ausländischen Arbeitskräfte entgegenwirkte. Hier widersprachen sich die Aspekte „Mobilität" und „Infrastrukturbelastung" direkt, was nicht zuletzt dazu beitrug, daß die Zuzugssperren am 1. Juli 1977 wieder aufgehoben wurden.[127] Ausschlaggebend war dabei (außer Protesten von Seiten solcher Wirtschaftszweige, denen nun in den betroffenen Regionen ausländische Arbeitskräfte fehlten), daß die Zuzugssperre aufgrund der entsprechenden EG-Vereinbarungen seit Anfang 1977 in vollem Umfange nur noch für Portugiesen und Jugoslawen galt und somit praktisch verpuffte.

Die an diesen beiden Beispielen offensichtliche Diffusion und Konzeptionslosigkeit der Ausländerpolitik veranlaßte die Bundesregierung 1976, eine Kommission damit zu beauftragen, hier ein klares und praktikables Konzept zu entwickeln; Anfang 1977 lagen die Ergebnisse dieser Kommission vor, die „Vorschläge der Bund-Länder-Kommission zur Fortentwicklung einer umfassenden Konzeption der Ausländerbeschäftigungspolitik".[128] Aber wiederum zeigte sich, daß die Interessen der verschiedenen, mit der Ausländerbeschäftigung und -politik befaßten Gruppen zu widersprüchlich waren, daß aber auch die Probleme selbst für eindeutige (und schnelle) Lösungen zu verwickelt waren, um hier bereits zu einer eindeutigen und klaren Konzeption zu kommen. Die von diesem Gremium entwickelten Prämissen und Vorschläge entsprachen denn auch weitgehend den bisherigen Leitlinien: Die Bundesrepublik sei kein Einwanderungsland, die Ausländer sollten in der Regel nach einiger Zeit wieder in ihre Heimat zurückkehren; Beibehaltung des Anwerbestopps; Verstärkung der Rückkehrbereitschaft und -fähigkeit, Ablehnung von Zwangsmaßnahmen, Integration der hier lebenden ausländischen Arbeitnehmer und ihrer Familien, Sicherung ihres sozialen und rechtlichen Status; verstärkte Bemühungen um die Probleme der „Zweiten Generation" der in der Bundesrepublik lebenden Ausländer.

Mit diesen Empfehlungen, die die Grundlage für die Ausländerpolitik der folgenden Jahre darstellte, war die Nichtwahrnehmung einer faktischen Einwanderungssituation nur festgeschrieben. „Den Ausländern wird eine ‚Integration auf Zeit' angeboten", kommentierte die Sozialwissenschaftlerin Ursula Mehrländer diese Vorschläge, „gleichzeitig wird aber von ihren Rückkehrabsichten in ihre Heimatländer ausgegangen. An diesem Widerspruch kranken alle Maßnahmen, die inzwischen zum Abbau der sozialen Probleme der Ausländer und ihrer sozialen Integration in die deutsche Gesellschaft ergriffen worden sind. Wenn auch den humanitären und sozialen Ansprüchen der Ausländer jetzt mehr Aufmerksamkeit geschenkt wird, so zeigt sich gerade bei der bestehenden schlechten Wirtschaftslage, daß arbeitsmarktpolitische Gesichtspunkte immer noch den Vorrang bei der Ausländerpolitik der Bundesrepublik Deutschland haben".[129]

Von den „Vorschlägen" der BLK-Kommission ganz abweichend und für die politische Diskussion des Ausländerproblems in der Bundesrepublik — nicht aber für die Politik selbst — ein Wendepunkt war das Memorandum des Ausländerbeauftragten der Bundesregierung, des ehemaligen nordrhein-westfälischen Ministerpräsidenten Kühn, das dieser im September 1979 vorlegte.[130] Gegen die Festschreibung des Nicht-Einwanderungs-Charakters der Arbeitsimmigration in der Ausländerpolitik der Bundesregierung forderte er eine konsequente Integrationspolitik: Anerkennung der faktischen Einwanderung bei gleichzeitigem Ausschluß neuer Zuwanderung; verstärkte Bemühungen um Integration der ausländischen Kinder und Jugendlichen, vor allem im schulischen Bereich; keine „segregierenden" Maßnahmen — wie etwa getrennter Unterricht nach Nationalitäten; Ausbau des vollen Rechtsanspruchs der ausländischen Jugendlichen auf Zugang zu Arbeits- und Ausbildungsplätzen; Optionsrecht der in der Bundesrepublik geborenen und aufgewachsenen Jugendlichen auf Einbürgerung; Gewährung des kommunalen Wahlrechts für Ausländer nach längerem Aufenthalt.

Die Vorschläge Kühns stießen zwar auf erhebliches Interesse und lösten eine lebhafte Diskussion aus; gleichwohl sind politische Konsequenzen aus dieser Diskussion bisher nur zögernd und zum Teil in widersprüchlicher Weise gezogen worden; die Situation der ausländischen Jugendlichen ist zwar rechtlich verbessert, in Folge der rapide zunehmenden Arbeitslosigkeit seit Beginn der 80er Jahre aber sozial noch verschärft worden. Den Forderungen nach vermehrter Einbürgerung von Ausländern, die seit langer Zeit in der Bundesrepublik leben, stehen in der Praxis Einbürgerungsquoten von derzeit jährlich nicht mehr als 0,35 % gegenüber.[131]

Eine tragfähige und langfristige Konzeption zur Ausländerpolitik in der Bundesrepublik ist nach wie vor nicht in Sicht.[132] Der Streit um den Nachzug von Kindern hier lebender Ausländer ist nach wie vor unentschieden, die Sprach- und Schulprobleme ausländischer Kinder sind trotz verschiedener Förderungsprogramme[133] weiterhin enorm, die Ghettobildung durch Ausländerkolonien hat sich eher noch verschärft, die anhaltende Massenarbeitslosigkeit hat zur vermehrten Herausbildung von frühindustriellen Formen der Ausbeutung ausländischer Arbeitskräfte geführt („Leiharbeit"); durch ansteigende Zahlen von Asylbewerbern hat die Ausländerproblematik zudem neue Akzente bekommen, durch die der Gesamtkomplex in der Öffentlichkeit immer undurchschaubarer wird.

Diese schwankende, uneinheitliche und letztlich konzeptionslose Enwicklung der Ausländerpolitik hat ihre Ursache wohl darin, daß die seit fast 100 Jahren eingeübten Methoden der Ausländerbeschäftigung in den 70er Jahren an ihr Ende gekommen sind. Denn im Kern beruhten sie darauf, daß die Ausländer nur vorübergehend hier arbeiteten und die sozialen Standards ihrer Heimatgesellschaften weiterhin für sie maßgebend blieben. Auf diese Voraussetzungen gründeten sich die so oft genannten „Vorteile" der Ausländerbeschäftigung für Staat und Unternehmer des Aufnahmelandes, und deshalb war die Ausländerpolitik jahrzehntelang bestrebt, diese Situation durch gesetzliche Maßnahmen wie Rückkehrzwang oder Inländerprimat zu stabilisieren und auszudehnen. Seit dieser vorübergehende Charakter des Arbeitsaufenthalts in Deutschland aber bei der Mehrzahl der Ausländer nicht mehr zutrifft und die sozialen Standards in der Bundesrepublik zur Orientierungsgröße für sie geworden sind,[134] auf der anderen Seite die Restituierung dieses Zustands durch gesetzliche Zwangsmaßnahmen (wie zuletzt durch den Vorschlag des „Rotationsprinzips" intendiert) aus politischen und wirtschaftlichen Gründen nicht mehr möglich ist, ist eine neue Situation eingetreten, der mit den traditionellen Formen der Ausländerpolitik nicht mehr beizukommen ist. Sowohl die politische als auch die wissenschaftliche Diskussion dreht sich dabei um die Frage, ob die Bundesrepublik ein Einwanderungsland geworden sei. Für einen großen Teil der Ausländer ist diese Frage bereits beantwortet: Alle Fakten sprechen dafür, daß hier der Wandel vom vorübergehenden Arbeitsaufenthalt zur Einwanderung bereits vollzogen ist — ohne daß dies Entsprechungen in der Ausländerpolitik nach sich gezogen hätte, die diese Entwicklungen nach wie vor negiert und sich weiterhin am Modell des „Gastarbeiters" orientiert.

Die Frage, ob „Einwanderer" oder „Gastarbeiter", ob „Fremdenrecht und Ausländerpolitik oder Einwanderungsgesetzgebung und Einwanderungspolitik" (Bade) führt aber in die Irre, wenn sie in generalisierender Weise für alle Gruppen unter den Ausländern in gleicher Weise beantwortet wird. Denn die Unterschiede in der Lage und Perspektive der verschiedenen Gruppen unter den Ausländern sind so ausgeprägt, daß einheitliche Lösungen weder der spezifischen Lage der Einzelnen entsprechen noch angesichts der differenzierten Ausgangspositionen wirklich greifen würden. So steht zu vermuten, daß ein Teil der Ausländer, wenn auch ein geringer, in seine Heimatländer zurückkehren wird, und zwar in dem Maße verstärkt, wie die wirtschaftliche Entwicklung in den Heimatländern eine gesicherte soziale und wirtschaftliche Perspektive bieten kann. Dieser Prozeß aber verläuft auch im Zuge der EG-Süderweiterung nicht einheitlich.

Für die meisten Ausländer aber wird sich die Frage nach dem Grad der Integration in die deutsche Gesellschaft — zwischen den Polen „vorübergehender Arbeitsaufenthalt" und „Einwanderung" mit Annahme der deutschen Staatsbürgerschaft — nach nationalen Gruppen und Generationen, aber auch nach sozialem Status und vielleicht auch regional differenziert beantworten. Bereits jetzt ist zu beobachten, daß die Kinder von italienischen, spanischen und griechischen Arbeitern in stärkerer Weise in die westdeutsche Gesellschaft integriert sind, als ihre Eltern und als türkische, mit Abstrichen auch jugoslawische Kinder. Dieser Prozeß wird sich im Laufe der kommenden Jahre wohl noch verstärken — und zwar in Regionen mit hohen wirtschaftlichen Wachstumsraten und niedriger Arbeitslosenquote mehr als in strukturschwachen Gebieten.

Zwischen den beiden Extremen „Gastarbeiter" und „Einwanderer" gibt es zudem eine Reihe von Zwischenlösungen, die zu einem spannungsvollen, potentiell aber auch ertragreichen Nebeneinander verschiedener Sozialkulturen führen können. Dabei ist offen, ob sich daraus ein Dauerzustand, wie etwa in den chinesischen Einwanderervierteln nordamerikanischer Städte, entwickelt: Herausbildung von Mehrheiten- und Minderheitenkultur mit ausgeprägtem, abgeschlossenem Sozialmilieu — oder um eine vorübergehende Entwicklung über ein, zwei Generationen, bei der die Verhaltensprägung durch den Zusammenhalt im Einwanderermilieu mit der Zeit an Bedeutung verliert. In beiden Fällen entstehen daraus auch kulturelle und politische Chancen für die Aufnahmegesellschaft, weil ihre sozialkulturelle Spannweite sich vergrößert, ohne daß ihre Identität dabei verloren geht.

Zweifellos sind damit aber auch politische und soziale Gefahren verbunden, selbst wenn man das häufig beschworene Menetekel von „britischen Zuständen", von Straßenkämpfen zwischen deutschen und ausländischen Banden arbeitsloser Jugendlicher, für übertrieben hält. Diesen Gefahren wird man durch wohlfeile Aufrufe gegen Ausländerfeindlichkeit nicht begegnen können, sondern nur durch Maßnahmen der Verbesserung der schulischen Situation, der beruflichen Qualifizierung, der Wohnprobleme, der Rechtssicherheit der Ausländer in Deutschland. Solche Maßnahmen sind sicherlich zum einen als Folgekosten der zukunftsblinden Ausländerpolitik seit Ende der 50er Jahre zu verstehen. Auf der anderen Seite aber ist abzusehen, daß in einigen Jahren die Diskussion womöglich ganz andere Schwerpunkte haben wird; dann nämlich, wenn in der Bundesrepublik die geburtenschwachen Jahrgänge ins berufsfähige Alter kommen und der in vielen Branchen bereits jetzt feststellbare Facharbeitermangel virulent geworden ist; wenn also aus dem „Gastarbeiterkind" ein dringend gesuchter Lehrling geworden ist, ein Rentenbeitragszahler — oder auch ein Wehrpflichtiger, der die dann gelichteten Reihen deutscher Rekruten auffüllen könnte. Es ist zu erwarten, daß dies auch ideologische Irritationen auslösen wird, aber die Erfahrung lehrt, daß wirtschaftliche Interessen zumindest seit den 50er Jahren auch in der Ausländerfrage ideologischen und politischen Einwänden allemal vorgeordnet waren, was sich vermutlich auch in Zukunft nicht grundlegend ändern wird.

Die „Ausländerfeindlichkeit" schließlich wird in der Regel als größte Belastung und Sorge in diesem Zusammenhang beschrieben. Aber auch hier muß man differenzieren: Zweifellos gibt es solche Einstellungs- und Verhaltensmuster in größerem Umfang, und sie sind in Deutschland nur vierzig Jahre nach Kriegsende in ganz besonderer Weise besorgniserregend. Aber sie scheinen sich von Entwicklungen dieser Art in anderen westeuropäischen Ländern nicht mehr prinzipiell zu unterscheiden; es hat vielmehr den Anschein, als sei von Fremdenhaß und Feindseligkeit gegenüber Ausländern in der Bundesrepublik eher weniger zu spüren als etwa in Frankreich, Großbritannien oder der Schweiz. Einer der wesentlichen Gründe dafür ist, daß der Verweis auf die eigene Vergangenheit in der Bundesrepublik nach wie vor, vielleicht sogar in zunehmendem Maße, ein politisches Argument von hoher Wirksamkeit ist, das auf dem von allen gesellschaftlichen Gruppen von einiger Bedeutung geteilten und getragenen Konsens über die Niederträchtigkeit des nationalsozialistischen Rassismus beruht — ohne daß die nationalsozialistische Ausländerpolitik selbst dabei reflektiert würde. Dieser Konsens war in den 50er Jahren der Preis für die faktische gesellschaftliche Kontinuität vor und nach 1945; er ist in seinem Kern nach wie vor wirksam. Wenn in der Bundesrepublik rassistische Türkenwitze grassieren, so ist die Empörung darüber auch deshalb so groß, weil die Folgen des Rassismus in Deutschland unvergeßlich sind. In Frankreich hingegen gibt es ein solches Warnsystem aus eigener Erfahrung nicht.

So lange aber die historische Erinnerung als politisches Argument akzeptiert wird, ist derjenige, der öffentlich Fremdenhaß predigt, gesellschaftlich isoliert oder sieht sich wenigstens einer wirksamen Öffentlichkeit gegenüber — er kann nicht auf Stillschweigen und verhohlene Zustimmung setzen. Auf der anderen Seite wird mit zunehmenden sozialen Problemen, mit Arbeitslosigkeit und Verarmung in den unteren Bevölkerungsschichten — also gerade jenen, die am meisten direkten Kontakt mit Ausländern haben — dieses Rassismustabu an Wirksamkeit verlieren und von sozialen Konkurrenzen zwischen Deutschen und Ausländern auf dem Arbeitsmarkt weithin verdrängt werden — eine Entwicklung, die wir in Regionen mit hoher Arbeitslosigkeit und hoher Ausländerquote bereits jetzt feststellen können — hier liegen in der Tat erhebliche und besorgniserregende Gefahren.

Daß diese Gefahren aber zu meistern sind, hat nicht zuletzt die erfolgreiche Integration der Vertriebenen bewiesen. Zwar wurde eingangs festgestellt, daß es zwischen der Situation der Vertriebenen und derjenigen der ausländischen Arbeiter wesentliche Unterschiede gibt — Unterschiede der Sprache und der rechtlichen Lage vor allem, denn die kulturellen Unterschiede zwischen einem Großstädter aus dem Westen und einem ostpreußischen Landarbeiter in den 40er Jahren waren so viel geringer nicht als die zwischen Deutschen und Italienern heute. Entscheidend bei den Vertriebenen aber war, daß der politische Wille (nicht zuletzt der alliierten Besatzungsmächte) die Integration der Vertriebenen forciert hat, daß entsprechende finanzielle Mittel dafür zur Verfügung gestellt wurden und daß sich ein Konsens von der Notwendigkeit der Integration der Ostvertriebenen innerhalb der Gesellschaft in der Bundesrepublik herausgebildet hat, der letztlich auch politisch entscheidend war. Diese Voraussetzungen sind gegenüber den ausländischen Arbeitern bislang in der Bundesrepublik aber nicht oder noch nicht gegeben.

Die langfristigen Entwicklungen der „Ausländerfrage" in der Bundesrepublik hingegen sind in ihrer Größenordnung und ihrer Richtung nicht mehr grundlegend zu verändern — der Zeitpunkt, zu dem dies möglich gewesen wäre, liegt etwa 20 Jahre zurück. Die Ausländerpolitik wird sich auf diese Entwicklung vielmehr einzustellen haben, und je früher und differenzierter sie dies tut, um so eher werden politische und soziale

Friktionen und Kollisionen noch zu vermeiden sein. Wesentliche Voraussetzung dafür ist aber die Fähigkeit der westdeutschen Gesellschaft, die Anwesenheit von vier Millionen Ausländern nicht als wirtschaftliche Belastung noch gar als herablassend gewährte Gnade, sondern als Chance für sich selbst zu begreifen: als Chance, die nationalistische Überheblichkeit und Abschließung zu überwinden und zu einer offenen Gesellschaft zu werden. Mehr als in anderen Ländern gibt die historische Entwicklung der Ausländerbeschäftigung in diesem Lande Anlaß, diese Chance zu ergreifen.

VI. Verzeichnisse

1. Anmerkungen

Anmerkungen zur Einleitung

1 Überblick über die verschiedenen Ansätze in der westdeutschen Ausländerforschung bei F. Heckmann: Theoretische Positionen der Forschung über Arbeitsmigration in der Bundesrepublik. Von der Gastarbeiterforschung zur Migrations- und Minoritätensoziologie? (unveröff. MS.); in der Regel werden die „historischen Vorläufer" der Gastarbeiterbeschäftigung in sozialwissenschaftlichen Untersuchungen im Vorwort gestreift, dabei kommt es nicht selten zu recht abenteuerlichen „geschichtlichen Überblicken", vgl. bspw. K. Unger: Ausländerpolitik in der Bundesrepublik Deutschland. Bielefelder Studien zur Entwicklungssoziologie, Saarbrücken u. a. 1980, S. 4—8 („Kurzer historischer Abriß").
2 Hierzu M. R. Lepsius: Die Bundesrepublik Deutschland in der Kontinuität historischer Entwicklungen: Einige methodische Überlegungen, in: W. Conze, M. R. Lepsius (Hg.): Sozialgeschichte der Bundesrepublik Deutschland. Beiträge zum Kontinuitätsproblem, S. 11—19; L. Niethammer: Zum Wandel der Kontinuitätsdiskussion, in: L. Herbst (Hg.): Westdeutschland 1945—1955, München 1986, S. 65—84.
3 U. Herbert: Saisonarbeiter — Zwangsarbeiter — Gastarbeiter. Zur Geschichte der ausländischen Arbeitskräfte in Deutschland 1880—1980 (Fernstudienkurs der FernUniversität Hagen, Nr. 4131), Hagen 1985; ders.: Fremdarbeiter. Politik und Praxis des „Ausländer-Einsatzes" in der Kriegswirtschaft des Dritten Reiches, Bonn/Berlin ²1986; ders.: Apartheid nebenan. Erinnerungen an die Fremdarbeiter im Ruhrgebiet, in: L. Niethammer (Hg.): Die Jahre weiß man nicht, wo man die heute hinsetzen soll. Faschismuserfahrungen im Ruhrgebiet. (Lebensgeschichte und Sozialkultur im Ruhrgebiet 1930—1960, Bd. 1), Bonn/Berlin 1983, S. 233—266; ders.: Zwangsarbeit als Lernprozeß. Zur Beschäftigung ausländischer Arbeiter in der westdeutschen Industrie im Ersten Weltkrieg, in: AfSG 24, 1984, S. 285—304; ders.: Von Auschwitz nach Essen. Die Geschichte des KZ-Außenlagers Humboldtstraße, in: Dachauer Hefte, 2, 1986; ders.: Der „Ausländereinsatz". Fremdarbeiter und Kriegsgefangene in Deutschland 1939—1945 — ein Überblick, in: Herrenmensch und Arbeitsvölker. Ausländische Arbeiter und Deutsche 1939—1945 (Beiträge zur nationalsozialistischen Gesundheits- und Sozialpolitik, Bd. 3), ersch. Berlin 1986.
4 K. J. Bade: Vom Auswanderungsland zum Einwanderungsland?, Deutschland 1880—1980, Berlin 1983; vgl. auch Bades knappen Überblick, ders.: Vom Export der Sozialen Frage zur importierten Sozialen Frage: Deutschland im transnationalen Wanderungsgeschehen seit der Mitte des 19. Jahrhunderts, in ders. (Hg.): Auswanderer — Wanderarbeiter — Gastarbeiter. Bevölkerung, Arbeitsmarkt und Wanderung in Deutschland seit der Mitte des 19. Jahrhunderts. 2 Bde., Ostfildern 1984, Bd. 1, S. 9—72.
5 Bade, Auswanderer; in diesem Zusammenhang ist auch der Bd. 24 des Archivs für Sozialgeschichte mit dem thematischen Schwerpunkt „Ausländerbeschäftigung" zu erwähnen.
6 K. Dohse: Ausländische Arbeiter und bürgerlicher Staat. Genese und Funktion von staatlicher Ausländerpolitik und Ausländerrecht. Vom Kaiserreich bis zur Bundesrepublik Deutschland, Königstein i. Ts. 1981.

Anmerkungen zu Kapitel I

1 Hierzu einführend: H. Rosenberg: Große Depression und Bismarckzeit. Wirtschaftsablauf, Gesellschaft und Politik in Mitteleuropa, Berlin 1967, S. 25 ff., 169 ff.; M. Rolfes: Landwirtschaft 1850—1914, in: H. Aubin, W. Zorn (Hg.): Handbuch der deutschen Wirtschafts- und Sozialgeschichte, Bd. 2, Stuttgart 1976, S. 495—526; H. W. Finck von Finkenstein: Die Entwicklung der Landwirtschaft in Preußen und Deutschland 1800—1930, Würzburg 1960; T. von der Goltz: Geschichte der deutschen Landwirtschaft, Bd. 2: Das 19. Jahrhundert, Stuttgart 1903.
2 T. Marschalck: Bevölkerungsgeschichte Deutschland im 19. und 20. Jahrhundert, Frankfurt 1984, S. 21—71; ders.: Die Bevölkerungsentwicklung in Deutschland 1850—1980. Entwicklungslinien und Forschungsprobleme, in: Bade (Hg.), Auswanderer, Bd. 1, S. 78—109; W. Köllmann:

Bevölkerungsgeschichte 1800—1970, in: Aubin/Zorn, Handbuch der deutschen Wirtschafts- und Sozialgeschichte, Bd. 2, S. 9—147; K. J. Bade: Transnationale Migration und Arbeitsmarkt im Kaiserreich: vom Agrarstaat mit starker Industrie zum Industriestaat mit starker agrarischer Basis, in: T. Pierenkemper (Hg.): Historische Arbeitsmarktforschung, Göttingen 1982, S. 182—211; ders.: Die deutsche überseeische Massenauswanderung im 19. und frühen 20. Jahrhundert: Bestimmungsfaktoren und Entwicklungsbedingungen, in: ders. (Hg.), Auswanderer, Bd. 1, S. 259—299.

3 K. J. Bade: Massenwanderung und Arbeitsmarkt im deutschen Nordosten von 1880 bis zum Ersten Weltkrieg: Überseeische Auswanderung und kontinentale Zuwanderung, in: AfSG 20, 1980, S. 265—323.

4 Hierzu T. v. d. Goltz: Die Lage der ländlichen Arbeiter im Deutschen Reich, Berlin 1875; W. Brepohl: Der Aufbau des Ruhrvolkes im Zuge der Ost-West-Wanderung, Recklinghausen 1948; C. Kleßmann: Polnische Bergarbeiter im Ruhrgebiet 1870—1945, Göttingen 1978, S. 23—43; Bade, Massenwanderung und Arbeitsmarkt.

5 A. v. Lengerke: Die ländliche Arbeiterfrage, Berlin 1849, zit. nach J. Nichtweiss: Die ausländischen Saisonarbeiter in der Landwirtschaft der östlichen und mittleren Gebiete des Deutschen Reiches von 1890—1914, Berlin (DDR) 1959, S. 27.

6 Vgl. etwa T. v. d. Goltz: Die ländliche Arbeiterfrage und ihre Lösung, Danzig [2]1874; ders., Die Lage der ländlichen Arbeiter; häufig wurde die Zunahme der Ab- und Auswanderungen auch damit begründet, „daß die sozialdemokratische Agitation Mißstimmung unter den ländlichen Arbeitern erzeugt und vergrößert"; allerdings habe die SPD „in den meisten Gegenden überhaupt keine, in anderen nur sehr geringe Erfolge aufzuweisen." (K. Frankenstein: Die Arbeiterfrage in der deutschen Landwirtschaft, Berlin 1893, S. 314 f.).

7 Hierzu K. Saul: Um die konservative Struktur Ostelbiens: Agrarische Interessen, Staatsverwaltung und ländliche „Arbeiternot", in: D. Stegmann/B. J. Wendt/P.-C. Witt (Hg.): Deutscher Konservatismus im 19. und 20. Jahrhundert, Bonn 1983, S. 129—198, hier auch ein Überblick über die zeitgenössische Literatur.

8 H.-U. Wehler: Das Deutsche Kaiserreich 1871—1918, Göttingen 1973, S. 114; s. auch ders.: Die Polenpolitik im Deutschen Kaiserreich, in ders.: Krisenherde des Kaiserreiches 1871/1918, Göttingen 1970, S. 181—200; M. Broszat: Zweihundert Jahre deutsche Polenpolitik, Frankfurt 1972, S. 142—172; eine gründliche Behandlung des Gesamtkomplexes jetzt bei R. Baier: Der deutsche Osten als soziale Frage. Eine Studie zur preußischen und deutschen Siedlungs- und Polenpolitik in den Ostprovinzen während des Kaiserreiches und der Weimarer Republik, Köln 1980; sowie R. Blanke: Prussian Poland in the German Empire, 1871—1900, New York 1981; vgl. auch J. Mai: Die preußisch-deutsche Polenpolitik 1885/87. Eine Studie zur Herausbildung des Imperialismus in Deutschland, Berlin (DDR) 1962.

9 Dazu K. J. Bade: „Kulturkampf" auf dem Arbeitsmarkt: Bismarcks „Polenpolitik" 1885—1890, in: O. Pflanze (Hg.): Innenpolitische Probleme des Bismarck-Reiches, München 1982, S. 121—142.

10 Artikel des Leipziger Tageblatts, abgedr. in „Die Post" v. 11. 3. 1885, zit. n. Bade, Kulturkampf, S. 128.

11 Posener Zeitung v. 29. 3. 1885, zit. ebd.

12 Schlesische Volkszeitung, o. D., zit. ebd., S. 131.

13 Bericht v. Gosslers an Bismarck, 12. 2. 1885, zit. ebd., S. 134.

14 Bismarck an Puttkammer, 11. 3. 1885, zit. ebd., S. 135.

15 Zu den Ausweisungsverordnungen vom 26. 3. und 26. 7. 1885 sowie dem Zusammenhang zum Ansiedlungsgesetz vgl. Broszat, Zweihundert Jahre, S. 142—152, sowie H. Neubach: Die Ausweisung von Polen und Juden aus Preußen 1885/86, Wiesbaden 1967.

16 Vor dem Reichstag erklärte Bismarck am 28. 1. 1886: „Wir wollen die fremden Polen los sein, weil wir an unseren eigenen genug haben." (zit. nach Broszat, Zweihundert Jahre, S. 147).

17 Rede des Abgeordneten Rickert vor dem Reichstag, 16. 1. 1886, Reichstagsprotokolle Bd. 87, S. 563.

18 Hierzu neben der in Anm. 1 genannten Literatur: W. Abel: Agrarkrisen und Agrarkonjunktur, Hamburg [2]1966, S. 253 ff.; W. Schulz: Deutschland und der preußische Osten. Heterologie und Hegemonie, in: H. U. Wehler (Hg.): Sozialgeschichte heute. Festschrift für Hans Rosenberg zum 70. Geburtstag, Göttingen 1974, S. 86—103. Für das Verständnis des Gesamtkomplexes unentbehrlich sind die großen Untersuchungen Max Webers zur Entwicklung der ostdeutschen Landwirtschaft, Max Weber: Die Verhältnisse der Landarbeiter im ostelbischen Deutschland. Dargestellt aufgrund der vom Verein für Socialpolitik veranstalteten Erhebungen (= Schriften des Vereins für Socialpolitik, Bd. 55), Leipzig 1892; ders.: Die ländliche Arbeitsverfassung, in: Schriften des Vereins für Socialpolitik, Bd. 58, Leipzig 1893; ders.: Entwicklungstendenz in der Lage der ostelbischen Landarbeiter, (1894) in: Gesammelte Aufsätze zur Sozial- und Wirtschaftsgeschichte, Tübingen 1924, S. 470—507.

19 W. A. Henatsch: Das Problem der ausländischen Wanderarbeiter, Greifswald 1920, S. 7.

20 Hierzu K. Kaerger: Die Sachsengängerei. Auf Grund persönlicher Ermittlungen und statistischer Erhebungen, in: Landw. Jb. 19, 1890, S. 239—522; Landwirtschaft und Kapitalismus, hg. v. H.-J. Rach u. B. Weissel, 1. Halbbd., Berlin (DDR) 1978, S. 246 ff.; M. Lezius: Heimatsgebiete der Sachsengänger in Brandenburg, Posen und Schlesien, Neudamm 1913, S. 26—65 u. 117—133.

21 Bade, Massenwanderung, S. 300.

22 Die zeitgenössische Literatur zur Entwicklung der deutschen Landarbeiterschaft im preußischen Nordosten ist nahezu unübersehbar; für die neuere Forschungsliteratur vor allem J. Flemming: Landwirtschaftliche Interessen und Demokratie. Ländliche Gesellschaft, Agrarverbände und Staat 1890—1925, Bonn 1978; ders.: Obrigkeitsstaat, Koalitionsrecht und Landarbeiterschaft. Zur Entwicklung des ländlichen Arbeitsrechts in Preußen zwischen Vormärz und Reichsgründung, in: H.-J. Puhle u. H.-U. Wehler (Hg.): Preußen im Rückblick (Geschichte und Gesellschaft, Sonderheft 6) Göttingen 1980, S. 247—272; H. Plaul: Landarbeiterleben im 19. Jahrhundert, Berlin (DDR) 1979; zur Landarbeiterbewegung vgl. J. Flemming: Landarbeiter zwischen Gewerkschaften und „Werksgemeinschaft". Zum Verhältnis von Agrarunternehmern und Landarbeiterbewegung im Übergang vom Kaiserreich zur Weimarer Republik, in: AfSG 14 (1974), S. 351—418; sowie K. Saul: Der Kampf um das Landproletariat. Sozialistische Landagitation, Großgrundbesitz und preußische Staatsverwaltung 1890 bis 1903, in: AfSG 15 (1975), S. 163—208.

23 Vgl. etwa die Beschreibung der Verhältnisse der Landbevölkerung in Galizien bei A. Knoke: Ausländische Wanderarbeiter in Deutschland, Leipzig 1911, S. 30 ff.

24 Bericht des Ministerialdirektors Lodemann vom pr. MdI über Besprechungen mit dem Oberpräsidenten von Posen und Danzig, September 1890, zit. nach Nichtweiß, Die ausländischen Saisonarbeiter, S. 40.

25 Gesuch des Zentralvereins ostpreußischer Landwirte an Reichskanzler Caprivi, 27. 3. 1890, ebd., S. 35.

26 Bericht des Reg. Präs. v. Oppeln, vermutlich Oktober 1890, ebd., S. 42.

27 Vgl. Mai, Polenpolitik, S. 101 ff.; Nichtweiß, S. 37 f.

28 Sie ging aus von den Forderungen westpreußischer Gutsbesitzer nach „chinesischen Kulis", die sogar in einer offiziellen Anfrage an das preußische Innenministerium gipfelten. Die preußische Regierung scheint diesen Gedanken eine Zeitlang ernsthaft geprüft zu haben; dazu Nichtweiß, S. 38—40; R. Schenk: Chinesische Arbeiter und Deutschlands Zukunft, in: Neue Gesellschaft, 1907, 30. I., S. 207—209; H. Schmidt-Stölting: Ein Wort zur chinesischen Kulifrage, in: Tropenpflanzer, 8, 1907, S. 529—538.

29 Gesuch v. 26. 2. 1890, zit. n. Nichtweiß, S. 33.

30 Bericht des Reg. Präs. an den pr. MdI, 2. 6. 1890, n. ebd., S. 38.

31 Vgl. dazu Kap. I.3.

32 Erlasse des pr. MdI v. 20. 11. 1890, betr. Russisch-Polen; v. 18. 12. 1890, betr. Galizien; v. 18. 4. 1891, betr. westliche Provinzen Preußens, n. Nichtweiß, S. 43 f.

33 Zit. n. K. J. Bade: „Preußengänger" und „Abwehrpolitik": Ausländerbeschäftigung, Ausländerpolitik und Ausländerkontrolle auf dem Arbeitsmarkt in Preußen vor dem Ersten Weltkrieg, in: AfSG, 24 (1984), S. 91—162, hier S. 114.

34 Bericht des pr. MdI a. d. Präs. d. Staatsministeriums, 3. 2. 1895, zit. n. Nichtweiß, S. 44.

35 Statistik des Deutschen Reiches, 1873—1913, zusammengefaßt bei: I. Britschgi-Schimmer: Die wirtschaftliche und soziale Lage der italienischen Arbeiter in Deutschland. Ein Beitrag zur ausländischen Arbeiterfrage, Karlsruhe 1916, Tab. 11, S. 35.

36 Stat. d. Dt. Reiches 1913: Übersicht bei Britschgi-Schimmer, S. 35; erfaßt ist hier nicht die Staatsangehörigkeit, sondern das jeweilige Geburtsland.

37 Nach K. J. Bade: Vom Auswanderungsland zum „Arbeitseinfuhrland": Kontinentale Zuwanderung und Ausländerbeschäftigung in Deutschland im späten 19. und 20. Jahrhundert, in: ders. (Hg.), Auswanderer, Bd. 2, S. 433—485, hier S. 438 f. (aufgrund der Erhebungen des preußischen Innenministeriums).

38 Hierzu ausf. Bade, Vom Auswanderungsland, S. 472 ff.

39 Vgl. Anm. I.18.

40 Weber ist später von dieser Argumentation etwas abgerückt, indem er betonte, daß die „Polenzufuhr" durch die Großgrundbesitzer in erster Linie ein „Kampfmittel" gegen die Landflucht sei; Weber, Entwicklungstendenz, S. 503.

41 Vgl. T. v. d. Goltz: Die ländliche Arbeiterklasse und der preußische Staat. Jena 1893, S. 281 ff.; Frankenstein, Die Arbeiterfrage, S. 294 f.; W. Stieda: Ausländische Arbeiter in Deutschland, in: Zeitschrift für Agrarpolitik, 9, 1911, S. 358—370, v. a. 360 ff.; W. Mönckmeier: Die deutsche überseeische Auswanderung, Jena 1912, S. 114, 187; A. Skalweit: Agrarpolitik, Berlin [2]1924, S. 219, 261; bis hin zur nationalsozialistischen Rezeption bei S. Burgdörfer: Volk ohne Jugend, Berlin 1934, S. 338 f.; H. Rogmann: Die Bevölkerungsentwicklung im preußischen Osten in den letzten hundert Jahren, Berlin 1937 (Breslau 1936), S. 55—58; zusammenfassend zu diesem Aspekt: Bade, Massenwanderung, S. 317—323.

42 Knoke, Ausländische Wanderarbeiter, S. 59—86. Die Logik dieser Argumentation war jedoch selbst bei konservativen Zeitgenossen umstritten. Areboe kritisierte 1918 die Auswirkungen der Karenzzeit aus durchaus „nationaler" Sicht: „Das, was national am unheilvollsten gewirkt hat, ist der Zwang gewesen, die Leute über Winter immer wieder in ihre Heimat hinter die Grenze zurückzuschicken . . . 400.000 Ausländer können wir verhältnismäßig leicht eindeutschen, wenn sie als angesiedelte Tagelöhner im Lande verteilt sind. Dieselbe Zahl wird aber zur größten nationalen Gefahr, wenn man sie als eine in ihrer Nationalität sorgsam konservierte Masse alljährlich über die Grenze holt." (S. Areboe: Die ländliche Arbeiterfrage nach dem Kriege, Berlin 1918, S. 8).
43 Bade, Massenwanderung, S. 321 f.
44 Vgl. „Heranziehung und Ausbeutung russischer Arbeiter als Schmutzkonkurrenten durch deutsche Industrielle", in: Vorwärts, 7. 2. 1906, Beilage; „Die Lohndrücker des Auslandes und die Internationale", in: Neue Zeit, 1907, II, Beilage zu Nr. 41, S. 511 ff.; sowie Nichtweiß, S. 154—174; vgl. Kap. I.2.
45 Hierzu Nichtweiß, S. 231.
46 Vgl. etwa T. Grund: Die ausländischen Wanderarbeiter und ihre Bedeutung für Oberschlesien, Leipzig 1913, S. 50 f.: „Rechnet man alle Bezüge des ländlichen Wanderarbeiters in der ganzen Kampagne zusammen, d. h. die Tagelöhne, die Akkordverdienste und die Naturalien, so erhält man einen Betrag, der nicht allzu wesentlich hinter dem Jahreseinkommen des ständigen Tagelöhners zurückbleibt."
47 Knoke, S. 56.
48 Der österreichische Delegierte auf der Wiener Referenten-Konferenz der Mitteleuropäischen Wirtschaftsvereine, zit. n. Grund, S. 75. Von den 153.095 landwirtschaftlichen Arbeitern aus Rußland, die 1907 im Deutschen Reich beschäftigt waren, waren 48 % Frauen, bei den Österreichern ebensoviele — bei den Deutschen lag der Frauenanteil bei 58 % (Stat. d. Dt. Reiches, Nr. 211, 1913, S. 180). Vgl. auch Knoke, S. 56; Nichtweiß, Tab. 7, S. 264; C. Heinrich: Lebensweise und Kultur der in- und ausländischen landwirtschaftlichen Saisonarbeiter von der Mitte des 19. Jahrhunderts bis 1918, in: H.-J. Rach u. B. Weissel (Hg.): Bauer und Landarbeiter im Kapitalismus in der Magdeburger Börde, Berlin (DDR) 1982, S. 117—162, hier S. 129—131; noch 1920 wurde der hohe Frauenanteil beim Hackfruchtanbau mit „körperlicher Veranlagung" erklärt, denn solche Arbeit könne „von Männern, ihres schwerfälligen und steifen Körperbaus wegen, nur unter verhältnismäßig größter Kraftanstrengung und Mühsal dazu langsamer und unvollkommener ausgeführt werden als von weiblichen und jugendlichen Personen". (Henatsch, S. 8); vgl. auch F. Stutzke: Innere Wanderungen. Die Ursachen des Arbeitermangels in der preußischen Landwirtschaft und des Zuzugs ausländischer Wanderarbeiter, Berlin 1903, S. 50.
50 F. Laufkötter: Das Verhältnis zwischen den einheimischen und den fremden Arbeitern, in: Sozialistische Monatshefte 1904, II, S. 801—806, hier S. 804.
51 6. Deutscher Arbeitsnachweis-Kongreß in Breslau, 27. bis 29. 10. 1910, Stenographischer Bericht, Berlin 1911, S. 172.
52 Artikel in der Rheinisch-Westfälischen Zeitung, abgedr. unter „Die Ausländergefahr im Deutschen Reich", in: Alldeutsche Blätter, 1907, Nr. 45, S. 384 f.
53 Hierzu Kap. I.2.
54 Zit. n. Bade, „Kulturkampf", S. 141.
55 Stieda, Ausländische Arbeiter, S. 367.
56 Der Abgeordnete Szmula, Pr. Haus der Abg. 1899, Bd. 1, S. 432; Abg. Graf Strachwitz, ebd. S. 476; zit. n. Nichtweiß, S. 68.
57 Hierzu Nichtweiß, S. 130—134; zum Hintergrund Saul, Struktur, S. 151 ff.
58 M. v. Stojentin: Landwirtschaftliche Arbeitsämter, in: Landarbeit und Kleinbesitz, H. 2/3, 1907, S. 91—165, hier S. 184; R. Ehrenberg, Gehrke: Der Kontraktbruch der Landarbeiter als Massenerscheinung, Rostock 1907, S. 68.
59 Kaerger, Sachsengängerei, S. 302.
60 Memorandum des pr. Landwirtschaftsministeriums an das Innen- und das Handelsministerium vom Juni 1907, zit. n. Nichtweiß, S. 136 f.
61 Knoke, S. 77; bei den Kontraktbrüchen ausländischer Arbeiter, so berichtete auch etwa der Landrat von Lüdinghausen im Oktober 1902, falle auf, „daß sich die Fälle stets bei denselben Arbeitgebern wiederholen, so daß letzteren meistenteils größere Schuld als den Arbeitnehmern beizumessen ist". Bericht v. 18. 10. 1902, StAM, Reg. Münster 2751.
62 Knoke, S. 78.
63 Vgl. etwa die Leitsätze des Deutschen Ostmarken-Vereins „Zur Frage der Zulassung russischpolnischer Arbeiter" v. 8. 12. 1900: „Die staatliche Kontrolle der ausländischen Wanderarbeiter bedarf einer Verschärfung bei dem Eintritt an der Grenze, bei dem Aufenthalt im Inland und hinsichtlich der Abwanderung." (StAM, OP 5474)
64 Verhandlungen der 35. Plenarversammlung des Deutschen Landwirtschaftsrates 1907: Maßnahmen gegen den Kontraktbruch landwirtschaftlicher Arbeiter in: Archiv des Deutschen

Landwirtschaftsrates, 31, 1907, S. 475.

65 Interpellation vom 14. 4. 1910, zit. n. Nichtweiß, S. 216 f.
66 Abgedr. in „Vorwärts" am 21. 2. 1909, zit. ebd.
67 Bade, Vom Auswanderungsland zum „Arbeitseinfuhrland", S. 446; vgl. O. Becker: Die Regelung des ausländischen Arbeiterwesens in Deutschland, Berlin 1918, S. 23 ff.
68 Bade, Vom Auswanderungsland zum „Arbeitseinfuhrland", S. 447.
69 Hierzu Stojentin, Arbeitsämter; sowie Ehrenberg/Gehrke.
70 Stojentin, Arbeitsämter, S. 201 f.
71 Hierzu Nichtweiß, S. 71—142; Bade, Vom Auswanderungsland zum „Arbeitseinfuhrland", S. 450—471.
72 Satzung der Feldarbeiter-Zentralstelle, 1905, zit. n. Bade, Vom Auswanderungsland zum „Arbeitseinfuhrland", S. 452; vgl. auch Graf v. Bnin Bninski: Die Deutsche Feldarbeiterzentralstelle, in: Dritte Konferenz für Auswandererwesen in Dresden über die ausländischen Siasonarbeiter in Deutschland, abgedr. in: Caritas, 17, 1912, Nr. 7 u. 8, S. 220—356, hier S. 226—230; allgemein zur Entwicklung der Arbeitsvermittlung: Saul, Um die konservative Struktur, S. 158 ff.; A. Faust: Arbeitsmarktpolitik in Deutschland im Wechsel arbeitsmarktpolitischer Strategien, in Bade (Hg.), Auswanderer, Bd. 1, S. 216—254; ders.: Arbeitsvermittlung in Deutschland: Die Entstehung der öffentlichen Arbeitsvermittlung 1890—1927, in: T. Pierenkämper, R. Tilly (Hg.): Historische Arbeitsmarktforschung. Entstehung, Entwicklung und Probleme der Vermarktung von Arbeitskraft, Göttingen 1982, S. 253—273; K. J. Bade: Arbeitsmarkt, Ausländerbeschäftigung und Interessenkonflikt: der Kampf um die Kontrolle über Auslandsrekrutierung und Inlandsvermittlung ausländischer Arbeitskräfte in Preußen vor dem Ersten Weltkrieg, in: Fremdarbeiterpolitik des Imperialismus, H. 10, Rostock 1981, S. 27—47.
73 Verordnung des pr. MdI v. 21. 12. 1907 über die Inlandslegitimation der über die östliche und südöstliche Grenze kommenden Ausländer, HStAD, Reg. Aachen 4884 u. ö., abgedr. b. Becker, S. 33; bereits 1906 waren vom pr. MdI verschärfte Kontrollen der russisch-polnischen Arbeiter angeordnet worden, Erl. d. pr. MdI v. 10. 1. 1906, StAM, OP 6228.
74 Verhandlung zu Essen am 9. 12. 1907, StAM OP 6228; anwesend waren neben den Oberbürgermeistern und Landräten der Ruhrgebietsstädte Vertreter des Bergbaulichen Vereins (u. a. Hugo Stinnes), der Nordwest-Gruppe, der Handelskammern sowie von allen Großbetrieben des Ruhrgebietes, darunter Dortmunder Union, Krupp, Hoesch u. a..
75 Becker, S. 33—35.
76 Auch hier war der Druck der landwirtschaftlichen Interessenorganisationen vehement gewesen; vgl. etwa die Verhandlungen des 36. Plenarversammlung des Deutschen Landwirtschaftsrates 1908, wo die Übernahme des preußischen Legitimierungsverfahrens durch die anderen Länder des Deutschen Reiches gefordert wurde (Archiv d. Dt. Landwirtschaftsrates, 32, 1908, S. 507—536). Zu den einzelnen Länderbestimmungen s. Becker, S. 59—95.
77 Direktor der DAZ an den preußischen Landwirtschaftsminister, 16. 10. 1917, zit. n. L. Elsner: Ausländerbeschäftigung und Zwangsarbeitspolitik in Deutschland während des Ersten Weltkriegs, in: Bade (Hg.), Auswanderer, Bd. 1, S. 527—557, hier S. 531.
78 Correspondenzblatt der Generalkommission der Gewerkschaften, 1908, S. 17 ff.
79 Hierzu etwa J. v. Trzciński: Russisch-polnische und galizische Wanderarbeiten im Großherzogtum Posen, Stuttgart/Berlin 1906, S. 113 ff.; Ehrenberg/Gehrke, S. 5 ff.; Knoke, S. 44 ff.
80 Pfarrer Haucky in Kattowitz: Die ruthenischen Arbeiter in Deutschland, Dritte Konferenz . . ., Dresden 1912, S. 291—301, hier S. 296.
81 1905 hatten in der Provinz Brandenburg 49 % der ausländischen Wanderarbeiter mit dem Arbeitgeber direkt den Kontrakt geschlossen, 23 % waren durch Agenten vermittelt worden, die anderen durch die verschiedenen öffentlichen Arbeitsnachweise; Saul, Um die konservative Struktur, S. 166.
82 Haucky, S. 296.
83 Trzciński, S. 72 f.; solche Methoden waren auch schon früher gegenüber den einheimischen Wanderarbeitern, den „Sachsengängern", verbreitet, vgl. Kaerger, S. 298 f.
84 Lipski: Caritative Fürsorge für die polnischen Arbeiter in Deutschland, Dritte Konferenz, Dresden 1912, S. 233—241, hier S. 238.
85 Hierzu Nichtweiß, S. 230 ff.; Kaerger, S. 41 ff.; Knoke, S. 53; S. Schmidt: Die Wanderarbeiter in der Provinz Sachsen und ihre Beschäftigung im Jahre 1910, Halle 1911, S. 62; Heinrich, S. 141—144.
86 Lipski, S. 238.
87 O. D., zit. n. Nichtweiß, S. 222.
88 Trzciński, S. 95; von anderen zeitgenössischen Beobachtern wurde dagegen eingewendet, daß solche Behausungen auch bei deutschen Wanderarbeitern durchaus üblich gewesen seien und daß die polnischen Zuwanderer von Hause aus an solche Zustände gewohnt seien. Vgl. etwa Grund, S. 64 ff.

89 Hierzu etwa Lezius, S. 107—110 ff.
90 K. Kautsky: Die Agrarfrage. Eine Übersicht über die Tendenzen der modernen Landwirtschaft und die Agrarpolitik der Sozialdemokratie, Stuttgart 1899, S. 390.
91 Knoke, S. 49.
92 K. Wajda: Die Saisonarbeiter aus Kongreßpolen und Galizien in der Landwirtschaft Ostpreußens 1891—1914, in: Fremdarbeiterpolitik des Imperialismus, H. 2, Rostock 1977, S. 67—84, hier S. 79.
93 Vgl. Stutzke, Innere Wanderungen, S. 54.
94 Haucky, Dritte Konferenz, Dresden 1912, S. 297.
95 Zusammenfassend Flemming, Obrigkeitsstaat; Saul, Um die konservative Struktur; ders., Der Kampf um das Landproletariat.
96 Vgl. Kap. II.
97 Pr. MdI an OP Münster, 31. 1. 1898, StAM OP 5474; vgl. Erl. d. pr. MdI v. 4. 9. 1899, HStAD, Reg. Aachen 4884.
98 Nachweisungen über Zugang, Abgang und Bestand der ausländischen Arbeiter, 1906, zit. n. K. J. Bade (Hg.): Arbeiterstatistik zur Ausländerkontrolle: die „Nachweisungen" der preußischen Landräte über den „Zugang, Abgang und Bestand der ausländischen Arbeiter im preußischen Staate" 1906—1914, in: AfSG 24 (1984), S. 163—284, hier S. 270 f.
99 Schreiben v. 23. 4. 1898, zit. n. Bade, Vom Auswanderungsland zum „Arbeitseinfuhrland", S. 468.
100 Schreiben v. 1. 3. 1898, StAM, OP 5474.
101 Wenn die verbotswidrige Beschäftigung ausländisch-polnischer Arbeiter festgestellt wurde, hatte das preußische Innenministerium angeordnet, sei bei behördlichen Maßnahmen immer „auf die jeweilige geschäftliche Lage der in Frage kommenden gewerblichen Betriebe Rücksicht zu nehmen"; pr. MdI an Reg. Präs. Aachen, 18. 10. 1907, HStAD, Reg. Aachen 4884; vgl. auch Erl. d. pr. MdI v. 31. 10. 1907, wonach verbotswidrig beschäftigte Ausländer nicht ausgewiesen, sondern in der Landwirtschaft weiter beschäftigt werden sollten, StAM, OP 6228; sowie Erl. d. pr. MdI v. 21. 11. 1910, betr. das Verfahren bei der Abschiebung von Ausländern, HStAD, Reg. Aachen 931, Bl. 103 f.
102 Vgl. etwa den Erl. d. pr. MdI v. 22. 1. 1910, betr. d. Verfahren bei der Abschiebung von Ausländern, HStAD. Reg. Aachen 931, Bl. 103 f.; als Beispiele für konkrete Maßnahmen der Behörden: Beschwerde der Fa. Fix an die Kgl. Eisenbahnbauabteilung über Gewaltmaßnahmen der Polizei bei der Abschiebung von Ausländern, die auf einer Baustelle der Firma beschäftigt waren, 28. 5. 1914, HStAD, Reg. Düs. 46078, Bl. 331; Ber. d. Polizei Präs. Essen v. 30. 6. 1914, ebd., Bl. 412; Ber. d. Oberbürgermeister v. Oberhausen v. 30. 6. 1914, ebd., Bl. 414.
103 Friedrich Syrup: Die ausländischen Industriearbeiter vor dem Krieg, in: Archiv für exakte Wirtschaftsforschung, Bd. IX (1918/22), S. 278—301, hier S. 295 f.
104 B. Bodenstein: Die Beschäftigung ausländischer Arbeiter in der Industrie. Vortrag gehalten in der Versammlung der Hauptstelle deutscher Arbeitgeber-Verbände am 27. Juni 1908 in Berlin, Essen 1908, S. 9.
105 Beitrag Stiedas auf dem Sechsten Arbeitsnachweis-Kongreß in Breslau 1910, S. 168; er bezog sich dabei auf einen entsprechenden Passus bei A. Sartorius von Waltershausen: Die italienischen Wanderarbeiter, Leipzig 1903, S. 80; Stieda wies demgegenüber darauf hin, daß durch Ausländer deutsche Arbeiter verdrängt und arbeitslos wurden.
106 Syrup, S. 299 f.
107 Das Zitat des Vertreters des Handelsministeriums bei den Beratungen des preußischen Staatsministeriums über Arbeitsmarkt- und Wanderungspolitik 1985 nach Bade, Preußengänger, S. 107; zweites Zitat: Beitrag Bonikowsky auf dem Sechsten Arbeitsnachweis-Kongreß in Breslau 1910, S. 217.
108 Hierzu Bade, Preußengänger, S. 116 f.
109 Vgl. etwa Jahresberichte der preußischen Gewerberäte (JbPrGw) 1901, S. 112 (Oppeln), S. 302 (Köln); 1910, S. 630 (Dortmund); Jahresberichte der bayerischen Gewerbeaufsichtsbeamten (JbBayGw) 1907, S. 120 (Oberpfalz) u. ö.
110 Correspondenzblatt, 18. Jg., Nr. 2, 11. 1. 1908, S. 18.
111 Bonikowsky, S. 217.
112 R. L. Arnold: Die Beschäftigung ausländischer Industriearbeiter im Deutschen Reich, in: Deutsche Industrie-Zeitung, Jg. 28, 1909, Nr. 49, S. 603 f.
113 JbPrGw 1911, S. 137 (Posen).
114 JbBayGw, 1903, S. 6, vgl. ebd. S. 37 (Niederbayern); 1913, S. 40 (Oberbayern).
115 Syrup, S. 297, 301.
116 Erl. v. 27. 9. 1905, zit. n. Bade, Preußengänger, S. 118; s. auch Bodenstein, Beschäftigung, S. 17 f.; Nichtweiß, S. 90 ff.
117 Erl. v. 27. 9. 1905, zit. n. Bade, Preußengänger, S. 118; die Feldarbeiterzentrale kooperierte sogar mit dem Ruthenischen Nationalkomitee in Lemberg, das Bade als „im Untergrund gegen die

polnischen ‚Chrunies' (Schweine) agitierende antipolnische Kampf- und Propagandaorganisation" charakterisiert (Bade, Preußengänger, S. 119) und dessen Parole „Beschmutze Dich nie mit Polen" lautete. Gleichwohl war die gleichzeitige Beschäftigung ruthenischer und ausländisch-polnischer Arbeiter in einem Betrieb untersagt, um nicht auszuschließenden Annäherungen entgegenzusteuern; Erl. d. pr. MdI v. 31. 5. 1909, HStAD, Reg. Düss. 46078, Bl. 220.
118 Lt. Erl. d. pr. MdI v. 7. 5. 1910 (StAM, OP 5428) war die Beschäftigungsgenehmigung von Ruthenen auch auf die Industrie ausgedehnt und nicht auf die Anwerbung von „einzeln stehenden Personen" beschränkt. Lt. Schreiben des Oberpräsidenten der Rheinprovinz an den Reg. Präs. in Düsseldorf vom 1. 10. 1913 (HStAD, Reg. Düss. Präs. 901) war die Beschäftigung von Ruthenen in der Industrie generell verboten, Ausnahmegenehmigungen waren auf Steinbruch- und Ziegeleibetriebe, Braunkohlewerke u. ä. beschränkt.
119 Bodenstein, Beschäftigung, S. 21.
120 Nach Bade, Arbeiterstatistik, S. 180—187, 258/259: Nachweisungen für das Jahr 1907. Erfaßt ist hier jeweils nur der Höchstzustand („Zugang"), die Zahlen über „Abgang" und „Bestand" geben Auskunft über das Ausmaß der jährlichen Rückwanderungen, vgl. Tab. 3.
121 Berechnet nach: Stat. d. Dt. Reiches, Nr. 211, 1913: Volks- und Berufszählung 1907, S. 304 ff., Anhang S. 179 ff.; Landwirtschaft ohne Gartenbau, Tierzucht, Forstwirtschaft, Fischerei; Erwerbstätige ohne Hauspersonal.
122 Dabei ist zu berücksichtigen, daß bei Österreichern und Russen ein großer Teil polnischer Nationalität war; legt man die Zahlen für Preußen hier als Maßstab an, so waren 65 % der in der Industrie beschäftigten Russen und 16 % der Österreicher Polen.
123 Stat. d. Dt. Reiches, 1913, Anhang S. 180, gerundete Zahlen.
124 Bade, Arbeiterstatistik, 1907—1913.
125 Die Lage der ausländischen Industriearbeiter hat bei den Behörden, selbst bei den Gewerkschaften, nur wenig Interesse gefunden. Angesichts der großen sozialen und politischen Auseinandersetzungen um die Deutsche „Arbeiterfrage" wurde der besonderen Situation der Ausländer wenig Aufmerksamkeit gewidmet; auch die Berichte der Gewerbeaufsichtsämter über die ausländischen Industriearbeiter sind im Verhältnis zur quantitativen Bedeutung des Phänomens selten und oft wenig aussagekräftig. Übersichten bei B. Bodenstein, M. v. Stojentin: Der Arbeitsmarkt in Industrie und Landwirtschaft und seine Organisation. Vorträge gehalten auf der Tagung der mitteleuropäischen Wirtschaftsvereine in Berlin am 17. Juni 1909, Berlin 1909; Bodenstein, Beschäftigung; sowie bei Bonikowsky, in: Dritte Konferenz, und vor allem Syrup. Zu den Italienern: Britschgi-Schimmer; G. Meichels-Lindner: Die italienischen Arbeiter in Deutschland, in: Der Arbeitsmarkt 15, 1910/11, Sp. 101—135; Sartorius v. Waltershausen; S. Graf Jacini: Die italienische Auswanderung nach Deutschland, in: Weltwirtschaftliches Archiv 21, 1925, I, S. 7; sowie jetzt H. Schäfer: Italienische „Gastarbeiter" im Deutschen Kaiserreich (1890—1914) in: Zeitschrift für Unternehmensgeschichte, 1982, S. 192—214. Hinweise auch bei K. J. Bade: Politik und Ökonomie der Ausländerbeschäftigung im preußischen Osten 1885—1914: Die Internationalisierung des Arbeitsmarktes im „Rahmen der preußischen Abwehrpolitik", in: Puhle/Wehler: Preußen im Rückblick, S. 273—299, hier S. 296 ff.; ders.: Vom Auswanderungsland zum „Arbeitseinfuhrland", S. 470 ff.; ders.: Preußengänger, S. 116 f.; darüber hinaus gibt es eine Reihe von polnischen Arbeiten zu den Polen im schlesischen Industriegebiet, die hier nicht rezipiert worden sind, etwa Andrzej Brozek: Robotnicy spoza zaboru pruskiego w przemyśle na Gornym śląsku (1870—1914), (Arbeiter aus nichtpreußischen Gebieten in der oberschlesischen Industrie 1870—1914) Wrocław 1966; zur Literatur Lawrence Schofer: Die Formierung einer modernen Arbeiterschaft: Oberschlesien 1865—1914, Dortmund 1983, S. 279—284, Anm. 55, 68, 71.
126 Jahrbuch der Badischen Gewerbeaufsichtsbeamten (JbBadGw) 1911, S. 28—30.
127 So betrachtete auch der zuletzt zitierte badische Gewerbeaufsichtsbeamte mit Sorge die „Verschiebungen in den letzten Jahren im Verhalten der in dieser Region am häufigsten beschäftigten Ausländergruppe: „Der Italiener ... zieht sich allmählich aus den Betrieben zurück, in denen nur an seine physische Kraft Ansprüche gestellt werden, und wendet sich Stellen zu, in denen Handfertigkeit und Tüchtigkeit erforderlich." Ebd. S. 33.
128 Die Zahlen beziehen sich auf die Mitglieder des Allgemeinen Knappschafts-Vereins, zusammengestellt nach den Jahresberichten des Vereins für baugleiche Interessen im Oberbergamt Dortmund, zit. n. Britschgi-Schimmer, Tab. 19, S. 54, und Bodenstein, Arbeitsmarkt, S. 21.
129 Nach Britschgi-Schimmer (aufgrund der Jahresberichte der Gewerbeaufsichtsbeamten von Elsaß-Lothringen), S. 59: 1907 6.316 Mann Gesamtbelegschaft, davon 2.830 Deutsche (44,8 %), 2.318 Italiener (36,7 %), 678 Luxemburger (10,73 %), 490 sonstige Ausländer (7,76 %). In Oberschlesien lag die Ausländerquote im Bergbau 1909 bei 19,2 %, davon 2/3 Polen und Ruthenen; Schäfer, Italienische „Gastarbeiter", S. 47; vgl. JbPrGw 1904, S. 171 (Oppeln); 1910, S. 545 (Breslau).
130 Hierzu K. Tenfelde: Der bergmännische Arbeitsplatz während der Hochindustrialisierung (1890—1914), in: W. Conze, U. Engelhardt (Hg.): Arbeiter im Industrialisierungsprozeß,

Stuttgart 1979, S. 283—335; F.-J. Brüggemeier: Leben vor Ort. Ruhrbergleute und Ruhrbergbau 1889—1919, München 1983, S. 96—102.
131 Syrup, S. 288.
132 Ebd., S. 289.
133 JbPrGw 1911, S. 215 f.; vgl. auch 1898, S. 134 f. (Liegnitz), 1905, S. 165, S. 170/71; 1907, S. 198; 1912, S. 225 f.
134 JbPrGw 1911, S. 215.
135 Britschgi-Schimmer, S. 98.
136 JbGw Elsaß-Lothringen 1909, S. 71 f.; vgl. JbBayGw 1908, S. 44 (Niederbayern).
137 Meichels-Lindner, S. 126; vgl. Schäfer, Italienische „Gastarbeiter", S. 204 f.
138 Meichels-Lindner, S. 110.
139 JbPrGw 1905, S. 402 (Köln); vgl. JbBayGw 1908, S. 44; 1903, S. 54.
140 Syrup, S. 287.
141 JbPrGw 1902, S. 376 (Trier); Anlaß für den Bericht waren jedoch die Sorgen über den „sittlichen Tiefstand" der polnischen Arbeiterinnen.
142 Hierzu etwa JbPrGw 1898, S. 166 (Magdeburg).
143 Dazu JbBayGw, 1913, S. 35 (Oberbayern); JbPrGw 1901, S. 217 (Arnsberg); 1898, S. 133 (Liegnitz), sowie Meichels-Lindner, S. 127 f.
144 Vgl. Kap. I.1.
145 Britschgi-Schimmer, S. 109 ff., auch für das Folgende; s. auch B. Heinemann: Die wirtschaftliche und soziale Entwicklung der deutschen Ziegelindustrie unter dem Einfluß der Technik, Leipzig 1909.
146 Schon im Mai 1890 berichteten z. B. die Landratsämter im Regierungsbezirk Düsseldorf, daß vor allem bei Ziegeleibetrieben die Zahl der beschäftigten Ausländer, vornehmlich Holländer, stark gestiegen sei; HStAD, Reg. Düss. 24686.
147 Britschgi-Schimmer, S. 115, Tab. 33.
148 Ausführliche Schilderungen des „Akkordanten-Unwesens" bei Meichels-Lindner, S. 115 ff.
149 Der Häufigkeit in den Berichten der Gewerbeaufsichtsbeamten zufolge kam derartiges sehr oft vor, vgl. etwa JbPrGw 1898, S. 119 (Breslau); S. 133 (Liegnitz); 1900, S. 173 (Merseburg); JbBayGw 1903, S. 35 (Niederbayern); 1907, S. 110 (Oberpfalz); ausführlich: Britschgi-Schimmer, S. 127 ff.
150 G. Cosattini: L'emigrazione temporanea del Friuli, Bollettino dell Emigrazione, anno 1904, Nr. 3, zit. n. Meichels-Lindner, S. 116.
151 StAM, Reg. Arnsberg 6-404, 10. 6. 1895 und 14. 5. 1896; vgl. Protest der niederländischen Regierung im Frühjahr 1898, lt. Schreiben des pr. MdI v. 8. 6. 1898, StAM, Reg. Arnsberg 6-404. Ähnliche Verhältnisse bestanden auch in der Glasindustrie, vgl. Rheinische Zeitung v. 15. 12. 1913, „Unglaubliche Ausbeutung der Jugend", die von Arbeitszeiten bis zu 60 Stunden für Kinder berichtet; vgl. Bericht d. Polizei Präs. Köln v. 31. 12. 1913, HStAD, Reg. Köln 7720.
152 JbBayGw 1907, S. 101 (Oberpfalz); vgl. ebd., S. 110; 1903, S. 35 (Niederbayern); oft wurden statt der Kinder auch Frauen beschäftigt, dazu JbPrGw 1900, S. 333 (Köln) vgl. Britschgi-Schimmer, S. 128.
153 Zit. n. Britschgi-Schimmer, S. 129 f.
154 Ebd. S. 156.
155 Emigrazione e Colonie 1905, Vol. I Europa, Rom 1905, S. 60, zit. n. Meichels-Lindner, S. 119; vgl. JbPrGw 1902, S. 126 (Breslau); 1904, S. 23 (Merseburg); 1907, S. 10 (Königsberg); JbBayGw 1907, S. 33 (Oberbayern); Britschgi-Schimmer, S. 160 ff.
156 Heinemann, Entwicklung der deutschen Ziegelindustrie, S. 113.
157 Britschgi-Schimmer, S. 166.
158 Jahrbuch der Badischen Gewerbeaufsichtsbeamten (JbBadGw) 1912, S. 12—15.
159 Schermbecker Thon- und Falzziegelwerke an den Bgm. v. Schermbeck, 6. 11. 1913, HStAD, Reg. Düss. Präs. 901, Bl. 311—315; dort zahlreiche ähnliche Gesuche.
160 Schreiben an das Bürgermeisteramt, 7. 4. 1914, HStAD, Reg. Köln 7720.
161 JbBadGw 1911, S. 33.
162 Zum Verhältnis der deutschen Arbeiterbewegung zur Ausländerbeschäftigung bis 1918: Nichtweiß, S. 154—175; Bade, Vom Auswanderungsland zum „Arbeitseinfuhrland", S. 474 f.; L. Elsner: Zur Stellung der Arbeiterbewegung zur Ausländerbeschäftigung im wilhelminischen Kaiserreich und in der BRD, in: Fremdarbeiterpolitik des Imperialismus, H. 4, Rostock 1978, S. 5—54. Zur zeitgenössischen Diskussion siehe M. Schippel: Ein- und Auswanderung und fremde Arbeiter, in: Sozialistische Monatshefte 1907, S. 631—639; ders.: Die Konkurrenz der fremden Arbeitskräfte. Zur Tagesordnung des Stuttgarter Internationalen Kongresses, in: Sozialistische Monatshefte, 1906/II, S. 736—744; ders.: Die fremden Arbeitskräfte und die Gesetzgebung der verschiedenen Länder. Materialien für den Stuttgarter Internationalen Kongreß, in: Neue Zeit, 1907/II (Beilage zu Nr. 41, 63 S.); die Lohndrücker des Auslandes und die Internationale, ebd., S. 511 ff.; O. Bauer: Proletarische Wanderungen, in: Die Neue Zeit,

1906/07, Bd. 2, S. 476—494; F. Kleeis: Die ausländischen Arbeiter in Deutschland, in: Sozialistische Monatshefte, 1916, Bd. I, S. 325—329; Die Lohndrücker des Auslandes und die Internationale, in: Die Neue Zeit, 1907/II, S. 511 ff.; Ausländische Arbeiter als Lohnsklaven, in: Correspondenzblatt der Generalkommission der Gewerkschaften Deutschlands, 18, 1908, S. 17—19.

163 Vgl. Protokoll des Internationalen Sozialistischen Arbeiter-Congresses in Zürich 1893, S. 51 f.; Protokoll des Internationalen Sozialistischen Arbeiter-Congresses in Amsterdam, 1904, S. 50 f.

164 Protokoll des Internationalen Sozialisten-Congresses in Stuttgart 1907, Berlin 1907, S. 58 f.

165 Hierzu ausf. Nichtweiß, S. 161 ff.

166 JbPrGw 1899, S. 265 (Merseburg).

167 JbPrGw 1902, S. 144 f. (Oppeln).

168 Ebd., S. 210 (Schleswig); derartige Vorfälle sind in den Berichten der Gewerbeaufsichtsbeamten häufig beschrieben; in vielen Fällen wurden von den Unternehmern einheimische Arbeiter entlassen, um billigere Ausländer beschäftigen zu können; so bei der Fa. Prym in Stolberg, die preußisch-polnische Arbeiterinnen entließ und Antrag auf Beschäftigung von ruthenischen Frauen stellte, Korrespondenz 4.—9. 8. 1904, HStAD, Reg. Aachen 4883.

169 C. Sonnenschein: Italienische Streikbrecher und preußische Polizei. Aus meinem Tagebuch, 30. Juli 1905, Remscheid, zit. bei Meichels-Lindner, S. 129. Der italienische Außenminister nahm 1910 im italienischen Parlament zum „Crumiraggio" (Streikbrechertum) der italienischen Arbeiter im Ausland Stellung: „Andere mögen sich darüber freuen, ich nicht. Ich bin darüber tief bekümmert, da dieses sogenannte Crumiraggio unseren Arbeitern in den Augen des Auslandes einen gewissen Stempel der Inferiorität aufdrückt, der seinen Schatten auf den italienischen Namen im allgemeinen zurückwirft und Haß und Abneigung gegen die Italiener unter den ausländischen Arbeitern erfolgt.", zit. n. ebd., S. 130.

170 Zit. n. Bauer, Proletarische Wanderungen, S. 476.

171 A. Ellinger: Die Einwanderung ausländischer Arbeiter und die Gewerkschaften, in: Sozialistische Monatshefte, 23. 1917/I, S. 366—373, hier S. 372, Hervorhebungen i. O.

172 1912 hatte der Landarbeiterverband etwa 17.000 Mitglieder — 1 % der Beschäftigten; Nichtweiß S. 171.

173 Nichtweiß, S. 166 ff.

174 Ebd., S. 169.

175 Zum folgenden Schäfer, Italienische „Gastarbeiter", S. 208 ff.; Meichels-Lindner, S. 131 ff.

176 Correspondenzblatt 18, 25. 7. 1908, S. 475; diese Zahl verwendet auch Schäfer (S. 208); bei Nichtweiß (S. 169), der sich auf die Protokolle der Gewerkschaftskongresse 1911 und 1914 stützt, liegen die Zahlen niedriger. 15.800 Exemplare entsprächen etwa 13 % der italienischen Arbeiter in Deutschland zu dieser Zeit.

177 Meichels-Lindner, S. 132; A. Cabrini: Gewerkschaftliche Auswandererpolitik, in: Correspondenzblatt 18, 12. 3. 1908, S. 177 f.; Schäfer, Italienische „Gastarbeiter", S. 209.

178 Correspondenzblatt 22, 27. 4. 1912.

179 Correspondenzblatt 18, 25. 7. 1908, S. 476.

180 Die Geschichte der Ruhrpolen ist gut erforscht, vor allem von C. Kleßmann: Polnische Bergarbeiter im Ruhrgebiet 1870—1945, Göttingen 1976; sowie ders.: Klassensolidarität und nationales Bewußtsein. Das Verhältnis zwischen der Polnischen Berufsvereinigung (ZZP) und den deutschen Bergarbeitergewerkschaften im Ruhrgebiet 1902—1923, in: IWK 10, 1974, S. 149—178; dies.: Integration und Subkultur nationaler Minderheiten: das Beispiel der „Ruhrpolen" 1870—1939, in: Bade (Hg.), Auswanderer, Bd. 2, S. 486—505; K. Murzynowska: Die polnischen Erwerbsauswanderer im Ruhrgebiet während der Jahre 1880—1914, Dortmund 1979; R. C. Murphy: Gastarbeiter im Deutschen Reich, Polen in Bottrop 1891—1933, Wuppertal 1982; Hans Schäfer: Die Polenfrage im rheinisch-westfälischen Industrierevier während des Krieges und nach dem Kriege, Diss. Würzburg 1921; S. Wachowiak: Die Polen in Rheinland-Westfalen, Leipzig 1916; vgl. auch: Die Polen im rheinisch-westfälischen Steinkohlebezirk, hg. v. Gau „Ruhr-Lippe" des Alldeutschen Verbandes, München 1901.

181 Zahlen nach Kleßmann, Integration S. 489; ders.: Bergarbeiter, S. 260 ff.; vgl. H. U. Wehler: Zur neueren Geschichte der Masuren, in: Zeitschrift für Ostforschung, 11, 1962, S. 147—172.

182 Hierzu ausf. Brüggemeier, Leben vor Ort, S. 41—67; ders.: „Volle Kost voll". Die Wohnungsverhältnisse der Bergleute an der Ruhr um die Jahrhundertwende, in: H. Mommsen, U. Borsdorf (Hg.): Glück auf Kameraden! Die Bergarbeiter und ihre Organisationen in Deutschland, Köln 1979, S. 151—173; für Bottrop: Murphy, S. 129 ff..

183 Der Text des Werbeaufrufs eines Agenten der Zeche Victor in Rauxel von 1908 ist abgedruckt bei Wachowiak S. 11; vgl. Kleßmann, Bergarbeiter, S. 23 ff.

184 Vgl. F. Heckmann: Die Bundesrepublik — ein Einwanderungsland? Zur Soziologie der Gastarbeiterbevölkerung als Einwandererminorität, Stuttgart 1981.

185 Hierzu Kleßmann, Bergarbeiter, S. 45 ff.; Murzynowska, S. 40 ff.; Murphy, S. 116—139; Brüggemeier, Leben vor Ort, S. 28 ff., S. 41 ff.
186 Kleßmann, Bergarbeiter, S. 51 ff.
187 Brüggemeier, Leben vor Ort, S. 122 ff.
188 Baron von Plattenberg, abgedr. in Wiarus Polski, 3. 5. 1898, zit. n. Murzynowska, S. 149 f.
189 Zum Ostmarkenverein vgl. A. Galos u. a.: Die Hakatisten. Der Deutsche Ostmarkenverein 1894—1934, Berlin 1966.
190 Denkschrift des Oberpräsidenten der Provinz Westfalen, von Studt, v. 31. 10. 1896, zit. n. Kleßmann, Bergarbeiter, S. 84.
191 Zu den Maßnahmen im einzelnen, Kleßmann, Bergarbeiter, S. 63 f., S. 89 ff.
192 Denkschrift von Studts v. 8. 10. 1898, zit. n. ebd., S. 63.
193 Kleßmann, Bergarbeiter, S. 93 f.; er bezieht sich dabei auf die Studie von A. Croon und K. Utermann: Zeche und Gemeinde. Untersuchung über den Strukturwandel einer Zechengemeinde im nördlichen Ruhrgebiet. Tübingen 1958, S. 18 f.
194 Zit. n. Kleßmann, Bergarbeiter, S. 83.
195 Die Polen im rheinisch-westfälischen Steinkohlebezirk, S. 65, 68.
196 Kleßmann, Bergarbeiter, S. 100; Murzynowska, S. 130 ff.
197 Schreiben des Bischofs von Kulm an das Preußische Kultusministerium, 17. 1. 1893, StAM, OP 2748, Bd. 2, Bl. 239; vgl. Kleßmann, Bergarbeiter, S. 102.
198 Zjednoczenkie Zawodowe Polskie: ZZP.
199 Dazu Murzynowska, S. 171 ff., 238 ff.; Murphy, S. 69 ff.; Kleßmann, Bergarbeiter, S. 110 ff.
200 Überwachungsbericht vom 22. 4. 1912, zit. n. Kleßmann, Bergarbeiter, S. 188.
201 E. Franke: Die polnische Volksgruppe im Ruhrgebiet 1870—1914, in: Jahrbuch des Arbeitswissenschaftlichen Instituts der DAF, Berlin 1940/41, Bd. 2, S. 319—404.
202 Kleßmann, Integration, S. 503 f.
203 Kleßmann, Bergarbeiter, S. 190.
204 Murphy, S. 17.

Anmerkungen zu Kapitel II

1 Pr. Kriegsmin. an Stv. Gen. Kdos., 4. 8. 1914, b. L. Elsner: Die ausländischen Arbeiter in der Landwirtschaft der östlichen und mittleren Gebiete des Deutschen Reiches während des ersten Weltkrieges. Ein Beitrag zur Geschichte der preußisch-deutschen Politik, Diss., Masch., Rostock 1961, S. 48 f. Die Forschungsliteratur zur Geschichte der ausländischen Arbeiter in Deutschland während des Ersten Weltkrieges ist bestimmt durch die Untersuchungen von DDR-Historikern. Von westdeutscher Seite liegen dazu vor: F. Zunkel: Die ausländischen Arbeiter in der Deutschen Kriegswirtschaftspolitik des Ersten Weltkrieges, in: Entstehung und Wandel der modernen Gesellschaft. Festschrift für Hans Rosenberg zum 65. Geburtstag, hg. von Gerhard A. Ritter, Berlin 1970, S. 280—311; sowie einige Bemerkungen bei K. Dohse: Ausländische Arbeiter und bürgerlicher Staat. Genese und Funktion von staatlicher Ausländerpolitik und Ausländerrecht. Vom Kaiserreich bis zur Bundesrepublik Deutschland, Königstein/Ts. 1981, S. 77 ff. Grundlegend sind die Arbeiten des Rostocker Historikers Lothar Elsner: Die ausländischen Arbeiter; ders.: Zur Lage und zum Kampf der polnischen Arbeiter in der deutschen Landwirtschaft während des Ersten Weltkrieges, in: Politik im Krieg 1914—1918. Studien zur Politik der deutschen herrschenden Klassen im Ersten Weltkrieg, Berlin (DDR) 1964, S. 167—188; ders.: Zur Politik der herrschenden Kreise Deutschlands gegenüber den eingewanderten polnischen Arbeitern in den Jahren 1900—1918, in: Fremdarbeiterpolitik des Imperialismus, H. 2, Rostock 1977, S. 5—45; ders.: Sicherung der Ausbeutung ausländischer Arbeitskräfte. Ein Kriegsziel des deutschen Imperialismus im Ersten Weltkrieg, in: ZfG 24, 1970, S. 531—546; ders.: Der Übergang zur Zwangsarbeit für ausländische Arbeiter in der deutschen Landwirtschaft zu Beginn des 1. Weltkrieges, in: Wissenschaftliche Zeitschrift der Wilhelm-Pieck-Universität Rostock, Gesellschafts- und Sprachwissenschaftliche Reihe, 26, 1977, S. 291—298; ders.: Zur Haltung der rechten SPD- und Gewerkschaftsführer in der Einwanderungsfrage während des Ersten Weltkrieges, in: Wissenschaftliche Zeitschrift der Universität Rostock, Gesellschafts- und Sprachwissenschaftliche Reihe, 25, 1976, S. 687—691; kritisch zu Zunkel ders.: Liberale Arbeiterpolitik oder Modifizierung der Zwangsarbeiterpolitik? Zur Diskussion und zu den Erlassen über die Behandlung polnischer Landarbeiter in Deutschland 1916/17, in: Jahrbuch für Geschichte der sozialistischen Länder Europas, 22/II, Berlin (DDR) 1978, S. 85—105; jüngste Zusammenfassung seiner Forschungsergebnisse: ders.: Ausländerbeschäftigung und Zwangsarbeiterpolitik in Deutschland während des Ersten Weltkrieges, in: Bade: Auswanderer, Bd. 2, S. 527—557. Die folgende Darstellung folgt in einigen Teilen meinen Überlegungen in U. Herbert: Zwangsarbeit als Lernprozeß. Zur Beschäftigung ausländischer Arbeiter in der westdeutschen Industrie im Ersten Weltkrieg, in: AfSG, 24, 1984, S. 285—304.

2 Befehl des Stv. Gen. Kdos. VIII, v. 14. 10. 1914, HStAD, Reg. Düss. 15004.
3 Zunkel, S. 287.
4 Elsner, Zur Politik der herrschenden Kreise, S. 9.
5 Hierzu L. Zumpe: Ökonomischer und außerökonomischer Zwang. Zur Funktion und Wirkungsweise im Kapitalismus, insbesondere im staatsmonopolistischen Kapitalismus, in: dies. (Hg.): Wirtschaft und Staat im Imperialismus, Berlin (DDR) 1976, S. 21—52; zur Definition von „Zwangsarbeit" im Sinne der DDR-Historiographie, s. D. Eichholtz: Geschichte der deutschen Kriegswirtschaft 1939—1945, Bd. 1 (1939—1941), Berlin (DDR) 1971, S. 88 f.
6 Zum Folgenden: Völkerrecht im Weltkrieg. Das Werk des Untersuchungsausschusses der Verfassunggebenden Deutschen Nationalversammlung und des Reichstags 1918—1928. Verhandlungen, Gutachten, Urkunden, Dritte Reihe, Bde. III.1 u. 2, Berlin 1927, S. 29—913, v. a. Gutachten des Sachverständigen Meurer, S. 315—380; Kriegsgefangene 1914—1918. Aufgrund der Kriegsakten bearbeitet vom Oberkommando der Wehrmacht, Berlin 1939; W. Doegen (Hg.): Kriegsgefangene Völker — Bd. 1: Der Kriegsgefangenen Haltung und Schicksal in Deutschland, Berlin 1921. Wissenschaftliche Arbeiten zu diesem Komplex gibt es, soweit ich sehe, bisher nicht; die vorliegenden Bemerkungen können daher die Entwicklung nur skizzieren. Am Arbeitsbereich Neuere Geschichte der Fernuniversität Hagen wird dazu von Dieter Galinski eine Untersuchung vorbereitet, dem ich für Hinweise zu diesem Kapitel dankbar bin. — Zur allgemeinen wirtschaftlichen und sozialen Entwicklung in Deutschland während des Ersten Weltkriegs, vor allem zur Frage der Arbeitskräfte, s. J. Kocka: Klassengesellschaft im Krieg 1914—1918, Göttingen 1973; G. Mai: Kriegswirtschaft und Arbeiterbewegung in Württemberg 1914—1918, Stuttgart 1983; G. D. Feldman: Armee, Industrie und Arbeiterschaft in Deutschland 1914 bis 1918, Berlin/Bonn 1985. Das Problem der Beschäftigung von Ausländern und Kriegsgefangenen wird dort jedoch nicht behandelt.
7 Vgl. Der Weltkrieg 1914—1918. Kriegsrüstung und Kriegswirtschaft, Bd. 1, Berlin 1930, S. 396 ff.; C. v. Delbrück: Die wirtschaftliche Mobilmachung in Deutschland, München 1924, S. 80 ff.
8 Hierzu Feldman, S. 68 ff.
9 Die Beschäftigung von Kriegsgefangenen war geregelt durch Erlaß des Pr. Kriegsmin. v. 15. 4. 1915, StAM, OP 1843; vgl. auch das „Merkblatt" über die „Bedingungen für Überweisung von Kriegsgefangenen für die Industrie" v. 25. 6. 1915, BgbA Bochum, 32/4340.
10 Völkerrecht im Weltkrieg, Bd. III.1, S. 333, Bd. III.2, S. 716.
11 Nach: H. Schäfer: Die Polenfrage im rheinisch-westfälischen Industrierevier während des Krieges und nach dem Kriege, Diss. Würzburg 1921, S. 47; die Zahlen beziehen sich auf den Ruhrbergbau.
12 Nach: Jahresberichte des Oberbergamtes Dortmund, 1914—1918.
13 Doegen S. 184.
14 Ebd., S. 192.
15 Völkerrecht im Weltkrieg, Bd. III.1, S. 319, 328, auch für das Folgende.
16 Hierzu Doegen, S. 189 ff.
17 Die durchschnittliche Arbeitsleistung der französischen Gefangenenarbeiter lag nach Doegen bei 85 % im Verhältnis zu deutschen Beschäftigten; die der russischen Gefangenen in der Landwirtschaft etwas höher; diese Schätzungen Doegens sind allerdings nicht ganz zuverlässig und erscheinen zu hoch (Doegen, S. 193).
18 Zunkel, S. 282; vgl. Elsner, Ausländerbeschäftigung, S. 530, 553 ff.; wegen der ungenauen statistischen Grundlagen und der hohen Zahl von Nichtlegitimierten, also „illegalen" Ausländern sind dies aber eher Schätzwerte.
19 Hierzu Elsner, Die ausländischen Arbeiter, S. 34 ff.; Zunkel, S. 284 ff.
20 Ständige Kommission für Fragen der Wirtschaftlichen Mobilmachung, 13. 3. 1914, zit. b. Elsner, Ausländerbeschäftigung, S. 530; Wirtschaftlicher Ausschuß, 26. 5. 1914, ebd.; Staatssekretär Delbrück an Pr. Kriegsmin., 27. 7. 1914, ebd.
21 Pr. Kriegsmin. an Stv. Gen. Kdos., 31. 7. 1914, StAM OP 4114; Erl. v. 4. 8. 1914, b. Elsner, Arbeiter, S. 48 f.; Rkzl. an Bundesregierungen, 4. 8. 1914, ebd.
22 Ergebnisse der Ressortkonferenz im Pr. MdI., 5. 9. 1914, b. Elsner, Arbeiter, S. 51 f.; Erlasse d. pr. MdI und des Ministeriums für Landwirtschaft an Oberpräsidenten, 28. 9. 1914, und Befehlsvordruck der Stv. Gen. Kdos., undatiert, HStAD Reg. Aachen 931.
23 Stat. Jb. d. Dt. Reiches 1915, S. 416 u. 1917, S. 149.
24 Staatssekretär d. Innern Helfferich, 1916; zit. b. Elsner, Arbeiter, S. 58.
25 Erl. d. Pr. MdI und d. Ministeriums für Landwirtschaft v. 12. 10. 1914, StAM, OP 4114; Befehl des Stv. Gen. Kdos. VIII v. 14. 10. 1914, HStAD, Reg. Düss. 15004; Erl. d. Pr. MdI v. 26. 10. 1914, HStAD, Reg. Aachen 931, Bl. 329; MdI v. 07. 11. 1914, b. Elsner, Ausländerbeschäftigung, S. 533; RdSchr. d. Landwirtschaftskammer f. d. Rheinprovinz, 3. 11. 1914, HStAD Reg. Aachen 931, Bl. 336; dazu Elsner, Arbeiter, S. 55; Zunkel, S. 286 f.
26 Erl. d. Pr. MdI v. 7. 12 1914, HStAD, Reg. Aachen 932.
27 Vgl. Schreiben des Deutschen Generalgouverneurs in Belgien, von Bissing, an den Reg. Präs. in

Düsseldorf, 8. 1. 1915, HStAD, Reg. Düss. 15048; nach Elsner sind um die Jahreswende 1914/15 zahlreiche Eingaben von Industrievertretern beim Innenministerium eingegangen, die sich für die Zulassung von Auslandspolen in der Industrie stark machten; Elsner, Ausländerbeschäftigung, S. 534.

28 Erl. d. Pr. MdI v. 30. 1. 1915, b. Elsner, Ausländerbeschäftigung, S. 533; MdI v. 17. 2. 1915, HStAD, Reg. Aachen 932; das Kriegsminsiterium hatte im April 1915 noch dafür plädiert, in der Industrie vorwiegend Kriegsgefangene und nur in der Landwirtschaft polnische Zivilarbeiter zu beschäftigen, Schreiben d. pr. Kriegsmin. v. 10. 4. 1915, StAM, OP 4114; Erl. d. pr. MdI v. 11. 5. 1915, HStAD, Reg. Aachen 932: danach sollten in der Industrie nur nach dem 1. 5. 1915 neu angeworbene auslandspolnische Arbeiter beschäftigt werden; Erl. d. pr. MdI v. 14. 12. 1915, ebd., weitgehende Lockerungen der Beschäftigungsbeschränkung.

29 Hierzu ausf. Elsner, Arbeiter, S. 79—102; die Regierung der Donaumonarchie hatte sogar ein Interesse daran, daß die nichteinberufenen Arbeiter nicht nach Hause zurückkehrten, da große Teile Galiziens zu dieser Zeit von Rußland besetzt waren.

30 Befehl des Stv. Gen. Kdos. VIII, v. 17. 1. 1915, HStAD, Reg. Aachen 931; vgl. Erl. d. pr. MdI v. 17. 12. 1914, ebd., 932.

31 Erl. d. pr. MdI v. 18. 1. 1915, HStAD, Reg. Aachen 932.

32 Schr. d. pr. MdI u. d. Ministers für Landwirtschaft, Januar 1915, zit. n. Elsner: Arbeiter, S. 73.

33 Vgl. etwa gemeinsamer Erl. d. pr. MdI, d. Ministers für Landwirtschaft, des Kriegsministeriums und des Handelsministeriums vom 24. 9. 1915, HStAD, Reg. Aachen 932; Elsner, Arbeiter, S. 113 ff. Die Bekräftigung des Rückkehr- und Ortswechselverbots für den Herbst 1915: Befehl des Stv. Gen. Kdos. 8, 27. 10. 1915, StAM, OP 4115; entspr. Plakat für die polnischen Arbeiter, 27. 10. 1915, HStAD, Reg. Düss. 15946; Erläuterungen dazu v. 1. 1. 1915, HStAD, Reg. Düss. 8884.

34 W. A. Henatsch: Das Problem der ausländischen Wanderarbeiter unter besonderer Berücksichtigung der Provinz Pommern, Greifswald 1920, S. 43.

35 Schreiben v. 11. 12. 1914, b. Elsner, Arbeiter, S. 72.

36 Schreiben d. sächsischen Landwirtschaftskammer an OP Sachsen, 14. 1. 1915, n. Elsner, Zur Politik, S. 16; in Mecklenburg machte ein Landwirt die Einstellung gegenüber den polnischen Arbeitern noch deutlicher: „Die Arbeitgeber hegen die feste Hoffnung, daß diesen russischen Dickköpfen baldigst auf's Nachdrücklichste klar gemacht wird, daß sie jetzt weiter nichts sind als Kriegsgefangene und daß mit allen Mitteln darauf eingewirkt wird, daß die Schnitter den Arbeitsvertrag für 1915 annehmen." Schreiben des Landwirts Hellmann aus Malchow v. 23. 3. 1915, n. Elsner, Arbeiter, S. 135.

37 Nordwest-Gruppe des Vereins Deutscher Eisen- und Stahl-Industrieller an Reg. Präs. in Arnsberg, 3. 10. 1915, StAM, OP 4115.

38 Handelskammer Bochum an OP Münster, 6. 9. 1915, StAM, OP 4115; in diesem Bestand zahlreiche weitere Stellungnahmen der Handelskammern Münster, der Landwirtschaftskammer Westfalen, des RP Arnsberg, des Bergbau-Vereins Dortmund, der Handelskammer Dortmund, des Polizeipräsidenten Gelsenkirchen, der Handelskammer Südliches Westfalen (alle Oktober 1915) mit dem gleichen Tenor.

39 Bef. d. Stv. Gen. Kdos. VII, 16. 11. 1915, StAM, OP 4115; Schreiben an den LR in Warburg, 26. 2. 1916, ebd.

40 Stv. Gen. Kdo. VII, 13. 1. 1916, ebd.

41 Stv. Gen. Kdo. VII, 26. 2. 1916, ebd.; Ber. d. LR in Geilenkirchen an RP Aachen, 3. 2. 1916, HStAD, Reg. Aachen 932.

42 Abgeordneter v. Trampczynski, 15. 2. 1917 im preußischen Landtag, Stenogr. Ber. über die Verhandlungen des Pr. Hauses der Abgeordneten, 22. Leg., III. Session, Bd. 3, Berlin 1917, Sp. 3336.

43 Hierzu Elsner, Arbeiter, S. 60 ff.; Zunkel, S. 287 f.

44 Vgl. etwa Schreiben des Chefs der Zivilverwaltung für Russisch-Polen, 23. 3. 1915, in der das Interesse der deutschen Industrie an der Beschäftigung von arbeitslosen Polen aus den besetzten Gebieten hervorgehoben wird, HStAD, Reg. Aachen 932; im einzelnen dazu Elsner, Arbeiter, S. 103—151.

45 „Verordnung zur Bekämpfung der Arbeitsscheu" v. 4. 10. 1916, n. Elsner, Ausländerbeschäftigung, S. 538; Zunkel, S. 301.

46 Schreiben v. 30. 10. 1916, n. Elsner, Politik, S. 23.

47 Zahlen n. Elsner, Ausländerbeschäftigung, S. 539.

48 Hierzu Zunkel, S. 301; Elsner, Arbeiter, S. 178 f.; zu den jüdischen Arbeitern: Elsner, Ausländerbeschäftigung, S. 534; Erl. d. pr. MdI v. 16. 12. 1915, betr. d. Arbeitseinsatz jüdischer Facharbeiter in der Industrie, HStAD, Reg. Aachen 932.

49 Hierzu Broszat, Zweihundert Jahre, S. 188 ff.; Elsner, Ausländerbeschäftigung, S. 549.

50 Zit. n. Elsner, Ausländerbeschäftigung, S. 540.

51 OP in Posen an den Pr. MdI, 9. 10. 1915, n. Elsner, Politik, S. 27.

52 Deutsche Arbeiterzentrale an den Pr. Landwirtschaftsmin. 16. 10. 1917, n. Elsner, Zur Lage, S. 180.
53 Ausführungsbestimmungen v. 21. 11. 1917 zum Erl. d. pr. Kr. Min. v. 15. 10. 1917, betr. d. Behandlung polnischer Arbeiter, b. Zunkel, S. 309; vgl. Elsner, Ausländerbeschäftigung, S. 550.
54 Vgl. den Erl. d. pr. Kr. Min. an Stv. Gen. Kdos. v. 5. 6. 1916, HStAD, Reg. Düss. 9084.
55 Eingaben des Vorstandes der Deutschen Landwirtschaftsgesellschaft an den pr. Min. für Landwirtschaft, 30. 11. 1917, n. Elsner, Lage, S. 182.
56 Erl. d. pr. Kr. Min. v. 7. 12. 1916, HStAD, Reg. Düss. 9084; Bef. d. Stv. Gen. Kdos. VIII v. 6. 12. 1916, HStAD, Reg. Aachen 932; Bef. d. Stv. Gen. Kdos. VIII, v. 13. 1. 1917, ebd.
57 Antwort des pr. Kr. Min. auf eine Eingabe des Kriegsausschusses der Deutschen Landwirtschaft, 25. 11. 1917, b. n. Elsner, Lage, S. 183; der Kriegsminister betonte darüber hinaus, daß „der Verlust an polnischen Arbeitskräften, den die deutsche Landwirtschaft ohne die erleichternden Bestimmungen durch Massenentweichungen polnischer Arbeiter erlitten hätte, nach den Urteilen sachkundiger Stellen viel größer geworden wäre".
58 Erl. d. pr. Kr. Min. v. 15. 10. 1917 und Ausführungsbestimmungen v. 21. 11. 1917 (siehe Anm. 53).
59 Schr. d. Reg. Präs. in Merseburg, Februar 1918, b. Elsner, Lage, S. 186.
60 Vgl. Zunkel, S. 310; Elsner, Zur Lage, S. 187.
61 Für das Folgende: G. Ritter: Staatskunst und Kriegshandwerk, Bd. III, München 1966, S. 431—450; Zunkel, S. 252 ff.; Elsners Kritik daran: Liberale Arbeiterpolitik; ders.: Belgische Zwangsarbeiter in Deutschland während des Ersten Weltkrieges, in: ZfG, 24, 1976, S. 1256—1267; W. Gutsche: Zu einigen Fragen der staatsmonopolistischen Verflechtung in den ersten Kriegsjahren am Beispiel der Ausplünderung der belgischen Industrie und der Zwangsdeportation von Belgiern, in: Politik im Krieg 1914 bis 1918, Berlin (DDR) 1964, S. 66—89; J. H. E. Fried: The Exploitation of Foreign Labor by Germany, Montreal (International Labor Office) 1945, S. 283 ff.; B. Werner: Bemerkungen zum Einsatz ausländischer Arbeiter in der deutschen Industrie von 1890—1914, in: Fremdarbeiterpolitik des Imperialismus, H. 7, Rostock 1980, S. 5—16; W. Asmis: Nutzbarmachung belgischer Arbeitskräfte für die deutsche Volkswirtschaft nach dem Kriege, Brüssel 1918; sowie Völkerrecht im Weltkrieg.
62 Erl. d. pr. MdI, 11. 5. 1915, HStAD, Reg. Aachen 932.
63 Ritter, S. 236 f.
64 Konferenz beim pr. Kr. Min., 2. 3. 1916, b. Elsner, Belgische Zwangsarbeiter, S. 1258.
65 Zunkel, S. 293; Elsner, Belgische Zwangsarbeiter, S. 1258.
66 Völkerrecht im Weltkrieg, Bd. III.1, S. 382 ff.
67 V. Bissing an pr. Kr. Min., 29. 9. 1916, Völkerrecht im Weltkrieg, Bd. III.1, S. 360 f.
68 So etwa der Generaldirektor von Krupp, Hugenberg, der auf einer Sitzung in Brüssel am 11. 10. 1916 die Forderung der Industrie nach belgischen Arbeitern auf eine Million hochgeschraubt hatte; Elsner, Belgische Zwangsarbeiter, S. 1260.
69 Pr. Kr. Min., Oktober 1916, in: E. Ludendorff (Hg.): Urkunden der Obersten Heeresleitung über ihre Tätigkeit 1916/18, Berlin 1922, S. 126.
70 Bethmann Hollweg am 7. 10. 1916 an v. Bissing, Völkerrecht im Weltkrieg, Bd. III.1, 367 ff.; vgl. Ritter, S. 445 und S. 666.
71 Vgl. Ritter, S. 446.
72 Gutachten Kriege, Völkerrecht im Weltkrieg, Bd. III.1, S. 210; Elsner, Belgische Zwangsarbeiter, S. 1260.
73 Ritter, S. 447.
74 Völkerrecht im Weltkrieg, Bd. III.1, S. 242 ff.
75 Bespr. d. zuständigen Ressorts, 17. 10. 1910, b. Ludendorff, Urkunden, S. 128.
76 Zit. n. Elsner, Belgische Zwangsarbeiter, S. 1262.
77 Zit. n. Elsner, Arbeiter, S. 208.
78 Elsner, Belgische Zwangsarbeiter, S. 1266.
79 Stat. Jb. d. Dt. Reiches, 1919, S. 313.
80 Stat. Jb. d. Dt. Reiches, 1916, S. 108; 1918, S. 125; 1919, S. 313. Tab. 8 gibt einen Überblick über die Entwicklung der Ausländerbeschäftigung während des Krieges nach der Zahl der von der DAZ ausgegebenen Legitimationskarten. Diese Zahlen machen nur einen Teil der tatsächlich beschäftigten Ausländer aus — grob geschätzt etwa 70 Prozent —, geben aber einen Einblick in die Verschiebungen der Ausländerbeschäftigung während der Kriegsjahre.
81 Bef. d. Stv. Gen. Kdos. VII, 5. 11. 1915, HStAD Reg. Düss. 15046; vgl. auch dass., 18. 11. 1915, StAM, OP 4115; Reg. Präs. Cassel an Gewerbeinspektoren, 15. 12. 1915, ebd.
82 Schr. v. 13. 10. 1916, die Aufzählung folgt hier der verkürzten Zusammenfassung d. Schr. bei Elsner, Arbeiter, S. 112; vgl. auch Trampczynskis Reden vor dem Reichstag, 4. 11. 1916, Bd. 308, S. 2127 ff.; 14. 6. 1918, Bd. 313, S. 5519.
83 Das Folgende ist die überarbeitete Fassung eines Teils von Herbert, Zwangsarbeit. Das 1897 festgestellte Hüttenwerk Rheinhausen — 1904 nach seinem Gründer „Friedrich-Alfred-Hütte"

(FAH) benannt — war bereits vor dem Ersten Weltkrieg eines der größten Hüttenwerke Europas; die Stahlproduktion lag 1914 bei über einer Millionen t, die Belegschaft stieg während des Krieges auf mehr als 30.000; hierzu: „150 Jahre Fried. Krupp", Sonderausgabe der Krupp-Mitteilungen, Essen 1961, S. 87 ff. Bei dem Essener Stammunternehmen, der Kruppschen Gußstahlfabrik, waren bereits seit 1914 etwa 600 französische und belgische Kriegsgefangene beschäftigt, bis Kriegsende kamen etwa 7.000 ausländische Zivilarbeiter hinzu; darunter etwa 2.000 Belgier, 3.500 Holländer und 367 Polen — bei einer Belegschaft von knapp 100.000 bei Kriegsende lag der Ausländeranteil hier also etwa bei 7 %; vgl. J. Marcour: Arbeiterbeschaffung und Arbeiterauslese bei der Firma Krupp, Diss., Münster 1925, S. 75—79 und Tafel 6—7.

84 Der Bürgermeister von Hochemmerich an den Landrat in Moers, 20. 3. 1915, HStAD, Reg. Düss. 15057.

85 FAH an Reg. Präs. in Düss., 7. 6. 1915, ebd. Der Versuch, Kriegsgefangene einzusetzen, war bei der FAH fehlgeschlagen.

86 „Niederschrift über die bei der Friedrich-Krupp AG Friedrich-Alfred-Hütte in Rheinhausen während des Krieges zu Tage getretenen Übelstände in der Beschäftigung, Unterbringung und Überwachung russischer Arbeiter" des Bürgermeisters von Hochemmerich vom 24. 8. 1916, StAD, Reg. Düss. 15057.

87 Ebd.

88 Aktenvermerk des Landrats von Moers v. 18. 6. 1915, ebd. In den Anordnungen des Stv. Gen. Kdos. Münster v. 1. 7. 1915 „betr. Überwachung der bei der Friedrich-Alfred-Hütte der Firma Krupp in Rheinhausen beschäftigten russisch-polnischen Arbeiter" fehlen die Bestimmungen über das Internierungslager, die Kennzeichnung und die bewaffneten Wachmannschaften; ebd.

89 Landrat in Düsseldorf an Reg. Präs., 21. 10. 1915, ebd.

90 Polizei-Präsident an Reg. Präs. Düss., 16. 10. 1915, ebd.; vgl. auch Landrat in Essen an Reg. Präs. Düss., 18. 10. 1915, ebd. Die Duisburger Polizei berichtete: „Holländer werden gar nicht mehr eingestellt, weil sie in den Fabriken nicht arbeiten wollen . . . Belgische Arbeiter, die jetzt häufiger hier eingestellt werden, sind z. T. gut und billig, aber auch sehr schlecht und wenig arbeitswillig." Polizeiverwaltung Duisburg an Reg. Präs. Düss., 17. 10. 1915, ebd.

91 Bekanntmachung der Düsseldorfer Polizeiverwaltung v. 16. 9. 1915, HStAD, Reg. Düss. 15046.

92 Auffällig ist, daß das Stv. Gen. Kdo. die Industrieunternehmen ermahnen mußte, die geltenden Bestimmungen einzuhalten. Es betonte, daß die Werke „in ihrem und der gesamten Industrie eigenstem Interesse handeln, wenn sie diesen Fragen ihre ständige Aufmerksamkeit zuwenden. Sie dürften auch darauf hinzuweisen sein, daß die Zahl der Zurückstellungen (deutscher Arbeiter vor dem Militärdienst, U. H.) sich in nächster Zeit noch wesentlich verringern wird und daß die Reklamationsgesuche derjenigen Firmen, die sich mit Erfolg bemüht haben, die ausländischen Arbeiter durch gute Behandlung und angemessene Löhne ihrem Werke zu erhalten, mehr Aussicht auf Erfolg haben, als die Anträge derjenigen Firmen, bei denen dies nicht der Fall ist." Stv. Gen. Kdo. Münster an die Regierungs- und Oberpräsidenten, 5. 11. 1915, HStAD, Reg. Düss. 15046.

93 Stv. Gen. Kdo. Münster an die Reg. Präs., 4. 12. 1915, HStAD, Reg. Düss. 15048.

94 Bei der Zeche Pörtingssiepen in Werden waren 30 russisch-polnische Arbeiter eingestellt, von denen Anfang 1916 17 kündigten, um bei der Düsseldorfer Phoenix-AG anzufangen. Der Werdener Bürgermeister pochte in einer Beschwerde auf das Recht des Besitzers: „Die Direktion der Essener Steinkohlebergwerke hat die Leute von Lods (!) herangeholt; sie hat sie für ihren hiesigen Betrieb Pörtingssiepen unbedingt notwendig. Es geht deshalb m. E. unmöglich an, daß es in das Belieben der Leute gestellt wird, ihre Arbeit niederzulegen, um bei der Gesellschaft ‚Phoenix' in Düsseldorf einzutreten." Bürgermeiter von Werden an den Landrat in Essen, 18. 3. 1916, HStAD, Reg. Düss. 15005.

95 Polizeiverwaltung Hochemmerich an den Landrat in Moers, 12. 7. 1916, HStAD, Reg. Düss. 15057.

96 Dies., 12. 5. 1916, ebd.

97 Dies., 12. 7. 1916, ebd.

98 Bürgermeister von Hochemmerich an den Landrat in Moers, 19. 8. 1916, ebd. Als Reaktion auf die steigende Zahl der Fluchten ordnete das pr. MdI regelmäßige „Bahnhofs-Patrouillen, Chaussee-Patrouillen in den nach Osten fahrenden Eisenbahnzügen zwecks Fahndung auf entwichene polnische Arbeiter" an. An jedem Wochenende sollten Überprüfungen der polnischen Reisenden auf den Bahnhöfen stattfinden. Pr. MdI an die Reg. Präs., 12. 11. 1917, HStAD, Reg. Düss. 15006.

99 Bürgermeister von Hochemmerich an den Landrat in Moers, 19. 8. 1916, HStAD, Reg. Düss. 15057. Bei dem Kruppschen Stammwerk in Essen war dies von vornherein anders gewesen. Für die ausländischen Arbeiter, ob Belgier oder Polen, galt: „eine freie Wahl der Wohnungs- und Verpflegungsstellen wurde ihnen nicht gewährt. Sie waren gezwungen, in Kruppschen Arbeiterheimen zu wohnen." Marcour, S. 60.

100 Bgm. von Hochemmerich an den Landrat in Moers, 19. 8. 1916, HStAD, Reg. Düss. 15057.

101 Stv. Gen. Kdo. Münster, Bef. v. 22. 8. 1917, HStAD Reg. Düss. 15006. Danach durfte die Köchin nicht mit dem Lagerverwalter verwandt sein, ein Essensausschuß der Ausländer mußte gebildet, ein Wochenspeiseplan mit Angabe von Art und Menge des Essens ausgehändigt, ein Bestandsbuch geführt werden, und vor allem mußte das Küchenpersonal die gleiche Kost wie die Arbeiter erhalten.

102 Erl. d. Kriegsamtes, 13. 7. 1918, HStAD, Reg. Düss. 9084.

Anmerkungen zu Kapitel III

1 Zur Ausländerbeschäftigung in der Weimarer Republik: J. Tessarz: Die Rolle der ausländischen landwirtschaftlichen Arbeiter in der Agrar- und Ostexpansionspolitik des deutschen Imperialismus in der Periode der Weimarer Republik 1919—1932, Diss., Halle 1963; Dohse, S. 85—118; K. J. Bade: Arbeitsmarkt, Bevölkerung und Wanderung in der Weimarer Republik, in: M. Stürmer (Hg.): Die Weimarer Republik. Belagerte Civitas, Königstein i. Ts. 1980, S. 160—187; F. Syrup: Hundert Jahre staatliche Sozialpolitik 1839—1939, bearb. v. O. Neuloh, Stuttgart 1957; G. Roeber: Die deutsche Landarbeiterfrage nach dem Weltkriege unter besonderer Berücksichtigung des Problems der ausländischen Wanderarbeiter, Diss. Hamburg 1930 (gedr. Torgau 1931); W. A. Henatsch: Das Problem der ausländischen Wanderarbeiter unter besonderer Berücksichtigung der Provinz Pommern, Greifswald 1920; J. Sobczak: Die polnischen Wanderarbeiter in Deutschland in den Jahren 1919—1939 und ihre Behandlung, in: Fremdarbeiterpolitik des Imperialismus. H. 2, Rostock 1967, S. 47—66; W. Hennies: Bemerkungen zur Beschäftigung ausländischer Arbeiter im Deutschen Reich während der Weimarer Republik, in: Fremdarbeiterpolitik des Imperialismus, H. 11, Rostock 1981, S. 21—32; zur ausländerrechtlichen Entwicklung: K. Doering-Manteuffel: Die rechtlichen Grundlagen für die Beschäftigung ausländischer Arbeitnehmer in Deutschland, Diss., Erlangen 1929.

2 Henatsch, S. 51.

3 Roeber, S. 69.

4 Henatsch, S. 51.

5 Grundlage dafür war die bereits während des Krieges erfolgte Einführung eines Paß- und Sichtvermerkzwanges, 24. 6. 1916, RGBl, S. 601; dazu Dohse, S. 91 f.

6 Der Berichterstatter, Schiele, vor der Nationalversammlung, 10. 3. 1919, Protokolle des Reichstags, Bd. 326, S. 637, n. Dohse, S. 94.

7 Tessarz, S. 40; Dohse, S. 86 f. Diese Forderungen waren nicht unumstritten und wurden auch nicht jeweils gleichzeitig vertreten; in den Diskussionen der SPD und den Gewerkschaften waren es jedoch die am häufigsten genannten; vgl. auch Elsner, Zur Haltung.

8 A. Faust: Arbeitsmarktpolitik in Deutschland im 19. und 20. Jahrhundert: Die Arbeitsvermittlung im Wechsel Arbeitsmarkt politischer Strategien, in: Bade, Auswanderer, Bd. 1, S. 216—254, hier S. 228 ff.

9 Roeber, S. 70; S. Faaß: Die ausländischen Wanderarbeiter in der deutschen Landwirtschaft. Berichte über Landwirtschaft 1927, Bd. 6, S. 138; Tessarz, S. 48.

10 Dohse, S. 88; hier auch eine ausführliche Darstellung der einzelnen Verordnungen und Erlasse.

11 Arbeitsnachweisgesetz, 22. 7. 1922, RGBl, S. 657 ff.; hierzu Berger, W. Donau: Arbeitsnachweisgesetz, Berlin 1923.

12 Verordnung über die Einstellung und Beschäftigung ausländischer Arbeiter vom 2. 1. 1923, Doering-Manteuffel, S. 44 f.; Dohse, S. 101.

13 Gesetz über Arbeitsvermittlung und Arbeitslosenversicherung, 16. 7. 1927, RGBl 1927, S. 187—220.

14 Tessarz. S. 47 ff.; Syrup/Neuloh, S. 309, S. 324.

15 RGBl 1933, I, S. 26—29.

16 Polizeiverordnung über die Behandlung der Ausländer (Ausländerpolizeiverordnung), v. 27. 4. 1923; Preußische Gesetzessammlung 1932, S. 179; dazu B. Wolf: Motive und Absichten der Neuordnung der Ausländerpolizei in Preußen, in: Reichs- und Preußisches Verwaltungsblatt 1932, S. 728 ff.

17 Äußerung v. 16. 12. 1932; n. J. Lehmann: Ausländerbeschäftigung und Fremdarbeiterpolitik im faschistischen Deutschland, in: Bade, Auswanderer, Bd. 2, S. 558—583; hier S. 566.

18 *Tab. 17:* Ausländische Arbeiter in Deutschland 1923 bis 1936 (in 1.000)

Jahr	Landwirtschaft			nicht landw. Bereich			Gesamtwirtschaft		
	Legitim.	mit Befr.	insges.	Legitim.	mit Befr.	insges.	Legitim.	mit Befr.	insges.
1923	117	0.9	118	73	33	106	191	34	225
1924	107	2	109	14	50	64	121	52	174
1925	136	2	139	17	17	34	153	19	173
1926	124	10	134	11	72	83	135	82	218

Jahr	Landwirtschaft			nicht landw. Bereich			Gesamtwirtschaft		
	Legitim.	mit Befr.	insges.	Legitim.	mit Befr.	insges.	Legitim.	mit Befr.	insges.
1927	118	18	137	12	77	89	130	96	227
1928	124	21	145	11	79	90	135	100	236
1929	115	25	140	10	81	91	125	106	232
1930	100	32	132	9	78	87	109	110	219
1931	44	35	79	5	69	75	50	105	155
1932	5	37	43	4	61	65	9	98	108
1933	3	41	44	5	98	103	9	139	148
1934	5	46	51	7	116	123	12	162	175
1935	7	46	53	11	124	135	18	170	188
1936	14	49	64	19	145	165	34	194	229

Stat. Jb., Jgg. 1923—1937. Ber. n. Legitimationsaufkommen und Befreiungsscheinen. Nach der Volkszählung von 1933 hingegen liegen die Zahlen der erwerbstätigen Ausländer mehr als doppelt so hoch; die der ausländischen Wohnbevölkerung 1933 über 700.000, vgl. dazu Tab. 18. Der Prozentsatz von Ausländern im Deutschen Reich war damit auch im europäischen Maßstab unterdurchschnittlich; während 1925 in Deutschland 1,53 % der Gesamtbevölkerung Ausländer (nicht: ausländische Arbeiter) waren, lag der Prozentsatz in Frankreich bei 6,15 %, in Belgien 2,05 %, in der Tschechoslowakei 1,75 %.

19 *Tab. 18:* Erwerbstätige Ausländer nach Nationalitäten, Wirtschaftszweigen und Stellung im Beruf, 1933

Nationalität	insgesamt	in % aller Ausländer	davon Landwirtschaft	Industrie
Italien	11.331	3,1	550	7.043
Niederlande	36.884	10	8.647	19.252
Österreich	42.440	11,5	5.182	19.862
Polen	69.293	18,9	23.984	21.238
Schweiz	19.228	5,2	6.942	6.993
Tschechoslowakei	95.429	26	8.469	60.606
Sonstige	91.954	25	—	—
insgesamt	366.402	100	74.153	166.958

„Ausländer im Deutschen Reich", Statistik des Dt. Reiches, Bd. 451, 1933, H. 4; zur Auswertung: G. Hamburger: Die Ausländer im Deutschen Reich, RABl II, 17 (1937), Nr. 15, S. 167—170. Die Tab. erfaßt alle bei der Volkszählung erreichten Ausländer, nicht nur die mit Legitimationskarte oder Befreiungsschein versehenen ausländischen Arbeitskräfte. Von den ca. 366.000 hier gezählten Ausländern waren etwa 155.000 keine Arbeiter und damit zu größeren Teilen nicht legitimationspflichtig. Von den etwa 210.000 Arbeitern waren also mindestens 60.000 ohne Legitimations- oder Befreiungsschein, sei es, weil sie davon freigestellt, sei es, weil sie illegal in Deutschland waren.

Anmerkungen zu Kapitel IV

1 Zur wirtschaftlichen Entwicklung Deutschlands vor dem Kriege s. D. Petzina: Die deutsche Wirtschaft in der Zwischenkriegszeit, Wiesbaden 1977; T. W. Mason: Innere Krise und Angriffskrieg 1938/39 in: F. Forstmeier, H.-E. Volkmann (Hg.): Wirtschaft und Rüstung am Vorabend des Zweiten Weltkrieges, Düsseldorf 1975, S. 158—188; H.-E. Volkmann: Die NS-Wirtschaft in Vorbereitung des Krieges, in: W. Deist, M. Messerschmidt u. a.: Ursachen und Voraussetzungen der deutschen Kriegspolitik. Das Deutsche Reich und der Zweite Weltkrieg, Bd. 1, Stuttgart 1979, S. 177—370; L. Herbst: Der Totale Krieg und die Ordnung der Wirtschaft. Die Kriegswirtschaft im Spannungsfeld von Politik, Ideologie und Propaganda 1939—1945, Stuttgart 1982, v. a. S. 93 ff. Das folgende Kapitel erscheint in gekürzter Fassung unter dem Titel „Der Arbeitseinsatz. Fremdarbeiter und Kriegsgefangene in Deutschland 1939—1945 — ein Überblick" in: Herrenmensch und Arbeitsvölker. Ausländische Arbeiter und Deutsche 1939—1945. Beiträge zur nationalsozialistischen Gesundheits- und Sozialpolitik, Bd. 3, Berlin 1986.

2 M. Timm: Der Einsatz polnischer landwirtschaftlicher Arbeitskräfte in der deutschen Landwirtschaft, in: Monatshefte für NS-Sozialpolitik, 7, 1940, S. 54—58; J. Lehmann: Ausländische Arbeitskräfte in Deutschland 1933—1939. Zum Umfang, zur Entwicklung und Struktur ihrer Beschäftigung, in: Fremdarbeiterpolitik des Imperialismus, H. 8, Rostock 1980, S. 5—22; ders.: Zur Stellung ausländischer Arbeiter in der Klassenauseinandersetzung im faschistischen Deutschland 1933—1939, in: Fremdarbeiterpolitik des Imperialismus, H. 9, Rostock 1981, S. 75—84;

Lehmanns Rostocker Habilitationsschrift, von der eine gründliche Auseinandersetzung mit dem gesamten Problem der Ausländerbeschäftigung zwischen 1918 und 1939 zu erwarten ist, lag mir noch nicht vor; s. auch J. August: Die Entwicklung des Arbeitsmarktes in Deutschland in den 30er Jahren und der Masseneinsatz ausländischer Arbeitskräfte während des Zweiten Weltkrieges. Das Fallbeispiel der polnischen zivilen Arbeitskräfte und Kriegsgefangenen, in: AfSG, 24, 1984, S. 305—354.

3 Sobczak, S. 63.

4 L. Landau: Wychodźstwo sezonowe na Łotwę, i do Niemiec w 1937 roku. Na podstawie ankiety Instytutu Gospodarstwa Społecznego. (Die Saisonemigration nach Lettland und Deutschland im Jahre 1937. Auf der Grundlage einer Enquete des Instituts für Gemeinwirtschaft), Warschau 1966, S. 31 ff., zit. n. August, S. 316 f.

5 Sobczak, ebd.

6 Zur Bedeutung des Arbeitermangels s. Mason, Innere Krise; bilaterale Abkommen: OKW, Amtsgruppe Wirtschaft, 1. 7. 1939, BA/MA RW 19/94. Zum Kontext s. U. Herbert: Fremdarbeiter. Politik und Praxis des „Ausländer-Einsatzes" in der Kriegswirtschaft des Dritten Reiches, Berlin/Bonn 1985, S. 53—66; sowie August, Entwicklung des Arbeitsmarktes; Lehmann, Ausländische Arbeitskräfte.

7 Hierzu N. Schausberger: Der wirtschaftliche Anschluß Österreichs 1938, in: Österreich in Geschichte und Literatur, 15, 1971, S. 249—273; ders.: Österreich und die nationalsozialistische Anschluß-Politik, in: M. Funke (Hg.): Hitler, Deutschland und die Mächte. Materialien zur Außenpolitik des Dritten Reiches, Düsseldorf 1976, S. 728—756; zusammenfassend: Volkmann, NS-Wirtschaft.

8 D. Brandes: Die Tschechen unter deutschem Protektorat, Teil 1: Besatzungspolitik, Kollaboration und Widerstand im Protektorat Böhmen und Mähren bis Heydrichs Tod (1939—1942), München/Wien 1969, S. 154 f.; Volkmann, NS-Wirtschaft, S. 339 ff.

9 F. Syrup: Letzte Etappe in der Arbeitsschlacht, Vortrag v. 27. 8. 1937, BA R40/236, Bl. 8; vgl. Lehmann, Ausländerbeschäftigung, S. 56 f.

10 Ausländerpolizeiverordnung (APVO) v. 22. 8. 1938, RGBl I, S. 1053.

11 Erl. d. Gestapo v. 26. 6. 1939, s. Herbert, Fremdarbeiter, S. 377, A. 174.

12 T. W. Mason (Hg.): Arbeiterklasse und Volksgemeinschaft, Opladen 1975, S. 106.

13 F. Syrup: Arbeitseinsatz und Arbeitslosenhilfe, Berlin 1936, S. 95.

14 F. Syrup: Der Arbeitseinsatz in Deutschland im Jahre 1938, in: Soziale Praxis, 47, 1938, S. 131—136, hier S. 131.

15 E. Trompke: Der Arbeitseinsatz als Element deutscher Wehr- und Kriegswirtschaft, Rostock 1941, S. 96; hierzu Herbert, Fremdarbeiter, S. 37 f.; S. 64 ff.

16 Der Befehl, die Vorbereitungen für den Kriegsgefangeneneinsatz zu treffen und entsprechende Dienststellen zu schaffen, datiert vom 13. 12. 1937 (BA/MA, RW 19 WI/F 5/1228, Bl. 418). Syrups Erfahrungsbericht „Arbeitseinsatz Kriegsgefangene im Weltkrieg", der vom Wirtschafts- und Rüstungsamt des OKW angefordert worden war: 9. 5. 1938, ebd., Bl. 403—406.

17 Bespr. am 16. 7. 1938, Nbg. Dok. PS 1436.

18 Erl. d. RMI vom 22. 4. 1939, BA, R58/459, Bl. 16.

19 Die Anmerkungen zu diesem zusammenfassenden Überblick sind auf Zitatnachweise und Literaturangaben beschränkt; ich verweise insoweit auf die Verzeichnisse bei Herbert, Fremdarbeiter, aus dem heraus der vorliegende Text in weiten Teilen gearbeitet ist; dort, S. 11—23, Hinweise zum Forschungsstand. In der Bundesrepublik wird in entsprechenden bibliographischen Hinweisen nach wie vor auf die ältere Studie von H. Pfahlmann: Fremdarbeiter und Kriegsgefangene in der deutschen Kriegswirtschaft 1939 bis 1945, Darmstadt 1968, verwiesen, obwohl diese Arbeit sich vorwiegend mit der technischen Seite des „Ausländereinsatzes" beschäftigt und dabei der Sichtweise der nationalsozialistischen Behörden z. T. recht nahe ist. Die nur in englischer Sprache erschienene Arbeit des amerikanischen Historikers E. L. Homze: Foreign Labor in Nazi Germany, Princeton 1967, hingegen ist nach wie vor ein guter Überblick, obwohl die Situation der sowjetischen Arbeitskräfte dabei nur am Rande behandelt wird. In der DDR hat die Erforschung des „Ausländereinsatzes" im Nationalsozialismus wesentlich früher begonnen; eine Gesamtdarstellung fehlt aber. Ausführliche Passagen über die Geschichte der Fremdarbeiter und Kriegsgefangenen enthalten die beiden Bände von D. Eichholtz: Geschichte der deutschen Kriegswirtschaft, Bd. 1: 1939—1941, Berlin (DDR) 1971, Bd. 2: 1941—1943, Berlin (DDR) 1985, sowie die sechsbändige Gesamtdarstellung: „Deutschland im zweiten Weltkrieg", von einem Autorenkollektiv unter Leitung von Wolfgang Schumann und Gerhart Hass, 6 Bde., Köln 1974—1985. Von den einzelnen nationalen Gruppen unter den Fremdarbeitern ist die Geschichte der polnischen Arbeitskräfte am besten erforscht. Grundlegend sind dabei die ältere und für die weitere Forschungsentwicklung sehr bedeutsame Arbeit von Eva Seeber: Zwangsarbeiter in der faschistischen Kriegswirtschaft. Die Deportation und Ausbeutung polnischer Bürger unter besonderer Berücksichtigung der Lage der Arbeiter aus dem sog. Generalgouvernement 1939—1945, Berlin (DDR) 1964, sowie zahlreiche polnische Untersuchungen, hier seien

nur die Gesamtdarstellung von C. Łuczak: Polscy robotnicy przymusowi w Trzeciej Rzeszy podczas II wojny światowej, Poznań 1974, genannt sowie die großen Quelleneditionen „Documenta occupationis", Bde. IX u. X. In jüngster Zeit sind hierzu auch in der Bundesrepublik neuere Arbeiten erschienen: D. Majer: „Fremdvölkische" im Dritten Reich. Ein Beitrag zur nationalsozialistischen Rechtsetzung und Rechtspraxis in Verwaltung und Justiz unter besonderer Berücksichtigung der eingegliederten Ostgebiete und des Generalgouvernements, Boppard 1981, die vorwiegend die nationalsozialistische „Rechtsgebung" gegenüber den „Fremdvölkischen" behandelt, sowie C. Schminck-Gustavus: Zwangsarbeit und Faschismus. Zur „Polenpolitik" im „Dritten Reich", in: Kritische Justiz, 13, 1980, S. 1—27 und 184—206; bei August, Die Entwicklung des Arbeitsmarktes, wird vor allem die Vorgeschichte des „Poleneinsatzes" behandelt. Eine neuere Untersuchung zur Geschichte der „Westarbeiter" fehlt; für Frankreich ist hinzuweisen auf J. Evrard: La déportation des travailleurs français dans le IIIe Reich, Paris 1972; für Holland auf B. A. Sijes: De arbeidsinzet. De gedwongen arbeid van Nederlanders in Duitsland 1940—1945, s'Gravenhage 1966. Die Geschichte der Ostarbeiter ist v. a. bei Herbert, Fremdarbeiter, behandelt, sowjetische Darstellungen dazu fehlen. Das Schicksal der sowjetischen Kriegsgefangenen in Deutschland ist untersucht bei C. Streit: Keine Kameraden. Die Wehrmacht und die sowjetischen Kriegsgefangenen 1941—1945, Stuttgart 1978, sowie bei A. Streim: Die Behandlung sowjetischer Kriegsgefangener im „Fall Barbarossa", Karlsruhe 1981. Wichtig für den wirtschafts- und sozialgeschichtlichen Kontext des „Ausländereinsatzes" sind W. Długoborski (Hg.): Zweiter Weltkrieg und sozialer Wandel. Achsenmächte und besetzte Länder, Göttingen 1981, und die Arbeit von W. F. Werner: Bleib übrig! Deutsche Arbeiter in der nationalsozialistischen Kriegswirtschaft, Düsseldorf 1983. Zur Geschichte der weiblichen Arbeitskräfte aus dem Ausland gibt es bisher keine Untersuchungen, verwiesen sei aber auf die Arbeit von G. Bock: Zwangssterilisation im Nationalsozialismus. Untersuchungen zur Rassenpolitik und Frauenpolitik, Opladen 1985, die in einigen Kapiteln auf das Schicksal der Zwangsarbeiterinnen ausführlicher eingeht. Zur Geschichte der Politik der Alliierten gegegenüber den „Displaced Persons" s. W. Jacobmeyer: Vom Zwangsarbeiter zum Heimatlosen Ausländer. Die Displaced Persons in Westdeutschland 1945—1951, Göttingen 1985; eine sozialgeschichtliche Untersuchung zu diesem Komplex fehlt. In unterschiedlicher Perspektive mit den Erinnerungen an den nationalsozialistischen „Ausländereinsatz" befassen sich C. Schminck-Gustavus (Hg.): Hungern für Hitler, Reinbek 1984, der Erinnerungen ehemaliger polnischer Zwangsarbeiter zusammengestellt und durch Archivalien ergänzt hat; ders.: Das Heimweh des Walerjan Wróbel. Ein Sondergerichtsverfahren 1941/42, Berlin/Bonn 1986; sowie U. Herbert: Apartheid nebenan. Erinnerungen an die Fremdarbeiter im Ruhrgebiet, in: L. Niethammer (Hg.): Die Jahre weiß man nicht, wo man die heute hinsetzen soll. Faschismuserfahrungen im Ruhrgebiet, Berlin/Bonn 1983, S. 233—266.

20 Mason, Arbeiterklasse, S. 166.
21 Hierzu August, Entwicklung des Arbeitsmarktes, S. 326 ff.; Seeber, S. 98 ff.; W. Długoborski, C. Madajczyk: Ausbeutungssysteme in den besetzten Gebieten Polens und der UdSSR, in: F. Forstmeier, H. E. Volkmann (Hg.): Kriegswirtschaft und Rüstung 1939—1945, Düsseldorf 1975, S. 375—416, hier S. 400 ff.
22 Oberst Thomas, 24. 11. 1936, n. Mason, Arbeiterklasse, S. 185.
23 T. W. Mason: Zur Lage der Frauen in Deutschland 1930 bis 1940. Wohlfahrt, Arbeit und Familie, in: Gesellschaft. Beiträge zur Marxschen Theorie 6, Frankfurt 1976, S. 118—193; D. Winkler: Frauenarbeit im „Dritten Reich", Hamburg 1977; A. Tröger: Die Planung des Rationalisierungsproletariats. Zur Entwicklung der geschlechtsspezifischen Arbeitsteilung und des weiblichen Arbeitsmarktes im Nationalsozialismus, in: A. Kuhn, J. Rüsen (Hg.): Frauen in der Geschichte II, Düsseldorf 1982, S. 245—314; G. Bock: Frauen und ihre Arbeit im Nationalsozialismus, in: A. Kuhn, G. Schneider (Hg.): Frauen in der Geschichte, Düsseldorf, 1979, S. 113—152.
24 E. Willeke: Der Arbeitseinsatz im Kriege, in: Jahrbücher für Nationalökonomie und Statistik, 154, 1941, S. 177—201, 311—348, hier S. 347 f.
25 Rachner: Arbeitseinsatz und Arbeitseinsatzverwaltung in den besetzten Gebieten, in: Reichsarbeitsblatt, 19, 1939, S. II, 370—372; Willeke, S. 199 f.; Der Eilmarsch der Arbeitseinsatzverwaltung in Polen, in: Reichsarbeitsblatt, 20, 1940, S. 506—507; vgl. August, S. 326 ff.; Seeber, S. 98 ff.
26 Bericht des Chefs der Abteilung Arbeit der „Regierung des Generalgouvernements", Frauendorfer, 14. 12. 1939, in: Das Diensttagebuch des Deutschen Generalgouverneurs in Polen 1939—1945, hg. v. W. Präg und W. Jacobmeyer, Stuttgart 1975, S. 80.
27 Erlaß Görings über „Sicherung der landwirtschaftlichen Erzeugung" v. 16. 11. 1939, zit. n. Akten des Generalstaatsanwalts bei dem Kammergericht Berlin, Ermittlungsverfahren gegen Baatz u. a. (GStAB), 1 Js 4/64, Dok. B5.
28 Richtlinien Franks v. 25. 1. 1940, Nbg. Dok. PS 1375, IMT, Bd. 27, S. 202.
29 Hierzu Herbert, Fremdarbeiter, S. 82—90.
30 Nach: Der Arbeitseinsatz im (Groß-)Deutschen Reich, Jgg. 1939 und 1940.

31 Analyse der entsprechenden Bestimmungen und Erlasse auf der Grundlage der in den polnischen Editionen „Documenta occupationis", Bde. IX u. X, abgedruckten Dokumente bei Schminck-Gustavus, Zwangsarbeit; vgl. auch Herbert, Fremdarbeiter, S. 74—79, 92—94.
32 VO über die Erhebung einer Sozialausgleichsabgabe v. 5. August 1940, RGBl I, S. 1077, vgl. H. Küppers, R. Bannier: Das Arbeitsrecht der Polen im Deutschen Reich, Berlin 1942, S. 88.
33 Vgl. etwa die Anordnung des Reichsarbeitsministers (RAM) vom 5. 10. 1941 Reichsarbeitsblatt (RABl) I, S. 1448; Seeber, S. 181.
34 Herbert, Fremdarbeiter, S. 79 ff.; die Schicksale eines polnischen Arbeiters und einer deutschen Frau, die wegen „GV (= Geschlechtsverkehr)-Verbrechen" verurteilt wurden, hat Rolf Hochhuth in seinem Roman „Eine Liebe in Deutschland" dargestellt.
35 Meldungen aus dem Reich, hg. v. H. Boberach, Herrsching 1984, 20. 11. 1939, Bd. 3, S. 476.
36 Der Arbeitseinsatz im (Groß-) Deutschen Reich, Nr. 3, v. 5. 2. 1941, S. 11.
37 E. Jäckel: Frankreich in Hitlers Europa. Die deutsche Frankreichpolitik im Zweiten Weltkrieg, Stuttgart 1966, S. 223.
38 RAM an Göring, 13. 11. 1940, BA, R 41/165, Bl. 263.
39 Rede Hans Kehrls von der IHK Niederlausitz, September 1940, zit. n. R. Opitz (Hg.): Europastrategien des deutschen Kapitals 1900—1945, Köln 1977, S. 777 ff.; hier S. 786.
40 Denkschrift Eggeling nach der Sitzung am 20. 7. 1940 im Verbindungsstab Berlin, 3. 8. 1940, BA, NS 6/322, S. 24—33; vgl. auch die Denkschrift „Die Polen im Ruhrgebiet" des Fachamtes Bergbau der DAF, 10. 8. 1940, StAM, OP 5067.
41 M. Letsch: Der Einsatz gewerblicher ausländischer Arbeitskräfte in Deutschland, in: RABl 21, 1941, S. 542—545.
42 RdErl. der Landesbauernschaft Karlsruhe, 7. 3. 1941, Nbg. Dok. EC 68, IMT Bd. 36, S. 132.
43 Hierzu Herbert, Fremdarbeiter, S. 112—115.
44 Wirtschaftspolitische Richtlinien für Wirtschaftsorganisation Ost, Gruppe Landwirtschaft, v. 23. 5. 1941, Nbg. Dok. EC 126, IMT Bd. 36, S. 135.
45 Streit, Keine Kameraden, S. 79.
46 Befehl der Abteilung Kriegsgefangene des OKW v. 16. 6. 1948, BA/MA, RW 4/v. 578, Bl. 95.
47 Streit, Keine Kameraden, S. 136.
48 Befehl Hitlers v. 31. 10. 1941, als Erlaß des Wehrmachtsführungsstabes des OKW, Nbg. Dok. EC 194, Nürnberger Nachfolgeprozesse, Fall VI, Anklagedokumentenbuch 67. Der Erlaß ist von Keitel unterzeichnet. Erlaß Görings v. 7. 11. 1941, Nbg. Dok. PS 1193, IMT Bd. 27, S. 56 ff. und Nbd. Dok. PS 1206, ebd., S. 65 ff.; auch für das Folgende.
49 Vortrag Mansfeld am 19. 2. 1942, Aktenvermerk WiRüAmt, Nbg. Dok. PS 1201, GStAB 1 Js 464, Dok. II.11, Hervorhebungen i. O.
50 Dazu D. Eichholtz: Die Vorgeschichte des Generalbevollmächtigten für den Arbeitseinsatz (mit Dokumenten), in: Jahrbuch für Geschichte, Bd. IX, Berlin (DDR) 1973, S. 340—383; Herbert, Fremdarbeiter, S. 149—152.
51 Erlaß d. Reichsführers SS und Chef der Deutschen Polizei (RFSS) v. 20. 2. 1942, „Einsatz von Arbeitskräften aus dem Osten", an die Höheren Verwaltungsbehörden, in: Allgemeine Erlaßsammlung des RSHA und RFSS (AES), BA, RD 19/3, Teil 2A IIIf, S. 37—41; „Allgemeine Bestimmungen über Anwerbung und Einsatz von Arbeitskräften aus dem Osten" d.RFSS v. 20. 2. 1942, ebd., S. 24—35; Erlaß d. RFSS an alle Stapo(leit)stellen, v. 20. 2. 1942, ebd., S. 15—23; hierzu Herbert, Fremdarbeiter, S. 154 ff.
52 Heydrich am 3. 12. 1941, Konstituierende Sitzung des „Arbeitskreises für Sicherheitsfragen beim Ausländereinsatz", Protokoll BA R16/162, Bl. 1. Der „Ausländer-Arbeitskreis" entwickelte sich in den Folgejahren zur Koordinierungszentrale des „Ausländereinsatzes" in allen Grundsatzfragen.
53 Eichholtz, Kriegswirtschaft, Bd. 1, S. 89.
54 Erst seit Oktober vermeldeten die Rüstungskommandos Wünsche der Rüstungsindustrie nach sowjetischen Arbeitskräften: „Die Arbeitseinsatzlage ist so katastrophal, daß selbst auch Rüstungsbetriebe sich danach drängen, sogar sowjetische Kriegsgefangene einzusetzen, wo sich eben die Möglichkeit durch geschlossenen Einsatz bietet." Rüstungskommando Essen, 14. 10. 1941, Kriegstagebuch, BA/MA, RW 21—18/6, Bl. 223.
55 Protokoll der Sitzung vom 19. 11. 1941, BA, R 13/I 373.
56 Eichholtz, Kriegswirtschaft, Bd. 1, S. 89.
57 So das Armee-Oberkommando 2 an die Heeresgruppe B, o. D. (Frühjahr 1942), teilw. abgedr. b. N. Müller (Hg.): Deutsche Besatzungspolitik in der UdSSR, Dokumente, Köln 1980, S. 293 f.
58 Ber. d. Auslandsbrief-Prüfstelle Berlin über die in der Zeit vom 11. 9. bis 10. 11. 1942 ausgewerteten Briefe aus den besetzten Ostgebieten, Nbg. Dok. 018 PS, IMT Bd. 25, S. 77 f.

59 *Tab. 19:* Sowjetische Zivilarbeiter und Kriegsgefangene in verschiedenen Wirtschaftszweigen, August 1944, in 1.000.

	Landwirt-schaft	Bergbau	Metall	Chemie	Bau	Verkehr	insgesamt
Zivilarbeiter	723	93	752	85	78	158	2.126
Kriegsgefangene	138	160	130	8	32	47	631
insgesamt	862	253	883	93	110	205	2.758
in %	28,5 %	8,3 %	29,2 %	3,7 %	3,6 %	6,8 %	100 %

(nach: Der Arbeitseinsatz im Großdeutschen Reich, Nr. 10, v. 31. 10. 1944).

60 Stimmungsbericht des Militärverwaltungschefs in Frankreich über die Anwerbungen vom 10. 10. bis 9. 11. 1942, BA, R41/267, Bl. 240; vgl. Evrard, S. 41 f.

61 Hierzu F. Hoffmann: Die Kriegsführung aus der Sicht der Sowjetunion, in: H. Boog u. a.: Der Angriff auf die Sowjetunion (Das Deutsche Reich und der Zweite Weltkrieg, Bd. 4) Stuttgart 1983, S. 752—757.

62 Hierzu W. Bleyer: Staat und Monopole im totalen Krieg, Berlin (DDR) 1970, S. 78 ff.

63 *Tab. 20:* Weibliche Erwerbstätigkeit während des Krieges in Deutschland in Mio.

		Beschäftigte deutsche Frauen	
	insgesamt	in der gewerblichen Wirtschaft	in % aller Beschäftigten
Mai			
1939	14,6	2,75	25,1
1940	14,4	2,66	26,5
1941	14,1	2,70	26,0
1942	14,4	2,60	26,0
1943	14,8	2,74	25,7
1944	14,8	2,70	25,0

64 Dazu Herbert, Fremdarbeiter, S. 238 ff.

65 Vgl. Merkblatt über die „Allgemeinen Grundsätze für die Behandlung der im Reich tätigen ausländischen Arbeitskräfte", das Ergebnis langer Verhandlungen der verschiedenen mit dem „Ausländereinsatz" beschäftigten Behörden über Veränderungen bei den Behandlungsvorschriften besonders der sowjetischen Arbeitskräfte; als Rdschr. d. Reichskanzlei v. 5. 5. 1943, Nbg. Dok. 205 PS, IMT Bd. 25, S. 298 ff.; als RdErl. d. Chefs d. Sicherheitspolizei (CDS) v. 11. 5. 1943 in: AES 2A IIIf, S. 120 ff.

66 Nach M. Odenthal: Die Entwicklung des Arbeitseinsatzes in Rheinland und Westfalen unter besonderer Berücksichtigung der Ausländer und Kriegsgefangenen 1938—1943, Essen 1944, S. 63.

67 *Tab. 21:* Zunahme der Zahl beschäftigter ausländischer Zivilarbeiter und Kriegsgefangener zwischen November 1942 und September 1944

Ostarbeiter	+ 1.049.358 }	+ 1.193.382
Sowjetische Kriegsgefangene	+ 144.024	
Polen		+ 377.863
Französische Zivilarbeiter	+ 511.903 }	+ 180.174
Französische Kriegsgefangene	− 331.729	
Holländer		+ 100.780
Belgier		+ 68.448
Italienische Zivilarbeiter	+ 88.644 }	+ 515.882
Italienische Kriegsgefangene	+ 427.238	
Sonstige		+ 31.655
Insgesamt		+ 2.468.184

nach: Der Arbeitseinsatz im Großdeutschen Reich, Jgg. 1942—1944.

68 Hierzu Herbert, Fremdarbeiter, S. 259 ff.; vgl. etwa Meldungen aus dem Reich v. 9. 12. 1943; 28. 12. 1943, 7. 1. 1944.

69 Nach: Statistical Handbook of Germany, Office of Military Government of Germany (US), Ministerial Collecting Centre, Economics Division, Fürstenhagen 1946, Part I, Population and Employment, B 1 a,e,f; Stichtag jeweils 1. Mai; Gebiet: „Großdeutsches Reich".

70 Berechnet nach: Der Arbeitseinsatz im Großdeutschen Reich, Nr. 10 v. 31. 10. 1944. Vgl. L. Demps: Zahlen über den Einsatz ausländischer Zwangsarbeiter in Deutschland im Jahre 1943,

in: ZfG, 21, 1971, S. 830—843, der die Arbeitseinsatzberichte Sauckels vom Herbst 1943 dokumentiert; sowie für den westdeutschen Raum mit differenziertem Zahlenmaterial, das allerdings nur bis Mitte 1943 reicht: Odenthal, Die Entwicklung des Arbeitseinsatzes.

71 Der Arbeitseinsatz im Großdeutschen Reich, Nr. 10, v. 31. 10. 1944. Unter „Polen" werden hier die in der „Ausländererhebung" ausgewiesenen Arbeiter aus dem „Generalgouvernement" und „Bezirk Bialystok" gezählt, unter denen sich auch Ukrainer befinden. Die Statistik der NS-Behörden richtete sich nach „Staatsangehörigkeit" im nationalsozialistischen Sinne; dadurch kommt es in einigen Darstellungen heute zu unterschiedlichen Zahlen aufgrund verschiedener Berechnungsgrundlagen.

72 Dazu ausführlich E. Georg: Die wirtschaftlichen Unternehmungen der SS, Stuttgart 1963; R. Fröbe u. a.: Konzentrationslager in Hannover. KZ-Arbeit und Rüstungsindustrie in der Spätphase des Zweiten Weltkrieges, 2 Bde. Hildesheim 1985; L. Eiber (Hg.): Verfolgung, Ausbeutung, Vernichtung. Die Lebens- und Arbeitsbedingungen der Häftlinge in deutschen Konzentrationslagern 1933—1945, Hannover 1985; H. Vogtländer (Hg.): Nationalsozialistische Konzentrationslager im Dienst der totalen Kriegsführung. Sieben württembergische Außenkommandos des Konzentrationslagers Natzweiler/Elsaß, Stuttgart 1978; U. Bauche, H. Brüdigam u. a. (Hg.): Arbeit und Vernichtung. Das Konzentrationslager Neuengamme 1938—1945, Hamburg 1986; die Untersuchung eines betrieblichen Fallbeispiels bei U. Herbert: Von Auschwitz nach Essen. Die Geschichte des KZ-Außenlagers Humboldtstraße, in: Dachauer Hefte 2, 1986.

73 Vgl. Schreiben Pohls (WVHA) an Himmler, 30. 4. 1942, Nbg. Dok. R. 129.

74 Besprechung im Büro Saur am 16. 4. 1944, Nbg. Dok. NO 569.

75 Im Gegensatz zu den Vereinbarungen zwischen Rüstungsministerium und WVHA am 15. 9. 1942, wonach die Arbeitskräfte der Konzentrationslager „nunmehr für Rüstungsaufgaben von Großformat" zu verwenden seien. Allerdings sollten danach ganze Betriebe vollständig mit KZ-Häftlingen belegt werden; das Problem aber lag in der Integration von KZ-Arbeitern in den bestehenden Produktionsablauf und in ihrem qualifizierten Einsatz. Pohl an Himmler, 16. 9. 1942, IfZ, MA 285, Bl. 2807—2810, abgedr. b. F. Pingel: Häftlinge unter SS-Herrschaft, Hamburg 1978, S. 276.

76 Maurer (WVHA) an KL-Kommandanten, 5. 10. 1942, Nbg. Dok. PS 3677; hierzu Pingel, S. 139—144; A. Speer: Der Sklavenstaat. Meine Auseinandersetzungen mit der SS, Stuttgart 1981, S. 381 f. Die Heranziehung von jüdischen KZ-Häftlingen für die Kriegsproduktion lehnte Himmler explizit ab: „Gegen alle diejenigen jedoch, die glauben, hier mit irgendwelchen Rüstungsinteressen entgegen treten zu müssen, die in Wirklichkeit lediglich die Juden und ihre Geschäfte unterstützen wollen, habe ich Anweisung gegeben, unnachsichtig vorzugehen." Nbg. Dok. NO 1611.

77 H. Mommsen: Die Realisierung des Utopischen: Die „Endlösung der Judenfrage" im „Dritten Reich", in: Geschichte und Gesellschaft, 9, 1983, S. 381—420, hier S. 415.

78 Saur vor dem Jägerstab, 14. 4. 1944, Nbg. Dok. NG 1563.

79 Hierzu Pingel, S. 142 und 290, A. 93.

80 Schreiben v. 24. 4. 1944 an das Auswärtige Amt, Nbg. Dok. NG 2059, zit. n. Pingel, S. 290, A92.

81 Affidavit Karl Sommer, Hauptabteilungsleiter der Amtsgruppe D in WVHA, 4. 10. 1946, Nbg. Dok. NI 1065, Affid. Pister, Kommandant des KZ Buchenwald, Nbg. Dok. NO 254.

82 Schnellbrief Speers, 9. 10. 1944, Nbg. Dok. NI 638.

83 Pohl an Himmler, 5. 4. 1944, Nbg. Dok. NO 020; Verzeichnis der Konzentrationslager und ihrer Außenkommandos nach § 42, Abs. 2 BEG, in: BGBl. No. 64, 24. 9. 1977, S. 1787—1852; Affid. Sommer, 4. 10. 1946, Nbg. Dok. NI 1065.

84 Pingel, S. 143.

85 Fried. Krupp AG Essen an Rüstungskommando Essen, 2. 4. 1942, BA/MA RW 19 WI/IF 5/176, Bl. 79.

86 Schreiben der Kruppschen Lokomotiv- und Wagen-Fabrik an Krupp-Hauptverwaltung, 25. 2. 1942, Nbg. Nachfolgeprozesse, Fall X, Dok. D 164, B 45; als Dok. D 361 auch in IMT Bd. 35, S. 78.

87 Vgl. etwa Ber. d. Mitteldeutschen Motorenwerke, Leipzig, 12. 3. 1942, IfZ, MA 41; Ber. d. Linke-Hoffmann-Werke Breslau v. 18. 2. 1942, Nbg. Dok. NI 5236; Ber. d. IHK Hessen an die Reichswirtschaftskammer, 26. 8. 1942, BA, R 11/1241, Bl. 96 ff.

88 Vortrag am 22. 6. 1943 in Kassel, zit. n. Deutschland im Zweiten Weltkrieg, Bd. 4, S. 489 f.

89 Wirtschaftlicher Lagebericht des Oberbergamtes Dortmund v. 31. 8. 1942, StAM, Bergamt Dortmund A 4/48.

90 Direktorenbesprechung des Zechenverbandes Hibernia, 7. 6. 1944, BgBA Bochum 32/740.

91 RdSchr. d. Bezirksgruppe Steinkohle Bergbau Ruhr an die Mitglieder, Nr. 43 v. 29. 1. 1943, BA R 10 VIII/56, Bl. 36 ff.

92 Schr. v. 10. 5. 1943, StAM, Bergamt Lünen, A III Nr. 76.

93 OKW an Pleiger, 4. 9. 1944, BA, R 10 VIII/57, Bl. 27 ff. Nach den Berichten des Rüstungskom-

mandos Dortmund betrug die Arbeitsleistung bei den sowjetischen Kriegsgefangenen nur 20 %; etwa 50 % der italienischen Militärinternierten und der sowjetischen Kriegsgefangenen waren als krank gemeldet. Kriegstagebuch Rüstungskommando Dortmund, 31. 3. 1943, BA/MA, 21—14/13, S. 28 f.

94 Ebd., Bl. 58.
95 Essener Steinkohle an Bezirksgruppe Ruhr, 7. 4. 1943, Nbg. Dok. NI 3012 (F).
96 Hierzu Herbert, Fremdarbeiter, S. 201 ff.
97 OKW/Kgf., 12. 1. 1942, BA R 11/1240, Bl. 112. Das OKW hatte sogar einige Mühe, diese Maßnahmen ideologisch zu rechtfertigen. Die Richtlinien für eine verbesserte Behandlung der Gefangenen v. 18. 12. 1941 entschuldigte es mit der Feststellung: „Die vorstehenden Maßnahmen zur körperlichen Kräftigung von sowjetischen Kriegsgefangenen sind zweckbedingt und berühren nicht die geistige oder politisch-weltanschauliche Einstellung der Sowjets an sich." BA, R 11/1240, Bl. 102.
98 Auf 1.000 Personen der deutschen Wohnbevölkerung entfielen während der gesamten Kriegszeit in Essen 77 Tote infolge von Luftangriffen; bei den Ausländern lag der Anteil bei 138; Schadensmeldungen beim Essener Polizeipräsidenten 28. 7. 1942 bis 29. 11. 1944, Fall X, Dok. Ihn Nr. 996, G 16.
99 Bericht des Kommandanten des Stalag VI A, Hemer, v. 2. 1. 1945, BA, R 10 VIII/56, Bl. 63.
100 Stinnesbeck an Jäger, 12. 6. 1944, Nbg. Dok. D 335, IMT Bd. 35, S. 75 f.; Jäger an Ihn (Krupp), 2. 9. 1944, Nbg. Dok. D 339, Fall X, B 45.
101 Vgl. etwa Bericht der Auslandsbrief-Prüfstelle Köln v. 4. 3. 1943, BA, R 42/268, Bl. 122.
102 Auslandsbrief-Prüfstelle Frankfurt/Main, 5. 3. 1943, BA, R 41/268, Bl. 46.
103 Wirtschaftsstab Ost-Chefgruppe Arbeit beim RMO, Bericht o. D. (Dezember 1943), betr. Inspektionen v. 24. 11.—5. 12. 1943, Nbg. Dok. NI 3013 (F).
104 Aufzeichnungen des Gesandtschaftsrats Starke, Auswärtiges Amt, 16. 8. 1943, Nbg. Dok. NG 2562.
105 Hierzu Bock, Zwangssterilisation, S. 438 ff.
106 Anregung einer unbekannten Behörde aus dem „Warthegau", o. O., o. D. (1942), in: C. Łuczak (Hg.): Położenie polskich robotnikow przymusowych w Rzeszy, 1939—1945. Documenta occupationis Bd. IX, Poznań 1975, Dok. Nr. 137.
107 Vorlage des Ausländer-Referats im RSHA für Himmler v. 23. 12. 1942, GStAB 1 Js 4/64, Dok. B 77, Bl. 4—7; Erl. d. GBA v. 15. 12. 1942, BA NS 5 I/263; Fernschreiben Himmlers an das RSHA, 31. 12. 1942, GStAB 1 Js 4/64, Dok. B 77, Bl. 7.
108 RdErl. d. RFSS v. 27. 6. 1943, in: AES 2 A IIIf, S. 137 ff.
109 Nach: Herbert, Fremdarbeiter, S. 249 f.
110 Nach: Anklageschrift JAG 144, Bl. 5—9, Zentralstelle Ludwigsburg.
111 Hilgenfeldt an Himmler, 11. 8. 1943, Nbg. Dok. NO 4665, Fall XI, Nr. 336, Bl. 85 ff.
112 Zu den verschiedenen Formen von Widersetzlichkeit, Opposition und Widerstand der ausländischen Arbeitskräfte s. Herbert, Fremdarbeiter, S. 296—326; in der westlichen Literatur ist dieser Komplex ansonsten nur wenig untersucht; die ältere DDR-Forschung hat ihn eher pauschal und polemisch behandelt, hier waren die machtvolle Solidarität zwischen deutschen und ausländischen Arbeitern ebenso unbestritten wie nachgewiesen. In der neueren DDR-Literatur sind vorsichtige Ansätze zur Differenzierung zu erkennen, vgl. etwa Deutschland im Zweiten Weltkrieg, Bd. 4, S. 500, sowie jetzt Eichholtz, Kriegswirtschaft, Bd. 2, S. 288—292. Zum Widerstandskampf der polnischen Arbeiter: Seeber, S. 206—254; Schminck-Gustavus, Zwangsarbeitsrecht, S. 201 ff.; zum Widerstand der französischen Arbeiter: Evrard, S. 351—383. Die ausführlichsten Untersuchungen zu den Gefangenen und Arbeitskräften aus der Sowjetunion liegen von dem sowjetischen Historiker Brodski vor; J. A. Brodski: Im Kampf gegen den Faschismus. Sowjetische Widerstandskämpfer im Hitlerdeutschland 1941—1945, Berlin (DDR) 1975.
113 Mitteilungen des Ausländer-Referenten im RSHA, Hässler, am 16. 3. 1943, vor dem Ausländer-Arbeitskreis, Protokoll ZAVO, GStAB 1 Js 4/64 Dok. C 30, S. 34 ff.
114 Nach: Aufstellung des RSHA für Himmler vom Herbst 1943, BA, R 58/1030, Bl. 221; Sitzung des Ausländer-Arbeitskreises am 17. 6. 1943, am 30. 9. 1943 und am 13. 1. 1943, BA, R 16/162; Deutschland im Zweiten Weltkrieg, Bd. 3, S. 350 und Bd. 4, S. 363.
115 Hierzu D. Peukert: Die KPD im Widerstand. Verfolgung und Untergrundarbeit an Rhein und Ruhr 1933 bis 1945, Wuppertal 1980.
116 Brodski, S. 226—368.
117 Meldungen aus dem Reich, 21. 2. 1944.
118 Aufstellung der einzelnen Widerstandsaktivitäten bei Herbert, Fremdarbeiter, S. 320 f.
119 Ebd., S. 327 ff.
120 Nach: Urteile des Landgerichts Hagen v. 17. 11. 1959, in: A. L. Rüther-Ehlermann und C. F. Rüther (Hg.): Justiz und NS-Verbrechen, 22 Bde., Amsterdam 1969 ff., Bd. 16, Nr. 486; v. 5. 6. 1961, ebd., Bd. XVII, Nr. 508; v. 16. 3. 1962, ebd., Bd. XVIII, Nr. 530.

121 Dazu ausführlich W. Jacobmeyer: Vom Zwangsarbeiter zum Heimatlosen Ausländer. Die Displaced Persons in Westdeutschland 1945 bis 1951, Göttingen 1985.
122 Zuverlässige Quellen gibt es dazu fast nicht; die Berichte der exilrussischen Autoren sind hingegen mit einiger Vorsicht aufzunehmen, vgl. etwa A. Petrowsky: Unvergessener Verrat, München 1963, oder N. Tolstoy: Die Verratenen von Jalta, München, Köln 1977; Aufschlußreich, weithin aber ebenfalls nicht seriös ist N. Bethell: Das letzte Geheimnis. Die Auslieferung russischer Flüchtlinge an die Sowjets durch die Alliierten, Frankfurt, Berlin 1980. Dazu Herbert, Fremdarbeiter, S. 449 f., sowie D. Beyrau: Solchenizyns „Archipel GULAG" und das sowjetische Lagersystem, in: GWU, 27, 1976, S. 538—565.
123 K. J. Bade: Vom Auswanderungsland zum Einwanderungsland? Deutschland 1880—1980, Berlin 1983, S. 52 f.
124 W. Neubert: „Europäische Integration" contra Nation und Völkerverständigung, Berlin (DDR) 1964, S. 225.
125 So auch der Titel der Schriftenreihe der Rostocker Forschungsgruppe: „Fremdarbeiterpolitik des Imperialismus".
126 Hierzu Herbert, Apartheid nebenan.

Anmerkungen zu Kapitel V

1 United States Strategic Bombing Survey (USSBS): The Effects of Strategic Bombing on the German War Economy, Washington 1945, S. 140.
2 Statistisches Handbuch von Deutschland 1928—1944, hg. v. Länderrat des Amerikanischen Besatzungsgebiets, München 1949, S. 179 ff.
3 W. Abelshauser: Wirtschaftsgeschichte der Bundesrepublik Deutschland 1945—1980, Frankfurt 1980, S. 20; vgl. R. Krängel: Anlagevermögen, Produktion und Beschäftigung der Industrie im Gebiet der Bundesrepublik 1924—1956, Berlin 1958; zur Frage von Kontinuität und Diskontinuität der wirtschaftlichen Entwicklung in Deutschland über die politische Zäsur von 1945 hinweg s. K. Borchardt: Die Bundesrepublik in den säkularen Trends der wirtschaftlichen Entwicklung, in: W. Conze u. M. R. Lepsius (Hg.): Sozialgeschichte der Bundesrepublik Deutschland. Beiträge zum Kontinuitätsproblem, Stuttgart 1983, S. 20—45.
4 Berechnet n.: Statistisches Bundesamt (Hg.): Bevölkerung und Wirtschaft 1872—1972, Stuttgart u. Mainz 1972, S. 90 f.; H. Körner: Der Zustrom von Arbeitskräften in der Bundesrepublik Deutschland 1950 bis 1972, Bern u. a. 1976, S. 133; S. Bethlehem: Heimatvertreibung, DDR-Flucht, Gastarbeiterzuwanderung, Stuttgart 1982, S. 26.
5 Bevölkerung und Wirtschaft, S. 260; ohne Saarland, Bruttosozialprodukt in konstanten Preisen von 1962.
6 Der Anteil der Vertriebenen an der Wohnbevölkerung lag in Schleswig Holstein im Jahre 1950 bei 33,0 %, in Niedersachsen bei 27,2 %, in Bayern bei 21,2 %. In Rheinland-Pfalz waren es hingegen nur 5,1 %, in Hamburg 7,2 % und in Baden-Württemberg 13,4 % (nach: Bethlehem, S. 30).
7 G. W. Harmssen: Reparation, Sozialprodukt, Lebensstandard. Versuch einer Wirtschaftsbilanz, Bremen 1947, S. 80.
8 Hierzu H. Grieser: Die ausgebliebene Radikalisierung. Zur Sozialgeschichte der Kieler Flüchtlingslager im Spannungsfeld von sozialdemokratischer Landespolitik und Stadtverwaltung 1945—1950, Wiesbaden 1980.
9 Die neuere Sozialgeschichte hat sich in letzter Zeit in zunehmendem Maße dem lange vernachlässigten Thema der Vertriebenen und Flüchtlinge in der Bundesrepublik zugewendet; hier etwa P. Waldmann: Die Eingliederung der ostdeutschen Vertriebenen, in: J. Becker, T. Stammen, P. Waldmann (Hg.): Vorgeschichte der Bundesrepublik Deutschland. Zwischen Kapitulation und Grundgesetz, München 1979, S. 163—192; Bethlehem, S. 21—106; J. Henke: Flucht und Vertreibung der Deutschen aus ihrer Heimat 1944—1947, in: Aus Politik und Zeitgeschichte, 23/85 v. 8. 6. 1985, S. 15—34; F. Wiesemann: Flüchtlingspolitik und Flüchtlingsintegration in Westdeutschland, in: ebd., S. 35—44; ders. u. U. Kleinert: Flüchtlinge und wirtschaftlicher Wiederaufbau in der britischen Besatzungszone, in: D. Petzina u. W. Euchner (Hg.): Wirtschaftspolitik im britischen Besatzungsgebiet 1945—1949, Düsseldorf 1984, S. 297—326; sowie die Beiträge in W. Benz (Hg.): Die Vertreibung der Deutschen aus dem Osten. Ursachen, Ereignisse, Folgen, Frankfurt 1985; A. von Plato: Fremde Heimat. Zur Integration von Flüchtlingen und Einheimischen in die Neue Zeit, in: L. Niethammer, A. v. Plato (Hg.): Wir kriegen jetzt andere Zeiten, Berlin/Bonn 1985, S. 172—219.
10 Diesen wichtigen Aspekt hat vor allem Alexander von Plato herausgearbeitet. Wurde bislang „Integration" verstanden als Prozeß der Annäherung und Aufnahme der Zuwanderer in eine weitgehend statische Aufnahmegesellschaft in Westdeutschland, erscheinen hier Vertriebene wie Einheimische gleichermaßen, wenn auch in regional unterschiedlicher Weise, als instabil und mobil — und stehen so gleichermaßen vor der Aufgabe der Integration „in die Neue Zeit" (von

Plato, Fremde Heimat). Damit aber wird ein sehr eindrücklicher Unterschied zur Situation der Gastarbeiter in den frühen 60er Jahren deutlich, die nun tatsächlich als Zuwanderer auf eine in sich relativ gefestigte und geographisch immobile Aufnahmegesellschaft stoßen.

11 Nach: H. Korte, A. Schmidt: Migration und ihre sozialen Folgen. Göttingen 1983, S. 12 f.
12 Hamburger Echo, 20. 11. 1954; zum Folgenden: K. Dohse: Ausländische Arbeiter und bürgerlicher Staat, Königstein/Ts., 1981, S. 135 ff.; Bethlehem, S. 139 ff.; R. Lohrmann: Politische Auswirkungen der Arbeitskräftewanderungen auf die Bundesrepublik Deutschland, in: R. Lohrmann, K. Manfrass (Hg.): Ausländerbeschäftigung und internationale Politik. Zur Analyse transnationaler Sozialprozesse, München/Wien 1974, S. 103—140, hier S. 111 ff.
13 Erklärung des Bundesarbeitsministers, zit. n. Vereinigter Wirtschaftsdienst (VWD) 29. 11. 1954.
14 Nach: VWD, 30. 12. 1954.
15 Von 1950 bis 1955 sank die Zahl der in der Landwirtschaft Beschäftigten um 13 % (121.000), während sie in allen anderen Wirtschaftszweigen um 26,9 % stieg (3.470.000); nach: Die Beschäftigungslage in der Bundesrepublik Deutschland im Rahmen der Wirtschafts- und Bevölkerungsentwicklung, Beilage zum BundesArbeitsblatt Nr. 12, 1957, S. 39.
16 Vgl. die Rede des Abg. Odenthal (SPD) vor dem Dt. Bundestag, 66. Sitzung, 17. 2. 1955, S. 3388.
17 Ebd., S. 3390.
18 Zur Frage der Hereinnahme italienischer Arbeitskräfte, in: Das Arbeitsamt, 6, 1955, H. 7, S. 154 f.
19 So der CDU-Abgeordnete Niederalt am 9. 12. 1954 vor dem Dt. Bundestag, 59. Sitzung, 9. 12. 1954, S. 3056; vgl. „Erhard ist kein Heuerbaas", in: Deutsche Zeitung, 8. 12. 1954; W. Herbst: Brauchen wir ausländische Arbeitskräfte?, in: Das Arbeitsamt, 6, 1955, H. 2, S. 32 f.
20 Hierzu Dohse, S. 169 f.
21 Hierzu H. Richter: Vom Provisorium zur Planung. Die Ausländerbeschäftigung aus der Sicht der Gewerkschaften, in: Arbeit und Sozialpolitik, 27, 1973, S. 209—211; ders.: DGB und Ausländerbeschäftigung, in: Gewerkschaftliche Moantshefte, 25, 1974, S. 35—40.
22 Abgedr. in: Bundesanzeiger Nr. 11, 17. 11. 1956; zum Procedere im einzelnen s. H. Weicken: Anwerbung italienischer Arbeitskräfte, in: Arbeit, Beruf und Arbeitslosenhilfe, 7, 1956, H. 3, S. 53—55.
23 „Es geht nicht ohne Italiener", in: Industriekurier, 4. 10. 1955; vgl. R. Weber: Einstellung und Politik der Arbeitgeberverbände, in: Strukturfragen der Ausländerbeschäftigung, hg. v. J. C. Papalekas, Herford/Bonn, 1969, S. 47—59, hier S. 48.
24 Hierzu Behtlehem, S. 147 ff.
25 Ebd., S. 144.
26 Ausländerpolizeiverordnung v. 22. 8. 1938, RGBl. 1938, S. 1053; RdSchr. d. BMdI. an die Innenminister und -senatoren der Länder, in: GMBl. (Gemeinsames Ministerialblatt), S. 99.
27 Verordnung über Ausländische Arbeitnehmer v. 23. 1. 1933, RGBl. 1933, I, S. 26—29; Bekanntmachung d. BMAuS v. 22. 2. 1952, Bundesanzeiger Nr. 43, 1. 3. 1952.
28 Dazu Dohse, S. 105—111; vgl. Kap. III.
29 Dohse, S. 144, 177.
30 „Geht es ohne ausländische Arbeiter?", in: Handelsblatt, 21. 9. 1955; vgl. auch „Italiener in der deutschen Industrie", in: Frankfurter Allgemeine Zeitung, 21. 10. 1959: „Überhaupt dürfte eine falsche Behandlung manche schlechte Erfahrung mit italienischen Arbeitern in früheren Jahren verursacht haben. Wer keinen Ärger haben will, darf es nicht beim Einrichten einer neuen Kartei ‚Italienische Arbeiter' bewenden lassen."
31 *Tab. 22:* Wirtschaft und Arbeitsmarkt in der Bundesrepublik Deutschland, 1959 bis 1968

| Jahr | Bruttosozialprodukt | | Erwerbspersonen insg. in Mio. | deutsche Erwerbspersonen im Vergl. zu 1959 in 1.000 | ausländische Erwerbstätige in 1.000 |
	in Mrd. DM	in % gegen Vorjahr			
1959	283,8	+ 7,3	26,4	26.253	166
1960	309,4		26,6	+ 121	279
	(328,4)	+ 9,0			
1961	346,2	+ 5,4	26,8	+ 61	507
1962	360,1	+ 4,0	26,7	- 147	655
1963	372,5	+ 3,4	27,0	- 71	822
1964	397,3	+ 6,7	26,9	- 250	932
1965	419,5	+ 5,6	27,1	- 260	1.164
1966	431,7	+ 2,9	27,1	- 433	1.314
1967	430,8	- 0,2	26,6	- 588	1.023
1968	462,3	+ 7,3	26,7	- 501	1.014

Jahr	in % aller Erwerbstätigen	Arbeitslose in 1.000	in % aller beschäft. Arbeitnehmer	offene Stellen in 1.000
1959	0,8	539	2,6	290
1960	1,3	270	1,3	645
1961	2,3	180	0,8	552
1962	3,0	154	0,7	573
1963	3,6	185	0,8	554
1964	4,1	169	0,8	609
1965	5,5	147	0,7	648
1966	6,1	161	0,7	539
1967	4,9	459	2,1	302
1968	4,9	323	1,5	488

nach: Bevölkerung und Wirtschaft, S. 148, 260; die Zahlenverschiebungen ab 1960 ergeben sich durch das Hinzukommen des Saarlandes.

32 „Vollbeschäftigung — Die dritte Garnitur", in: Der Spiegel, 13, 1959, H. 34, S. 26.
33 Deutsch-spanischer Anwerbevertrag v. 29. 3. 1960, in: Amtliche Nachrichten der Bundesanstalt für Arbeitsvermittlung und Arbeitslosenversicherung (ANBA) 1960, S. 269 ff.; Deutsch-griechischer Anwerbevertrag v. 30. 3. 1960, ebd., S. 286 ff.
34 Abkommen mit der Türkei, 30. 10. 1961, in: ANBA 1961, S. 587; im deutsch-türkischen Abkommen war allerdings zunächst eine „Rotationsklausel" enthalten, wonach die Aufenthaltsdauer auf zwei Jahre beschränkt war; dieser Passus wurde jedoch mit Wirkung vom 30. 9. 1964 gestrichen; RdSchr. d. BMdI. v. 16. 10. 1964, GMBl. 1964, S. 507; Abkommen mit Portugal, 17. 3. 1964, GMBl. 1964, S. 270; Abkommen mit Jugoslawien, 12. 10. 1968, BGBl. 1969 II, S. 1107.
35 Zit. n.: „Ein langfristiger Arbeitskräfteplan", in: Der Volkswirt, 16. 1. 1960.
36 „Arbeitskräfte müssen wandern", in: Die Welt, 19. 9. 1964.
37 „Italiener in der deutschen Industrie — Ergebnis eines Experiments", in: FAZ, 21. 10. 1959.
38 C. Rosenmöller: Diskussionsbeitrag, in: Probleme der ausländischen Arbeitskräfte in der Bundesrepublik. Konjunkturpolitik, Beih. 13, Berlin 1966, S. 105.
39 H. Stirn (Hg.): Ausländische Arbeiter im Betrieb. Ergebnisse der Betriebserfahrung, Frechen/Köln 1964, S. 47.
40 T. Blank: Eine Million Gastarbeiter, in: Bulletin des Presse- und Informationsamtes der Bundesregierung, 30. 10. 1964, Nr. 160, S. 1480.
41 1966: 1,2 Mrd. DM Einnahmen, 127 Mio. Ausgaben.
42 L. Kattenstroth: Grußwort der Bundesregierung, in: „Magnet Bundesrepublik" — Probleme der Ausländerbeschäftigung. Informationstagung der Bundesvereinigung der Deutschen Arbeitgeberverbände, Köln 1966, S. 11—19, hier S. 13 f.
43 Blank, Eine Million Gastarbeiter.
44 Syrup, Die ausländischen Industriearbeiter vor dem Krieg; vgl. Kap. I.2.
45 Ausländergesetz, v. 28. 4. 1965, BGBl. I, S. 353.
46 Hierzu Dohse, S. 231—306; B. Huber, K. Unger: Politische und rechtliche Determinanten der Ausländerbeschäftigung in der Bundesrepublik Deutschland, in: H.-J. Hoffmann-Nowotny, K.-O. Hondrich (Hg.): Ausländer in der Bundesrepublik Deutschland und in der Schweiz, Frankfurt 1981, S. 124—194, hier S. 137 ff.; Bethlehem, S. 184—190.
47 Zu den einzelnen Verordnungen vgl. Huber/Unger, S. 134—137, 148 f.; Bethlehem, S. 168.
48 Bethlehem, S. 168.
49 Bevölkerung und Wirtschaft, S. 140, 149.
50 Statistisches Bundesamt (Hg.): Bevölkerungsstruktur und Wirtschaftskraft der Bundesländer, 1973, S. 78 f.; Bevölkerung und Wirtschaft, S. 147; J. Fijalkowski: Gastarbeiter als industrielle Reservearmee? Zur Bedeutung der Arbeitsimmigration für die wirtschaftliche und gesellschaftliche Entwicklung der Bundesrepublik Deutschland, in: AfSG, 24, 1984, S. 399—456, hier S. 422; Körner, Der Zustrom von Arbeitskräften, S. 227.
51 Bundesanstalt für Arbeit (Hg.): Anwerbung, Vermittlung, Beschäftigung ausländischer Arbeitnehmer. Erfahrungsbericht 1963, Nürnberg 1964, S. 6, 26 f.; vgl. Bethlehem, S. 128 f.
52 S. Heckmann: Die Bundesrepublik — ein Einwanderungsland?, Stuttgart 1981, S. 185; Stirn: S. 47 f.
53 D. Hiss: Hereinnahme von ausländischen Arbeitskräften — eine vernünftige Maßnahme, in: Wirtschaftsdienst, 45, 1965, S. 635—638, hier S. 638.
54 Heckmann, S. 170 f.
55 Vgl. etwa: „Die ‚Stimme der Heimat' ruft zum Klassenkampf", in: Süddeutsche Zeitung, 13. 6. 1966.
56 Bericht der Bundesregierung über die Beschäftigung ausländischer Arbeitnehmer in der Bundesrepublik, Deutscher Bundestag, 21. 12. 1962, Drucksache IV/470, S. 6.

57 „Ein Raum, in dem zehn Männer auf Strohsäcken liegen können", in: Die Welt, 22. 8. 1960.

58 „Fremd- statt Gastarbeiter?", in: Handelsblatt, 16. 2. 1967.

59 Allerdings waren Vorschriften für die „Bereitstellung von Unterkünften" erlassen worden, danach stand jedem Bewohner von Arbeiterwohnheimen ein Luftraum von mindestens 10 qm zu, und in einem Schlafraum durften maximal sechs Schlafstellen aufgestellt werden, vgl. Hessisches Institut für Betriebswirtschaft (Hg.): Ausländische Arbeitskräfte in Deutschland, Düsseldorf 1961, S. 31 f.

60 Vgl. etwa: „100 Mill. für Ausländerwohnheime", in: Industriekurier, 6. 10. 1960.

61 „Kuli oder Kollege?", in: Konkret, November 1966, Nr. 11, S. 25.

62 Zu Frankreich: K. Manfrass: Ausländerproblematik in europäischen Industrieländern: ein Vergleich Frankreich-Bundesrepublik Deutschland, in: Bade, Auswanderer, Bd. 2, S. 758—783; ders.: Die Politik der Ausländerbeschäftigung in Frankreich seit 1945, in: Dokumente. Zeitschrift für übernationale Zusammenarbeit, Bd. 36 (1980), S. 106—127; Y. Moulier, G. Tapinos: Frankreich, in: E. Gehmacher, D. Kubat, U. Mehrländer (Hg.): Ausländerpolitik im Konflikt, Bonn 1978, S. 139—152. Zur Entwicklung in der Schweiz: H.-J. Hoffmann-Nowotny: Soziologie des Fremdarbeiterproblems, Stuttgart 1973. Wichtig für den internationalen Vergleich: G. P. Freeman: Immigrant Labor and Racial Conflict in Industrial Societies. The French and British Experience, 1945—1975, Princeton 1979.

63 Zit. n. Hoffmann-Nowotny, S. 66.

64 Ebd., S. 67—156.

65 Vgl. etwa „Fremdarbeiter", in: Rheinischer Merkur, 19. 2. 1960; „Politik mit Gastarbeitern", in: Industriekurier, 21. 4. 1965; „Das Konzept fehlt", in: Der Volkswirt, 6. 8. 1965.

66 C. Föhl: Stabilisierung und Wachstum beim Einsatz von Gastarbeitern, in: Kyklos, 20, 1967, S. 119—146.

67 Stellungnahme des Bundesministers für Wirtschaft v. 2. 5. 1967, Dt. Bundestag, 5. Wahlperiode, Drucksache V/1700.

68 Vgl. „Gestern begehrt, heute überflüssig?", in: Die Zeit, 30. 12. 1966.

69 „Fremdarbeiter", in: Rheinischer Merkur, 19. 2. 1960.

70 Vgl. etwa: „Sie stehen auf den Bahnhöfen und sparen", in: Die Welt, 20. 8. 1960.

71 Hierzu etwa K. Bingemer, E. Meistermann-Seeger, E. Neubert: Leben als Gastarbeiter, Opladen 1970, S. 189 ff.

72 „Gastarbeiter sind auch Menschen", in: Hamburger Echo, 9. 8. 1962.

73 J. M. Delgado: Anpassungsprobleme der spanischen Gastarbeiter in Deutschland — eine sozialpsychologische Untersuchung, Diss. Köln 1966, zit. n. Bingemer u. a., S. 127.

74 Umfrage des EMNID-Instituts, Bielefeld, v. Dezember 1965, zit. n. „Kuli oder Kollege", in: Konkret, November 1966.

75 „Unbeliebte Gastarbeiter", in: Abendzeitung Nürnberg, 5. 5. 1966.

76 Vgl. etwa „Unter den Gastarbeitern wächst die Angst", in: Die Zeit, 6. 1. 1967; „Wenn Gastarbeiter auf der Straße sitzen", in: Rheinischer Merkur, 13. 1. 1967; „Vorwürfe sind unberechtigt — Gastarbeiter nicht bevorzugt", in: Westdeutsche Allgemeine Zeitung, 26. 1. 1967; „Auch Gastarbeiter sind kein Freiwild — Bei Beschäftigungssorgen können sie zuerst entlassen werden", in: Die Welt, 17. 12. 1966.

77 „Magnet Bundesrepublik", S. 34.

78 Bild-Zeitung, 31. 3. 1966.

79 Vgl. „Kesseltreiben gegen Gastarbeiter", in: Industriekurier, 7. 4. 1966; „Gutes Zeugnis für Gastarbeiter", in: Tagesspiegel, 1. 4. 1966.

80 „Gastarbeiter — nützlich und gefragt, aber nicht beliebt", in: Industriekurier, 12. 10. 1968.

81 „Aufstocken statt aufwerten", in: Die Zeit, 29. 11. 1968.

82 „Arendt: Ausländische Arbeiter sind kein Ballast", in: Süddeutsche Zeitung, 30. 3. 1971.

83 Im Frühjahr 1972 waren bereits 30 % der ausländischen Arbeitskräfte seit mehr als 7 Jahren in der Bundesrepublik; vgl. Bundesanstalt für Arbeit (Hg.): Repräsentativuntersuchung '72 über die Beschäftigung ausländischer Arbeitnehmer im Bundesgebiet und ihre Familien- und Lebensverhältnisse, Nürnberg 1973, S. 33.

84 1964 waren ca. 205.000 der ausländischen Arbeitskräfte Frauen (22,7 %), 1972: 672.518 (29,5 %); vgl. Bundesanstalt für Arbeit (Hg.): Ausländische Arbeitnehmer. Beschäftigung, Anwerbung, Vermittlung. Erfahrungsbericht 1972/73, Nürnberg 1974, S. 70/71.

85 Dazu Tab. 16, Kap. V.1.

86 *Tab. 23:* Aufenthaltsdauer von Ausländern in der Bundesrepublik nach Staatsangehörigkeit, 1981

Staats-angehörig-keit	Insgesamt in 1.000 in %	Davon Aufenthaltsdauer von ... bis unter ... Jahren						
		unter 1	1 bis 4	4 bis 6	6 bis 8	8 bis 10	10 bis 15	15 u. mehr
Türkei	1.580,7	52,2	343,3	171,3	164,2	275,3	474,6	99,7
	100	3,3	21,7	10,9	10,4	17,4	30,0	6,3
Jugoslawien	631,7	12,6	62,0	39,7	39,7	89,7	327,4	60,5
	100	2,0	9,8	6,3	6,3	14,2	51,8	9,6
Italien	601,6	21,1	94,9	53,8	36,2	58,0	187,9	149,7
	100	3,5	15,8	9,9	6,0	9,0	31,2	24,7
Griechenland	300,8	6,9	24,5	15,4	19,0	28,7	126,6	79,7
	100	2,3	8,2	5,1	6,3	9,5	42,1	26,5
Spanien	173,5	2,5	9,5	6,6	8,5	18,8	66,4	51,3
	100	1,4	5,5	3,8	4,9	10,8	38,3	35,3
Insgesamt	4.666,9	209,1	879,8	409,0	362,0	594,1	1.449,9	762,6
	100	4,5	18,9	8,8	7,8	12,7	31,1	16,4

Quelle: Statistisches Bundesamt: Bevölkerung und Erwerbstätigkeit, Fachserie 1, 2 „Ausländer" 1982.

Tab. 24: Wanderungen von Ausländern zwischen dem Bundesgebiet und dem Ausland, 1962 bis 1980

Jahr	Zuzüge	Fortzüge	Saldo
1962	449.659	225.848	+ 223.811
1963	458.040	320.254	+ 137.786
1964	577.743	342.289	+ 235.344
1965	716.157	412.704	+ 303.453
1966	586.848	497.837	+ 89.011
1967	330.298	527.894	- 197.596
1968	589.562	332.625	+ 256.937
1969	909.566	368.664	+ 540.902
1970	976.232	434.652	+ 547.085
1971	870.737	500.258	+ 370.479
1972	787.162	514.446	+ 272.716
1973	869.109	526.811	+ 342.298
1974	538.574	580.105	- 41.871
1975	366.095	600.105	- 243.010
1976	387.300	540.400	- 128.100
1977	422.945	452.083	- 29.238
1978	456.117	405.753	+ 50.346
1979	545.200	336.000	+ 179.200
1980	713.762	467.512	+ 246.520

Quelle: Stat. Jahrbücher, lfd. Jahrgänge.

87 Verordnung über die Arbeitserlaubnis für nichtdeutsche Arbeitnehmer (Arbeitserlaubnisverordnung: AEVO) v. 2. 3. 1971, BGBl. I, S. 152.
88 Bethlehem, S. 175.
89 R. Weber (Arbeitgeberverbände): „Die BRD ist kein Einwanderungsland", in: Handelsblatt, 12. 11. 1971; vgl. H. Ernst: Problem Infrastruktur, in: Der Arbeitgeber, 25, 1973, S. 171 f.; S. Bullinger, P. Huber: Ausländerbeschäftigung aus Unternehmersicht. Quantitative und qualitative Ergebnisse einer Unternehmerbefragung zur Ausländerbeschäftigung in Baden-Württemberg, Forschungsbericht aus dem Institut für Angewandte Wirtschaftsforschung A 8, Tübingen 1974.
90 „Mehr Auslandsinvestitionen — weniger Gastarbeiter", in: Handelsblatt, 23. 1. 1971.
91 Vgl. R. Weber: Rotationsprinzip bei der Beschäftigung von Ausländern, in: Auslandskurier, H. 5, Oktober 1970, S. 10; ders.: Rotation, Integration und Folgelasten, in: Arbeit und Sozialpolitik, 27, 1973, S. 203—206; W. Althammer (Hg.): Das Gastarbeiterproblem. Rotation? Integration? Arbeitsplatzverlagerung?, München 1975.
92 Hierzu „Die deutschen Gewerkschaften und die ausländischen Arbeitnehmer", in: Europa '73. Die EWG und die ausländischen Arbeitnehmer, Köln 1973, S. 231 ff.

93 Nach: „Noch sind Gastarbeiter nützlich", in: Handelsblatt, 14. 3. 1972; vgl. W. Arendt: Soziale Ungleichgewichte durch Ausländerbeschäftigung, in: Wirtschaftsdienst, 53, 1973, S. 69 f.

94 Dt. Bundestag, 7. Sitzung v. 18. 1. 1973, S. 11.

95 Bundesanstalt, Erfahrungsbericht 1972/73, S. 8.

96 Ebd., S. 7; vgl. Tätigkeitsbericht der Bundesregierung über die Arbeit in der 7. Legislaturperiode, in: Bulletin des Presse- und Informationsamtes der Bundesregierung, Nr. 92, 5. 8. 1976, S. 873—944, hier S. 900.

97 „Vergebens auf Herz und Nieren geprüft", in: Frankfurter Rundschau, 25. 11. 1973.

98 Nach: M. Frey: Ausländer in der Bundesrepublik. Ein statistischer Überblick, in: Aus Politik und Zeitgeschichte, B 25, 1982, S. 3—16.

99 Dazu ausf. Heckmann, S. 203 ff.; Manfrass, Ausländerproblematik; sowie die Übersichten bei Gehmacher u. a., Ausländerpolitik im Konflikt.

100 D. von Delhaes-Günther, O. N. Haberl, A. Schölch: Abwanderung von Arbeitskräften aus Italien, der Türkei und Jugoslawien, in: Aus Politik und Zeitgeschichte, B 12, 1976, S. 3—32, hier S. 32; vgl. auch den präzisen Überblick bei H. Harbach: Internationale Schichtung und Arbeitsmigration, Reinbek 1976, S. 190—202.

101 W. Bodenbender: Zwischenbilanz der Ausländerpolitik. Referat auf der Tagung der Südosteuropa-Gesellschaft in der Akademie Tutzing am 16. November 1976, Bonn-Lengsdorf 1976.

102 Bundesanstalt, Erfahrungsbericht 1972/73, S. 106.

103 Vgl. M. Borris: Ausländische Arbeiter in einer Großstadt, Frankfurt 1973, S. 152.

104 Hierzu Heckmann, S. 207; für Frankfurt: Borris, S. 130; für Berlin: A. Schildmeier: Integration und Wohnen, Hamburg 1975, S. 33.

105 Bundesanstalt, Erfahrungsbericht 1972/73, S. 22; Heckmann, S. 206.

106 Vgl. Aktionsprogramm für Ausländerbeschäftigung, in: Arbeits- und Sozialpolitik, H. 6/7, 1973, S. 183; U. Mehrländer: Bundesrepublik Deutschland, in: Gehmacher u. a., S. 115—138, hier S. 131; Schildmeier, S. 38 f.; zusammenfassend: Fijalkowski, S. 439 ff.

107 Heckmann, S. 203 ff.

108 Kap. I.3.

109 Heckmann, S. 218.

110 Fijalkowski, S. 434, der sich dabei auf die Ergebnisse der Forschungsgruppe um den Bochumer Soziologen H. Korte bezieht; E. Gaugler, W. Weber u. a.: Ausländer in deutschen Industriebetrieben, Königstein 1978; H. Kleinhaus, H. Korte: Die wirtschaftliche und soziale Lage der ausländischen Wohnbevölkerung im Spiegel der jüngeren Ausländerforschung, in: G. Hansen, K. Klemm (Hg.): Kinder ausländischer Arbeiter, Essen 1979, S. 155—171.

111 U. Mehrländer, R. Hofmann, P. König, H. J. Krause: Situation der ausländischen Arbeitnehmer und ihrer Familienangehörigen in der Bundesrepublik Deutschland. Repräsentativuntersuchung '80, hg. v. Bundesminister für Arbeit und Sozialordnung, Bonn 1981, S. 116 ff.

112 Ebd., S. 223.

113 Frey, S. 16.

114 Mehrländer u. a., Situation, S. 36 f.

115 Ebd., S. 367.

116 V. McRae: Die Gastarbeiter. Daten, Fakten, Probleme, München 1980, S. 103.

117 Ebd., S. 107.

118 Dazu A. Schrader, B. W. Nikles, H. M. Griese: Die Zweite Generation. Sozialisation und Akkulturation ausländischer Kinder in der Bunderepublik, Kronberg 1979; C. Wilpert: Die Zukunft der Zweiten Generation. Erwartungen und Verhaltensmöglichkeiten ausländischer Kinder, Königstein 1980. Die Literatur ist diesen Komplex ist weit weniger umfangreich und unüberschaubar als die Probleme, die sie behandelt; vgl. die Bibliographie von A. Weidacher: Ausländische Arbeiterfamilien, Kinder und Jugendliche. Situationsanalysen und Maßnahmen, München 1981, Bd. 1, S. 127—213.

119 McRae, S. 113 ff.; vgl. P. A. Albrecht, C. Pfeiffer: Die Kriminalisierung junger Ausländer. Befunde und Reaktionen sozialer Kontrollinstanzen, München 1979.

120 D. Just, P. C. Mühlens: Ausländerzunahme: Objektives Problem oder Einstellungsfrage? Aktuelle Einstellungen der Deutschen gegenüber ausländischen Mitbürgern, in: Aus Politik und Zeitgeschichte, B 25, 1982, S. 35—38.

121 Dazu S. Heckmann: Anwesend, aber nicht dazugehörig: Aspekte sozialer Diskriminierung der ausländischen Bevölkerung in der Bundesrepublik, in: Bade, Auswanderer, Bd. 2, S. 644—656; sowie L. Hoffmann, H. Even: „Die Belastungsgrenze ist überschritten". Entwurf einer Theorie der Ausländerfeindlichkeit, Universität Bielefeld, Zentrum für wissenschaftliche und berufliche Praxis, Materialien, H. 15, Bielefeld 1983; C. Habbe (Hg.): Ausländer — Die verfemten Gäste, Hamburg 1983; G. Tsiakalos: Ausländerfeindlichkeit. Tatsachen und Erklärungsversuche, München 1983; Ausländerfeindlichkeit. Materialien zum Projektbereich „Ausländische Arbeiter", 35/1982, Bonn 1982; Neue Praxis aktuell: Ausländerfeindlichkeit — Fremdenhaß —

Rassismus. Entwicklungsstufen einer tendenziellen Re-Faschisierung in der Bundesrepublik, Darmstadt 1982.

122 P. von zur Mühlen: Ausländerpolitik, in: Die Neue Gesellschaft, 29, 1982, H. 6, S. 535—541.
123 Dazu M. Wollenschläger: Arbeits-, Sozial- und Ausländerrecht in Konfrontation mit der Gastarbeiterfrage, in: Bade, Auswanderer, Bd. 2, S. 673—690, hier S. 686.
124 Ebd., S. 679 f.; Herbert/Unger, S. 165.
125 Wollenschläger, S. 679—683.
126 Dazu ausf. Huber/Unger, S. 155 ff.; Mehrländer, Bundesrepublik Deutschland, S. 121 ff.
127 Erl. d. Bundesamtes für Arbeit v. 15. 6. 1977, ANBA 1977, S. 823.
128 Vgl. Huber/Unger, S. 160 ff.
129 Mehrländer, Bundesrepublik Deutchland, S. 134.
130 H. Kühn: Stand und Weiterentwicklung der Integration der ausländischen Arbeitnehmer und ihrer Familien in der Bundesrepublik Deutschland. Memorandum des Beauftragten der Bundesregierung, Bonn 1979, abgedr. b. K.-H. Meier-Braun: „Gastarbeiter" oder Einwanderer?, Berlin 1980.
131 Wollenschläger, S. 690; vgl. S. Franz: Plädoyer für ein Einwanderungsgesetz, in: G. Schult (Hg.): Einwanderungsland Bundesrepublik Deutschland?, Baden-Baden 1982, S. 199—210; D. Mertens: Für ein Einwanderungsgesetz, in: Bade, Auswanderer, Bd. 2, S. 691—695; Bade, Vom Auswanderungsland, S. 116—124.
132 Vgl. etwa den Kabinettsbeschluß vom 19. 3. 1980, „Weiterentwicklung der Ausländerpoltitik", hg. v. Bundesminister für Arbeit und Sozialordnung, Bonn 1980, in dem von der „Einwanderung" ausdrücklich als Einzelfall gesprochen wurde.
133 Dazu C. Köhler-Vargas, J. Reichling, H. v. Vieregge: Chancen und Grenzen der Integration türkischer Jugendlicher, in: Aus Politik und Zeitgeschichte, B 25, 1982, S. 27—34.
134 Dazu M. Kremer, H. Spangenberg: Assimilation ausländischer Arbeitnehmer in der Bundesrepublik, Königstein 1980.

2. Literaturhinweise

Für den Gesamtkomplex „Geschichte der Ausländerbeschäftigung in Deutschland" gibt es vier Titel ganz unterschiedlicher Art. Ein knapper, informativer Abriß bei K. J. BADE: Vom Auswanderungsland zum Einwanderungsland? Deutschland 1880/1980, Berlin 1983; K. DOHSE: Ausländische Arbeiter und bürgerlicher Staat. Genese und Funktion von staatlicher Ausländerpolitik und Ausländerrecht. Vom Kaiserreich bis zur Bundesrepublik Deutschland, Königstein/Ts. 1981 — eine kritische, für die Zeit bis 1945 stark an die DDR-Forschung angelehnte Gesamtdarstellung. Grundlegend für die wissenschaftliche Arbeit ist: K. J. BADE (Hg.): Auswanderer — Wanderarbeiter — Gastarbeiter. Bevölkerung, Arbeitsmarkt und Wanderung in Deutschland seit der Mitte des 19. Jahrhunderts, Ostfildern 1984, 2 Bde., mit den Referaten und Diskussionsbeiträgen einer Tagung vom Oktober 1982. Er enthält 26 größere Beiträge zu fast allen Aspekten von Auswanderung und Ausländerbeschäftigung in Deutschland; eine Reihe von Beiträgen zum Thema versammelt auch das Archiv für Sozialgeschichte, 24, Bonn 1984, mit dem Schwerpunktthema „Ausländer". Darüber hinaus ist hinzuweisen auf den vorzüglichen populärwissenschaftlichen Bildband von H. SPAICH: Fremde in Deutschland. Unbequeme Kapitel unserer Geschichte, Weinheim 1982.

zu I.1: „Auslandspolen" in der deutschen Landwirtschaft

Erste neuere Untersuchung, nach wie vor unentbehrlich: J. NICHTWEISS: Die ausländischen Saisonarbeiter in der Landwirtschaft der östlichen und mittleren Gebiete des Deutschen Reiches von 1890/1914, Berlin (DDR) 1959; seitdem vor allem die sehr zahlreichen, zum Teil aber textgleichen Arbeiten von K. J. BADE: Massenwanderung und Arbeitsmarkt im deutschen Nordosten von 1880 bis zum Ersten Weltkrieg, in: AfSG, 20, 1980, S. 265—323; DERS.: Politik und Ökonomie der Ausländerbeschäftigung im preußischen Osten 1885—1914: Die Internationalisierung des Arbeitsmarkts im „Rahmen der preußischen Abwehrpolitik", in: H. J. PUHLE, H.-U. WEHLER (HG.): Preußen im Rückblick (Geschichte und Gesellschaft, Sonderheft 6) Göttingen 1980, S. 273—299; DERS.: Vom Auswanderungsland zum „Arbeitseinfuhrland": kontinentale

Zuwanderung und Ausländerbeschäftigung in Deutschland im späten 19. und frühen 20. Jahrhundert, in: DERS.; Auswanderer, Bd. 2, S. 429—485; von hier aus leichter Zugriff auf die Spezialliteratur und die weiteren Untersuchungen Bades. Für die umfangreiche zeitgenössische Literatur nach wie vor unentbehrlich die Untersuchungen von M. WEBER: Die Verhältnisse der Landarbeiter im ostelbischen Deutschland. Schriften des Vereins für Socialpolitik, Bd. 55, 1892; DERS.: Die ländliche Arbeitsverfassung. Schriften des Vereins für Socialpolitik, Bd. 58, 1893; DERS.: Entwicklungstendenz in der Lage der ostelbischen Landarbeiter (1894), in: DERS.: Gesammelte Aufsätze zur Sozial- und Wirtschaftsgeschichte, Tübingen 1924, S. 470—507; daneben sei hier noch verwiesen auf H. FRANKENSTEIN: Die Arbeiterfrage in der deutschen Landwirtschaft, Berlin 1893; J. v. TRCINSKI: Russisch-polnische und galizische Wanderarbeiter im Großherzogtum Posen, Stuttgart 1906; M. v. STOJENTIN: Die ausländischen Wanderarbeiter in der Provinz Pommern, Stettin 1909; S. SCHMIDT: Die Wanderarbeiter in der Provinz Sachsen und ihre Beschäftigung im Jahre 1910, Halle 1911; A. KNOKE: Ausländische Wanderarbeiter in Deutschland, Leipzig 1911; P. GRUND: Die ausländischen Wanderarbeiter in ihrer Bedeutung für Oberschlesien, Leipzig 1913; A. MYTKOWICZ: Ausländische Wanderarbeiter in der deutschen Landwirtschaft, Posen 1914; O. BECKER: Die Regelung des ausländischen Arbeiterwesens in Deutschland. Unter besonderer Berücksichtigung der Anwerbung und Vermittlung, Berlin 1918; W. A. HENATSCH: Das Problem der ausländischen Wanderarbeiter unter besonderer Berücksichtigung der Provinz Pommern, Greifswald 1920.

zu I.2: Ausländische Arbeiter in der Industrie

Neuere Untersuchungen zu diesem Komplex fehlen; auch die zeitgenössische Literatur hierzu ist schmal; wichtig vor allem F. SYRUP: Die ausländischen Industriearbeiter vor dem Krieg, in: Archiv für exakte Wirtschaftsforschung, Bd. IX (1918/22), S. 278—301; sowie B. BODENSTEIN: Die Beschäftigung ausländischer Arbeiter in der Industrie. Vortrag gehalten in der Versammlung der Hauptstelle deutscher Arbeitgeber-Verbände am 27. Juni 1908 in Berlin, Essen 1908; DERS., M. v. STOJENTIN: Der Arbeitsmarkt in Industrie und Landwirtschaft und seine Organisation. Vorträge gehalten auf der Tagung der mitteleuropäischen Wirtschaftsvereine in Berlin am 17. Juni 1909, Berlin 1909. Die Geschichte der italienischen Industriearbeiter vor 1914 ist besser erforscht: H. SCHÄFER: Italienische „Gastarbeiter" im Deutschen Kaiserreich (1890—1914), in: Zeitschrift für Unternehmensgeschichte, 1982, S. 192—214; I. BRITSCHGI-SCHIMMER: Die wirtschaftliche und soziale Lage der italienischen Arbeiter in Deutschland. Ein Beitrag zur ausländischen Arbeiterfrage, Karlsruhe 1916; G. MEICHELS-LINDNER: Die italienischen Arbeiter in Deutschland, in: Der Arbeitsmarkt, 15, 1910/11, Sp. 101—135.

zu I.3.: Die Ruhrpolen

Vor allem: C. KLESSMANN: Polnische Bergarbeiter im Ruhrgebiet 1870/1945, Göttingen 1976; sowie K. MURZYNOWSKA: Die polnischen Erwerbsauswanderer im Ruhrgebiet während der Jahre 1880—1914, Dortmund 1979; R. C. MURPHY: Gastarbeiter im Deutschen Reich. Polen in Bottrop 1891—1933, Wuppertal 1982; aufschlußreich für die Position der deutschen Rechten: Die Polen im rheinisch-westfälischen Steinkohlenbezirk, hg. v. Gau „Ruhr-Lippe" des Alldeutschen Verbandes, München 1901; sowie E. FRANKE: Die polnische Volksgruppe im Ruhrgebiet 1870—1914, in: Jahrbuch des Arbeitswissenschaftlichen Instituts der DAF, Berlin 1940/41, Bd. 2, S. 319—404.

zu II.: Vom Saisonarbeiter zum Zwangsarbeiter 1914–1918

Hier v. a. die Untersuchungen von L. ELSNER: Die ausländischen Arbeiter in der Landwirtschaft der östlichen und mittleren Gebiete des Deutschen Reiches während des ersten Weltkrieges. Ein Beitrag zur Geschichte der preußisch-deutschen Politik, Diss., Rostock 1961; neueste Zusammenfassung der Forschungsergebnisse Elsners in DERS.:

Ausländerbeschäftigung und Zwangsarbeiterpolitik in Deutschland während des Ersten Weltkrieges, in: BADE: Auswanderer, Bd. 2, S. 527—557; hier auch Hinweise auf die Spezialliteratur sowie auf die übrigen Arbeiten Elsners. Für die westliche Forschung s. F. ZUNKEL: Die ausländischen Arbeiter in der Deutschen Kriegswirtschaftspolitik des Ersten Weltkrieges, in: Entstehung und Wandel der modernen Gesellschaft. Festschrift für Hans Rosenberg zum 65. Geburtstag, hg. v. GERHARD A. RITTER, Berlin 1970, S. 280—311; sowie U. HERBERT: Zwangsarbeit als Lernprozeß. Zur Beschäftigung ausländischer Arbeiter in der westdeutschen Industrie im Ersten Weltkrieg, in: AfSG, 24, 1984, S. 285—304. Für die Zwangsarbeit von belgischen Arbeitern s. G. RITTER: Staatskunst und Kriegshandwerk, Bd. III, München 1966. Zum Arbeitseinsatz der Kriegsgefangenen Hinweise bei W. DOEGEN (Hg.): Kriegsgefangene Völker — Bd. 1: Der Kriegsgefangenen Haltung und Schicksal in Deutschland, Berlin 1921; Kriegsgefangene 1914—1918. Aufgrund der Kriegsakten bearbeitet vom Oberkommando der Wehrmacht, Berlin 1939; Völkerrecht im Weltkrieg. Das Werk des Untersuchungsausschusses der Verfassungsgebenden Deutschen Nationalversammlung und des Reichstages 1918—1928. Verhandlungen, Gutachten, Urkunden. Dritte Reihe, Bde. III.1 u. 2, Berlin 1927.

zu III.: Verrechtlichung des Arbeitsmarktes 1918–1933

Eine Gesamtdarstellung fehlt; zur Situation in der Landwirtschaft s. J. TESSARZ: Die Rolle der ausländischen landwirtschaftlichen Arbeiter in der Agrar- und Ostexpansionspolitik des deutschen Imperialismus in der Periode der Weimarer Republik 1919—1932, Diss. Halle 1963; s. auch J. SOBCZAK: Die polnischen Wanderarbeiter in Deutschland in den Jahren 1919—1939 und ihre Behandlung, in: Fremdarbeiterpolitik des Imperialismus, H. 2, Rostock 1967, S. 47—66; W. HENNIES: Bemerkungen zur Beschäftigung ausländischer Arbeiter im Deutschen Reich während der Weimarer Republik, in: Fremdarbeiterpolitik des Imperialismus, H. 11, Rostock 1981, S. 21—32; Untersuchungen westlicher Autoren dazu fehlen, Hinweise bei DOHSE sowie bei K. J. BADE: Arbeitsmarkt, Bevölkerung und Wanderung in der Weimarer Republik, in: M. STÜRMER (HG.): Die Weimarer Republik. Belagerte Civitas, Königstein i. Ts. 1980, S. 160—187; für die zeitgenössische Literatur vgl. G. ROEBER: Die deutsche Landarbeiterfrage nach dem Weltkriege unter besonderer Berücksichtigung des Problems der ausländischen Wanderarbeiter, Diss., Hamburg 1930 (gedr. Torgau 1931); zur ausländerrechtlichen Entwicklung: K. DOERING-MANTEUFFEL: Die rechtlichen Grundlagen für die Beschäftigung ausländischer Arbeitnehmer in Deutschland, Diss., Erlangen 1929.

zu IV.: Arbeit als Beute 1933–1945

Die Geschichte des nationalsozialistischen „Ausländereinsatzes" hat in der westdeutschen Forschungsliteratur lange Zeit nur wenig Aufmerksamkeit gefunden. Der älteren Gesamtdarstellung von H. PFAHLMANN: Fremdarbeiter und Kriegsgefangene in der deutschen Kriegswirtschaft 1939 bis 1945, Darmstadt 1968, die von Verzerrungen nicht frei ist, ist die Untersuchung von E. L. HOMZE: Foreign Labor in Nazi Germany, Princeton 1967, vorzuziehen. Das voluminöse Werk von D. MAJER: „Fremdvölkische" im Dritten Reich. Ein Beitrag zur nationalsozialistischen Rechtssetzung und Rechtspraxis in Verwaltung und Justiz unter besonderer Berücksichtigung der eingegliederten Ostgebiete und des Generalgouvernements, Boppard 1981, behandelt den Fremdarbeitereinsatz im Kontext der Analyse der nationalsozialistischen „Rechtsgebung" gegenüber den „Fremdvölkischen" vorwiegend aus juristischer Perspektive. Der Versuch einer politik- und sozialgeschichtlichen Gesamtdarstellung bei U. HERBERT: Fremdarbeiter. Politik und Praxis des „Ausländereinsatzes" in der Kriegswirtschaft des Dritten Reiches, Bonn/Berlin 1985; hier auch Hinweise zur Spezialliteratur; eine Sammlung von Studien zu Einzelaspekten jetzt in: Herrenmensch und Arbeitsvölker. Ausländische Arbeiter und Deutsche 1939—1945. Beiträge zur nationalsozialistischen Gesundheits- und Sozialpolitik, Bd. 3, Berlin 1986. Für den Stand der DDR-Forschung s. D.

267

EICHHOLTZ: Geschichte der deutschen Kriegswirtschaft, Bd. 1: 1939—1941, Berlin (DDR) 1971; Bd. 2: 1941—1943, Berlin (DDR) 1985; Deutschland im Zweiten Weltkrieg, von einem Autorenkollektiv unter Leitung von W. SCHUMANN und G. HASS, 6 Bde., Köln 1974—1985. Von den einzelnen nationalen Gruppen unter den „Fremdarbeitern" ist die Geschichte der polnischen Arbeitskräfte am besten erforscht. Grundlegend dabei die ältere, nach wie vor wichtige Arbeit von E. SEEBER: Zwangsarbeiter in der faschistischen Kriegswirtschaft. Die Deportation und Ausbeutung polnischer Bürger unter besonderer Berücksichtigung der Lage der Arbeiter aus dem sogenannten Generalgouvernement 1939—1945, Berlin (DDR) 1964; die polnische Literatur hierzu ist breit; hier soll nur auf die Gesamtdarstellung von C. ŁUCZAK: Polscy robotnicy przymusowi w Trzeciej Rzeszy podczas II. wojny światowej, Poznań 1974, hingewiesen werden sowie auf die beiden wichtigen Dokumenteneditionen von C. ŁUCZAK (HG.): Położenie Polskich robotników przymusowych w Rzeszy, 1939—1945. Documenta occupationis IX, Poznań 1975; sowie A. KONIECZNY, H. SZURGACZ (HG.): Praca przymusowa Polakow pod panowaniem hitlerowskim 1939—1945. Documenta occupationis X, Poznań 1976, die ausschließlich Quellen und Dokumente zu diesem Komplex enthalten, die in deutscher Sprache abgedruckt sind. In jüngster Zeit sind hierzu auch zwei westdeutsche Arbeiten erschienen: J. AUGUST: Die Entwicklung des Arbeitsmarktes in Deutschland in den 30er Jahren und der Masseneinsatz ausländischer Arbeitskräfte während des Zweiten Weltkrieges. Das Fallbeispiel der polnischen zivilen Arbeitskräfte und Kriegsgefangenen, in: AfSG 24, 1984, S. 305—354, der vor allem die Frage der Vorgeschichte des Poleneinsatzes behandelt und C. SCHMINCK-GUSTAVUS: Zwangsarbeit und Faschismus. Zur „Polenpolitik" im „Dritten Reich", in: Kritische Justiz, 13, 1980, S. 1—127 u. 184—206, der vor allem die Erlaßlage und die Auswirkungen der „Rechtsgebung" gegenüber den Polen in Deutschland darstellt. Die eindrucksvolle Dokumentation eines Einzelschicksals in: Das Heimweh des Walerjan Wróbel. Ein Sondergerichtsverfahren 1941/42, aufgezeichnet von C. SCHMINCK-GUSTAVUS, Bonn/Berlin 1986. Die Geschichte der sowjetischen Kriegsgefangenen in Deutschland ist untersucht von C. STREIT: Keine Kameraden. Die Wehrmacht und die sowjetischen Kriegsgefangenen 1941—1945, Stuttgart 1978; A. STREIM: Die Behandlung sowjetischer Kriegsgefangener im „Fall Barbarossa", Karlsruhe 1981, sowie bei H. BOOG, J. FÖRSTER U. A.: Der Angriff auf die Sowjet-Union. Das Deutsche Reich und der Zweite Weltkrieg, Bd. 4, Stuttgart 1983. Die Geschichte der Politik der Alliierten gegenüber den „Displaced Persons" ist untersucht bei W. JACOBMEYER: Vom Zwangsarbeiter zum Heimatlosen Ausländer. Die Displaced Persons in Westdeutschland 1945—1961, Göttingen 1985. In unterschiedlicher Perspektive mit den Erinnerungen an den nationalsozialistischen „Ausländereinsatz" befassen sich C. SCHMINCK-GUSTAVUS (HG.): Hungern für Hitler, Reinbek 1984, der Erinnerungen ehemaliger polnischer Zwangsarbeiter zusammenstellt, sowie U. HERBERT: Apartheid nebenan. Erinnerungen an die Fremdarbeiter im Ruhrgebiet, in: L. NIETHAMMER (HG.): Die Jahre weiß man nicht, wo man die heute hinsetzen soll. Faschismuserfahrungen im Ruhrgebiet, Bonn/Berlin 1983, S. 233—266.

zu V.: „Gastarbeiter" in der Wachstumsgesellschaft 1945–1980

Die Geschichte der Vertriebenen und Flüchtlinge hat in letzter Zeit verstärkte Beachtung in der sozialgeschichtlichen Forschung gefunden. Zu nennen sind hier vor allem W. BENZ (HG.): Die Vertreibung der Deutschen aus dem Osten. Ursachen, Ereignisse, Folgen, Frankfurt 1985, eine Aufsatzsammlung mit 17 Beiträgen zu verschiedenen Aspekten des Themas, sowie J. HENKE: Flucht und Vertreibung der Deutschen aus ihrer Heimat, in: Aus Politik und Zeitgeschichte, 1985, B 23, S. 15—34; F. J. BAUER: Flüchtlinge und Flüchtlingspolitik in Bayern 1945 bis 1950, Stuttgart 1982; F. WIESEMANN, U. KLEINERT: Flüchtlinge und wirtschaftlicher Wiederaufbau in der britischen Besatzungszone, in: D. PETZINA, W. EUCHNER (HG.): Wirtschaftspolitik im britischen Besatzungsgebiet 1945—1949, Düsseldorf 1984, S. 297—326; F. WIESEMANN: Flüchtlingspolitik und Flüchtlingsintegration in Westdeutschland, in: Aus Politik und Zeitgeschichte, 1985, B 23, S. 35—44. Nach wie vor bedeutsam, wenn auch noch deutlich vom Geist der 50er Jahre geprägt, ist die kürzlich nachgedruckte Dokumentation der Vertreibung der Deutschen aus Ost-Mitteleuropa, bearb. v. T. SCHIEDER, hg. v. Bundesministerium für Vertriebene, München 1984.

Die Literatur zur Gastarbeiterbeschäftigung wie zum „Ausländerproblem" in der Bundesrepublik insgesamt ist sehr breit und mittlerweile recht unübersichtlich. Im engeren Sinne historische Betrachtungsweisen sind dabei allerdings eher selten. Hinzuweisen ist hier vor allem auf F. BETHLEHEM: Heimatvertreibung, DDR-Flucht, Gastarbeiterzuwanderung. Wanderungsströme und Wanderungspolitik in der Bundesrepublik Deutschland, Stuttgart 1982, sowie auf die entspr. Beiträge in BADE, Auswanderer, und DOHSE, S. 135 ff. Eine informative Bibliographie zu der vorwiegend soziologisch oder erziehungswissenschaftlich ausgerichteten Literatur zum Thema bietet A. WEIDACHER: Ausländische Arbeiterfamilien, Kinder und Jugendliche. Situationsanalysen und Maßnahmen, München 1981. Einführungen in den Gesamtkomplex und Überblicke über die Forschungslage bei J. FIJALKOWSKI: Gastarbeiter als industrielle Reservearmee?, in: AfSG 24, 1984, S. 399—456; V. MCRAE: Die Gastarbeiter. Daten, Fakten, Probleme, München 1980; R. C. RIST: Die ungewisse Zukunft der Gastarbeiter. Eingewanderte Bevölkerungsgruppen verändern Wirtschaft und Gesellschaft, Stuttgart 1978. Zur Ausländerpolitik in der Bundesrepublik: A. WEIDACHER, A. LOPEZ-BLASCO: Ausländerpolitik und Integrationsforschung in der Bundesrepublik Deutschland. Eine Darstellung wichtigster Ergebnisse und Auswahlbibliographie, München 1982; K. UNGER: Ausländerpolitik in der Bundesrepublik Deutschland, Saarbrücken 1980; DER BUNDESMINISTER DES INNERN (HG.): betrifft: Ausländerpolitik, Bonn ²1983. Wichtige Studien zum Gesamtkomplex oder zu größeren Teilgebieten sind U. MEHRLÄNDER U. A.: Situation der ausländischen Arbeitnehmer und ihrer Familienangehörigen in der Bundesrepublik Deutschland. Repräsentativuntersuchung '80, hrsg. v. Bundesministerium für Arbeit und Sozialordnung, Bonn 1981; J. BLASCHKE, K. GREUSSING (HG.): „Dritte Welt" in Europa. Probleme der Arbeitsimmigration, Frankfurt 1980; U. MEHRLÄNDER: Soziale Aspekte der Ausländerbeschäftigung, Bonn 1974; M. NIKOLINAKOS: Politische Ökonomie der Gastarbeiterfrage. Migration und Kapitalismus, Reinbek 1973. Die beiden letzten Titel sind älteren Datums, haben aber die wissenschaftliche Diskussion stark beeinflußt. Zur betrieblichen Situation der ausländischen Arbeiter in der Bundesrepublik gibt es einige neuere Untersuchungen: E. GAUGLER, W. WEBER U. A.: Ausländer in deutschen Industriebetrieben, Königstein i. Ts. 1978; DIES. u. a.: Ausländerintegration in deutschen Industriebetrieben. Empirische Untersuchungen über individuelle und soziale Integration, Königstein 1981. Wirtschaftliche und wirtschaftspolitische Aspekte sind näher behandelt bei K. HÖPFNER, B. RAMANN, B. RÜRUP: Ausländische Arbeitnehmer. Gesamtwirtschaftliche Probleme und Steuerungsmöglichkeiten, Bonn 1973; H. SALOWSKI, G. SCHILLER: Ursachen und Auswirkungen der Ausländerbeschäftigung, Köln 1972; neuere Untersuchungen dazu fehlen jedoch. Besonders in letzter Zeit sind Arbeiten aus migrationssoziologischer Sicht in den Vordergrund getreten und bestimmen seither weitgehend die Diskussion. Hier vor allem F. HECKMANN: Die Bundesrepublik: Ein Einwanderungsland? Zur Soziologie der Gastarbeiterbevölkerung als Einwandererminorität, Stuttgart 1981; H. ESSER, E. GAUGLER U. A. (HG.): Arbeitsmigration und Integration. Sozialwissenschaftliche Grundlagen, Königstein i. Ts. 1979; S. RONZANI: Arbeitskräftewanderung und gesellschaftliche Entwicklung, Königstein i. Ts. 1980. Zunehmend wird dabei im internationalen Vergleich gearbeitet; dazu vor allem M. M. KRITZ, C. B. KEELY, S. M. TOMASI (HG.): Global Trends in Migration: Theory and Research on International Population Movements, New York 1981; R. E. KRANE (HG.): International Labor Migration in Europe, New York 1979; G. P. FREEMAN: Immigrant Labor and Racial Conflict in Industrial Societies. The French and British Experience 1945—1975, Princeton 1979; E. GEHMACHER, D. KUBAT, U. MEHRLÄNDER (HG.): Ausländerpolitik im Konflikt. Arbeitskräfte oder Einwanderer? Konzepte der Aufnahme- und der Entsendeländer, Bonn 1978; R. LOHRMANN, K. MANFRASS (HG.): Ausländerbeschäftigung und internationale Politik. Zur Analyse transnationaler Prozesse, München 1974. Für die Entwicklung und Situation in der Schweiz sind vor allem zu nennen: H.-J. HOFFMANN-NOWOTNY: Soziologie des Fremdarbeiterproblems. Eine theoretische und empirische Studie am Beispiel der Schweiz, Stuttgart 1973; DERS., K. O. HONDRICH (HG.): Ausländer in der Bundesrepublik und in der Schweiz — Segregation und Integration. Eine vergleichende Untersuchung, Frankfurt 1981; für Frankreich vor allem die Arbeiten von KLAUS MANFRASS: Ausländerproblematik in europäischen Industrieländern: ein Vergleich Frankreich-Bundesrepublik Deutschland, in: BADE, Auswanderer, Bd. 2, S. 758—783; DERS.: Ausländerpolitik und Ausländerproblematik in Frankreich: Historische Kontinuität und aktuelle Entwicklungen, in: Francia, 11, 1984, S. 527—578; DERS.: Die Politik der Ausländerbeschäftigung in Frankreich seit 1945, in: Dokumente. Zeitschrift für übernationale Zusammenarbeit, 36, 1980, S. 106—127. Schließlich sei auf einige Studien zu Einzelproblemen hingewiesen. Zur Wohnsituation der Ausländer: M. BORRIS: Ausländische Arbeiter in einer Großstadt, Frankfurt 1973; A. SCHILDMEIER: Integration und Wohnen. Eine Analyse der Wohnsituation und Empfehlungen zu einer integrationsgerechten Wohnungspolitik für ausländische Arbeitnehmer und ihre Familien, Hamburg 1975; D. IPSEN: Wohnsituation und Wohninteresse ausländischer Arbeiter in der Bundesrepublik, in: Leviathan 1978, H. 4, S. 558—573. Zur Lage der ausländischen Kinder und Jugendlichen: A. SCHRADER, B. W. NIKLES, H. M. GRIESE: Die Zweite Generation. Sozialisation und Akkulturation ausländischer Kinder in der Bundesrepublik, Kronberg i. Ts. 1979; D. BISCHOFF, B. STRUVE: Generation ohne Zukunft? Zur Situation ausländischer Kinder und Jugendlicher, Berlin 1979; C. WILPERT: Die Zukunft der Zweiten Generation. Erwartungen und Verhaltensmöglichkeiten ausländischer Kinder, Meisenheim a. G. 1980. Zur Frage der „Ausländerfeindlichkeit": C. HABBE (HG.): Ausländer. Die verfemten Gäste, Hamburg 1983; G. TSIAKALOS: Ausländerfeindlichkeit. Tatsachen und Erklärungsversuche, München 1983. Zu Fragen des Ausländerrechts: T. ANSAY, V. GESSNER (HG.): Gastarbeiter in Gesellschaft und Recht, München 1974; G. SCHULT (HG.): Einwanderungsland Bundesrepublik Deutschland?, Baden-Baden 1982.

3. Tabellen

4. Abkürzungen

AES	Allgemeine Erlaß-Sammlung des RSHA und RFSS
Affid.	Affidavit (Eidesstattliche Erklärung)
AfSG	Archiv für Sozialgeschichte
ANBA	Amtliche Nachrichten der Bundesanstalt für Arbeitsvermittlung und Arbeitslosenversicherung
APVO	Ausländerpolizeiverordnung
AuslG	Ausländergesetz
AVAVG	Gesetz über Arbeitsvermittlung und Arbeitslosenversicherung
AWI	Arbeitswissenschaftliches Institut der Deutschen Arbeitsfront
BA	Bundesarchiv
BA/MA	Bundesarchiv/Militärarchiv
BArbBl.	Bundesarbeitsblatt
Ber., ber.	Bericht, berechnet
BEG	Bundesentschädigungsgesetz
BgBA	Bergbauarchiv Bochum
Bgm	Bürgermeister
BGBl	Bundcsgcsctzblatt
BMAuS	Bundesminister für Arbeit und Sozialordnung
BMdI	Bundesminister des Innern
CdS	Chef der Sicherheitspolizei und des SD
DAF	Deusche Arbeitsfront
Dok.	Dokument
DP	Displaced Person
DAZ	Deutsche Arbeiterzentrale
EG	Europäische Gemeinschaft
Erl.	Erlaß
EWG	Europäische Wirtschaftsgemeinschaft
FAH	Friedrich-Alfred-Hütte (Krupp Rheinhausen)
FAZ	Frankfurter Allgemeine Zeitung
GBA	Generalbevollmächtigter für den Arbeitseinsatz
Gestapa	Geheimes Staatspolizeiamt
GG	Generalgouvernement
GMBl.	Gemeinsames Ministerialblatt
GStAB	Generalstaatswanwalt bei dem Kammergericht Berlin
GWU	Geschichte in Wissenschaft und Unterricht
H.	Heft
HStAD	Hauptstaatsarchiv Düsseldorf
IfZ	Institut für Zeitgeschichte
IHK	Industrie und Handelskammer
IMT	International Military Tribunal

Jb.	Jahrbuch
Jg.	Jahrgang
Kgf.	Kriegsgefangene(r)
Kr. Min.	Kriegsministerium
KL	Konzentrationslager
MdI	Minister des Innern
Nbg. Dok.	Nürnberger Dokument
n.	nach
OKW	Oberkommando der Wehrmacht
OP	Oberpräsident, Oberpräsidium
pr.	preußisch
RABl	Reichsarbeitsblatt
RAM	Reichsarbeitsminister(ium)
RdErl.	Runderlaß
Reg.	Regierung
Reg. Präs., RP	Regierungspräsident/-präsidium
RFSS	Reichsführer SS
RGBl	Reichsgesetzblatt
RMI	Reichsminister(-ium) des Innern
RMO	Reichsminister(-ium) für die besetzten Ostgebiete
SD	Sicherheitsdienst
SDR	Statistik des Deutschen Reiches
StAM	Staatsarchiv Münster
StJb	Statistisches Jahrbuch
Stv.Gen.Kdo.	Stellvertretendes Generalkommando
uk.	unabkömmlich
USSBS	United States Strategic Bombing Survey
VdESI	Verein deutscher Eisen- und Stahlindustrieller
VO	Verordnung
VWD	Vereinigter Wirtschaftsdienst
WVHA	Wirtschafts- und Verwaltungshauptamt
ZAVO	Zentralamt für die Völker des Ostens
zit.	zitiert
ZStL	Zentrale Stelle der Landesjustizverwaltungen zur Aufklärung nationalsozialistischer Verbrechen, Ludwigsburg

5. Bildnachweise

Bild Nr. 1: Ullstein Bilderdienst, 2: Archiv für Kunst und Geschichte, 3: Kriegsgefangene 1914—1918, Berlin 1939, 4: Doegen (Hg.), Kriegsgefangene Völker, Berlin 1921, 5: Süddeutscher Bilderdienst, 6: Bildarchiv Preussischer Kulturbesitz, 7: Didier, Europa arbeitet in Deutschland, Berlin 1943, 8: Ullstein Bilderdienst, 9: Didier, Europa arbeitet in Deutschland, Berlin 1943, 10/11: Haas, Auswahl und Einsatz der Ostarbeiter, Saarbrücken 1944, 12—17: Manfred Vollmer, Essen.

Der Autor

Ulrich Herbert, Dr. phil., Jg. 1951, ist Hochschulassistent für Neuere Geschichte an der FernUniversität Hagen.